新編諸子集成續編

淮南子校釋

一

張雙棣 撰

中華書局

圖書在版編目(CIP)數據

淮南子校釋/張雙棣撰. —北京:中華書局,2024.5
(2025.2 重印)
(新編諸子集成續編)
ISBN 978-7-101-16599-9

Ⅰ.淮… Ⅱ.張… Ⅲ.《淮南子》-注釋
Ⅳ.B234.42

中國國家版本館 CIP 數據核字(2024)第 077861 號

責任編輯: 張 芃
責任印製: 管 斌

新編諸子集成續編
淮南子校釋
(全五册)
張雙棣 撰

*

中 華 書 局 出 版 發 行
(北京市豐臺區太平橋西里 38 號 100073)
http://www.zhbc.com.cn
E-mail:zhbc@zhbc.com.cn
三河市宏盛印務有限公司印刷

*

850×1168 毫米 1/32 · 96⅛印張 · 9 插頁 · 2070 千字
2024 年 5 月第 1 版 2025 年 2 月第 2 次印刷
印數:1501-3000 册 定價:428.00 元

ISBN 978-7-101-16599-9

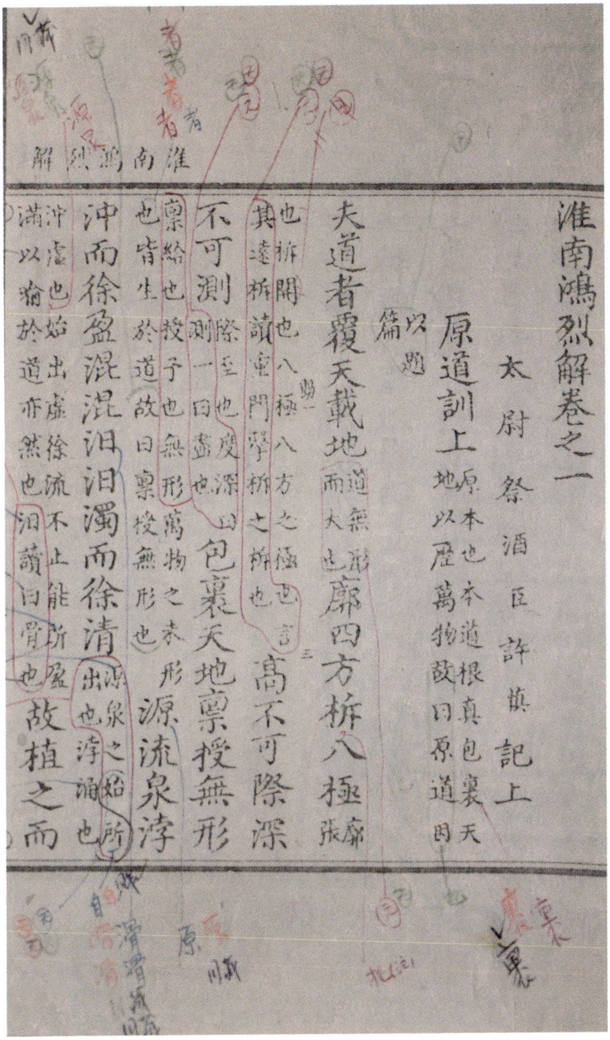
淮南鴻烈解

淮南鴻烈解卷之一

太尉祭酒臣許慎記上

原道訓上原本也本道根真包裹天地以歷萬物故曰原道因以題篇

夫道者覆天載地道無形而大也廓四方柝八極張廓也柝開也八極八方之極也言其遠柝讀重門擊柝之柝也高不可際深不可測際至也度深曰測一曰盡也包裹天地稟授無形稟給也授予也無形萬物之本也皆生於道故曰稟授無形也源流泉浡源泉之始所出也浡涌也沖而徐盈混混汩汩濁而徐清沖虛也始出虛徐流不止能漸盈滿以喻於道亦然也汩讀曰骨也故植之而

校釋用爲底本之涵芬樓影印明正統道藏本

不達注以未聞唯博物君子覽而詳之以勸後學者云爾

淮南鴻烈解卷第一

太尉祭酒臣許慎記上

原道訓

原本也本道根真包裹天地以歷萬物故曰原道因以題篇

夫道者覆天載地道无形而大也廓四方柝八極廓張也柝開也八極八方之極也言其遠柝讀重門擊柝之柝也高不可際深不可測際至也度深曰測一曰尽也包裹天地稟授無形稟給也授予也无形万物之未形也皆生於道故曰稟授无形也源流泉浡沖而徐盈混混汩汩濁而徐清原泉之始所出也浡涌也沖虛也始出虛徐流不止能所盈滿以喻於道亦然也汩讀曰骨也故植之而塞于天地橫之而彌于四海施之無窮而無所朝夕植立也塞滿也彌猶絡也施用也用之无窮竭也无所朝夕盛衰舒之幎於六合卷之不盈於一握舒散也幎覆也孟春与孟秋為合仲春与仲秋為合季秋与季春為合孟夏与孟冬為合仲夏与仲冬為合季夏与季冬為合故曰六合言滿天地間也一曰四方上下為六合不盈一握言微妙也約而

淮南鴻烈解卷之一

漢太尉祭酒許慎記上
後學劉績補註
後學王溥較刊

原道訓上

原本也本道根真包裹天地以歷萬物故曰原道因以題篇

夫道者覆天載地道無形而大也廓四方柝八極廓張也柝開也八極八方之極也言其遠柝讀重門擊柝之柝也高不可際深不可測際至也度深曰測測一曰盡也包裹天地禀授無形禀給也授予也無形萬物之未形也皆生於道故曰禀授無形也源流泉浡

明弘治辛酉劉績補注、王溥較刊本

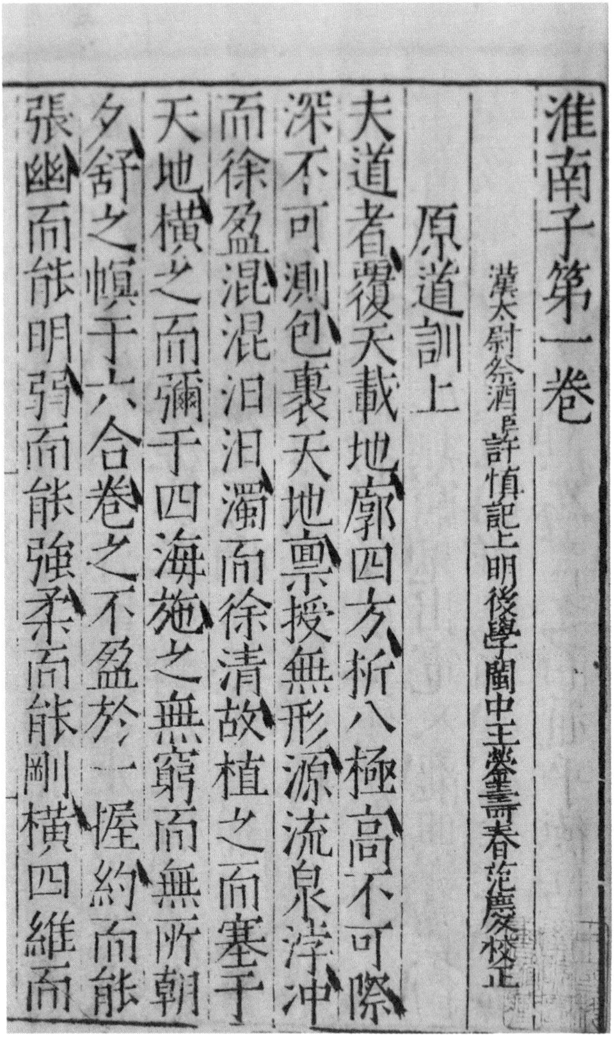

淮南子第一卷

漢太尉祭酒臣許慎記上　明後學閩中王鎣壽春范慶校正

原道訓上

夫道者覆天載地廓四方柝八極高不可際深不可測包裹天地禀授無形源流泉浡沖而徐盈混混汩汩濁而徐清故植之而塞于天地横之而彌于四海施之無窮而無所朝夕舒之幎于六合卷之不盈於一握約而能張幽而能明弱而能强柔而能剛横四維而

明嘉靖庚寅閩中王鎣等校正本

漢　汝南　許慎　記上

涿郡　高誘　註釋

明　臨川　朱東光　輯訂

寧陽　張登雲　參補

休寧　吳子玉　讎校

原道訓上原本也本道根真包裹天地以歷萬物故曰原道因以題篇

夫道者覆天載地廓四方柝八極廓張也柝開也八極八方之極也言其遠柝讀擊柝之柝也高不可際深不可測包裹天地稟授無形稟給也授予也無形萬物之未形也皆生於道故曰稟授無形也源流泉浡冲而徐盈混

明萬曆己卯臨川朱東光輯定中都四子本

淮南鴻烈解卷第一

漢河東高誘注　明西吳溫博茅一桂訂

原道訓原本也本道根眞包裹天地以歷萬物故曰原道因以題篇

夫道者覆天載地廓四方柝托八極廓張也柝開也八極八方之極高不可際深不可測際至也包裹天地稟授無形萬物之未形者皆生於道故曰稟授無形也源流泉浡沖而徐盈混混汩骨汩濁而徐清浡涌也沖虛也源泉始出虛徐流不止能漸盈滿以喻於道亦然也故植之而塞于天地橫之而彌于四海施之無窮而無所朝夕植立塞滿彌絡施用也用之無窮竭無所朝夕盛衰舒之幎

長洲章莒寫鄒邦彥刻

明萬曆庚辰西吳溫博、茅一桂刊本

淮南鴻烈解卷一

漢　淮南王劉安著　宜黃黃錫禧校

原道訓　原本也本道根眞包裹天地以歷萬物也

夫道者覆天載地廓四方柝八極　廓張也柝開也音托　高不可際深不可測　際至也　包裹天地稟授無形　萬物之未形者皆生於道　源流泉浡沖而徐盈混混汨汨濁而徐清　浡湧沖虛也　故植之而塞於天地橫之而彌於四海施之無窮而無所朝夕　植立塞滿彌絡施用也用之無窮竭無朝夕盛衰　舒之幎於六合卷之不盈於一握　舒散幎覆也四方上下爲六合　約而能張幽而能明

明宜黃黃錫禧刊本

新編諸子集成續編出版緣起

新編諸子集成叢書，自一九八二年正式啟動以來，在學術界特别是新老作者的大力支持下，已形成規模，成爲學術研究必備的基礎圖書。叢書原擬分兩輯出版，第一輯擬目三十多種，後經過調整，確定爲四十種，今年將全部出齊。第二輯原來只有一個比較籠統的規劃，受各種因素限制，在實施過程中不斷發生變化，有的項目已經列入第一輯出版，因此我們後來不再使用第一輯的提法，而是統名之爲新編諸子集成。

隨着新編諸子集成這個持續了二十多年的叢書劃上圓滿的句號，作爲其延續的新編諸子集成續編，現在正式啟動。它的立意、定位與宗旨同新編諸子集成一脈相承，力圖吸收和反映近幾十年來國學研究與古籍整理領域的新成果，爲學術界和普通讀者提供更多的子書品種和哲學史、思想史資料。

續編堅持穩步推進的原則，積少成多，不設擬目。希望本套書繼續得到海内外學者的支持。

中華書局編輯部

二〇〇九年五月

目録

第一册

第二册

第三册

第四册

第五册

初版自序

淮南子是漢代淮南王劉安集衆賓客所作，自名鴻烈，劉向校書時定爲淮南，隋書經籍志始稱之淮南子。

淮南子是繼吕氏春秋之後，集先秦諸子學説之大成而爲一家言的又一部大書，其内容牢籠天地，博極古今，是研究中國古代哲學、政治、軍事、思想的重要典籍，也是探尋古代天文、曆法、地理、物候、養生乃至文學、神話、民俗的寶藏，同時還是考察漢初語言的極珍貴的資料。

我研究淮南子，始於吕氏春秋。淮南子與吕氏春秋在思想體系上一脈相承，在内容上亦有許多相類之處。然其語言風格則有很大差異。二書比較研究，更能得其精髓。

我研究吕氏春秋，目的在於漢語史的研究。了一師、燕孫師多次强調漢語史研究應該以專書研究爲基礎，這樣才能得出扎實可靠的結論而避免泛泛而談。吕氏春秋除它在中國哲學思想史上的地位之外，在漢語史的研究上也是十分重要的。吕氏春秋是先秦惟一一部著作年代明確的典籍，又處於周、秦之交的過渡時期，語言頗具代表性。所以我把吕氏春秋作爲漢語史專書研究的首選書。在研究呂氏春秋的過程中，手邊幾乎没有離開過淮南子。淮南子的成書年代也是確定的，淮南王於建元二年（公元前一三九年）獻於漢武帝，與呂不韋將呂氏春秋懸於咸陽市門（公元前二三九年），整整相隔一百年。這一百年，經過秦統一六國及秦國覆滅、劉邦興漢等劇烈變革，語言必然發生很大變化。比較淮南子與呂氏春秋的語言，會嗅出這種變化的氣息。同時也可以看出地域和文體風格的特點。呂氏春秋作於秦地咸陽，多秦、晉古樸之風；淮南子作於淮南故楚之地，辭賦駢麗之氣濃重。語音及詞彙，淮南子亦多楚地方言的特色。研究呂氏春秋和淮南子的語言，對研究秦、漢語言的發展是很有意義的。

專書語言研究是研究漢語史的基礎，而對某一專書的整理研究，又是專書語言研究的基礎。

研究專書的語言，首先要確定好的版本。因爲一字一句的正誤，有時都是至關重要的。而好的版本的確定，最好是親手去校勘。這樣作雖費時費力，却是最可靠的。我作呂氏春秋研究就是以畢沅校本爲底本，對勘元至正本及十餘種明刊本。此次淮南子研究，在校勘方面尤其着力。因莊逵吉本清人多有微詞，劉文典集解本又因當時條件的制約仍以莊本爲底本，於道藏本、景宋本雖偶有提及，並未用以對勘，明代劉績等本亦尟爲利用。

故而我從頭做起，以正統道藏本爲底本，以景宋本、明劉績補注本等明本爲參照，並參考出土文字、古代類書及史傳舊注，詳勘細校。此次整理獲益良多，此於語言研究甚爲有用，亦可爲其他學科研究提供一可資利用的底本，費時費力亦是值得的。

作專書語言研究，必須徹底讀懂古人的書。而要做到這一點，參考和吸取前人的研究成果十分重要。我作呂氏春秋詞典（合作）及呂氏春秋詞彙研究之前，就參閲了不少前人的著作，先寫出了呂氏春秋譯注（合作）。此次淮南子研究，更是廣泛地搜集了前人的研究成果。這些成果對理解淮南子的文字是很有價值的。我把其中較爲重要的八十餘家之説集於一爐，擇其精善，去其蕪雜，加入本人讀書的一得之愚，與校勘合爲一處，而成淮南子校釋一書。

我的專書語言研究是與古籍整理研究緊密結合的。我覺得，只有親自動手去做這種古籍整理研究工作，語言研究才有堅實的基礎，才經得起推敲。燕孫師是既精於古籍整理研究又精於語言研究的典範，楊伯峻先生也是以整理論語、孟子爲前導，而作論語詞典、孟子詞典的。前輩的榜樣和經驗，晚輩應該學習和繼承。有人譏我這種做法過於愚頓，然我始終不悔。此種愚頓終較未深諳古人之意即大發議論的聰慧略實在一些。

這本淮南子校釋是我淮南子專書研究的第一步。此書對於閲讀和研究淮南子的人或許有些須用途，至少可以免却一些翻檢之勞，因此我願意把它奉獻出來，並求讀者和專家教正。

張雙棣　一九九二年冬至後三日於北京大學

凡例

一　本書以影印正統道藏本爲底本，校以景宋本、王溥本、王鎣本、朱本、茅本、葉本、汪本、吴本、張本、黄本、莊本、集解本等十二種有代表性之版本（詳見附録一淮南子校釋校勘所據版本）。

二　藏本淮南題爲淮南鴻烈解，今據隋書經籍志改淮南鴻烈爲通行名稱淮南子。藏本二十八卷，分原道、俶真、天文、地形、時則、主術、氾論七篇爲上下。漢書藝文志曰淮南内二十一篇，隋、唐之際以二十一篇爲二十一卷。今合上七篇以仍淮南之舊。

三　本書淮南本文與校釋分列，本文與校釋憑注碼聯繫。

四　淮南本文依校釋者句讀加新式標點。本文每篇較長，分爲若干段，校釋與之相配。

五　校釋分四部分：一爲高注或許注；一爲版本，列各種版本及校釋者校改之情況；一爲箋釋，列各家箋釋校説及校釋者按語；一爲用韻，説明淮南本文用韻之情況。

六　高、許注位置一仍其舊。絶句有誤者，如有版本可據，亦偶有變動。

七　諸家校箋多就莊本、集解本爲言，故凡莊本、集解本與藏本不同之情況，盡於版本一欄中列出。其他各本有參考價值之異文，亦録以備考，明顯譌誤及有意删削增補者，則略而不言。

八　凡藏本有誤，且有版本可據者則逕改，並於版本一欄中説明；無版本根據者，一般只於版本一欄中説明，偶有改正者則誤字删削字加（　）且用小號字體，正字增補字則加［　］。

九　本書引用各家箋釋凡八十有九家（詳見附録二淮南子校釋徵引各家箋釋）。凡校釋者認爲於讀者有可參考者，不論校釋者意見如何，盡皆收録，否則不採。各家意見相同者，若論據有異則皆録，否則僅出證據充分者，餘則曰與某某同。每注之下出現二家以上者，依作者生年或著作前後爲序，校釋者有所識見，則附於箋釋之末。

十　新近出土之文字資料如帛書、簡書與相關之古籍如吕覽、文子及隋唐宋元之類書、舊注、字書之所引淮南，均爲校釋之重要參考。

十一　藏本所用之俗體字，一般改爲正體，如「恠」改爲「怪」，「壃」改爲「疆」。所引箋釋中文字，多依各家原文。附録中文字一般使用正體字。

高誘淮南鴻烈解敘〔一〕

淮南王名安〔二〕，厲王長子也。長，高皇帝之子也。其母趙氏女〔三〕，爲趙王張敖美人。高皇帝七年，討韓信於銅鞮，信亡走匈奴，上遂北至樓煩。還，過趙，不禮趙王。趙王獻美女趙氏女〔四〕，得幸，有身。趙王不敢内之於宫，爲築舍于外。及貫高等謀反發覺，并逮治王，盡收王家及美人，趙氏女亦與焉。吏以得幸有身聞上〔五〕，上方怒趙王，未理也。趙美人弟兼，因辟陽侯審食其言之吕后，吕后不肯白，辟陽侯亦不强争。及趙美人生男，恚而自殺。吏奉男詣上，上命吕后母之。封爲淮南王。暨孝文皇帝即位，長弟上書願相見。詔至長安，日從游宴，驕蹇如家人兄弟。怨辟陽侯不争其母於吕后，因椎殺之。上非之，肉袒北闕謝罪，奪四縣。還歸國，爲黄屋左纛，稱東帝，坐徙蜀嚴道〔六〕，死於雍。上閔之，封其四子爲列侯。時民歌之曰：「一尺繒，好童童；一升粟，飽蓬蓬；兄弟二人，不能相容〔七〕。」上聞之曰：「以我貪其地邪？」乃召四侯而封之，其一人病薨，長子安襲封淮南王，次爲衡山王，次爲廬江王。太傅賈誼諫曰：「怨讎之人，不可貴也。」後淮南、衡山卒反，如賈誼言。

初，安爲辯達〔八〕，善屬文。皇帝爲從父，數上書，召見。孝文皇帝甚重之，詔使爲離騷賦〔九〕，自旦受詔，日早食已。上愛而祕之〔一〇〕。天下方術之士多往歸焉。於是遂與蘇飛、李尚、左吴、田由、雷被、毛被、伍被、晉昌等八人及諸儒大山、小山之徒，共講論道德，總統仁義，而著此書。其旨近老子，淡泊無爲，蹈虛守静，出入經道。言其大也，則燾天載地〔一一〕；説其細也，則淪於無垠，及古今治亂存亡禍福，世間詭異瓌奇之事。其義也著，其文也富，物事之類〔一二〕，無所不載，然其大較歸之於道，號曰鴻烈。鴻，大也；烈，明也；以爲大明道之言也。故夫學者，不論淮南〔一三〕，則不知大道之深也。是以先賢通儒述作之士，莫不援采以驗經傳。以父諱長，故其所著，諸長字皆曰脩。光禄大夫劉向校定撰具，名之淮南。又有十九篇者，謂之淮南外篇。自誘之少，從故侍中同縣盧君受其句讀，誦舉大義。會遭兵災，天下棊峙，亡失書傳，廢不尋脩，二十餘載。建安十年，辟司空掾，除東郡濮陽令。覩時人少爲淮南者，懼遂陵遲，於是以朝餔事畢之間，乃深思先師之訓，參以經傳道家之言，比方其事，爲之注解，悉載本文，并舉音讀。典農中郎將弁揖借八卷刺之〔一四〕，會揖身喪，遂亡不得。至十七年，遷監河東，復更補足。淺學寡見，未能備悉，其所不達，注以未聞。唯博物君子覽而詳之，以勸後學者云爾。

校釋

〔一〕【版本】王鎣本高敘無全文，稱「序略」。吴本稱「淮南子舊敘」，莊本、集解本作「敘目」，敘文後有二十一篇目次。

〔二〕【版本】張本、吴本、莊本、集解本「王」作「子」，餘本（不含王鎣本）同藏本。

【箋釋】雙棣按：「子」字誤，古無稱淮南王劉安爲「淮南子」者。劉氏書本稱鴻烈，劉向校定稱爲淮南，隋書經籍志始稱淮南子。「王」誤爲「子」始於張烒如本。莊本謂因錢坫所藏道藏本爲校，實爲妄矣。道藏本作「王」，何獨莊氏因之而作「子」乎？顧廣圻云：「錢實未見道藏，所見校道藏本也。」千里所云蓋是矣，莊本多有與道藏不合者，藏本是而莊本非。

〔三〕【箋釋】莊逵吉云：漢書淮南王傳不云趙氏女，而云其弟趙兼。

〔四〕【箋釋】莊逵吉云：應云「獻美人趙氏女」，此「女」字疑譌。○向承周云：此當讀「獻美女趙氏」爲句，「女得幸有身」爲句，莊氏失其句讀而妄爲之説。○雙棣按：莊説是。「美女」當作「美人」。前後文皆稱「美人」，不稱「美女」。向説無理。上文謂「其母趙氏女」，下文云「美人趙氏女」，皆可證當「趙氏女」連讀。

〔五〕【版本】景宋本、茅本、葉本、汪本、黄本「以」下有「其」字，餘本同藏本。

〔六〕【版本】張本、吴本、莊本、集解本「嚴」作「巖」，餘本同藏本。

【箋釋】莊逵吉云：古巖、嚴字通。○雙棣按：藏本作「嚴」，而莊本作「巖」，且云「巖、嚴字通」，可見其所據非真藏本也。又史記、漢書本傳皆作「嚴道」。

〔七〕【箋釋】莊逵吉云：本傳作「一尺布，尚可縫，一斗粟，尚可舂。兄弟二人不相容」。○雙棣按：史記本傳「不」下有「能」字。

〔八〕【版本】王溥本、張本、吴本、莊本、集解本「辯」作「辨」，餘本同藏本。

〔九〕【箋釋】莊逵吉云：本傳作「使爲離騷傳」。○孫詒讓云：此自作賦，與本傳不同。文心雕龍神思篇云「淮南崇朝而賦騷」，即本高敘。○雙棣按：漢書本傳謂使爲離騷傳者乃武帝。王逸楚辭章句序亦云：「至于孝武帝，恢廓道訓，使淮南王安作離騷經章句，則大義粲然。」章句與傳義相當。淮南王於孝武帝時所爲者，當爲傳或章句。此所云乃孝文帝時，如孫氏云「此自作賦」，或是。作賦可「旦受詔，早食已」，而爲章句、爲傳豈可如此之速？

〔一〇〕【版本】朱本、葉本、張本、吴本、莊本、集解本「祕」作「秘」，餘本同藏本。

【箋釋】雙棣按：漢書本傳謂「愛而祕之」者爲武帝，所愛而祕之者非離騷傳，乃劉安新出之淮南内篇，與高敘不同。又：「秘」爲「祕」之通行俗字。

〔一一〕【版本】景宋本「載」作「戴」，餘本同藏本。

〔一二〕【版本】藏本「之」作「其」，茅本、葉本、張本、吴本、黄本、莊本、集解本作「之」，今據改，餘本同藏本。

〔三〕【箋釋】雙棣按：說山篇高注：「論，知也。」呂氏春秋直諫篇高注：「論，猶知。」

〔四〕【版本】景宋本「揖」作「楫」，餘本同藏本。

【箋釋】莊逵吉云：弁，古卞字，人姓名。○孫詒讓云：林寶元和姓纂九卞姓云：「濟陰冤句人，魏卞揖生統，爲晉瑯琊内史。生粹，中書令。（此下據晉書卞壼傳當有「粹生壼」云云，永樂大典本挩。）子眕、盱、眈、瞻。」然則此弁揖即卞揖，（漢隸書弁字多作卞，後遂變爲卞，莊校是也。）爲壼之曾祖。晉書壼傳所載世系，止詳統、粹官爵，而不及揖，此可以補其闕。

淮南子校釋卷第一

原道訓〔一〕

夫道者，覆天載地〔二〕，廓四方，柝八極〔三〕，高不可際，深不可測〔四〕，包裹天地，稟授無形〔五〕。源流泉浡，沖而徐盈，混混汩汩，濁而徐清〔六〕。故植之而塞于天地，横之而彌于四海，施之無窮而無所朝夕〔七〕。舒之幎於六合，卷之不盈於一握〔八〕。約而能張，幽而能明〔九〕，弱而能强，柔而能剛〔一〇〕。横四維而含陰陽〔一一〕，紘宇宙而章三光〔一二〕。甚淖而滒，甚纖而微〔一三〕。山以之高，淵以之深，獸以之走，鳥以之飛，日月以之明，星歷以之行，麟以之游，鳳以之翔〔一四〕。

泰古二皇，得道之柄，立於中央〔一五〕，神與化游，以撫四方〔一六〕。是故能天運地滯，輪轉而無廢〔一七〕，水流而不止，與萬物終始〔一八〕。風興雲蒸，事無不應〔一九〕；雷聲雨降〔二〇〕，並應無窮〔二一〕；鬼出電入，龍興鸞集〔二二〕；鈞旋轂轉，周而復匝〔二三〕；已彫已琢，還反於樸〔二四〕。無爲爲之而合于道，無爲言之而通乎德〔二五〕，恬愉無矜而得于和〔二六〕，有萬不同而便于性〔二七〕，神託于秋毫之末〔二八〕，而大與宇宙之總〔二九〕。其德優天地而和陰陽〔三〇〕，節四時而調五行〔三一〕。呴諭覆育，萬物群生〔三二〕，潤于草木，浸于金石〔三三〕，禽獸碩大，毫毛潤澤，羽翼奮也〔三四〕，角觡生也〔三五〕，獸胎不贕，鳥卵不殈〔三六〕，父無喪子之憂，兄無哭弟之哀〔三七〕，童子不孤，婦人不孀〔三八〕，虹蜺不出，賊星不行〔三九〕，含德之所致也〔四〇〕。

夫太上之道，生萬物而不有〔四一〕，成化像而弗宰〔四二〕。跂行喙息〔四三〕，蠉飛蝡動〔四四〕，待而後生，莫之知德〔四五〕，待而後死，莫之能怨〔四六〕。得以利者不能譽，用而敗者不能非。收聚畜積而不加富〔四七〕，布施稟授而不益貧〔四八〕。旋縣而不可究，纖微而不可勤〔四九〕。累之而不高〔五〇〕，墮之而不下，益之而不衆，損之而不寡，斲之而不薄，殺之而不殘，鑿之而不深，填之而不淺〔五一〕。忽兮怳兮，不可爲象兮；怳兮忽兮，用不屈兮〔五二〕；幽兮冥兮，應無形兮；遂兮洞兮，不虚動兮〔五三〕；與剛柔卷舒兮，與陰陽俛仰兮〔五四〕。

校釋

〔一〕【高注】原，本也。本道根真，包裹天地，以歷萬物，故曰原道，因以題篇。

【版本】藏本注「裹」作「裹」，王溥本、朱本、茅本、葉本、汪本、張本、黄本、莊本、集解本作「裹」，今據改，景宋本同藏本。

【箋釋】陶方琦云：序目有「因以題篇」語，乃高注本也，與舊輯許君殘注本較之，説多異。○姚範云：疑「訓」字高誘自名其注解，非淮南篇名所有，即誘序中所云「深思先師之訓」也。要略無「訓」字。○雙棣按：書中高誘注多次言及篇名，均無「訓」字，如天文篇「天傾西北，故日月星辰移焉」高注：「原道言地东南傾。」無「訓」字，俗本有「訓」字乃後人所加。精神篇「人大怒破陰，大喜墜陽」高注：「已説在原道也。」無「訓」字。莊本「也」作「訓」乃茅本所改。又要略篇言及各篇名者，亦無「訓」字，姚説是。

〔二〕【高注】道無形而大也。

〔三〕【高注】廓，張也。柝，開也。八極，八方之極也，言其遠。柝，讀重門擊柝之柝也。

【箋釋】顧廣圻云：「柝」字無二音，高氏讀從擊柝，則亦作「斥」字明矣。作「柝」者蓋涉注文而誤也。○陶方琦云：大藏音義十五引許注：「㡿，拓也。」按：大藏音義引許叔重淮南子注云，是許本當作「斥」，説文作「㡿」正同。列子黄帝篇「揮斥八極」，亦作「斥」。○易順鼎同陶説，云：正文當作「㡿」，不當作「柝」，「㡿」即古「斥」字。○吴承仕云：唐卷子本玉篇「厈」字注引此文，並引許注云：「厈，拓也。」葉德輝曰：「慧琳一切經音義引作『㡿，拓也。』㡿疑厈之異文。」按：高本用假字作「柝」。許本用正字作「㡿」，訓開訓拓皆是也。説文正作「㡿」。古銅器款識或省作「厈」。今隸爲「斥」，即從其形。故玉篇作「厈」，而音義皆爲「㡿」也。葉氏以正文爲異文，其說不了。

〔四〕【高注】際，至也。度深曰測，一曰盡也。

【箋釋】馬宗霍云：説文𨸏部云：「際，壁會也。」壁會謂兩牆相合之縫，引申之，凡兩相接合皆曰際，爾雅釋詁、小爾雅廣言並云：「際，接也。」左氏昭公四年傳「叔孫爲孟鍾曰爾未際」杜預注、孟子萬章篇下「敢問交際何心也」趙岐注，亦並訓「際」爲「接」。本文「高不可際」，蓋謂高不可接耳。高氏訓「際」爲「至」，案遠可言至，高則似以訓接爲長。○向承周云：高注之「一曰」多即許說。此高既訓「際」爲「至」，則必訓「測」爲「盡」。「度深曰測」乃許說耳。「測，盡也。」一曰，度深曰測。」今本錯置耳。說文曰：「測，深所至也。」即「度深曰測」之意。○何寧與向說同。○雙棣按：向謂說文「測，深所至也」即「度深曰測」之意，非。「深所至」即「盡」意，段玉裁云：深所至謂之測，度其深所至亦謂之測。「度深曰測」即「度其深所至謂之測」也。

【用韻】「測、極」職部。

〔五〕【高注】稟，給也。授，予也。無形，萬物之未形也。皆生於道，故曰稟授無形也。

【版本】茅本、汪本、張本、黄本、莊本、集解本注「形」下「也」字作「者」，景宋本、王溥本、朱本、葉本同藏本。

【箋釋】馬宗霍云：此之「無形」，疑指道之本體言。蓋萬物之生，雖資於道，而道之所給予於萬物者，固無形兆之可尋也。亦即老子所謂「衣養萬物而不爲主」之意。稟之授之，猶衣之養之也。高注以「無形」爲「萬物之未形者」，似未允。○雙棣按：稾授無形與包裹天地爲對文，其主體爲道，天地、無形皆道之受事。馬説「無形」指道，恐非。高注「無形，萬物之未形也」，即未成形之萬物也，茅本等「也」作「者」，乃謂萬物中之無形者也，義則異矣。非本文及高氏之本意。

〔六〕【高注】源，泉之始所出也。浡，涌也。沖，虚也。始出虚徐，流不止，能漸盈滿，以喻於道亦然也。汩讀曰骨也。

【版本】莊本、集解本「源」作「原」，「汩汩」作「滑滑」，餘本同藏本。莊本、集解本注無「始」字，「所」下有「自」字，王溥本無「始」字，景宋本、朱本同藏本。莊本、集解本注「涌」作「湧」。茅本、汪本、張本注「始出」上有「源泉」二字。藏本注「漸」作「所」，茅本、汪本、張本、集解本作「漸」，今據改，景宋本同藏本，王溥本無此字，朱本作「及於」。

【箋釋】吴承仕云：劉泖生景寫北宋本、朱東光中立四子本，並作「原，泉之始所出也」。案：宋本、朱本是也。説文：「原，水本也。」記月令：「命有司祈祠山川百源。」注：「衆水始所出爲百源。」與此文例同。且注文又有「始出虚徐流不止」之語，更足證莊本之非矣。○楊樹達云：浡，説文作「沸」，水部云：「沸，畢沸，濫泉也。」詩小雅采菽云：「觱沸檻泉。」觱沸即畢沸，許君用今文詩也。毛傳云：「觱沸，泉出貌。」爾雅釋水云：「濫泉，正出；正出，涌出也。」高訓浡爲涌，涌湧字同，與爾雅説正合。漢書司馬相如傳載上林賦云：「潷弗宓汩。」弗與沸同，史記相如傳作「潷浡滵汩」。史記以浡爲沸，與淮南正同。又「沖」字本作「盅」。説文皿部云：「盅，虚器也。」

從皿，中聲。」「沖」以音同通假。又說文水部云：「混，豐流也。」孟子離婁篇云：「原泉混混，不舍晝夜。」字或作「渾」。荀子富國篇云：「財貨渾渾如泉源。」今作「滾」。唐人詩云：「不盡長江滾滾來。」滑讀爲㲽。說文十一篇下川部云：「㲽，水流也。」廣雅釋訓云：「㲽㲽，流也。」字或作汩（字從曰，不從日），方言：「汩，疾行也。」郭注云：「汩汩，急貌。」莊子齊物論釋文云：「滑，向本作汩。」荀子正名、成相二篇注並云：「滑與汩同。」知骨聲、曰聲字古多通作矣。高注云：「滑讀曰骨。」「汩」今讀正與「骨」同。易林同人之既濟云：「涌泉滑滑。」○雙棣按：說文：「沖，涌摇也。」非此文之義。高訓爲虛，楊謂本作「盅」，是。說文：「盅，器虛也。」老子曰：『道盅而用之。』」今本老子第四章作「道沖而用之或不盈」，帛書老子乙本亦作「道沖」，「盅」之借作「沖」久矣，非後人所改也。又吴氏引景宋本、朱東光本「源」作「原」，誤，二本皆作「源」。

【用韻】「滓、汩」物質合韻，「形、盈、清」耕部。

〔七〕【高注】植，立也。塞，滿也。彌，猶絡也。施，用也。用之無窮竭也，無所朝夕盛衰。

【箋釋】馬宗霍云：周禮地官遂人「與其施捨者」，鄭玄注云：「施讀爲弛。」本文之「施」亦與「弛」同。說文弓部云：「弛，弓解也。」又云：「引，開弓也。」弓開則弦張，弓解則弦弛，張弛互相爲用。故「弛」引申之義則爲「引」。爾雅釋詁上：「矢，引也。」釋詁下：「矢，弛也。」即「弛」可通「引」之證也。釋詁下又云：「弛，易也。」郭璞注云：「相延易。」是「弛」之義又通於「延」，故「施」亦與「延」通。詩大雅旱麓：「施于條枚。」韓詩外傳二、呂氏春秋知分篇引「施」並作「延」。後漢書黄琬傳注引新序引此詩亦同，皆其證。引之延之，並有無窮之意。本書修務篇「名施後世」，高氏彼注亦訓「施」爲「延」，本文「施」字自以訓「引」訓「延」爲當。上文「植之」、「横之」，下文「舒之」、「卷之」，與本文「施之」，皆以言道之體，而非言道之用。高氏訓「施」爲用，失之矣。「無所朝夕」者，乃申「無窮」之義，無窮指謂時間，言不可以朝夕計也。高氏以「盛衰」二字釋「朝夕」，亦非。○于大成云：大戴禮記曾子大孝篇曰：「夫孝，置之而塞於天地，衡之而衡於四海，施諸後世而無朝夕。」（禮記祭義引曾子亦有此文，兩「於」字作「乎」，上「衡」字作「溥」。）即此文所本，特彼説孝而此遂以説道耳。○雙棣按：馬説是。此處皆以有形之言釋無形之道體，使人易憭，非謂道之用也。説文：「施，旗皃。」段玉裁注：「施，即延之叚借。」「施」之借爲「延」乃古之常訓。高誘亦於本經「德澤施於方外」、脩務「名施後世」並注爲：「施，延也。」

〔八〕【高注】舒，散也。幎，覆也。孟春與孟秋爲合，仲春與仲秋爲合，季春與季秋爲合，孟夏與孟冬爲合，仲夏與仲冬爲合，季夏與季冬爲合，故曰六合，言滿天地間也。一曰：四方上下爲六合。不盈一握，言微妙也。

【版本】藏本注「季春與季秋」之「與」作「爲」，景宋本、王溥本、朱本、葉本、莊本、集解本作「與」，今據改。

【箋釋】雙棣按：高注「六合」似以「一曰」爲是。吕氏春秋審分高誘注正作「四方上下也」。

【用韻】「地、海」歌之合韻，「夕、握」鐸屋合韻。

〔九〕【高注】言道能小能大，能昧能明。

〔一〇〕【高注】道之性也。

〔一一〕【高注】横讀桄車之桄。

【箋釋】桂馥云：一切經音義云：「桄，聲類作輄，車下横木也。今車牀及梯轝横木皆曰桄。」是也。○吴承仕云：注當作「横讀車桄之桄」，各本誤倒耳。玄應成實論音義云：「桄，聲類作輄，車下横木也，今車牀梯下横木皆曰桄。」此注讀横與車桄之「桄」同。書堯典「光被四表」，「光」或作「横」，戴震説「光」爲形譌；王引之以「光」、「桄」、「横」同聲通用，是也。正宜以淮南高讀證之。○雙棣按：横訓爲充，充滿也。禮記孔子閒居「以横於天下」鄭玄注：「横，充也。」漢書禮樂志「横泰河」顏師古注：「横，充滿也。」此文「横四維」即充滿四維也。天文篇云：「東北爲報德之維，西南爲背陽之維，東南爲常羊之維，西北爲蹏通之維。」高誘注：「四角爲維也。」

〔一二〕【高注】紘，綱也。若小車蓋，四維謂之紘，繩之類也。四方上下曰宇，古往今來曰宙，以諭天地。章，明也。三光，日月星。

【箋釋】莊逵吉云：「三光，日月星。」李善文選注作許慎注。説文解字：「維，車蓋維也。」鄭康成注雜記云：「冠有笄者爲紘，紘在纓處，兩端上屬，下不結。」紘非正義，故誘讀從之。○陶方琦云：文選潘岳西征賦注、司馬彪贈山濤詩注引許本作「夫道含吐陰陽而章三光」，引許注作「三光，日月星也」。按：文子道原作「含陰吐陽而章三光」。文選注所引許本正同。賈逵國語注曰：「三光，日月星也。」此用舊訓，故許與高同。○劉家立云：綱乃維字之誤，地形篇「八夤之外而有八紘」，高注：「紘，維也。」是其證。鄭良樹云：「古往今來」當作「往古來今」。天文篇「宇宙生氣」，高注曰：「宙，往古來今也。」齊俗篇曰：「往古來今謂之宙。」尸子卷下：「往古來今曰宙。」皆其證。說文繫傳十四、韻府羣玉十六引此注「古往」作「往古」，尤其明證。○于大成云：莊子庚桑楚釋文引三蒼亦云：「往古來今曰宙。」文子自然篇亦作「往古來今」。文子用本書齊俗篇文。說山篇高注亦云：「往古來今曰宙。」說文繫傳、韻府羣玉引亦作「往古來今」，與齊俗合。唯二書所引，迺齊俗篇文，鄭君謂引此注，非是。呂氏春秋下賢篇「神覆宇宙而無垺」，高注亦云：「往古來今曰宙。」○雙棣按：文選班固東都賦注、典引注、木華海賦注、袁宏三國名臣序贊注引淮南與今本同；東都賦注、三國名臣序贊注及枚乘上書諫吳王注引高注亦與今本同。又按：說文：「紘，冠卷也。」即繫冠之繩帶。「維，車蓋維也。」桂馥曰：「謂繫蓋之繩也。」「綱，維紘繩也。」朱駿聲曰：「綱者，維綱之大繩也。」觀高注「若小車蓋」，「紘」似當以訓維爲是，「綱」或如劉說爲維字之誤。然訓綱亦可通。綱、維皆繩也，且皆引申爲動詞維繫之義，與此處義合。

【用韻】「張、明、强、剛、陽、光」陽部。

〔一三〕【高注】滒，亦淖也。夫饘粥多瀋者謂滒，滒讀歌謳之歌。

【箋釋】莊逵吉云：說文解字：「滒，多汁也。讀若哥。」古哥、歌同字。○李哲明云：廣雅釋言：

「湑，淖也。」儀禮士虞禮「嘉薦普淖」注：「和也。」莊子逍遥遊篇「淖約若處子」，李云：「淖約，柔弱皃。」然則此云甚淖而湑，亦狀其柔和之意，與纖微對文，注「多瀋」之説頗與説文「湑，多汁也」合，而非此文之本義。兵略篇「湑淖纖微」，字義並與此同。○向承周云：淖猶弱也。管子水地篇「水淖弱以清」，（文選運命論注引作「淖溺」。）是其義。湑爲饘粥多瀋，亦狀其柔弱之意。此二句對舉，猶言柔弱而纖微耳。下文「淖溺流遁」，又云「夫水所以能成其至德於天下者，以其淖溺潤滑也」，「淖溺」亦與「淖弱」同。

〔一四〕【高注】以，用也。游，出也。大飛不動曰翔也。

【版本】藏本「鳳以之」作「鳳之以」，景宋本、王溥本、王鎣本、朱本、茅本、葉本等均作「鳳以之」，今據乙轉。

【箋釋】于大成云：「日月」二句當在「鳳以之翔」之下。山、淵、獸、鳥、麟、鳳、日月、星曆，以類相從也。文子道原篇用此文，「麟、鳳」二句正在上，當據正。○雙棣按：「淵以之深」，「深」字當爲「回」字之誤。此云得道而具有之特性，「山」之特性爲高，「獸」之特性爲走，「鳥」之特性爲飛，然「淵」之特性非爲「深」。説文：「淵，回水也。」淵是回旋之水，其特性乃回旋。且作「深」又與上下失其韻。

【用韻】「微、回、飛」微部，「明、行、翔」陽部。

〔一五〕【高注】二皇，伏犧、神農也。指説陰陽故不言三也。

【箋釋】陶方琦云：太平御覽七十七引許注：「庖犧、神農。」按：此高氏亦承用舊例，故與許同。説文「𡙡」字下云：「讀若易虙羲氏。」「逯」字下云：「讀若虙羲氏之虙。」繆稱訓「昔二皇鳳至于庭」，御覽九百十五引許注：「二皇，虙羲、神農。」與此注同。

〔一六〕【高注】撫，安也。四方謂之天下也。

【箋釋】俞樾云：撫，讀爲幠。説文巾部：「幠，覆也。」古書或以撫爲之。荀子宥坐篇「勇力撫世，守之以怯」，楊倞注曰：「撫，掩也。」掩即覆也。此云「以撫四方」，猶言「以覆四方」。上文云「舒之幎於六合」，高誘注曰：「幎，覆也。」幠、幎同義。作「撫」者，假字耳。高注「撫，安也」，失之。〇雙棣按：此「以撫四方」謂伏羲、神農，上文「舒之幎於六合」謂道，二者不可一律而視，高注「撫，安也」，亦可。

【用韻】「皇、央、方」陽部。

〔一七〕【高注】運，行也。滯，止也。廢，休也。

【箋釋】莊逵吉云：古「滯、廛」聲相轉，故周禮質人「珍異之有滯者」注：「故書滯或作廛。」廛之言纏，故「廛」有止訓。「滯」之音義皆從之。〇于鬯云：莊引「質人」，誤，當作「廛人」。彼鄭康成注「故書滯或爲廛」，實尚可疑，説見鬯校周禮卷。而「滯」與「廛」固一聲之轉，亦不可誣也。則「滯」無不可讀爲「纏」。竊謂如莊氏言，却合今人地行之説。地行軌道，圖之正成纏繞之形，不必復訓廛爲止。且訓止之義，滯字自明，從「纏」字轉出止義，反不能明。「纏」自繞義，非止義。説文糸部云：「纏，繞也。」是也。既讀「滯」爲「纏」，即當從「纏」字生義，曰地纏，非地行而何？且云輪轉而無廢，輪轉二字統承天地言。若地止，何以云輪轉乎？讀滯爲纏，自協淮南文義，則地行之説，儻漢人已悟及乎？○楊樹達云：滯，説文訓「凝」。楚辭九歎注云：「凝，止也。」滯自有止義，莊校讀爲「壥」，似失之迂。然釋地滯爲地止，乃與上文「天運」，下文「輪轉而無廢，水流而不止」義恰相反。如讀「滯」爲「纏」，而以今日地球繞日之説説之，不失爲勝義，惜莊氏不及此耳。○何寧云：釋地滯爲地止，是也。輪自繞軸而轉，無軸之止，則輪不可轉，猶地滯而天運也，故以爲喻，與古説合，非輪轉水流喻地滯也，其義不反。于、楊二氏讀滯爲纏，欲以二千年後之地行説説之，矜爲勝義，莊氏猶不及，而謂漢人知之，信乎？○雙棣按：文子道原篇「地滯」作「地壥」，徐靈府注：「天運，動也；地壥，静也。」言聖人能法天地之動静，與萬物之終始。」此文「是故能天運地滯，輪轉而無廢，水流而不止，與萬物終始」蓋作一句讀，「天運地滯」作一事理解。古者蓋天説，謂天運轉而地不動，此即若「輪轉而無廢，水流而不止」，永遠如此。莊子天道：「其動也天，其静也地。」天運：「天其動乎，地其處乎？」正謂此「天運地滯」之義。

〔一八〕【用韻】「滯、廢」月部。

〔一九〕【用韻】「止、始」之部。【高注】應，當也。

【用韻】「蒸、應」蒸部。

〔二〇〕【箋釋】楊樹達云：白虎通禮樂篇云：「聲者，鳴也。」

〔二一〕【高注】窮，已也。

【用韻】「降、窮」冬部。

〔二二〕【高注】鬼出，言無蹤跡也。電入，言其疾也。

【箋釋】陳昌齊云：電入，文選陸倕新刻漏銘注引作「神入」。○馬宗霍云：高氏以「疾也」釋「電入」，則高所據本自是「電」字，謂疾如電光之激燿也。新刻漏銘原有「鬼出神入」之語，而李善注引淮南證之，則李所據本自是「神」字，蓋正欲證陸倕銘文之本於淮南耳。尋「神」、「電」異文之故，説文示部神之篆文作「□」，「天神引出萬物者也，從示，申聲」。雨部電之古文作「□」，「從雨，從申」。小徐本作「從雨，申聲」。段玉裁謂：「電自其引申言，申亦聲也。」申部云：「申，神也。」籀文作「□」。又部云：「□，引也，從又，□聲，□古文申。」虫部虹之籀文作「□」，「從申。申，電也」。據此，「神」與「電」同從申聲。「申」之義爲神，又爲電，「申」之古籀同作「□」，而「神」篆所從之「申」與古籀合。余疑古者「神」、「電」二字蓋皆假申爲之，傳寫遂有作「電」、作「神」之異耳。作「神」或是許慎注本，亦未可知。然淮南本篇上文云「風興雲蒸」，又云「雷聲雨降」，風雲雷雨相與爲類。爾雅釋天云：「疾雷爲霆。」穀梁隱公九年傳云：「電，霆也。」是電亦雷之類也。則本文「電入」似以作「神入」爲長，鬼與神亦自爲類也，若作「電」，則犯上文矣。○

雙棣按：此文「電」當作「神」，覽冥篇「日行月動，星耀而玄運，電奔而鬼騰」，「神」亦誤作「電」。參見覽冥篇九〇六頁注〔一三〕。

【用韻】「入、集」緝部。

〔二三〕【高注】鈞，陶人作瓦器法，下轉旋者。一曰，天也。

【版本】莊本、集解本「匝」作「帀」，景宋本、王溥本、王鎣本、朱本、茅本等均同藏本。

【箋釋】陶方琦云：慧琳大藏音義十一引許注：「鈞，陶法也。」按：高注中前一説即許義。大藏音義所引許注當是約文。（漢書注「陶家名模下圓轉者爲鈞也」。）○馬宗霍云：説文帀部云：「帀，周也。從反㞢而帀也。」段玉裁曰：「反㞢，謂倒㞢也。凡物順逆往復，則周徧矣。」○蔣禮鴻云：「鈞」與「轂」文相對，當從前説爲是。○雙棣按：此段自「是故能天運地滯」至「還反於樸」，皆兩兩用韻，滯、廢，月部；止、始，之部；蒸、應，蒸部；降、窮，冬部；入、集，緝部；琢、樸，屋部。唯此轉，匝無韻，疑此「匝」字當爲「反」字之誤，轉、反，元部。「反」與「帀」形近而誤。帀又轉寫作「匝」。且「周而復反」爲常語，作「復匝」則不辭。又陶引漢書注爲張晏曰。顔師古辨之曰：「陶家名轉者爲鈞，蓋取周回調鈞耳。」

【用韻】「轉、反」元部。

〔二四〕【用韻】「琢、樸」屋部。

〔二五〕【高注】言二三之化，無爲爲之也，而自合於道也。無所爲言之，而適自通於德也。

【版本】藏本注「而」下「自」字作「言」，王溥本、朱本、茅本、汪本、莊本、集解本作「自」，今據改，景宋本、葉本同藏本。莊本、集解本注兩「於」字作「于」。王溥本注無「之」下「也」字、「適」字。

【箋釋】吴承仕云：二三之化，三當作王，王皇舊多通假。上文泰古二皇，注云：「二皇，伏羲、神農也。指説陰陽，故不言三也。」此注「二王之化」，正承上文言之，今作「三」者，形近而誤。又「無爲爲之也」，「也」字疑衍。○向承周云：韓非子外儲説左上引書曰：「既雕既琢，還歸其樸。」莊子山木篇：「奢聞之，既雕既琢，復歸其朴。」此淮南所本。○于大成云：此文「乎」當作「于」，乃上下一律。高誘注「而適自通于德也」，正用正文「于」字。諸子類語二引此，「乎」正作「于」。○蔣禮鴻云：莊子天地篇：「無爲爲之之謂天，無爲言之之謂德。」此淮南所本。

〔二六〕【高注】恬愉，無所好憎也。無矜，不自大也。

【版本】景宋本「矜」作「矝」，餘本同藏本。葉本、張本、黄本、莊本、集解本「于」作「於」，景宋本、王溥本、王鎣本、朱本、茅本、汪本同藏本。

【箋釋】于大成云：説文：「矜，矛柄也。从矛令聲。」段注曰：「各本篆作矜，解云今聲，今依漢石經論語、溧水校官碑、魏受禪表皆作矝正之。毛詩與天、臻、民、旬、填等字韻，讀如鄰，古音也。」則「矜」字古作「矝」。（説文無矜字。）今淮南王書各本皆作「矜」，惟景宋本作「矝」，注同，尚存古書之舊。○雙棣按：于説是。令聲古音在真部，今聲古音在侵部，「矜」古書皆以真部入韻，當从令作「矝」爲是。然淮南書及諸多古籍作「矜」，暫不改。

〔二七〕【高注】萬事不同，能於便性者，性不欲也。

【版本】王溥本、葉本、張本、黄本、莊本、集解本「于」作「於」，景宋本、王鎣本、朱本、茅本、汪本、吴本同藏本。莊本、集解本注無「不」上「性」字，景宋本、王溥本、朱本、葉本、茅本、汪本等同藏本。

〔二八〕【高注】言微妙也。

【版本】張本、黄本、莊本、集解本「于」作「於」，景宋本、王溥本等各本同藏本。莊本、集解本注「妙」作「眇」，景宋本、王溥本、朱本、茅本、葉本、汪本同藏本。

〔二九〕【高注】宇宙，諭天地。總，合也。

【版本】藏本「大」下無「與」字，景宋本、王溥本、王鎣本、朱本（挖補）、茅本、汪本、吴本、張本、黄本有「與」字，今據補，葉本、莊本、集解本同藏本。

【箋釋】俞樾云：「大」下疑脱「於」，謂神雖託秋毫之末，而視宇宙之總合更大也。今脱「於」字，文義未明。〇于省吾云：俞説非是。宋本「大」下有「與」字，當從之。與，如也，詳經傳釋詞。此言而大如宇宙之總也。〇楊樹達云：古書恒省「於」字。史記仲尼弟子傳云：「此國有賢不齊者五人。」漢書翟方進傳云：「斷獄歲歲多前。」西域傳云：「國中大安和翁歸靡時。」皆其比。俞説文義未明，非是。〇蔣禮鴻與于説同。〇雙棣按：于、蔣説是，各本多有「與」字，今補。

【用韻】「和、末」歌月通韻，「性、總」耕東合韻。

〔三〇〕【高注】優，柔也。和，調也。

【箋釋】劉文典云：羣書治要、御覽七十七引，「優」並作「覆」。○楊樹達云：「覆」字是也。上文云「覆天載地」，「優」乃形近誤字。○雙棣按：「優」字不誤。此云「優天地而和陰陽」，優、和義近，詩長發「敷政優優」，毛傳：「優優，和也。」下文「節四時而調五行」，節、調義近，此二句相類，「優」若作「覆」則與「和」不類，亦非本文之意。

〔三一〕【高注】五行，金木水火土也。

【用韻】「陽、行」陽部。

〔三二〕【高注】呴諭，温恤也。育，長也。

【版本】王鎣本、吴本「諭」作「嫗」，餘本同藏本。

【箋釋】洪頤煊云：禮記樂記：「煦嫗覆育萬物。」鄭注：「氣曰煦，體曰嫗。」正義：「天以氣煦之，地以形嫗之，是天煦覆而地嫗育，故言『煦嫗覆育萬物』也。」呴諭即煦嫗，古字通用。○楊樹達云：莊子駢拇篇云：「屈折禮樂，呴俞仁義，以慰天下之心者，此失其常然也。」呴諭與呴俞同。○雙棣按：「呴諭」爲侯部疊韻聯緜字，義爲覆育、撫養，作呴俞、煦嫗等，其義同，然不當分別單字爲釋。

〔三三〕【版本】葉本、張本、黄本、莊本、集解本兩「于」字均作「於」，餘本同藏本。

【箋釋】于大成云：文選王元長三月三日曲水詩，又沈休文宋書謝靈運傳論注引二「於」字並作

「乎」，文子道原篇同。

〔三四〕【高注】奮，壯。

【箋釋】雙棣按：禮記樂記「羽翼奮」孔疏：「謂飛鳥之屬皆得奮動也。」

【用韻】「石、澤」鐸部。

〔三五〕【高注】角，鹿角也。觡，麋角也。觡讀曰格。

【版本】茅本、汪本、張本、黄本注作「角觡猶骨骼也」，餘本同藏本。

【箋釋】劉績云：無枝曰角，有枝曰觡。○雙棣按：禮記樂記「角觡生」鄭注云：「無䚡曰觡。」司馬貞史記樂書索隱云：「牛羊有䚡曰角，麋鹿無䚡曰觡。」郭璞山海經東山經注：「麋鹿屬角爲觡。」玉篇：「觡，麋鹿角也，有枝曰觡，無枝曰角。」角、觡渾言無别，主術篇高注：「觡，角也。」

〔三六〕【高注】胎不成獸曰殰，卵不成鳥曰毈。言「不」者，明其成。

【箋釋】莊逵吉云：説文解字：「毈，卵不孚也。」又天文訓云：「戊子干甲子，胎夭卵毈。」○陳昌齊云：廣韻「殰」訓卵敗，「殰」訓殤胎。此應作「殰」。○汪文臺云：雲笈七籤一引，「殰」作「殰」，「毈」作「殈」。○王叔岷云：禮記樂記「殰」亦作「殰」，「毈」亦作「殈」。當以作「殰」、作「毈」爲正。説文：「殰，胎敗也；毈，卵不孚也。」文子道原篇「殰」亦作「殰」。○于大成云：「殰」與「殰」，迺許、高所據本之異也。許君手注淮南，其説文「殰」字，即用淮南此文；文子之襲淮南，係據許本，余昔年撰文子集解嘗攷定之。今本淮南原道篇迺高注，高本自作「殰」爾。○

雙棣按：管子五行篇云：「羽卵者不段，毛胎者不贕。」尹注云：「贕，謂胎敗潰也。」說文：「殰，胎敗也。」「贕」與「殰」通。呂氏春秋禁塞篇畢沅校亦云：「贕與殰同。」又禮記樂記：「胎生者不殰，而卵生者不殈。」鄭玄注：「内敗曰殰。殈，裂也。」釋文：「鄭云内敗曰殰，謂懷任不成也。卵拆不成曰殈，猶裂也。」段玉裁云：「殈即毈也。」

〔三七〕【高注】言無夭死。

【用韻】「憂、哀」幽微合韻。

〔三八〕【高注】無父曰孤，寡婦曰孀也。

【箋釋】陶方琦云：詩桃夭正義引許注「楚人謂寡婦曰霜」，即此注也。如俶真訓許注「楚人謂水暴溢曰瀿」（文選江賦注引），覽冥訓許注「楚人謂袍曰裋」（列子釋文引）之例。高承舊說，故似同，惟脩務訓「以養孤孀」高注：「雒家謂寡婦曰孀婦（呂覽高注時稱雒家）。」與許稱楚人亦異，知二十一篇内稱楚人者多係許注矣。許注「孀」作「霜」，用叚借字（御覽二十八及八十三引「以養孤霜」，正作「霜」，亦是許本）。○劉盼遂云：說文無「孀」字。雨部霜下云「喪也」。漢書董仲舒傳：「霜者，天之所以殺也。」白虎通災變：「霜之爲言亡也。」釋名釋天：「霜，喪也。」寡妻喪其所天，稱未亡人，像秋天之肅殺無生氣，故稱霜焉。加女旁者，後世之分别纍增文，非舊式也。陶氏謂許注「孀」作「霜」，爲用假借，失之。○雙棣按：劉謂霜、孀爲古今字，是。然古多用「孀」字。除高誘呂覽、淮南注外，玉篇、廣韻皆曰：「孀，寡婦也。」楚人謂寡婦爲孀蓋亦古之方言，大藏音義九十八「孀孩」注引古今正字曰：「楚人謂寡婦曰孀。」六十一「孀居」注引考聲曰：「楚人謂寡爲孀。」

〔三九〕【高注】賊星，妖星也。

【箋釋】陶方琦云：御覽七十七引許注：「五星逆行謂之賊星也。」按：此與泰古二皇許注連引，塙爲許説，故與高注異。漢書天文志云：「天下太平，五星循度，無有逆行。」〇馬宗霍云：「蜺」通作「霓」。尚書考靈曜鄭玄注曰：「日旁氣，白者爲虹，青赤者爲霓。」劉熙釋名釋天曰：「虹，陽氣之動也。虹，攻也。純陽攻陰氣也。」「霓，齧也，其體斷絶，見於非時，此災氣也，傷害於物，如有所食齧也。」又史記天官書：「賊星出正南南方之野，星去地可六丈，大而赤，數動有光。」裴駰集解引孟康曰：「形如彗，九尺，太白之精。」（漢書天文志賊星作六賊星，注引孟説作形如彗，芒九角，太白之精。）高氏以「妖星」釋「賊星」，未審與天官書之「賊星」有當否。太平御覽七十七引淮南此文，又引許注曰「五星逆行謂之賊星也」，則不以爲一星之名。〇雙棣按：古人虹蜺與彗星常並稱，認爲皆災異之象。天文篇云：「虹蜺彗星者，天之忌也。」晉書天文志所記妖星（即彗星）有「虹蜺」之名。甲骨刻辭中有字，郭沫若釋爲「霓」，于省吾釋爲「虹」，陳遵嬀謂亦作「彗」，云：「象哈雷彗那樣具有長寬尾巴的彗星出現的時候，天空真象出現一條白虹一樣，殷人顯然可以用表示虹的字來表示它。」古人常以虹、彗相混，蓋如此也。

【用韻】「孀、行」陽部。

〔四〇〕【高注】含，懷也。

【版本】藏本「致」下無「也」字，王溥本、王鎣本、茅本、汪本、吴本、張本、黄本、莊本、集解本有「也」字，今據補，景宋本、朱本、葉本同藏本。

【箋釋】于大成云：御覽十四引此，正有「也」字，文子道原篇同。○雙棣按：含德之所致，處於句末，無「也」字煞句不完，故據王溥等各本補「也」以足句。

〔四一〕【高注】不以爲己有者也。

〔四二〕【高注】宰，主也。

【用韻】「有、宰」之部。

〔四三〕【版本】王溥本、王鎣本、吴本「跂」作「豉」，餘本同藏本。（黄焯刊劉績補注本手改作「跂」。）

【箋釋】易順鼎云：一切經音義卷四十五引許注：「跂，跳也。」按：説文足部：「跂，足多指也。」虫部：「蚑，行也。」此蓋以「跂」爲「蚑」，聲類：「蚑，多足虫也。」虫多足曰蚑，足多指曰跂，字義亦相通。本篇「澤及跂蟯」，注云：「跂，跂行也。」俶真篇「挾依於跂躍之術」，注云：「跂躍猶齟齬不正之道也。」跂與蟯、躍連文，其義可見矣。○雙棣按：漢書公孫弘傳「跂行喙息」顔師古注云：「跂行，有足而行者也。喙息，謂有口能息者也。」

〔四四〕【箋釋】雙棣按：説文虫部：「蠉，蟲行也。」段玉裁云：「羽部：『翾，小飛也。』」又：「蝡，動也。」段玉裁云：「蟲之動曰蝡。」「蠉飛蝡動」此謂飛翔爬行之蟲。

〔四五〕【高注】不恩德之。
【版本】藏本注「恩」作「因」，王溥本、朱本作「恩」，今據改，景宋本、葉本、莊本、集解本同藏本。
【箋釋】吴承仕云：朱本「因」作「恩」，是也。下文「莫之能怨」，注云：「不怨虐之。」「恩德」與「怨虐」對文，此增字釋義之例也。作「因」者，「恩」字之壞。
【用韻】「息、德」職部。

〔四六〕【高注】不怨虐之。
【版本】藏本「而」字作「之」，王溥本、王鎣本、汪本、張本、吴本、黄本作「而」，今據改，景宋本、朱本、茅本、葉本、莊本、集解本同藏本。
【箋釋】向承周云：文子道原篇兩「待」字皆作「恃」。老子三十四章云：「恃之而生而不辭。」即此「恃」字之義，作「待」非。○雙棣按：「待」與「恃」通，二字皆從「寺」得聲。朱駿聲通訓定聲謂「待，假借爲恃」。吕氏春秋無義高誘注：「待，恃也。」正以通假爲釋。又務大篇「故細之安，必待大；大之安，必待小」，畢沅云：兩「待」字，前諭大篇俱作「恃」。此皆「待、恃」相通之例，不必謂作「待」爲非。

〔四七〕【高注】收聚畜積，國有常賦也。不加富者，爲百姓，不以爲己有也。
【版本】藏本注「聚」作「斂」，莊本、集解本作「聚」，今據改，景宋本、王溥本、朱本、茅本、葉本、汪本同藏本。

〔四八〕【高注】布施禀授，匡困乏、予不足也。以公家之資，故不益貧也。

【箋釋】劉績云：此言道聚之不加多，散之不加少，注非。○楊樹達云：「布」字本作「敷」。説文攴部云：「敷，㰦也。從攴，尃聲。」今字作「敷」。施爲旗旖施字，無施與之義。字當作㰦。説文云：「㰦，敷也。從攴，也聲。」布施皆以音同通假。下文云「布施而不既」，同。○于大成云：此注殊無理，與正文了不相涉。文子道原篇默希子注曰：「畜之不盈，散之不虛。」是此文之意矣。○雙棣按：此段皆言道之本性，而非世俗之收聚、布施，劉、于説是，注大謬。

〔四九〕【高注】緜，猶小也。勤，猶盡也。

【版本】張本、莊本此無注，餘本同藏本。

【箋釋】王念孫云：諸書無訓縣爲小者，「縣」當爲「緜」，字之誤也。（隸書「縣」字或作「縣」，「緜」字或作「緜」，二形相似，故「緜」誤爲「縣」。漢緜竹令王君神道，「緜」字作「緜」，是其證也。荀子彊國篇「令巨楚緜吾前」，史記孝文紀「歷日緜長」，今本「緜」字並誤作「縣」。）逸周書和寤篇：「緜緜不絕，蔓蔓若何。」説文：「緜，聯微也。」廣雅：「緜，小也。」故高注亦訓爲小。旋亦小也。方言：「旋，短也。」郭璞曰：「便旋，庳小貌。」「旋」與「旋」同。此言道至微眇，宜若易窮，而實則廣大不可究也。此言「旋緜」，下言「纖微」，其義一也。主術篇「縣矣」之「縣」亦當爲「緜」。○于鬯云：「勤」字無義，疑「勤」字形近之誤。小戴祭統記：「勤大命，施于烝彝鼎。」前人謂「勤」者「勒」之誤字。此其例矣。月令記：「物勒工名。」鄭注云：「勒，刻也。」廣雅釋詁云：「刻，分也。」字亦作「泐」，考工記鄭注引司農云：「泐，謂石解散也。」蓋勒有分散之義。不可勒者，謂不可分散也。「纖微而不可勒」，猶中庸記云「語小天下莫能破焉」。破亦分散之義。○于省吾云：注及王說並誤。考上下文均兩句相對，而義各別。如「旋縣」有「小」訓，下不應再言「纖微」矣。且「旋縣」不詞。「旋縣」仍應讀如字，「縣、懸」古今字，周禮考工記鳧氏「鍾縣謂之旋」注：「旋屬鍾柄，所以縣之也。」旋縣義相屬。凡物之旋轉者，必縣諸空，而無所窒礙。上文「鈞旋轂轉」之「鈞旋」，即墨子非命上所稱「運鈞」，亦即旋縣之類。旋縣無端可尋，故曰旋縣而不可究極也。○馬宗霍云：說文力部云：「勤，勞也。」又云：「勞，勮也。」（大徐本勮作劇，從刀，此從段校。）又云：「⿱𤇾悉，古文勞，從悉。」釆部云：「悉，詳盡也。」勤之本義爲勞，勞之古文從悉。悉訓詳盡，故勤亦有盡義矣。左氏僖公二十八年傳「令尹其不勤民」，杜預注云：「盡心盡力，無所愛惜爲勤。」與本文高注可相參。又玄應一切經音義大智度論第一卷「唐勞」條引「爾雅：『勞，勤也。』舍人曰：『勞，力極也。』」由力極之義引申之，亦與「盡」同。○于大成云：高注及王說固誤，于（省吾）說亦未爲得。「旋」疑爲「浮」，字之誤也。（「浮」誤爲「游」，「游」又誤爲「旋」。主術「進退周旋」，宋本「旋」誤「游」，即其比。）鶡冠子世兵篇：「得失浮縣。」陸佃注云：「浮縣，言無定也。」是其義也。此文之義蓋謂浮縣無定而不可究極耳。高氏但就「縣」字立訓，而不知其不可通。雜志依高注誤訓反以不誤之「縣」字爲誤，家思泊求深反晦，致失之鑿。又云：于（鬯）說非也。「勤」讀爲「覲」。周禮大宗伯注：「覲之言勤也，欲其勤王之事。」勤、覲通叚。爾雅釋詁：「覲，見也。」是其誼也。「纖微而不可勤」者，言微眇而不可見也。與上句「旋縣而不可究」義正一貫，以其無定，故不可究；以其微眇，故不可見。文子微明篇「微而不可見」，即此「纖微而不可勤」也。

【用韻】「非、貧、勤」微文通韻。

〔五〇〕【箋釋】楊樹達云：「累」字本作「絫」，説文厽部云：「絫，增也。」今通作「累」。

〔五一〕【用韻】「下、寡」魚部。「殘、淺」元部。

〔五二〕【高注】忽怳，無形貌也，故曰「不可爲象」也。屈，竭也。怳讀人空頭扣之怳。屈讀秋雞無尾屈之屈也。

【箋釋】蔣禮鴻云：方言八：「雞雛，徐、魯之間謂之𥠉子。」舊音子幽反。説文屈作𡱈，無尾也。秋雞即𥠉子。太平御覽八百四十九引莊子：「秋禽之肥，易牙和之，非不美也，彭祖以爲傷壽，故不食之。」此「秋」字亦與「𥠉」同。傷壽者，以其雛而見烹，不盡其天年。高氏謂漢時雞雛無尾者爲屈，此「屈」字讀如之也。○向宗魯云：怳讀人空頭扣之怳者，下「怳」字當作「空」，謂九拜之空首也。詩烈文以「邦、崇、功、皇」爲韻，卜居以「長、明、通」爲韻，是東與陽唐得通也。○何寧云：向説未妥。疑當作「怳讀人頭空之空」。「扣」字乃「怳」字之誤而衍，下「怳」字當是「空」字爲後人所臆改，「頭空」又誤倒作「空頭」，遂錯亂不可讀耳。如向説，則作「讀空首之空」，其義已明，何用變「首」爲「頭」，上贅一「人」字，下贅一「扣」字？説文：「甲，人頭空爲甲。」

段注：「空、腔古今字。人頭空謂髑髏也。」經典釋文易泰荒，鄭讀爲康。恍、荒同音，故此恍亦讀爲腔。故曰人頭空之空也。○雙棣按：恍忽爲雙聲聯緜字，可拆開爲用，亦可顛倒爲用，此既言忽兮恍兮，又言恍兮忽兮，義相同。下文「鶩恍忽」，高注：「恍忽，無形象也。」與此注「忽恍，無形貌也」，義正相同。莊子至樂篇云：「芒乎芴乎，而無從出乎！芴乎芒乎，而無有象乎！」字作芴芒，然亦拆開、顛倒爲用，蓋爲淮南所本。字又作恍惚、忽荒等。

【用韻】「恍、象」陽部，「忽、屈」物部。

〔五三〕【高注】洞，達也。道動有所應，故曰「不虛動」也。

【箋釋】俞樾云：「遂」讀爲「邃」。離騷經「閨中既邃遠兮」、招魂篇「高堂邃宇」，王逸注並曰：「邃，深也。」洞亦深也。文選西京賦「赴洞穴」，薛綜注曰「洞穴，深且通也」，是「洞」有通義，亦有深義，「遂兮洞兮」，皆言其深也，方與上句「幽兮冥兮」意義相稱。高注曰「洞，達也」，非是。○向承周云：雲笈七籤「遂」正作「邃」。○呂傳元與俞、向説同。○雙棣按：俞説是，朱駿聲説文通訓定聲云「遂假借又爲邃」。説文：「邃，深遠也。」洞與之同義，皆爲深邃。素問刺法論「可申洞微」王冰注：「洞，深也。」幽、冥同義，皆爲幽暗。小爾雅廣詁：「幽，冥也。」荀子解蔽楊倞注：「幽，暗也。」

【用韻】「冥、形」耕部，「洞、動」東部。

〔五四〕【高注】卷舒，猶屈申也。俛仰，猶升降也。

【版本】王溥本、茅本、葉本、莊本、集解本注「申」作「伸」，餘本同藏本。

【用韻】「舒、仰」陽部。

昔者，馮夷、大丙之御也〔一〕，乘雲車，入雲蜺，游微霧〔二〕，鶩怳忽，歷遠彌高以極往〔三〕，經霜雪而無迹，照日光而無景〔四〕，扶摇抮抱羊角而上〔五〕，經紀山川，蹈騰崑崙，排閶闔，淪天門〔六〕。末世之御，雖有輕車良馬，勁策利鍛，不能與之争先〔七〕。

是故大丈夫恬然無思，澹然無慮〔八〕，以天爲蓋，以地爲輿，四時爲馬，陰陽爲御〔九〕，乘雲陵霄，與造化者俱〔一〇〕。縱志舒節，以馳大區〔一一〕，可以步而步，可以驟而驟〔一二〕。令雨師灑道，使風伯掃塵〔一三〕，電以爲鞭策〔一四〕，雷以爲車輪〔一五〕。上游于霄雿之野，下出于無垠之門〔一六〕。劉覽偏照，復守以全〔一七〕。經營四隅，還反於樞〔一八〕。故以天爲蓋，則無不覆也；以地爲輿，則無不載也；四時爲馬，則無不使也；陰陽爲御，則無不備也〔一九〕。是故疾而不摇，遠而不勞，四支不動，聰明不損〔二〇〕，而知八紘九野之形埒者何也〔二一〕？執道要之柄而游於無窮之地〔二二〕。

是故天下之事，不可爲也〔二三〕，因其自然而推之〔二四〕。萬物之變，不可究也，秉其要歸之趣〔二五〕。夫鏡水之與形接也，不設智故，而方圓曲直弗能逃也〔二六〕。是故響不肆應而景不一設，叫呼仿佛，默然自得〔二七〕。

校釋

〔一〕【高注】「夷」或作「遲」也，「丙」或作「白」。皆古之得道能御陰陽者也。

【箋釋】莊逵吉云：詩「周道倭遲」，韓詩作「郁夷」，故「夷」或爲「遲」。丙、白字形相近。○洪頤煊云：「丙」當是「内」字之譌。大内即大豆，吕氏春秋聽言篇：「造父始習於大豆。」内、豆聲相近。説文：「㔷，從匚，丙聲。」徐鉉曰：「丙非聲，義當從内會意。」亦其證。○陶方琦云：文選枚乘七發注引許本作「昔馮遲、太白之御，六雲蜺，遊微霧，鶩忽荒」，引許注「馮遲、太白，河伯也」。按：高注中云某或作某者，多是許本，雖爲後人校别之處，亦許、高注文之異也。原道訓爲高注本，故與許説多不同，其偶同者，非承用舊訓，即羼入之故也。古「夷、遲」通，詩「周道倭遲」，韓詩作「委夷」。齊俗訓（無題篇字，爲許注本）「馮夷得道，以潛大川」，許注：「馮夷，河伯也。華陰潼鄉隄首里人，服八石，得水仙。」此「夷」亦當作「遲」，後人因高本改耳。文選劉孝標廣絶交論注引淮南「昔者馮遲、太丙之御也」，亦作「遲」，是許本。莊子釋文（秋水篇）：「河伯一名馮遲。」顔籀匡謬正俗：「古遲、夷通。淮南説馮夷河伯，乃爲遲。」師古所云淮南，即許本也。「丙」或作「白」者，廣雅釋蟲：「白魚，蛃魚也。」王氏疏證謂白與丙聲之轉，引淮南「丙」或作「白」爲證。枚乘七發：「六駕蛟龍，附從太白。」以太白爲河伯，是許説之所本。尚書緯云

（御覽引）：「白經天，水決江。」鄭康成注：「白，太白，金爲水宗，故多水。」

〔三〕【高注】以雲蜺爲其馬也。游，行也。微霧，天之微氣也。

【箋釋】王念孫云：「雲車」與「雲蜺」相複，「雲」當爲「雷」，太平御覽天部十四引此，正作「乘雷車」。下文曰：「電以爲鞭策，雷以爲車輪。」覽冥篇曰：「乘雷車，服應龍。」（今本「服」下誤衍「駕」字，辯見覽冥。）皆其證也。「雷」與「雲」字相似，又涉下句「雲」字而誤。「入雲蜺」本作「六雲蜺」，高注「以雲蜺爲其馬也」本作「以雲蜺爲六馬也」。（「其」字古作「亓」，形與「六」相似，故「六」誤爲「其」。史記周本紀「三百六十夫」，索隱曰：「劉氏音破六爲古其字。」管子重令篇「明王能勝六攻」，淮南地形篇「通谷六」，易林蠱之臨「周流六虛」，今本「六」字皆誤作「其」。）此言以雷爲車，以雲蜺爲六馬，故曰「乘雷車，六雲蜺」。齊俗篇曰「六騏驥，駟駃騠」，藝文類聚舟車部引尸子曰「文軒六駃題」，韓子十過篇曰「駕象車而六交龍」，司馬相如上林賦曰「乘鏤象，六玉虯」，並與此「六雲蜺」同義。文選七發：「六駕蛟龍，附從太白。」李善曰：「以蛟龍若馬而駕之，其數六也。」淮南子曰：『昔馮遲、太白之御，乘雷車，（今本「雷」字亦誤作「雲」。）六雲蜺。』此尤其明證也。今本作「入雲蜺」，太平御覽引作「駕雲蜺」，皆後人不曉「六」字之義而妄改之耳。（若作「入雲蜺」，則與注中雲蜺爲六馬之義了不相涉。若作「駕雲蜺」，則注但云以雲蜺爲馬，無煩言六馬也。）

【用韻】「御、車、霧」魚侯合韻。

〔三〕【高注】騖，馳也。怳忽，無形象也。往，行也。

【版本】藏本注「形」作「之」，王溥本、朱本作「形」，今據改，景宋本、茅本、葉本、莊本、集解本同藏本。

【箋釋】王念孫云：「怳忽」當爲「忽怳」。（注内「怳忽」同。）文選七發注引作「忽荒」，「荒」與「怳」通。（老子曰：「是謂忽怳。」賈誼鵩鳥賦曰：「寥廓忽荒。」）「怳」與「往、景、上」爲韻。（景，古讀若鞅。下文「如響之與景」，與像爲韻。大荒西經「正立無景」，與響、往爲韻。荀子臣道篇「形下如景」，與響、象爲韻。）若作「怳忽」，則失其韻矣。〇李哲明云：王氏念孫謂「怳忽」當爲「忽怳」，與「往、景、上」爲韻。此說非。「忽」與「蜺」韻，「蜺」不讀古兮切，廣韻「蜺、霓」皆入十六屑，與月曷等韻可通用。「忽」在月韻，可與屑通。張衡東京賦「霓」與「綴」韻，班固北征頌「武族怒蜺」，與「闕」字韻，皆其證。是「怳忽」可不改。下文「往、景」自相爲韻。〇吳承仕云：朱本注作「無形象也」。文當作「無形之象也」。天文篇注云：「馮馮翼翼，無形之貌。」文例與此同。〇于大成云：王說是也。「忽怳」一詞，本書屢見。本篇下文「動溶無形之域，而翱翔忽芒之上」，（今本「芒」誤「區」，王引之有說。）又精神篇「同精於太清之本，而游於忽芒之旁」，（今本「芒」作「區」，楊樹達有說。）又人間篇「翱翔乎忽荒之上，析惕乎虹蜺之間」。忽芒也，忽荒也，並與「忽怳」同誼。又覽冥篇「手徵忽怳，不能覽其光」，又人間篇「於是使忽怳而後能得之」，注文釋此二文，誼雖微別，實亦一貫。晉書樂志上地郊饗神歌云：「祇之體，無形象，潛泰幽，洞忽荒。」下言「忽怳」，上言「無形象」，忽怳即無形象也，正與高氏此注合。（吴承仕校於注文「無」下補「形」字，其説是也。）○雙棣按：注「象」字似當作「貌」，上文高注「忽怳，無形貌也」，此注當與之同。「忽怳」爲聯緜字，而聯緜字多爲形貌字，故如是。

〔四〕【高注】行霜雪中無有迹，爲日所照無影柱也。

【版本】王溥本、集解本注「影」作「景」，景宋本、朱本、葉本同藏本，茅本、汪本、張本、黄本此注爲「古影字」。

【箋釋】劉文典云：俗本有注云：「景，古影字。」孫志祖云：顔氏家訓書證篇，「景」字至晉世葛洪字苑傍始加彡。而惠氏棟九經古義乃云：高誘淮南子注曰：「景，古影字。」誘，漢末人，當時已有作景傍彡者，非始於葛洪字苑。案：高誘淮南注並無此語，俗刻原道篇注有之，乃明人妄加。唯大戴禮曾子天圓篇注有「景，古以爲影字」語，盧辯固在葛洪後也。段懋堂則云：惠定宇説，漢張平子碑即有「影」字，不始于葛洪。然則古義之説，蓋誤據俗本淮南子，當改引張平子碑方合。○雙棣按：茅本等注「古影字」，爲明人所加。藏本、景宋本、王溥本等本無此語可證。茅本等多有增删改易注文者。然藏本、景宋本注「無影柱」，作影，不作景，蓋刻工以當時通行字爲之。

〔五〕【高注】扶，攀也。摇，動也。抮抱，了戾也。扶摇如，羊角轉如，曲縈行而上也。抮，讀與左傳「憾而能眕」者同也。抱，讀詩「克岐克嶷」之「嶷」也。

【版本】藏本注「抱」上無「挓」字，茅本、汪本、張本、黄本、莊本、集解本有「挓」字，今據補，景宋本、王溥本、朱本、葉本同藏本。王溥本、朱本、茅本、汪本、張本、黄本、莊本、集解本「了」作「引」，景宋本、葉本同藏本。莊本、集解本注「摇」下有「直」字，餘本同藏本。王溥本、吴本、莊本注「歧」作「岐」，餘本同藏本。

【箋釋】劉績云：爾雅扶摇謂之猋，謂風從下上也。羊角謂風之旋轉尖如羊角。今到處有之。〇孫志祖云：本經篇「菱抒紾抱」，注：「紾，戾也。」「挓」與「紾」同。段若膺曰：「廣雅：『軫軳，轉戾也。』曹憲音軳爲牛力反，疑抱乃軳之譌。」〇洪頤煊云：「挓抱」亦作「軫軳」。文選七發李善注引淮南許注：「軫，轉也。」玉篇：「軳，戾也。」廣雅釋訓：「軫軳，轉戾也。」「軳」即「軳」字之譌。〇俞樾云：此當作「挓扶摇抱羊角而上」。讀者因淮南書多以「挓抱」連文，高氏此注又曰「挓抱，引戾也」，故移「挓」字於下，使「挓抱」連文，以合於高注。不知高注自總釋二字之義耳，非正文必相連也。扶摇也，羊角也，皆風也。莊子逍遥遊篇「摶扶摇而上者九萬里」，釋文引司馬云：「上行風謂之扶摇。」又曰「摶扶摇羊角而上者九萬里」，司馬云：「風曲上行若羊角。」是其義也。挓扶摇抱羊角而上，猶云摶扶摇羊角而上。今作扶摇挓抱羊角，則義不可通矣。〇于鬯云：注既分釋「扶、摇」爲「攀、動」，攀動未見有直義，而云扶摇直如，（扶摇直如，羊角轉如，讀並於「如」字斷。）是明二義。疑「扶，攀也；摇，動也」二句是許叔重注，「挓抱」以下爲高誘注。義出兩家，故不同也。又，據高注，則正文「挓抱」二字當在「扶摇」之上，正以許注在前，校者因之誤乙耳。○吴承仕云：廣雅釋訓「軫⿰車色，轉戾也。」（類篇、集韻並收「⿰車色」字，注引廣雅釋訓。）王念孫疏證改「⿰車色」爲「軳」，爲之説曰：「軳，本讀如『與子同袍』之『袍』，轉入聲則讀如『克岐克嶷』之『嶷』。或作『抮抱』，又作『紾抱』。淮南子高注讀『抱』爲『嶷』，正與曹憲音牛力反合。凡字從包聲者，多轉入職、德、緝、合諸韻。其同位相轉者，若『包犧』之爲『伏犧』，『抱雞』之爲『伏雞』是也。異位相轉者，續漢書五行志注引春秋考異郵云：『陰氣之專精凝合生雹，雹之爲言合也。』是雹、合聲相近；玉篇『鮑魚，漬魚也，今謂之裛魚』，鮑、裛聲相近，故鮑魚轉爲裛魚也，猶之軳、嶷聲相近。故『軫軳』之『軳』讀爲『嶷』也。」承仕按：王説非也。廣雅「軫⿰車色」，「⿰車色」從車色聲，與「轖」同字。（色聲、嗇聲同屬之部）楚辭懷沙「鬱結紆軫」，文選七發「中若結轖」，紆軫、結轖亦與轉戾同意。⿰車色屬之部，故曹憲音「牛力反」，淮南子「抮抱」字疑亦爲「⿰扌色」之形譌，故高誘讀「⿰扌色」如「嶷」。即實言之，則廣雅之連語當采自淮南，而曹憲之反音亦即本之高讀也。至若「⿰車色、嶷」聲紐絶殊，而舊音得相關通者，則由今紐在齒舌間者古音每歛入喉牙。廣雅釋詁：「抮，盭也。」曹憲音「顯」，與⿰車色之音「嶷」，其比正同，此皆韻部不遷而聲紐有古今之異者也。王氏説爲「軳、嶷」韻近，證不極成，抱、伏相變由於雙聲，情實異宜不得牽以爲喻。釋名「雹」爲「跑」，蓋以聲訓；緯書説「雹」爲「合」，則以包含凝合之義釋之；「鮑魚」謂之「裛魚」，「裛」蓋「淹」之異文，皆與聲韻無涉。且合聲、邑聲並在緝部，亦不得妄爲比附也。○于大成云：莊本注文「扶搖」下有「直」字，是也。爾雅釋天「扶搖謂之猋」，郭注云：「暴風從下上。」即此「扶搖直如」也。莊子逍遥遊「摶扶揺羊角而上者九萬里」，釋文引司馬彪云：「風曲上行若羊角。」即此「羊角轉如」也。○何寧云：吴説是也。古人書包、色二字不分。干禄字書：「包、色，上俗下正。」因以致譌。説文「嶷」字，段注引淮南作「軫艴」，應從段注及廣雅訂正。○雙棣按：諸本注「扶揺」下無「直」字，「直」字爲莊本所加。「扶揺直如羊角」，甚爲不詞，莊子逍遥遊成疏云：「旋風曲戾，猶如羊角。」又按：劉績改注「了」作「引」，誤。説文：「了，尦也。」段玉裁注：「尦，行脛相交也。牛行腳相交爲尦。凡物二股一股結糾紾縛不直伸者爲了戾。方言：『軫，戾也。』郭注：『相了戾也。』淮南原道注、楊倞荀卿注、王砅素問注、段成式酉陽雜俎及諸書皆有『了戾』字，而或妄改之。」方言卷三錢繹箋疏：「淮南原道訓高誘注云：『抮抱，了戾也。』荀子修身篇『行而俯仰非擊戾也』楊倞注：『擊戾，猶言了戾也。』劉向九歎『繚戾宛轉，阻相薄兮』，洪興祖補注：『繚音了，戾力吉反，曲也。』衆經音義卷一：『繚戾，不正也，謂相糾繚也。』又卷六：『繚戾謂相纏繞也。』繚戾與了戾同。」段氏、錢氏之説甚是。高以「了戾」注「抮抱」，亦即糾結盤旋之義。「抮抱」，淮南或作「紾抱」，本經：「菱杼紾抱，芒繁亂澤。」高注：「紾，戾也。抱，轉也。」（抱當作艴，如廣雅之艴。）「轉戾」與「了戾」義同。廣雅釋訓：「軫艴，轉戾也。」廣雅之説蓋即本之高注。劉績不知「了」字之義，改爲「引」字，以下各本從之，以致誤。幸道藏本、景宋本不誤，可據以訂正今本。又按：吴説是，王説非。王氏之誤，綜合之有二：一是以釋義爲注音，雹乃水凝結聚合之所成，非謂「雹」與「合」音近；「鮑魚」與「裛魚」皆因淹漬腐臭而得名，非

「鮑」與「裹」之音有何關聯。一是音本不近而以己意牽合之。抱、軳，從包得聲，其古音在幽部，嶷從疑得聲，其古音在職部，相差甚遠，高注無由采以爲音注。

【用韻】「往、景、上」陽部。

【高注】經，行也。紀，通也。蹈，躡也。騰，上也。崑崙，山名也，在西北，其高萬九千里，河之所出。排，猶斥也。淪，入也。閶闔，始升天之門也。天門，上帝所居紫微宮門也。馮夷、大丙之御，其能如此也。

〔六〕【版本】莊本、集解本正文及注「崑崙」作「昆侖」，注「能」作「耐」，餘本同藏本。

【箋釋】劉文典云：耐，古能字。其耐如此，猶言其能如此也。○吳承仕云：「紀」無「通」訓，「通」當作「道」，形近之誤也。白虎通云：「紀，理也。」理道義同。時則篇「月窮于紀」、「發通而有紀」注並云：「紀，道也。」是其證。○楊樹達云：高訓「騰」爲「上」，近之。訓「蹈」爲「躡」，非也。上句云：「經紀山川。」經紀義近，蹈騰義亦當相近。愚謂「蹈」當讀爲「踔」。史記貨殖傳云：「地踔遠。」索隱云：「踔，遠騰貌也。」後漢書馬融傳李注云：「踔，跳也。」詩小雅菀柳云：「上帝甚蹈。」箋云：「蹈讀曰悼。」「蹈」與「悼」字通，知亦與「踔」通矣。「騰」者，「滕」之同音借字。說文水部云：「滕，水超涌也。」今經傳通作「騰」。吳都賦云：「狖鼯猓然，騰趠飛超。」趠踔聲類同。彼以「騰趠」連言，猶此以「蹈騰」連言矣。下文云：「滔騰大荒之野。」「滔」亦當讀爲「踔」。（廣韻云：「踔，猨跳也。」）○王叔岷云：諸本「耐」皆作「能」，莊本改今從古耳。且精神篇、主術篇、氾論篇多處高注「能」字，莊本皆妄改作「耐」，非也。○雙棣按：「經紀」爲同義連文，淮南書四見。三處皆名詞，俶真篇二見，「夫道有經紀條貫」，「使各有經紀條貫」；精神篇一見，「開閉張歙，各有經紀」，皆是法度、規則之義。惟此處是動詞，義當爲依次經過。「蹈騰」爲雙聲聯緜字，義爲「騰越」，可書爲「滔騰、騰趠」等，非關假借也。

【用韻】「川、崙、門」文部。

〔七〕【高注】勁，强也。策，箠也。錣，末之鍼也。言不能與馮夷、大丙争在前也。錣，讀焫燭之焫。

【版本】藏本正文及注「錣」作「鍛」，王溥本、王鎣本、朱本、葉本作「錣」，今據改，景宋本、茅本、汪本、張本、黄本、莊本、集解本同藏本。注「錣，末之鍼也」，藏本作「未之感也」，今據王溥本改，景宋本、葉本、集解本同藏本，朱本作「與之争先」，茅本、汪本、莊本作「末世之御」。注兩「焫」字藏本作「炳」，今據王溥本改，餘本同藏本。

【箋釋】劉績云：「錣」，舊本作「鍛」，非。○王念孫云：劉本是。「錣」謂馬策末之鍼，所以刺馬者也。説文：「笍，羊車騶箠也。箸箴其耑，長半分。」玉篇陟衛切。字或作「錣」，玉篇：「錣，竹劣、竹笍二切，針也。」道應篇：「白公勝到杖策，錣上貫頤。」彼注云：「策，馬捶。端有針，以刺馬，謂之錣。」（錣音竹劣、竹笍二反。錣之言鋭也，其末鋭也。韓子喻老篇作「白公勝倒杖策而鋭貫頤」。）氾論篇：「是猶無鏑銜策錣而御馯馬也。」注云：「錣，笍頭箴也。」（説文：「笍，箠也。」）義並與此注同。修務篇云：「良馬不待册錣而行。」（「册」與「策」同。）韓子外儲説右篇云：「延陵卓子乘蒼龍與翟文之乘，前則有錯飾，後則有利錣，進則引之，退則策之。」列子説符篇：「白公勝倒杖策，錣上貫頤。」釋文曰：「許慎注淮南子云：『馬策端有利鍼，所以刺不前也。』」義亦與高注同。錣爲策末之箴，故勁策與利錣連文。今本「錣」作「鍛」，則義不可通矣。高注「錣，箠末之箴也」，道藏本作「未之感也」，此是「末」誤作「未」，「箴」誤作「感」，又脱去「錣、箠」二字耳。茅一桂本改「未之感也」爲「末世之御」，而莊伯鴻本從之，斯爲謬矣。「焫」音如劣切，聲與「錣」相近，故曰「錣，讀焫燭之焫」。（焫燭，燒燭也。郊特牲曰：「焫蕭合羶薌。」）秦策「秦且燒焫獲君之國」，史記張儀傳作「燒掇」，是其例也。今本作「鍛，讀炳燭之炳」，則不可通矣。○陶方琦云：説文⿱埶金字下云：「羊箠也，端有鐵。」（鐵當是鍼。）玉篇：「笍，或作錣。」説文無「錣」，即「⿱埶金」字也。御覽七百四十六引淮南（脩務訓）「良馬不待册錣而行」，許注：「錣，策端有箴也。」皆與此説同。廣韻十五鎋「錣」字下云：「策端有鐵。」（鐵當作鍼。）即引許注。○楊樹達云：「錣」説文作「笍」，又作「⿱埶金」，高注云：「錣讀焫燭之焫。」「焫」即説文火部之「爇」字。「笍、⿱埶金」同字，猶「焫、爇」之同字，焫與笍、爇與⿱埶金，並同聲也。○王叔岷云：天中記四一引「鍛」亦作「錣」。○于大成云：注「言不能與馮夷、大丙争在前也」上當有「不能與之争光」六字，淮南注例如此。

【用韻】「御、馬」魚部。

〔八〕【箋釋】陶方琦云：文選謝靈運石壁精舍還湖中詩注引許注：「澹，猶足也。」按：高無注。齊俗訓（無題篇字，乃許注本）：「智伯有三晉而欲不澹。」許注：「澹，足也。」叚「澹」爲「贍」，故曰「猶足」。又通「詹」，吕氏春秋適音篇：「音不充則不詹。」高注：「詹，足也。讀如澹然無爲之澹。」又大藏音義十、十七引許注：「澹，心志滿足也。」按：許君今引作心志滿足，注義更爲詳明。惟七十六引作「憺，足也」，正文却俱作「憺」。文子亦作「惔然無慮」。○劉文典云：文選繆熙伯挽歌詩注、女史箴注引並作「恬然無爲」。○楊樹達云：許讀非也。「澹」當讀爲「憺」。説文心部云：「憺，安也。」「澹然無慮」與上句「恬然無思」義同，恬亦安也。（見説文。）古人自有複語耳。下文又云「恬然無慮」，此云「澹然無慮」，即彼文「恬然無慮」矣。下文又云：「澹然無治而無不治也。」又云：「澹兮其若深淵。」主術篇云：「非澹薄無以明德。」「澹」並當讀爲「憺」。○王叔岷云：文選劉孝標辨命論注、夏侯孝若東方朔畫贊注、任彦昇奏彈曹敬宗一首注並引「無思」作「無爲」。○于大成云：文選班孟堅東都賦注、左太沖魏都賦注、潘安仁西征賦注、張茂先鷦鷯賦注、陸士衡歎逝賦注、張景陽七命注引「無思」亦作「無爲」。東都賦注、挽歌詩注、東方朔畫贊注、辨命論注、女史箴注並引下文高氏注，知高本作「恬然無爲」也。文子道原篇作「無思」，與本書合，文子是用許本，知今本「恬然無思」者，是許本也。御覽三百五十九、韻補九魚慮字注、天中記十六並作「無思」，係據許本。○何寧云：楊説是也。大藏音義二、七引淮南子曰「憺，滿也」，當是許注。又十引許注淮南子云「憺，心志滿足也」，又七十六引「楚辭云：『憺，安也。』許注淮南子云：『憺，足也。』」正文皆作「憺」。則憺有二義，訓滿訓足者，乃假「憺」爲「贍」。

〔九〕【高注】騶御。

【箋釋】顧炎武云：「騶」古音則俱反。與「俱、區、驟」爲韻。「御」字正釋「騶」字，而今本爲不通音者竟改本文「騶」字爲「御」。按：韻補引此正作「騶」。○王念孫云：顧説是也。今本作「御」者，後人依文子道原篇改之耳。太平御覽天部八、兵部九十引此，並作「騶」。○陳昌齊與顧、王説同。○楊樹達云：「以天爲蓋」以下四句文義一律，以古韻模部字「輿、馬、御」爲韻，下文以侯部字「俱、區、驟」爲韻。如顧説，則「輿、馬」二字失其韻矣。下文云：「以天爲蓋，則無不覆矣；以地爲輿，則無不載也；四時爲馬，則無不使也；陰陽爲御，則無不備也。」「輿、馬、御」爲韻，故下三句亦以「載、使、備」爲韻。此文第一句「蓋」字不入韻，故彼下句「覆」字亦不入韻，其確證也。高注當云：「御，騶御。」脱一字耳。○劉殿爵云：顧、楊二説，以楊説爲長。又文子各本雖作「御」，但道藏寶字朱弁注通玄真經作「騶」，至謂今本淮南作「御」乃後人依文子所改，亦未足以成定論。○于大成云：顧、楊二説，誠以楊説爲長。但韻補引此文乃在九魚「騶」字注，「騶」字必不誤矣。竊謂作「騶」作「御」，乃許、高之異同，非此是而彼非也。許本作「騶」，御覽、韻補所引是也。文子各本，以朱弁注本最得其真，朱注本作「騶」，尤爲許本作「騶」之明證。作「御」者，高本耳。王氏謂淮南作「御」，係後人依文子改，非也。文子今本作「御」，迺後人據高本淮南改之耳。

〔一〇〕【高注】大丈夫，諭體道者也。造化，天地。一曰，道也。霄讀消息之消。

【版本】王溥本、王鎣本、吴本「陵」作「淩」。莊本、集解本注「諭」作「喻」。

【箋釋】陶方琦云：御覽八引許注：「霄其霧。」按：「霄其霧」三字譌文，古字「其」作「丌」，「雲」作「云」，相似，故「雲」字譌作「其」字。「霧」乃譌字。當是「霄，雲也」。人間訓「膺摩赤霄」，許注：「霄，飛雲也。」玉篇：「霄，雲氣。」或是「霄，雲也」。一作霧。脩務訓「乘雲陵霧」，是其證。○劉文典云：文選繆熙伯挽歌詩注、女史箴注引，並作「恬然無爲，與造化逍遥」，郭景純遊仙詩注引作：「大丈夫乘雲陵霄，與造化逍遥。」○王叔岷云：文選劉孝標辨命論注、夏侯孝若東方朔畫贊注、任彦昇奏彈曹敬宗一首注並引作「與造化逍遥」。○于大成云：文選班孟堅東都賦注、左太沖魏都賦注、潘安仁西征賦注、張茂先鷦鷯賦注、陸士衡歎逝賦注、張景陽七命注亦並引作「與造化逍遥」。東都賦注、挽歌詩注、東方朔畫贊注、辨命論注、女史箴注引正文下並引高誘曰：「造化，天地也。」（女史箴注無也字。）知高本作「與造化逍遥」，而今本作「與造化者俱」，反是許本。韻補九魚騶字注引作「與造化者俱」，乃用許本也。御覽八引作「與造化俱」，無「者」字，是也。此文自「大丈夫恬然無思」之下，均四字爲句，此句着一「者」字，即不一律。「者」字當據御覽删。又本經篇「與造化者相雌雄」，高注亦云：「造化，天地也。」與選注正合。知此注「造化，天地」，是高注無疑。此注「地」下亦當依選注及本經篇補「也」字。今本此文既是許本，其「一曰道也」之注，必許注也，故本經注無之也。

【用韻】「慮、輿、馬、御、俱」魚侯合韻。

〔一一〕【高注】區，宅也。大宅，謂天也。

【版本】茅本、莊本、集解本注無「大」字，景宋本、王溥本、朱本、葉本、汪本同藏本。

【箋釋】吴承仕云：有「大」字是也，「宅」不能直訓「天」。注云「大宅謂天」，猶云以大宅諭天矣。○馬宗霍云：「區」猶「虚」也，「以馳大區」，謂馳於大虚也。太玄玄攡「回行九區」，范望注云：「區，虚也。」是「區」有「虚」義之證。「區」、「虚」雙聲字，大虚即是天。管子心術上云：「天曰虚。」又其證也。高氏訓「區」爲「宅」，轉其義爲「天」，似迂。

〔一二〕【用韻】「區、騶」侯部。

〔一三〕【高注】雨師，畢星也。詩云：「月麗于畢，俾滂沲矣。」風伯，箕星也。月麗于箕，風揚沙也。

【版本】莊本、集解本「掃」作「埽」，注「沲」作「沱」，無「箕星」下「也」字、「沙」下「也」字。

【箋釋】蔣超伯云：鄭康成釋六宗云：「星、辰、司中、司命、風伯、雨師也。星，五緯也。辰，日月所會十二次也。司中、司命，文昌第五、第四星也。風伯，箕也。雨師，畢也。」高蓋本鄭君也，相如大人賦：「時若曖曖將混濁兮，召屏翳，誅風伯，刑雨師。」注應劭曰：「屏翳，天神使也。」張揖曰：「風伯字飛廉。」雨師注缺，不及高、鄭之詳。

〔一四〕【高注】電，激氣也，故以爲鞭策。

【箋釋】劉文典云：御覽十三引注，「激」作「擊」。○楊樹達云：「激」字是。御覽作「擊」者，聲近誤字也。説文雨部云：「電，陰陽激燿也。」高云「激氣」，與説文正合，作「擊」則義不可通矣。

○于大成云：「擊」之與「激」，古音雖不同部，（擊在支部，激在宵部。）然古人每通用，疑「擊」字亦非誣字。莊子逍遥遊「水擊三千里」，一切經音義八七、御覽九二七引「擊」並作「激」，文選盧子諒時興詩注、一切經音義十四、十八、五九、六八、七八、九十並引莊子司馬注「流急曰激」，李白大鵬賦「激三千以崛起」，即用莊文，字亦作「激」。論衡雷虚篇「雷者，太陽之激氣也」，玉燭寶典引「激」作「擊」，一切經音義續集二、四、五、七共六引論衡此文，其中五引作「擊」，一引作「激」。列子湯問篇「以激夾鐘」，釋文云「激，音擊」，本書齊俗篇「故水擊則波興」，治要引「擊」作「激」，文子下德篇同。又氾論篇「水激興波」，文意與齊俗同，字則作「激」。又兵略篇「若雷之擊」，意林引「擊」作「激」。並「擊、激」通用之證。

〔一五〕【高注】雷，轉氣也。故以爲車輪。

〔一六〕【高注】霄霓，高峻貌也。無垠，無形狀之貌。霄讀紺綃，霓讀翟氏之翟。

【版本】葉本、張本、莊本、集解本兩「于」字均作「於」。王溥本注「紺綃」下有「之綃」二字，景宋本、朱本、葉本、莊本、集解本同藏本。

【箋釋】王念孫云：霄霓者，虚無寂寞之意。俶真篇曰「虚無寂寞，蕭條霄霓」是也。上言霄霓，下言無垠鄂，義本相近。高以正文言「上游」，遂以「霄霓」爲高峻貌，非其本指也。「無垠」下有「鄂」字，今本正文及注皆脱去。漢書揚雄傳「紛被麗其亡鄂」，顔師古曰：「鄂，垠也。」「垠鄂」與「霄霓」相對爲文。文選西京賦「前後無有垠鄂」，李善注：「淮南子曰：『生於無垠鄂之門。』

許慎曰：『垠鄂，端崖也。』」（七命注同。）是許本有「鄂」字。太平御覽地部二十：「淮南子曰：『下出乎無垠鄂之門。』高誘曰：『無垠鄂，無形之貌。』」是高本亦有「鄂」字。○陶方琦云：文選張衡西京賦、張景陽七命注引許本作「出於無垠鄂之門」，引許注作「垠鍔，端崖也」。按：高注作「無垠」，與許原文亦異，御覽五十五引高注：「無垠鄂，無形之貌也。」今高本作「無垠」，亦係譌敚。說文土部：「垠，地垠也。」衆經音義七引說文作「地圻咢也」。楚辭王注：「垠，岸崖也。」天文訓「氣有涯垠」，「垠」通「沂」，漢書晉灼注：「沂，崖也。」「鍔」即說文刀部之「㓵」字，然應作「鄂」。李善引淮南正文作「鄂」，而引注作「鍔」，塙爲誤字。七命注引許注作「堮」，文選甘泉賦注：「鄂，垠堮也。」莊子天下篇：「無端崖之辭。」許說本此。又唐本玉篇土部引許注：「無垠鄂，無形狀端崖之皃也。」按：二注文小異。文選七命注引許注「垠鄂，端崖也」，亦是約文。○葉德輝云：唐本玉篇吅部引許本作「出於無垠咢之門」，並引許注「無垠咢，無形兆端崖之皃也」。文選張衡西京賦注引作「垠鍔，端崖也」，張景陽七命注引作「垠堮，端厓也」，與玉篇所引不同，疑文選有節刪，堮、鍔與引文不應，蓋因聲近而譌。○吳承仕云：王說是也。今本文注「垠」字下，並當補「鄂」字。又案：洪興祖楚辭補注引淮南子曰：「出於無垠鄂之門。」注云：「垠鍔，端崖也。」（洪引止此。）南宋人不得見許注本，蓋從他書轉録之耳。○楊樹達云：「霄雿」與「逍遥」同。「上游於霄雿之野」，即莊子所謂「逍遥遊」也。「霄、逍」聲類同。爾雅釋訓：「懽懽愮愮，憂無告也。」釋文云：「愮，樊本作遥，又作桃。」荀子榮辱篇云：「其功盛姚遠矣。」楊

注：「姚與遥同。」又王霸篇云：「佻其期日而利其巧任。」楊注：「佻與傜同，緩也。」「愮、遥」與「佻」，「傜」與「佻」，皆可通作，知「遥」與「䨓」亦可通作也。高注非是。○于大成云：楚辭遠遊補注、杜甫萬丈潭詩蔡夢弼箋（浣花草堂詩箋十七）引此，「垠」下亦並有「鄂」字，引許注亦作「垠鄂，端崖也」。（楚辭補注引注文作「鍔」，與文選西京賦注引同。）許本此文當作「咢」，說文十三下土部「垠，地垠咢也」，（咢字今本奪，從段校補。）可證。西京賦注、遠遊補注引作「鍔」，七命注引作「堮」，杜詩注及御覽引高本作「鄂」，皆借字也。

〔一七〕【高注】劉覽，回觀也。劉，讀留連之留，非劉氏之劉也。

【版本】王鎣本「偏」作「徧」，餘本同藏本。

【箋釋】莊逵吉云：詩「彼留之子」，鄭康成以爲即「劉」字，故「劉」讀爲「留」。○梁履繩云：「回觀」之解似未安，劉、留二字同音，無所分別，義亦相通。故「劉」古作「鎦」，堯後有留氏。「劉」既與「留」同，而「留」又與「流」通，則「劉覽」猶「流覽」矣。（爾雅釋詁「劉，陳也」，又一義。）○蔣超伯云：爾雅「劉劉杙」注：「劉子生山中，實如梨，酢甜核堅，出交阯。」左太沖吴都賦「棎榴禦霜」，劉逵注：「榴子出山中，實如梨，核堅味酸美，交阯獻之。」此榴子即爾雅注之劉子也，則「劉」並通「榴」。漢書霍去病傳：「諸宿將常流落不耦。」則「留」又通「流」也。○吴承仕云：劉、留同音，古人隨意書之，高讀云云，當是釋義而非擬音，是「讀爲」而非「讀如」。○黄侃云：漢時讀劉氏之「劉」蓋有異音，漢書婁敬傳：「婁者，劉也。」「貙劉」之字本作「膢」。或「劉」音讀近侯部，而「留」音仍在蕭部與？○向承周與黄説同。○楊樹達云：「偏」當作「徧」。主術篇云：「欲以偏照海内。」齊俗篇云：「欲遍照海内之民。」「遍」與「偏」同。偏照與劉覽爲對文，作「偏」則義不可通。○馬宗霍云：説文無「劉」字，而有從「劉」得聲之「瀏」。水部云：「瀏，流清皃。」引申之義則爲流。本文「劉覽」之「劉」當通作「瀏」，「劉覽」猶「瀏覽」，「瀏覽」猶「流覽」也。流覽即汎覽之意。漢書揚雄傳上「正瀏濫以弘惝兮」，顏師古注云：「瀏濫猶汎濫。」知「瀏」亦有「汎」義。「偏照」之「偏」猶「遠」也，汎覽與遠照，義正相對。後漢書東夷傳贊「眇眇偏譯」，李賢注云：「偏，遠也。」是「偏」有「遠」義之證也。劉家立淮南集證本「偏」作「徧」，不言所據，未必是。○于大成云：後漢書馬融傳「流覽偏照」，字作「偏」，與此文同，王鎣本正作「徧」。○雙棣按：淮南各本「偏、徧」多有互用者。藏本、景宋本主術篇「偏知萬物而不知人道，不可謂智。偏愛羣生而不愛人類，不可謂仁」，兩「偏」字，王鎣本、朱本作「徧」。又「是以中立而徧運照海内」，「而欲以偏照海内」，景宋本兩「徧」字皆作「偏」。「偏」義爲周遍，與「劉」爲汎義正相類。偏、徧古字通，不煩改作。王念孫墨子非攻下「二名不偏諱」雜志：「偏，亦徧之假字。」荀子王制「分均則不偏」雜志：「偏，讀爲徧。」朱駿聲通訓定聲云：「偏，假借爲徧。」孫詒讓墨子小取「則不可偏觀也」閒詁：「偏，與徧通。」皆其證。又馬釋「偏」爲「遠」，只李賢注之孤證，不足信。

【用韻】「塵、輪、門、全」文元合韻。

〔一八〕【高注】隅，猶方也。樞，本也。

【箋釋】馬宗霍云：高訓「隅」爲「方」，方猶旁也。方、旁雙聲字。楚辭九思逢尤篇「豺狼鬬兮我之隅」，王逸注云：「隅，旁也。」是「隅」有「旁」義之證。高訓「樞」爲「本」，本猶中也。禮記中庸篇「中也者，天下之大本也」。管子樞言篇題尹知章注云：「樞者，居中以運外，動而不窮者也。」是「樞」有「中」義之證。此蓋謂經營四旁，還反於中也。

【用韻】「隅、樞」侯部。

〔一九〕【高注】陰陽次敘，以成萬物，無所缺也，故曰無不備。

【箋釋】蔣禮鴻云：「備」當讀爲「服事之服」。使、服與覆、載文義相對。易繫辭「服牛乘馬」，説文作「犕」，是其例也。

【用韻】「輿、馬、御」魚部，「載、使、備」之職通韻。

〔二〇〕【高注】損，減也。

【箋釋】王念孫云：「動」當爲「勤」，字之誤也。（齊語「天下諸侯知桓公之爲己勤也」，管子小匡篇「勤」作「動」。史記十二諸侯年表「楚堵敖囏」，徐廣曰：「囏一作勤。」今本「勤」誤作「動」。）脩務篇「四胑不勤」，即其證。「四肢不勤，聰明不損，而知八紘九野之形埒」，即上文所謂「遠而不勞」也。不勤即不勞，意與不損相近。若不動，則意與不損相遠矣。且「搖、勞」爲韻，「勤、損」爲韻，若作「動」，則失其韻矣。○陳昌齊與王説同。○劉殿爵云：脩務篇亦作「動」，惟文子自然篇作「四體不勤」，王氏蓋誤以文子自然篇爲脩務篇文。○于大成云：王説是也。論語微子篇亦有「四體不勤」之文，劉氏謂王氏誤以文子自然篇爲脩務篇文，非也。劉績本、王鎣本脩務篇皆作「勤」。顧氏廣圻於脩務篇亦謂未詳王據何本，蓋皆未見劉、王之本耳。○雙棣按：王溥本、王鎣本、吴本脩務篇作「四肢不勤」，道藏本、景宋本等各本「勤」皆作「動」，且「動」與「用」爲韻，脩務篇自當作「動」，此處似當依王説作「勤」爲長。

【用韻】「摇、勞」宵部，「勤、損」文部。

〔二二〕【高注】八紘，天之八維也。九野，八方中央也。

【箋釋】易順鼎云：一切經音義卷二十、八十二引許注：「紘，維也。」卷八十五引許注：「亦冈紉也。」按：今注乃高注，故與許異。説文糸部：「紘，冠卷維也。」與此云「維也」正同。「冈紉」疑是「綱」字之誤。「綱」字篆文作「綱」，故誤爲「冈紉」矣。説文糸部：「綱，紘也。」綱訓紘，紘亦訓綱。本篇「紘宇宙而章三光」，注云：「紘，綱也。」蓋即許義。○陶方琦云：大藏音義引許注曰：「紘，維也。八紘謂之八方。」○劉文典云：卷子本玉篇「紘」字下引「形埒」作「形垺」，於義爲長。惟俶真篇「未有形埒垠堮」，精神篇「休息于無委曲之隅，而游敖于無形埒之野」，繆稱篇「道之有篇章形埒者」，高注：「形埒，兆朕也。」是此文「形埒」二字不誤。淮南子有許慎、高誘二家注本，玉篇引文，疑是許本。○于大成云：地形篇「天地之間，九州八極」，又「九州之外，乃有八殥」，又「八殥之外，而有八紘」，又「八紘之外，乃有八極」，彼一篇文字，皆説地形，故高於「天地之間，九州八極」注云：「八極，八方之極也。」八紘在八極之内，亦是説地形，非説天文。高注

「八紘，天之八維也」，殊誤。許君以「八方」訓「八紘」，愈賢於高氏矣。○蔣禮鴻云：卷子本玉篇「紘」字注曰：「淮南：知八紘九野之刑埒。許叔重曰：紘，維也。」○雙棣按：文選謝惠連秋懷詩注、班固答賓戲注引許慎淮南子注並曰：「紘，維也。」

〔二二〕【箋釋】俞樾云：既言「要」，又言「柄」，於義未安，當作「執道之柄，而游于無窮之地」。文子道原篇作「執道之要，觀無窮之地也」。彼言「要」，此言「柄」，彼言「觀」，此言「游」，文異而義同。後人據文子以讀此文，遂有改「柄」爲「要」者，傳寫兩存其字，又誤入正文耳。又按：「地」下亦當有「也」字，蓋此是答問之辭，若無「也」字，則與上「何也」不相應矣。當據文子補。○蔣禮鴻云：俞說是也。上文曰：「泰古二皇，執道之柄。」則當作「柄」不作「要」也。

【用韻】「何、地」歌部。

〔二三〕【高注】爲，治也。

【版本】藏本注「治」作「后」，景宋本、王溥本、朱本、茅本、汪本、莊本、集解本作「治」，今據改，葉本同藏本。

〔二四〕【高注】推，求也，舉也。

〔二五〕【高注】趣亦歸也。

【箋釋】王念孫云：「秉其要歸之趣」當作「秉其要趣而歸之」。秉，執也。「要趣」猶「要道」也。言執其要道而萬變皆歸也。此與「因其自然而推之」相對爲文，且「歸」與「推」爲韻，今作「秉其要歸之趣」，則句法參差而又失其韻矣。文子道原篇正作「秉其要而歸之」。○陳昌齊云：疑「趣」字當在「歸」字上，「趣歸」上仍脱去「而」字也。

〔二六〕【高注】智故，巧飾也。鏡水不施巧飾之形，人之形好醜以實應之，故曰方圓曲直不能逃也。

【版本】王溥本、王鎣本、吴本「弗」作「不」，餘本同藏本。

【箋釋】馬宗霍云：「智故」連文，本篇三見，（下文云「偶睉智故」，又云「偃其智故」。）覽冥篇一見。（道德上通而智故消滅也。）高於本文訓「巧飾」，於覽冥篇訓「巧詐」，皆兼「智」與「故」釋之。莊子云：「去智與故，循天之理也。」亦「智」與「故」對言，蓋即淮南所本。俶真篇云：「不以曲故是非相尤。」彼注云：「曲故，巧故也。」主術篇云：「上多故則下多詐。」彼注云：「故，詐。」（洪頤煊謂此注故詐，「故」當訓爲「巧」，不爲詐也。）據此，則單舉「故」字，亦可以「巧詐」訓之。荀子王霸篇「不隆本行、不敬舊法而好詐故」，楊倞注云：「故，巧也。」是其證。案説文攴部云：「故，使爲之也。」使爲之者，蓋謂本不爲而别有使之者。使之而後爲，非其本然，故引申之義得通於「巧詐」矣。又文選何平叔景福殿賦「省生事之故」，李善注引賈逵國語注曰：「故，謀也。」説文言部「慮難曰謀」。國語吴語：「大夫種曰：夫謀必素，見成事焉而後履之。」是謀者，先事而慮也。先事而慮，與使之而後爲，義正相因。知賈侍中訓「故」爲「謀」，實乃古義。預爲之謀謂之「故」，又「故」爲「巧詐」之旁證也。

〔二七〕【高注】得叫呼仿佛之聲狀也。

【版本】王鎣本、葉本、吴本、張本、黄本、集解本「仿佛」作「彷佛」，王溥本、葉本注「仿佛」作「彷佛」，景宋本、朱本、茅本、汪本、莊本同藏本。

【箋釋】王念孫云：廣韻去聲五十九鑑「黬」字注云：「叫呼仿佛，黬然自得。音黯去聲。」所引即淮南之文。而今本作「默然自得」，疑後人少見「黬」字而以意改之也。○楊樹達云：叫呼謂響，仿佛謂景，此謂響景自得，非謂人得叫呼仿佛之聲狀也，高注殊誤。王校「默」當作「黬」，集證本依改作「黬」，是也。説文黑部云：「黬，黬者忘而息也。」與此文自得之義正相會。許君曾注淮南王書，故説文字訓往往多本淮南，此其一事也。影之仿佛，云默然可也，響之叫呼，安得云默然乎？「默」字之不可通明矣。○蔣禮鴻云：方言十三：「黬，忘也。」廣雅釋詁同。説文：「黬者忘而息也。」玉篇：「黬，於敢切，黬然忘也。」○雙棣按：一猶特也，獨也。方言十二：「蜀，一也，南楚謂之獨。」韋昭晉語注：「特，一也。」錢繹云：「一謂之蜀，亦謂之獨；特謂之獨，亦謂之一，義並相通也。」「景不一設」，謂影子不單獨産生，與「響不肆應」謂回聲不隨意應和正相對。

人生而静，天之性也；感而後動，性之害也〔一〕。物至而神應，知之動也〔二〕。知與物接，而好憎生焉〔三〕。好憎成形，而知誘於外，不能反己，而天理滅矣〔四〕。故達於道者，不以人易天〔五〕，外與物化，而内不失其情〔六〕。至無而供其求，時騁而要其宿〔七〕。小大脩短，各有其具〔八〕。萬物之至，騰踴肴亂而不失其數〔九〕。是以處上而民弗重，居前而衆弗害〔一〇〕，天下歸之，姦邪畏之。以其無争於萬物也，故莫敢與之争〔一一〕。

夫臨江而釣，曠日而不能盈羅，雖有鉤箴芒距〔一二〕，微綸芳餌，加之以詹何、娟嬛之數，猶不能與網罟争得也〔一三〕。射者扜烏號之弓，彎棊衛之箭〔一四〕，重之羿、逢蒙子之巧，以要飛鳥，猶不能與羅者競多〔一五〕。何則？以所持之小也。張天下以爲之籠，因江海以爲之罟，又何亡魚失鳥之有乎〔一六〕！故矢不若繳，繳不若無形之像〔一七〕。夫釋大道而任小數，無以異於使蠏捕鼠，蟾蠩捕蚤，不足以禁姦塞邪，亂乃逾滋〔一八〕。

昔者，夏鯀作三仞之城，諸侯背之，海外有狡心〔一九〕。禹知天下之叛也，乃壞城平池，散財物，焚甲兵，施之以德，海外賓伏，四夷納職〔二〇〕，合諸侯於塗山，執玉帛者萬國〔二一〕。故機械之心藏於胷中，則純白不粹，神德不全〔二二〕。在身者不知，何遠之所能懷〔二三〕！是故革堅則兵利，城成則衝生〔二四〕，若以湯沃沸，亂乃逾甚〔二五〕。是故鞭噬狗、策蹏馬〔二六〕，而欲教之，雖伊尹、造父弗能化〔二七〕。欲寅之心亡於中，則飢虎可尾，何況狗馬之類乎〔二八〕？

校釋

〔一〕【箋釋】俞樾云：「害」乃「容」字之誤。禮記樂記作「性之欲也」，「欲」字亦「容」字之誤。史記樂書作「性之頌也」，徐廣曰：「頌音容。」蓋古本樂記字本作「容」，故徐廣讀「頌」爲「容」也。靜、性爲韻，動、容爲韻，作「欲」作「害」，則皆失其韻矣。且上言動，下言容，容亦動也。説文手部：「搈，動搈也。」「容」即「搈」之假字。亦或作「溶」，韓子揚摧篇曰「動之溶之」是也。感而後動，即是性之動，故曰性之容也。作「欲」作「害」，則皆失其義矣。史記作「頌」者，「頌」與「容」古通用字。若是「欲」字「害」字，則史記無緣誤作「頌」，徐廣又何據而讀爲「容」乎？故知此與禮記並誤也。説詳羣經平議。○王叔岷云：「感」下當有「物」字，文意乃明。禮記樂記、史記樂書並作「感於物而動」，文子道原篇作「感物而動」，皆有「物」字，當據補。○于大成云：王説是也。禮記、史記上文「感於物而動，故形於聲」，又「六者非性也，感於物而後動」，皆有「物」字。説文繫傳「行」字注云：「人生而靜，物之性，性而有欲，性之害也。感於物而動，然後心術形焉。」亦有「物」字。又禮記、史記、文子、繫傳此文「動」上並無「後」字，此文「後」字，乃後人據禮記、史記上文所增，當删。○何寧云：俞説是也。隸書「容」作「容」，「害」作「害」二字易譌。然俞謂容亦動也，爲「搈」之叚字，疑非。此當從「頌」字本義。説文：「頌，皃也。」感而後動，性之容也，謂爲外物所感而有動作，此乃表象。下言「物至而神應，知之動也」，謂精神與之相應，則是内在心動。由外及内，行文層次當如是。

【用韻】「靜、性」耕部。「動、容」東部。

〔二〕【高注】物，事也。

【用韻】「應、動」蒸東合韻。

〔三〕【高注】接，交也。情欲也。

【箋釋】于大成云：注文「情欲」上當有「好憎」二字，「情欲」二字乃釋正文「好憎」者也。

〔四〕【高注】形，見也。誘，感也。不能反己本所受天清浄之性，故曰天理滅也。滅猶衰也。

【版本】藏本注「猶」字上無「滅」字，王溥本有，今據補，景宋本、朱本、葉本、莊本、集解本同藏本。

【箋釋】吴承仕云：「感」當作「惑」，形近而誤。俶真、主術篇注並云：「誘，惑也。」是其證。○馬宗霍云：「知誘於外」一語，又見禮記樂記篇。鄭玄彼注云：「知猶欲也。誘猶道也，引也。」與高注可相參。高訓「誘」爲「感」者，吴謂「感當作惑，形近而譌」，與蜀刊道藏輯要淮南二十八卷本注合。然此承上文「感而後動」爲義，則作「感」亦自可通。

【用韻】「外、滅」月部。

〔五〕【高注】天，性也。不以人事易其天性也。一説曰，天，身也，不以人間利欲之事易其身也。

〔六〕【高注】言通道之人，雖外貌與物化，而内不失其無欲之本情也。

【版本】藏本注無「而」字，王溥本有，今據補，餘本同藏本。

【用韻】「天、情」真耕合韻。

〔七〕【高注】言天時自騁，道要其宿會也。

【箋釋】劉績云：言達道者静而虚以應物，時或動而與物馳騁，亦要持歸宿處而不泛，猶言應物有要也。○楊樹達云：莊子天地篇云：「故其與萬物接也，至無而供其求，時騁而要其宿。」郭注云：「皆恣而任之，會其所極而已。」

【用韻】「求、宿」幽覺通韻。

〔八〕【高注】具，猶備也。

〔九〕【高注】不失其數，各應其度。

【箋釋】楊樹達云：「騰」假爲「滕」。説文水部云：「滕，水超涌也。」「踴」，説文字作「踊」。足部云：「踊，跳也。」「肴」字本作「殽」。説文殳部云：「殽，相雜錯也。」

【用韻】「具、數」侯部。

〔一〇〕【高注】言民戴仰而愛之也。

【版本】莊本、集解本注「仰」作「卬」。

【箋釋】于省吾云：注説非是。「害」乃「容」字之譌。上文「感而後動，性之害也」，俞樾謂「害」乃「容」字之誤，是也。容、頌字通，亦詳俞説。居前而衆弗容，應讀作「居前而衆弗頌」，與上句「是以處上而民弗重」，義正一貫，若作「弗害」，不但與「弗重」之語例不符，且「重、容」爲韻，二字古韻並隸東部，作「害」則失其韻矣。下文「天下歸之，姦邪畏之，以其無争於萬物也」，蓋弗重弗頌，是以無争，若爲人所重且頌，則争端起矣。上下文義均相涵。○何寧云：于説非也。

老子第六十六章：「是以聖人處上而民弗重，處前而民弗害，是以天下樂推而不猒。以其不争，故天下莫能與之争。」河上注：「聖人在民前，不以光明蔽後，民親之若父母，無有欲害之心也。」此淮南及高注所本。又主術篇「故百姓載之上弗重也，錯之前弗害也，舉之而弗高也，推之而弗猒」，亦用老子語。于氏竟欲改「害」爲「容」，以俞校前文例此，亦疏矣。○雙棣按：何説是。淮南本之老子，帛書老子甲本作「故居前而民弗害，居上而民弗重也」，乙本作「故居上而民弗重也，居前而民弗害」，皆作「害」字。文子本諸淮南。文子道原篇作：「是以處上而民不重，居前而人不害。」道德篇作：「居上而民不重，居前而衆不害。」亦作「害」字，淮南「害」字不誤。

〔一二〕【箋釋】王念孫云：「莫敢」本作「莫能」，此後人依文子道原篇改之也。唯不與萬物争，故莫能與之争，所謂柔弱勝剛彊也。若云莫敢，則非其指矣。下文曰：「攻大礦堅，莫能與之争。」老子曰「夫唯不争，故天下莫能與之争。」又曰：「以其不争，故天下莫能與之争。」皆其證也。魏徵羣書治要引此，正作「莫能與之争」。○于大成云：王説是也。文子道原篇「攻大靡堅，故莫能與之争」，又自然篇「不争，故莫能與之争」，又上仁篇「不争，即莫能與之争」，並作「莫能」。本書道應篇引老子曰：「夫唯不争，故天下莫能與之争」，鶡冠子亡鈇篇「易一，故莫能與之争先」，字亦並作「莫能」。

【用韻】「歸、畏」微部。

〔一三〕【高注】距，爪也，讀距守之距也。

【箋釋】雙棣按：「距」謂「似雞距之倒刺」，爲釣具之一，非謂「距爪」也。墨子備高臨「有距」孫詒讓閒詁云：「謂横出旁枝如雞距也。」亦謂鉤如雞距之倒刺也。

〔一三〕【高注】詹何、娟嬛，古善釣人名。數，術也。

【箋釋】劉文典云：文選七發注引「娟嬛」作「蜎蠉」，又引高注「蜎蠉，白公時人」。困學紀聞引亦作「蜎蠉」。漢書藝文志有蜎子十三篇。七略：「蜎子名淵，楚人。」史記孟子荀卿列傳：「環淵，楚人，學黄、老道德之術，著上下篇。」廣韻二十七删「環」字下云：「古有楚賢者環淵。」宋玉釣賦：「宋玉與登徒子偕受釣於玄淵。」名雖殊，實一人也。蜎蠉、環淵、玄淵、娟嬛並聲近通叚。○雙棣按：吕氏春秋執一篇高注：「詹何，隱者。」重言篇注：「詹何，體道人也。」審爲篇注：「詹子，古得道者也。」列子湯問張湛注云：「詹何，楚人。」文選七發注引淮南云：「雖有鈞箴芳餌，加以詹何、娟嬛之數，猶不能與罔罟争得也。」引高誘注云：「娟嬛，白公時人。」應璩與從弟居苗居胄書注引淮南作「便嬛」，引高注：「便嬛，白翁時人。」文選此二篇皆李善注，然亦有異，蓋隨其所注之文而爲之。七發原文爲「蜎蠉、詹何之倫」，故引高注作「蜎蠉」。應璩書原文作「便嬛稱妙」，故引高注作「便嬛」，以就原文。

【用韻】「距、數」魚侯合韻，「餌、得」之職通韻。

〔一四〕【高注】扜，張也。彎，引也。棊，美箭所出地名也。衛，利也。烏號，柘桑其材堅勁，烏跱其上，及其將飛，枝必撓下，勁能復起，巢烏隨之，烏不敢飛，號呼其上。伐其枝以爲弓，因曰烏號之弓也。一説：黄帝鑄鼎於荊山鼎湖，得道而仙，乘龍上，其臣援弓射龍，欲下黄帝，不能也。烏，於也。號，呼也。於是抱弓而號，因名其弓爲烏號之弓也。

【版本】景宋本、王溥本、王鎣本、朱本、茅本、汪本、吴本、張本、黄本「棊」作「綦」，葉本、莊本、集解本同藏本。莊本、集解本注「柘桑」作「桑柘」，「跱」作「峙」，「撓」作「橈」，無「起」字，餘本同藏本。藏本注「烏隨之」「烏」作「鳥」，王溥本、葉本、莊本、集解本作「烏」，今據改，景宋本、朱本同藏本。茅本、汪本、張本、莊本、集解本注「乘龍」下有「而」字，景宋本、王溥本、朱本、葉本同藏本。

【箋釋】劉績云：綦衛之箭謂衛地淇水多竹，詩「瞻彼淇澳，緑竹依依」是也。「棊」，古與「綦」通。列子釋文云：「綦水舊訛作棊。」非。○莊逵吉云：司馬相如子虚賦注應劭説烏號，與誘前一義同。○洪頤煊云：「棊」當作「淇」。兵略訓「淇衛箘簬」，高注：「淇衛，箘簬箭之所出也。」淇在衛地，故曰淇衛。○王引之云：廣雅：「箘、簵、䉕，箭也。」禹貢曰：「惟箘簵楛。」簵與簬同。戴凱之竹譜曰：「䉕，細竹也，出蜀志。薄肌而勁，中三續射博箭。䉕音衛，見三倉。」字通作「衛」，原道篇曰：「射者扜烏號之弓，（「扜」讀若「紆」，今本「扜」誤作「扞」，辯見韓子「扜弓」下。）彎棊衛之箭。」兵略篇曰：「栝淇衛箘簵。」「淇」與「棊」同，淇衛、箘簵對文，皆箭竹之名也。方言曰：「簙或謂之箭裏，或謂之棊。」竹譜曰：「䉕，竹，中博箭。」是「䉕」與「棊」一物也。以䉕爲博箭謂之棊，以䉕爲射箭則亦謂之棊耳。棊者，箭莖之名。説文曰：「萁，豆莖也。」豆莖謂之萁，箭莖謂之棊，聲義並同矣。乃高注原道篇云：「棊，美箭所出地名也。衛，利也。」注兵略篇云：「淇衛，箘簬箭之所出也。」竹譜引淮南而釋之云：「淇園，衛地，毛詩所謂『瞻彼淇奧，緑竹猗猗』是也。」案淇乃衛之水名，先言淇而後言衛，則不詞矣。晉有澤曰董，蒲之所出也，然不得曰「董晉之蒲」。楚有藪曰雲，竹箭之所生也，然不得曰「雲楚之竹箭」。且淇水之地去堯都非甚遠，當禹作貢時，何反不貢箘簬，而貢者乃遠在荊州乎？○于鬯云：此注先釋棊衛，後釋烏號，與正文倒，或「扜張也」至「衛利也」十七字亦許注，「烏號」以下爲高注。○劉文典云：風俗通云：「烏號弓者，柘桑之林，枝條暢茂，烏登其上，下垂著地。烏適飛去，從後撥殺，取以爲弓，因名烏號耳。」又御覽三百四十七引古史考云：「烏號，柘樹枝長而烏集，將飛，枝彈烏，烏乃號呼。以柘爲弓，因名曰烏號。」皆與高注前一義同。○吴承仕云：「勁能復」下，各本並有「起」字，太平御覽三百四十七引注亦同，應據補。又案：「巢烏隨之」，語不可通。御覽引作「操」，是也。説文：「操，拘擊也。」言枝橈復起，擊烏隨枝上下，故驚怪而不敢飛也。風俗通曰：「柘桑枝條暢茂，烏登其上，垂下著地，烏適飛去，從復撥殺。」文異而意同。今本「操」壞爲「巢」，失之遠矣。司馬相如傳索隱引淮南注云：「枝勁復起，摽呼其上。」蓋約文也。摽亦訓擊，此注不作巢之切證。○楊樹達云：「扜」説文作「弙」，弓部云：「弙，滿弓令有所鄉也。」○王重民云：王氏以「衛」非地名甚是，而以「棊」亦爲箭竹之名恐非也。烏號爲弓之善者，則淇衛亦當爲箭之善者。博箭與射箭不同，而以博箭爲射箭之善者，可乎？淮南子兵略篇「淇衛箘簬」，若皆是箭竹之名，則廣雅釋草「箘簬簵箭也」，何以獨遺淇乎？蓋淇（或綦）爲箭竹之説，張揖亦以爲於古無徵也。淇自是衛之淇園。淇衛即指淇園之美竹。以淇園之美竹爲箭，故能與烏號桑柘之勁弓相對也。況淇衛爲箭竹，箘簬亦爲箭竹，焉見其不能相偶也？王氏之説失之於泥。○王叔岷云：「棊」當作「綦」，御覽三四七、玉海百五十引正文、注文並作「綦」。兵略篇「栝淇衛箘簬」，「綦」與「淇」同。列子仲尼篇：「引烏號之弓，綦衛之箭。」御覽七四五、錦繡萬花谷别集二五並引作「淇衛」，亦其證。列子張湛注：「綦，地名，出美箭。衛，羽也。」即本此文高注。今本此文「衛，利也」，「利」乃「羽」字之誤。御覽三四七引兵略篇注「衛，箭羽也」，亦其證。○向承周與王叔岷説同。○于大成云：此注「烏號之弓」兩説，皆有所本。史記封禪書曰：「黄帝采首山銅，鑄鼎於荊山下。鼎既成，有龍垂胡髯，下迎黄帝，黄帝上騎，羣臣後宫從上者七十餘人，龍乃上去，餘小臣不得上，乃悉持龍髯，龍髯拔墮，墮黄帝之弓。百姓仰望黄帝既上天，乃抱其弓與胡髯號。故後世因名其處曰鼎湖，其弓曰烏號。」即此注後一義所本。

〔一五〕【高注】羿，古諸侯有窮之君也。逄蒙，羿弟子。皆攻射而百發百中，故曰之巧。要，取。競，逐也。

【版本】王溥本、王鎣本、葉本、吴本「羿」上有「以」字。景宋本、茅本、汪本、莊本、集解本正文及注「逄」作「逢」，王溥本、朱本、葉本等同藏本。王溥本、莊本、集解本注「取」下有「也」字。

【箋釋】陳昌齊云：「多」下當有「也」字。○劉文典云：御覽九百十四引，無「羿」字。○楊樹達云：「要」當讀爲「徼」。廣雅釋詁云：「徼，遮也。」「徼」通作「邀」。西京賦：「不邀自遇。」薛注云：「徼，遮也。」高訓取，不切。○向承周云：御覽三四七引有「羿」字。又「逢蒙子」，荀子王霸、正論，呂氏春秋聽言，龜策傳及七略並引作「蠭門」。龜策傳集解「射者重以逢門子之巧」，即引此文。疑許本作「門」，漢書人表、藝文志、王褒傳並作「逢門子」。○鄭良樹云：孟子離婁，莊子山木，荀子王霸，韓非子外儲説左上、問辯，呂氏春秋具備、聽言，史記龜策列傳，漢書藝文志，本書俶真、説山、説林，並作「逢蒙、蠭門」，（逢、蠭同音，蒙、門一聲之轉，故「逢蒙」即「蠭門」。）無作「逢蒙子」者。且説林「必有羿、逢蒙之巧」，句法與此一律，並無「子」字。原文當作「重之以羿、逢蒙之巧」，以與前句「加之以詹何、娟嬛之數」相對。劉績本、王鎣本、史記龜策列傳集解引「羿」上並有「以」字。今本「逢蒙」下有「子」字，疑涉注「羿弟子」而衍也。○于大成云：鄭君謂「羿」上當有「以」字是也。王應麟漢書藝文志考證八、諸子類語四引此並有「以」字，集證本亦有。謂「逢蒙」下「子」字衍文非也。各本並有。史記集解、漢書考證、諸子類語、喻林二十四引並有。漢書王褒傳「逢門子彎烏號」，「逢門」下亦有「子」字。

【用韻】「巧、烏」幽部。

〔一六〕【高注】罟，魚網也。詩云：「施罟濊濊。」

【版本】藏本「罟」上無「之」字，王溥本、王鎣本、朱本（挖補）、葉本、吴本、集解本有，今據補，景宋本、茅本、汪本、張本、黄本、莊本同藏本。景宋本注「網」作「罟」，莊本、集解本作「网」。

【箋釋】王念孫云：正文、注文中「罟」字，皆當爲「罛」。罛、罟聲相近，又涉上文「網罟」而誤也。凡魚及鳥獸之網皆謂之罟，而罛則爲魚網之專稱。爾雅：「鳥罟謂之羅，兔罟謂之罝，麋罟謂之罞，彘罟謂之羉，魚罟謂之罛。」衛風碩人篇「施罛濊濊」，毛傳曰：「罛，魚罟。」此皆高注所本。若專訓罟爲魚網，則失其義矣。（「罛」字必須訓釋，故引詩爲證。若「罟」字則不須訓釋。上文「網罟」二字無注，即其證。）且此文「失鳥」二字承上「籠」字言之，「亡魚」二字則承上「罛」字言之。若變「罛」爲「罟」，則又非其指矣。呂氏春秋上農篇「罛罟不敢入於淵」，高彼注云：「罛，魚罟也。詩云：『施罛濊濊。』」正與此注同，足正今本之誤。初學記武部漁類、太平御覽資産部罛類引此，並作「因江海以爲罛」。○陳昌齊與王説同。○劉文典云：「因江海以爲罟」與上句「張天下以爲之籠」不一律，據御覽七百六十四、八百三十四補「之」字。○楊樹達云：莊子庚桑楚云：「一雀適羿，羿必得之，威也。以天下爲之籠，則雀無所逃。」此淮南所本。○王叔岷云：御覽九一四引「罟」上亦有「之」字，八三四引無「之」字，劉氏失檢。事文類聚前集三七、合璧事類前集五二引「罟」亦並作「罛」。御覽資産部罛類仍引作「罟」，王氏失檢。○向承周云：莊子庚桑楚「適」當作「過」。韓非子難三云：「宋人語曰：一雀過，羿必得之，則羿誣矣。以天下爲之羅，則雀不失矣。」與莊子文略同。○雙棣按：集解依御覽補「之」字，實王溥本等皆有「之」字，集解失之未校。王念孫云：初學記、太平御覽引「張天下以爲之籠」，並無「之」字。若此則亦與藏本「因江海以爲罟」一律。今據王溥本等補「之」字，以與「張天下以爲之籠」一律。

【用韻】「罟、有」魚之合韻。

〔一七〕【高注】言其大也。

【版本】藏本注「大」作「矢」，景宋本、王溥本、茅本、汪本、莊本、集解本作「大」，今據改，葉本同藏本。

【箋釋】王念孫云：初學記引此作「矢不若繳，繳不若網，網不若無形之像」，是也。上文言射者「不能與羅者競多」，故曰「繳不若網」。又言「張天下以爲籠，因江海以爲罛，又何亡魚失鳥之有」，故曰「網不若無形之像」。且「網」與「像」爲韻，今本脱去四字，則失其韻矣。○陳昌齊與王説同。

〔一八〕【高注】以艾灼蠏匡上，内置穴中，迺熱走窮穴，適能禽一鼠也。蟾蠩，蟗也。跳行舒遲，捕蚤亦不能悉得，故曰不足以禁姦也。逾滋，益甚也。

【版本】藏本注「匡」作「巨」，王溥本、茅本、汪本、莊本、集解本作「匡」，今據改，朱本、葉本同藏本。藏本注「適能」作「適於」，景宋本、朱本、莊本、集解本作「能」，今據改，王溥本、葉本同藏本。藏本注「逾滋」作「諭道」，朱本、莊本、集解本作「逾滋」，今據改，景宋本作「諭盜益甚也」，王溥本作「諭去道益甚也」。

【箋釋】劉績云：爾雅注：蟾諸似蝦蟆，居陸地，淮南謂之去蚊。○劉家立云：今注云：「蟾蠩，蟗也。」爾雅釋蟲：「蛣蟗、强蛘。」郭璞注云：「今米穀中小黑蠹蟲是也。」與蟾蠩不類。今按：

「蝵」字疑「戚施」二字之譌，因寫者脱去戚字，後之校書者，遂於「施」字加「虫」以作「蟾蠩」之注，而不知其義不可通也。李氏賡芸炳燭篇嘗辨之曰：「爾雅釋魚：『鼁䵷、蟾諸。』郭注云：『似蝦蟆，居陸地，淮南謂之去蚁。』詩云『得此䵷𪓰』，蓋即新臺『得此戚施』之異文。『䵷』從酋聲，酋與戚雙聲，故『䵷』可轉作倉歷切。『𪓰』從爾聲，從爾之字如『纚』，亦音式支切，故亦得與『施』同音。據説文『鼀』即鼁之本字。自爾雅鼀譌爲鼁，陸德明即音爲起據反，非也。」○吴承仕同劉家立説。○楊樹達云：禮記檀弓下篇云：「蠶則績而蟹有匡。」疏云：「蟹背有匡。」故高云「蟹匡」矣。○向承周云：御覽九四二又九五一引注作「蟾諸」。○于大成云：注「適能」作「能」字是也。御覽九四二、天中記五十七引亦作「能」。莊本初刻作「能」，許在衡云：「能，一本作于，誤。」

【用韻】「鼠、邪」魚部。

〔一九〕【高注】鯀，帝顓頊五世孫，禹之父也。八尺曰仞。鯀作城郭，以其役勞，故諸侯背之，四海之外皆有狡猾之心也。

【箋釋】王念孫云：三仞，藝文類聚居處部三、太平御覽居處部二十並引作「九仞」，是也。初學記居處部引五經異義曰：「天子之城高九仞，公侯七仞，伯五仞，子男三仞。」此謂鯀作高城而諸侯背之，則當言「九仞」，不當言「三仞」也。○陶方琦云：注「八尺曰仞」，乃許注，今在高注中，乃許注羼入之故也。覽冥訓高注云：「百仞，七百尺也。」又説林訓高注云：「七尺曰仞。」其注呂覽功名、適威等篇，均云「七尺曰仞」。此云八尺，乃許義也。説文仞字下云：「伸臂一尋八尺。」知許君注淮南，説必同。後人多以許注羼入高注中，非有明白佐證，安能别而出之。又大藏音義九十二引許注：「八尺曰仞。」今高注中「八尺曰仞」之説，已釐别爲許君義，今又得此確證。○于鬯云：惡其有自保之意也。高注以其役勞，故諸侯背之，非。○劉文典云：御覽八十二引，「背」作「倍」。○鄭良樹云：事物紀原八亦作「九仞」。○于大成云：玉海百七十三引亦作「九仞」。通鑑外紀一帝堯紀曰：「鯀作九仞七之城。」知劉道原氏所見淮南必作「九仞」也。大藏音義引此文在九十三，陶氏失檢。音義又引世本曰：「鯀作城。」呂氏春秋君守篇亦云：「夏鯀作城。」但行論篇云：「堯以天下讓舜，鯀爲諸侯，怒於堯曰：『得天之道者爲帝，得地之道者爲三公。今我得地之道，而不以我爲三公。』以堯爲失論。欲得三公。怒其（其本作甚，從王念孫校改）猛獸，欲以爲亂。比獸之角，能以爲城，舉其尾，能以爲旌。」云云（亦見論衡率性篇），則鯀實不作城。路史後紀一太昊紀注曰：「世本諸書皆言鯀置城郭，非也。」世本蓋因呂氏春秋言鯀以尾爲城而誤之。呂氏之説特狀鯀之兇惡爾。又：漢書律曆志云：「顓頊五代而生鯀。」高氏此注，蓋據班書也。○雙棣按：仞字之義，或謂七尺，或謂八尺，自古而然。説文「伸臂一尋八尺」，段玉裁注云：「此解疑非許之舊，恐後人改竄爲之。」尺部下云：『周制寸尺咫尋常仞諸度量，皆以人之體爲法。』假令尋仞同物，許不當兩舉之矣。」段又引程瑶田通藝録之説：「楊雄方言云『度廣曰尋』，杜預左傳注『度深曰仞』，二書皆言人伸兩手以度物之名，而尋爲八尺，仞必七尺者，何也？同一伸手度物，而廣深用之，其勢自不得不異。人長八尺，伸兩手亦八尺，用以度廣，其勢全伸而不屈，而用之以度深，則必上下其左右手而側其身焉。身側則胸與所度之物不能相摩，於是兩手不能全伸而成弧之形，弧而求其弦以爲仞必不能八尺，故七尺曰仞，亦其勢然也。」按：此程氏説仞爲七尺之緣由，不可謂不是。然自古多家釋爲八尺，如孔安國書傳、趙岐孟子注、曹操孫子注、郭璞山海經注、顔師古漢書注等，不可皆謂爲妄矣，故仞之訓，當七尺、八尺並存。程氏瑶田亦云：「淮南原道注八尺曰仞，而覽冥注則云七尺曰仞，其注百仞，亦云七百尺也。是書有許慎、高誘兩注，證以説文，則八尺是許注雜高注中，證以呂氏春秋注，則七尺者誘説也。」又按：觀下文「機械之心藏於胷中，則純白不粹，神德不全」之語，知鯀築城乃懷機械巧詐之心，故「諸侯背之，海外有狡心」。于鬯説近是。高注謂「以其勞役」，恐非。

〔二〇〕【高注】四夷，海外也。職，貢也。

【版本】景宋本「伏」作「服」，餘本同藏本。

【箋釋】莊逵吉云：太平御覽作「中外賓服」。○劉文典云：御覽八十二引，「焚」作「禁」。○馬宗霍云：海外賓伏，莊逵吉引太平御覽作「中外賓服」，高釋下句「四夷」爲「海外」，則上句海外似以作「中外」爲長。「伏」與「服」通，爾雅釋詁云：「賓，服也。」史記司馬相如傳「將往賓之」，司馬貞索隱引賈逵云：「賓，伏也。」是服、伏同義之證。禮記樂記篇「諸侯賓服」，鄭玄注云：

「賓，協也。」蓋單言賓，則賓亦爲服。「賓服」連文，則賓爲協。説文劦部云：「協，衆之同和也。」是賓服猶皆服矣。高訓「職」爲「貢」者，周禮天官大宰「五曰賦貢」，鄭玄注云：「貢，功也，九職之功所税也。」夏官大司馬「施貢分職」，鄭注云：「職謂賦税也。」此謂四夷各納其賦税，故謂之貢耳。○于大成云：伏、服古通，然本書皆作「賓服」，俶真篇「賞罰不施，而天下賓服」，覽冥篇「拱揖指麾，而四海賓服」，主術篇「人迹所至，舟檝所通，莫不賓服」，皆然。此文亦當依御覽及景宋本作「服」爲得其真也。○雙棣按：馬謂「賓服猶皆服」之説非是。爾雅釋詁云：「悦、懌、愉、釋、賓、協，服也。」郭璞注：「皆謂喜而服從。」鄭玄樂記注「賓，協也」，協亦服也，不得爲皆。郝懿行曰：「樂記『諸侯賓服』注：『賓，協也。』協亦服也。協者，下文云『和也』，和、説義近，故亦訓服。」説文「協，衆之同和也」，意亦在和，不得由此謂協爲衆義，更不得爲皆義也。「賓」不論單言，或「賓服」連文，均應訓服。「賓服」乃同義連文。

〔二二〕【高注】塗山，在九江當塗縣。玉，圭。帛，玄纁也。

【版本】莊本、集解本「於」作「于」。

【箋釋】雙棣按：左傳哀公七年：「禹合諸侯於塗山，執玉帛者萬國。」乃淮南所本。杜預彼注曰：「諸侯執玉，附庸執帛。」

【用韻】「德、伏、職、國」職部。

〔二三〕【高注】機械，巧詐也。藏之於胷臆之内。故純白之道不粹，精神專一之德不全也。粹讀禍祟之祟也。

【版本】莊本、集解本正文及注兩「於」字均作「于」。

【箋釋】向承周云：莊子天地篇「機心存於胸中，則純白不備；純白不備，則神生不定」，淮南所本。

〔二三〕【高注】懷，來也。

〔二四〕【高注】言攻戰之備，於此生也。

【箋釋】楊樹達云：「衝」假作「幢」。説文車部云：「幢，陷陳車也。從車，童聲。」衝字説文作「衝」，字從行，訓通道，此以音同通假耳。○向承周云：此註誤。本文之意，謂以機械之心利人，人亦以機械之心應之。○雙棣按：衝，即衝車。覽冥篇「大衝車」注：「衝車，大鐵著其轅端，馬被甲，車被兵，所以衝於敵城也。」氾論篇「隆衝以攻」注：「衝，所以臨敵城，衝突壞之。」此則在前，亦當有注。

〔二五〕【箋釋】楊樹達云：沸爲「鬻沸濫泉」正字，此沸謂沸騰，正字作「鬻」。説文鬲部云：「鬻，涫也。從鬲，沸聲。」○雙棣按：吕氏春秋盡數篇：「夫以湯止沸，沸愈不止，去其火則止矣。」此淮南所本。説文：「渓（隸作沃），溉灌也。」段注：「自上澆下曰沃。」

〔二六〕【版本】藏本「虒」作「虎」，王鎣本、莊本、集解本作「虒」，今據改，景宋本、王溥本、茅本、葉本、汪本、張本、黄本同藏本。

【箋釋】劉文典云：意林引，「是故」作「猶」，「狗」作「犬」，「策」作「捶」。○楊樹達云：説文蹏訓足，蹏馬連文無義。「蹏」蓋假爲「踶」。莊子馬蹏篇云：「怒則分背相踶。」李軌云：「踶，蹋也。」聲類云：「踶，躡也。」踶馬與噬狗文正相對。主術篇云：「君德不下流於民而欲用之，如鞭蹏馬矣。」「蹏」亦假爲「踶」。○于大成云：意林引「是故」作「猶」，「猶」字是也。此「是故」涉上「是故革堅則兵利」而誤。意林引「蹏」正作「踶」，楊説甚確。意林所據爲許本，許必用本字作「踶」也。劉氏謂意林「狗」作「犬」，檢意林仍作「狗」，劉氏所云，不知何據。且下文云「欲害之心亡於中，則飢虎可尾，何況狗馬之類乎」，「狗馬」二字，正承此文「噬狗」、「蹏馬」言，「狗」字焉得作「犬」！○雙棣按：蹏，藏本作「⿰⻊虎」，誤。⿰⻊虎，龍龕手鑑「音毫，欒名也」，與「蹏」音義無涉，因形近而誤。藏本氾論篇「牛蹏之涔」、兵略篇「有蹏者趹」不誤。蹏，獸蹄；踶，以蹏踢，二字音義相近，爲同源字，「蹏」用作動詞即爲「踶」，楊謂「蹏」假「踶」，非是。

〔二七〕【高注】伊尹，名摯，殷湯之賢相也。造父，周穆王之臣也，而善御。雖此二人，不能化之。

【版本】莊本、集解本注「殷」作「郼」，景宋本、王溥本、朱本、葉本同藏本。

【箋釋】俞樾云：伊尹不聞以善御名，何得與造父並稱。「伊尹」疑當作「尹儒」。吕氏春秋博志篇「尹儒學御，三年，夢受秋駕於其師」，即其人也。傳寫脱「儒」字，後人臆補「伊」字於「尹」字之上耳。道應篇作「尹需」。○劉家立云：殷國之「殷」，古作「郼」，讀如「衣」。吕覽慎大篇「湯爲天子，夏民親郼如夏」是也。後之校書者，改「郼」爲「殷」，蓋未達古義。○范耕研云：以「郼」

爲「殷」者，是古代之異文耳。呂氏春秋慎勢篇「湯其無鄗，武其無岐」，亦作「鄗」字，他篇「殷」字亦多如此作。○王叔岷與俞説同。○陳奇猷云：呂氏春秋具備「湯嘗約於鄗薄矣」，高義「鄗、岐之廣」，分職「湯、武無費乎鄗與岐周而天下稱大仁」，亦皆作「鄗」。殷墟卜辭「衣」、「殷」通用，（詳甲骨文編「衣」字下。）則「殷、鄗、衣」三字相通假也。○何寧云：俞説非也。高注云：「伊尹名摯，鄗湯之賢相。」則高氏所見淮南，正作伊尹。主術篇：「伊尹，賢相也，而不能與胡人騎騵馬而服騊駼。」高注云：「伊尹雖賢，不能與服也。」豈高氏不知伊尹之不以善御名乎？吾斯之未能信。竊謂此以鞭噬狗策蹏馬喻御天下，猶上文言馮夷、大丙之御也。曰「伊尹、造父弗能化」者，承上文「革堅則兵利，城成則衝生」言之，伊尹言御天下，造父言御狗馬，非謂伊尹御狗馬也。高注云「伊尹，鄗湯之賢相」，正謂伊尹乃御天下者。又云「造父，周穆王之臣也，而善御」，若謂「善御」二字乃總伊尹、造父言之，則當云「皆善御」，上文「昔者，馮夷、大丙之御也」，注云「皆古之得道能御陰陽者也」，是其比。今承造父云「而善御」，其不並言伊尹明矣。

【用韻】「狗、馬」侯魚合韻，「教、化」宵歌合韻。

〔二八〕【版本】王溥本、王鎣本、朱本、茅本、葉本、汪本、吴本、張本、黄本、莊本「寅」作「害」，景宋本作「宊」，集解本同藏本。

【箋釋】劉績云：宊，古「肉」字。○王念孫云：欲寅之心，「寅」當爲「宊」，字之誤也。宊與肉同。（干禄字書云：「宊、肉，上俗下正。」廣韻亦云：「肉，俗作宊。」）墨子迎敵祠篇：「狗彘豚雞食其宎。」太玄玄數：「爲會爲宎。」）欲肉者，欲食肉也。諸本及莊本皆作「欲害之心」，「害」亦「宎」之誤。（害字草書作□，與宎相似。）文子道原篇亦誤作「害」。劉績注云「古肉字」。則劉本作「宎」可知。而今本亦作「害」，蓋世人多見「害」，少見「宎」，故傳寫皆誤也。（吴越春秋勾踐陰謀外傳「斷竹續竹，飛土逐宎」，今本「宎」誤作「害」。論衡感虛篇「厨門木象生肉足」，今本風俗通義「肉」作「害」，「害」亦「宎」之誤。）齊俗篇「自穴之獸」，「穴」亦「宎」之誤。○楊樹達云：「欲肉」不辭，他書亦絶未見，欲害對文，「害」字是也。○于大成云：楊説是也。繆稱篇「鷹翔川，魚鼈沉，飛鳥揚，必遠害也」，許注云：「鷹懷欲害之心，故鳥魚知其情實，故遠之。」許注云云正釋正文「遠害」二字。許彼注「欲害之心」，與此文同，當本此文爲説也。孟子盡心下「人能充無欲害人之心，而仁不可勝用也」，即此「欲害之心」也。文子道原篇正作「欲害之心」，默希子注云：「夫欲害忘於中者，雖踐飢虎之尾，處暴人之前，終無患者。」文義何等明白。苟如王説，定爲「欲肉之心」，則「欲肉」者，欲食飢虎之肉乎？人而欲食飢虎之肉，亦尟聞矣。文子杜道堅纘義云：「執機械逐飢虎，幾不免虎口之患，惟我無機心，虎亦無傷焉。」所謂「欲害之心」，即機心也，亦即上文「機械之心」也。列子黄帝篇曰：「海上之人有好漚鳥者，每旦之海上，從漚鳥游，漚鳥之至者百住而不止。（張湛注：住當作數。）其父曰：『吾聞漚鳥皆從汝游，汝取來，吾玩之。』明日之海上，漚鳥舞而不下也。」可爲此文注腳。海上之人之父，但欲取漚鳥而玩之耳，何嘗欲食其肉也？「害」字是也。宋本「欲宎之心」，今本「欲寅之心」，宎、寅並害字之誤，當據文子正之。

【用韻】「尾、類」微物通韻。

故體道者逸而不窮，任數者勞而無功〔一〕。夫峭法刻誅者，非霸王之業也；箠策繁用者，非致遠之術也〔二〕。離朱之明，察箴末於百步之外〔三〕，而不能見淵中之魚〔四〕；師曠之聰，合八風之調〔五〕，而不能聽十里之外。故任一人之能，不足以治三畝之宅也。脩道理之數，因天地之自然，則六合不足均也〔六〕。是故禹之決瀆也，因水以爲師；神農之播穀也，因苗以爲教〔七〕。

夫萍樹根於水〔八〕，木樹根於土，鳥排虛而飛，獸蹠實而走〔九〕，蛟龍水居，虎豹山處，天地之性也〔一〇〕。兩木相摩而然，金火相守而流〔一一〕，員者常轉，窾者主浮，自然之勢也〔一二〕。是故春風至則甘雨降，生育萬物〔一三〕，羽者嫗伏，毛者孕育〔一四〕，草木榮華，鳥獸卵胎，莫見其爲者，而功既成矣〔一五〕。秋風下霜，到生挫傷〔一六〕，鷹鵰搏鷙，昆蟲蟄藏〔一七〕，草木注根，魚鼈湊淵，莫見其爲者，滅而無形〔一八〕。木處榛巢，水居窟穴〔一九〕，禽獸有艽〔二〇〕，人民有室〔二一〕。陸處宜牛馬，舟行宜多水，匈奴出穢裘〔二二〕，干、越生葛絺〔二三〕，各生所急以備燥溼〔二四〕，各因所處以御寒暑，並得其宜，物便其所〔二五〕。由此觀之，萬物固以自然，聖人又何事焉〔二六〕！

九疑之南，陸事寡而水事衆〔二七〕，於是民人被髮文身以像鱗蟲〔二八〕，短綣不絝以便涉游〔二九〕，短袂攘卷以便刺舟，因之也〔三〇〕。鴈門之北，狄不穀食，賤長貴壯，俗尚氣力，人不弛弓，馬不解勒，便之也〔三一〕。故禹之裸國，解衣而入，衣帶而出，因之也〔三二〕。今夫徙樹者，失其陰陽之性，則莫不枯槁〔三三〕。故橘樹之江北則化而爲枳，鴝鵒不過濟，貈渡汶而死〔三四〕，形性不可易，勢居不可移也〔三五〕。

校釋

〔一〕【用韻】「窮、功」冬東合韻。

【箋釋】于大成云：孔叢子玩志篇引子思語有此文。

〔二〕【高注】繁，數也。

【箋釋】王念孫云：「術」當爲「御」，字之誤也。繆稱篇曰：「急轡數策者，非千里之御也。」義與此同。羣書治要引此，正作「御」，文子道原篇亦作「御」。○陶方琦云：文選潘岳西征賦注、羣書治要四十一引「峭法刻誅」作「陗法刻刑」，又引許注云：「陗，峻也。」今高本「刑」作「誅」，亦與許本異。說文𨸏部：「陗，陖也。」（峻即說文陖。）與注淮南同。○向承周云：吕氏春秋功名篇注引淮南記作：「急轡利錣，非千里之御也；嚴刑峻法，非百王之治也。」○蔣禮鴻云：卷子本玉篇陗字注曰：「淮南『陗法刻刑』，許叔重曰：『陗，陖。』」與文選注同。

【用韻】「業、術」盍物合韻。

〔三〕【高注】離朱者，黄帝臣，明目人也。

【箋釋】劉文典云：文選琴賦注、羣書治要引，「箴」並作「鍼」。○鄭良樹云：記纂淵海六一引此「箴末」作「毫末」。慎子内篇云：「離朱之明，察毫末於百步之外。」即淮南子此文所本。經典釋文引司馬彪云：「黄帝時人，百步見秋毫之末。」孟子離婁篇趙岐注云：「離婁，古之明目者，黄帝時人，能視百步之外，見秋毫之末。」皆作「秋毫」，與記纂淵海引同。作「箴末」者，蓋許注本也。○于大成云：鄭引經典釋文，見莊子駢拇，下又承之曰：「一云：見千里針鋒。」則司馬所見，固有二説也。○雙棣按：吕氏春秋用衆「以衆視無畏乎離婁矣」高誘注：「離婁，黄帝時明目人，能見針末於百步之外。」孟子離婁趙岐注：「離婁者，古之明目者，蓋以爲黄帝之時人也。黄帝亡玄珠，使離朱索之。離朱即離婁也，能視於百步之外，見秋毫之末。」「能見針末於百步之外」，即本於淮南。

〔四〕【版本】藏本「不」上無「而」字，王溥本、王鎣本、吴本、張本、黄本有，今據補，景宋本、朱本、茅本、葉本、汪本、莊本、集解本同藏本。

〔五〕【高注】師曠，晉平公樂師子野也。八風，八卦之風聲也。

【箋釋】雙棣按：合八風之調，鄭良樹謂「合」疑當作「分」，甚是。「分」與「察」相對，爲分辨之義。俶真篇：「目數千羊之群，耳分八風之調。」「數」與「分」義近，分八風之調，正作「分」字。

〔六〕【高注】均，平也。

【箋釋】王念孫云：「脩」當爲「循」。隸書「循、脩」二字相似，故「循」誤爲「脩」。（説見管子「廟堂既脩」下。）循道理，因天地，循亦因也。若作「脩」，則非其指矣。太平御覽地部二、居處部八引此並作「循」。文子道原篇亦作「循」。俶真篇、主術篇亦有「脩」作「循」者，詳各篇。○于大成云：王説「脩」當爲「循」，其言是也。長短經卑政篇引亦作「循」。唯「循」之與「脩」，字形相近，楷、草、篆皆然，不啻於隸。論語公冶長「夫子之文章，可得而聞也」，集解云：「文彩形質著見，可以耳目循。」皇本「循」作「修」，「修」古通「脩」，故亦常相亂耳。何晏之時，鈔書已不用隸。文子道德篇「使桀、紂修道行德」，今本「修」誤爲「循」，文子僞書，不得早至西漢，（胡適之先生謂今本文子僞於西漢，其説非是。）知二字之相混，蓋不限於隸之形近也。互詳拙著文子符言篇「循其所已得」集釋。○蔣禮鴻云：治要引「三畝之宅」下無「也」字。據文義不當有，當據删。○雙棣按：「不足」謂易也，不難也。漢書黥布傳：「楚兵至滎陽、成皋，漢堅守而不動，進則不得攻，退則不能解，故楚兵不足罷也。」顔師古注：「不足者，言易也。」尸子卷下輯自荀子大略楊倞注引及路史後紀十二：「務成昭之教舜曰：避天下之逆，從天下之順，天下不足取也；避天下之順，從天下之逆，天下不足失也。」「不足」之義正與淮南此處同。漢語大字典謂此「足」字義爲難，常與「不」連用。其説是。

〔七〕【高注】禹，鯀之子，名文命。受禪成功曰「禹」。因以水性自下，決使東流，以爲後世師法也。

神農，少典之子炎帝也。農植嘉穀，神而化之，故號曰「神農」也。播，布也。布種百穀，因苗之生而長育之，以爲後世之常教也。

【箋釋】馬宗霍云：水有自下之性，順其性以導之，即孟子所謂「行其所無事」也。是禹之決瀆，實見水之自下而得決之之法，故曰因水以爲師。苗有自生之性，順其性而長之，即孟子所謂「勿助長」也。是神農之播穀，實見苗之自生而得播之之法，故曰因苗以爲教。高氏謂師爲後世師法，教爲後世常教，似非原文之意。

【用韻】「瀆、穀」屋部，「師、教」脂宵合韻。

〔八〕【高注】萍，大蘋也。

【箋釋】王念孫云：「萍」本作「蘋」。（埤雅引此已誤。）高注「萍，大蘋也」，本作「蘋，大萍也」。「萍」字或作「苹」。爾雅：「苹（音平），蓱（音瓶），其大者蘋（音頻）。」召南采蘋傳曰：「蘋，大蓱也。」説文「蘋」作「薲」，亦云「大蓱也」。此皆以小者爲萍，大者爲蘋，即高注所本也。吕氏春秋本味篇「菜之美者，昆侖之蘋」，高注曰：「蘋，大萍。」（舊本「大萍」誤作「大蘋」，今改正。）足與此注互相證明矣。後人既改正文「蘋」字爲「萍」，又互改高注「蘋、萍」二字以就之，而不知其小大之相反也。

〔九〕【高注】蹠，足也。實，地也。蹠讀捃摭之摭。

【箋釋】陶方琦云：大藏音義引許本「虛」作「空」。文選傅毅舞賦注、宋玉高唐賦注引許注：

「蹠，蹈也。」按：二家注文異。舞賦引許注「蹈」作「踏」。説文足部：「蹈，踐也。」又：「蹋，踐也。」俗字作「踏」，「蹈蹋」連文而同訓，然此「踏」字乃「蹈」字之譌。又大藏音義四十五、八十五、九十九引許注：「蹠，蹈行也。」許君「蹠，蹈」之訓已見前，此引較文選注引多一「行」字。（大藏音義九十引許注作「蹈也，行也」。）○馬宗霍云：説文足部蹠下云：「楚人謂跳躍曰蹠。」義不爲「足」。廣雅釋詁一云：「蹠，履也。」玄應一切經音義引倉頡篇云：「蹠，躡也。」楚辭九章哀郢篇「眇不知其所蹠」，王逸注云：「蹠，踐也。」亦無訓「蹠」爲「足」者。……然則以足踐地謂之蹠，非足謂之蹠。「蹠實而走」即踐地而走，若依高注「蹠足」之訓，足地而走，於詞爲不馴矣。○向承周云：慧琳音義引正文「虚」作「空」，蓋許本也。御覽九一四亦作「空」。○于大成云：海録碎事二十二上引亦作「空」，皆用許本。文選張景陽七命注、劉孝標辯命論注、御覽八百八十九、喻林二、諸子類語四引仍作「虚」，七命注又連引高注，知今本作「虚」者的是高本。

〔一〇〕【高注】蛟，水蛟，其皮有珠，世人以爲刀劍之口是也。蛟讀人情性交易之交，緩氣言乃得耳。

【箋釋】雙棣按：此注與説山篇注前説同，與説山篇注一曰及道應篇注不同，蓋高、許之別耳。然吕覽知分篇注與説山篇注一曰同，抑高誘後注吕覽而採用許説乎？

【用韻】「水、飛」微部，「土、走、處」魚侯合韻。

〔一一〕【高注】流，釋也。

【箋釋】蔣禮鴻云：莊子外物篇：「木與木相摩則然，金與火相守則流。」此淮南所本。

〔一二〕【高注】員，輪丸之屬也。窾，空也，舟船之屬也。故曰自然之勢也。窾，讀科條之科也。

【箋釋】何寧云：類説二十五引作「窾者常浮」。上二句以「相摩」、「相守」爲對，此二句以「常轉」、「常浮」爲對，疑「常」字是。

【用韻】「然、轉」元部，「流、浮」幽部。

〔一三〕【高注】明堂月令曰「清風至則穀雨」是也。育，長也。風或作分合。

【箋釋】于大成云：氾論篇曰：「天地之氣，莫大於和。和者，陰陽調，日夜分，而生物。春分而生，秋分而成。」（亦見文子上仁篇。）然則此文當作「春分」也，或本是。此本「風」字亦叚爲「分」。分、風雙聲，高注「風或作分合」，「合」字當衍。

〔一四〕【高注】嫗伏，以氣剖卵也。孕者，懷胎育生也。

【箋釋】陶方琦云：隋杜臺卿玉燭寶典一引許注：「嫗伏，以氣伏孚卵也。」按：此許注羼入高注中者。玉燭寶典爲隋時人著，所引許注必可徵信。泰族訓「卵孚于陵」，初學記、白帖並引作「卵剖于陵」，此正文作「剖」，或同是義。〇于大成云：二句本于禮樂記，亦見史記樂書。〇雙棣按：注「者」字或當作「育」，先注嫗伏，後注孕育，此不當單注一孕字。且「懷胎育生」正是注「孕育」二字。

〔一五〕【高注】既，已也。

【用韻】「伏、育」職覺合韻，「華、胎」魚之合韻。

〔一六〕【高注】草木首地而生，故曰到生。挫傷者，彫落也。

【版本】張本、黄本、莊本、集解本正文及注「到」作「倒」，景宋本、王溥本、王鎣本（無注）、朱本、茅本、葉本、汪本、吴本（無注）同藏本。

【箋釋】顧廣圻云：「到」與「倒」通，古本皆作「到」，作「倒」者非是。○向承周云：莊子外物篇「草木之到植者過半而不知其然」，到、倒古今字。

〔一七〕【高注】蟄，讀什伍之什。

【版本】藏本注「蟄」作「蟄」，莊本、集解本作「蟄」，今據改，景宋本、王溥本、葉本同藏本。

【用韻】「霜、傷、藏」陽部。

〔一八〕【高注】滅，没也。形，見也。

【箋釋】雙棣按：戰國策秦策四高誘注：「注，屬也。」周禮獸人賈公彦疏：「注，猶聚也。」此「注」亦當訓集向、聚向之意。注根與湊淵相對爲文，湊亦聚也。玉篇：「湊，聚也。」主術篇高注：「湊，會也。」又：上文「而功既成矣」有「矣」字，此句與上文相比，「滅而無形」下似亦當有「矣」字。

【用韻】「淵、形」真耕合韻。

〔一九〕【高注】聚木曰榛。

【箋釋】莊逵吉云：説文解字：「榛，菆也。」「菆，蓐也。」「蓐，陳草復生也。一曰蔟也。」皆轉相訓注。「菆」音側鳩切，古菆、聚同聲，聚木即菆木也。○王引之云：榛巢連文，則榛即是巢，猶窟穴連文，則窟即是穴。「榛」當讀爲「橧」，廣雅：「橧，巢也。」禮運曰：「冬則居營窟，夏則居橧巢。」字亦作「曾」，大戴禮曾子疾病篇：「鷹鶽以山爲卑而曾巢其上，魚鱉黿鼉以淵爲淺而蹶穴其中。」羣書治要引曾子「蹶穴」作「窟穴」，以「窟穴」對「橧巢」，正與此同。禮運之「橧巢」，亦與「營窟」對文也。凡秦聲、曾聲之字，古或相通。若溱、洧之溱，説文作「潧」是也。高以榛爲榛薄之榛，（主術篇「入榛薄」，高注：「聚木爲榛，深草爲薄。」）則分榛與巢爲二物，比之下句爲不類矣。説林篇曰：「榛巢者處茂林，安也；窟穴者託埵防，便也。」以「窟穴」對「榛巢」，亦與此同。彼言榛巢者處茂林，則榛巢非茂林也。此言木處榛巢，則榛巢亦非木也。若以榛爲榛薄之榛，則又合榛與木爲一物矣。○陶方琦云：大藏音義六十三、七十五引許注：「叢木曰榛。」按：此許注羼入高注中者。説文：「榛，菆也。」古「菆」與「聚」音義相通。「叢木」當作「菆木」。○易順鼎與陶説同。○劉文典云：文選遊天台山賦注、左思招隱詩注、答張士然詩注引高注，並作「叢木曰榛」。○吴承仕云：王仲宣從軍詩注引高注：「聚木曰榛。」與此相應。下文「隱於榛薄之中」，注云：「藂木曰榛。」即實言之，「叢、聚」並從取聲，音義相近，注家隨意作之，亦容傳寫錯互，不關宏旨。○向承周云：陶説未碻。高於訓詁，豈能全與許異？李善在慧琳之前，引此注明標高誘，非羼入也。此注「聚」當作「叢」。○吴則虞云：晏子春秋諫下云「古者嘗有處橧巢窟穴而不惡」，説文無「橧」字，「橧」爲後起字也。疑本字當作「榛」。淮南子原道「木處榛巢」，注「聚木曰榛」。又說林「榛巢者處茂林，安也；窟穴者託埵防，便也」，是則「橧」之訓「巢」，「橧」之訓「聚薪」，又「橧巢」之與「窟穴」對文，其字爲「榛」無疑矣。凡「秦」聲、「曾」聲之字，古多相通。

〔二〇〕【高注】艽，蓐。

【版本】藏本正文及注「艽」作「芁」，王溥本作「艽」，今據改，餘本同藏本。

【箋釋】劉績云：「艽」音仇，獸蓐也。與詩「艽野」之「艽」同。舊譌作「芁」。○王念孫云：劉績本「芁」作「艽」。案：劉本是也。廣韻：「艽，獸蓐也。」正與高注合。脩務篇曰：「虎豹有茂草，野彘有艽莦，槎櫛堀虛，連比以像宮室。」此云「禽獸有艽，人民有室」，其義一也。○于鬯云：木處者，鳥類也；水居者，魚類也。然則禽獸當統言獸，不言鳥獸。若及鳥，與木處之義複矣。猶小戴曲禮記「猩猩能言不離禽獸」之禽獸也，故曰禽獸有艽。王念孫雜志引劉績本，「芁」作「艽」，云音仇，獸蓐也。王謂劉本是，引廣韻「艽，獸蓐也」，又引脩務篇「彘有艽莦」，明專指獸而不兼及鳥也。○劉文典云：北堂書鈔一百五十八引，「芁」作「机」。又引許注云：「机，獸蓐。」孫馮翼輯許慎淮南注，未收此條。

〔二一〕【用韻】「穴、室」質部。

〔二二〕【高注】匈奴，獫狁，北胡也。

〔二三〕【高注】干，吳也。絺，細葛也。

【版本】王溥本、吴本（無注）、莊本、集解本正文及注「干」並作「于」，茅本、汪本、張本（無注）、黄本（無注）正文及注並作「於」，景宋本、王鎣本（無注）、朱本、葉本同藏本。

【箋釋】劉績云：「于越」一作「於越」，夷言發聲也。○王念孫云：道藏本、朱東光本作「干越」，注「干，吴也」，劉本改「干」爲「于」，茅本又改「于」爲「於」。案：作「干」者是也。春秋言「於越」者即是越，而以「於」爲發聲。此言「干、越」者，謂吴、越也。若是「于」字，則高注不當訓爲「吴」矣。莊子刻意篇「夫有干、越之劍者」，釋文：「司馬云：干，吴也。吴、越出善劍也。」荀子勸學篇「干、越、夷、貉之子」，楊倞曰：「干、越猶言吴、越。」（近時嘉善謝氏刻本改「干」爲「于」，又改楊注「吴、越」爲「於越」，非是，辯見荀子。）漢書貨殖傳「辟猶戎、翟之與于、越，不相入矣」，「于」亦「干」之誤。干、越皆國名，故言「戎、翟之與干、越」，猶荀子之言「干、越、夷、貉」也。顔師古以爲春秋之「於越」，失之。司馬彪訓「干」爲「吴」，正與高注同。莊從劉本作「于」，則與高注相背矣。○金其源云：春秋「於越入吴」注：「於，發聲也。」向曰越人，今曰於越，復其舊號也。爾雅云：「於，于也。」故荀子「于越、夷、貉之子」楊倞云：「于越猶言於越。」漢書貨殖傳「翟之與于越」，孟康曰：「于越，南方越名也。」且越絕書云：「葛山，句踐種葛，使越女治葛布獻於吴。」可見葛絺生於越，不生於吴。于越乃越，非吴、越也。○雙棣按：王説是。劉台拱亦謂作「于越」者爲庸人妄改。

【用韻】「水、絺」微部。

〔二四〕【箋釋】王叔岷云：「備」疑本作「避」。管子法法篇：「爲宮室臺榭，足以避燥溼寒暑。」禁藏篇：「宮室足以避燥溼。」晏子春秋内篇諫下：「吾細人也，皆有蓋廬以避燥溼。」左襄十七年傳：「吾儕小人，皆有闔廬以避燥溼寒暑。」荀子富國篇：「爲之宮室臺榭，使足以避燥溼。」皆作「避燥溼」。俗讀「避、備」聲相亂，故「避」誤爲「備」。吕氏春秋重己篇：「其爲宮室臺榭也，足以辟燥溼而已矣。」辟、避古今字。舊校云：「辟，一作備。」作「備」，誤與此同。

【用韻】「急、溼」緝部。

〔二五〕【版本】汪本、張本、黄本、莊本、集解本「御」作「禦」，景宋本、王溥本、朱本、葉本同藏本。

【用韻】「處、暑、所」魚部。

〔二六〕【高注】事，治也。

【用韻】「觀、然、焉」元部。

〔二七〕【高注】九疑，山名也，在蒼梧，虞舜所葬也。

【版本】茅本、汪本注「葬」下「也」字作「地」。

【箋釋】劉文典云：藝文類聚七、御覽四十一引，「衆」並作「多」。疑許注本如此。○于大成云：說文山部：「嶷，九嶷山也。」疑許本當作「嶷」，與高本作「疑」者不同也。

〔二八〕【高注】被，翦也。文身，刻畫其體，内默其中，爲蛟龍之狀，以入水，蛟龍不害也。故曰「以像鱗蟲」也。

【版本】王溥本、朱本注「内」作「肉」，朱本注「默」作「墨」，餘本同藏本。

【箋釋】王引之云：諸書無訓「被」爲「翦」者，「被髮」當作「鬋髮」，注當作「鬋，翦也」。漢書嚴助傳：「越，方外之地，鬋髮文身之民也。」晉灼曰：「淮南云：『越人鬋髮。』」（見齊俗篇。又曰：「越王句踐，鬋髮文身。」）張揖以爲古翦字也。」（字又作「鬋」，逸周書王會篇曰：「越、漚鬋髮文身。」墨子公孟篇曰：「越王句踐，翦髮文身，以治其國。」史記趙世家曰：「夫翦髮文身，甌、越之民也。」）此言九疑之南，正是越地，故亦曰「鬋髮文身」也。主術篇「是猶以斧鬋毛」，高彼注曰：「鬋，翦也。鬋讀驚攢之攢。」故此注亦曰：「鬋，翦也」。後人見王制有「被髮文身」之語，遂改「鬋」爲「被」，並注中「鬋」字而改之，不知「鬋」與「翦」同意，故云「鬋，翦也」，若是「被」字，不得訓爲「翦」矣。（趙世家之「翦髮」，趙策作「祝髮」，錢、曾、劉本並同，俗本亦改爲「被髮」。）且越人以鬋髮爲俗，若被髮則非其俗矣。（漢書地理志「文身斷髮以避蛟龍之害」，應劭曰：「常在水中，故短其髮；文其身，以像龍子，故不見傷害。」即此所云「鬋髮文身以像鱗蟲」也。高注訓「鬋」爲「翦」，亦與漢書斷髮同義。○劉家立云：注文「内默其中」，「默」讀爲「墨」。史記商君傳：「武王諤諤以昌，殷紂墨墨以亡。」漢書李陵傳：「陵墨不應，孰視而自循其髮。」是「默、墨」古通用字。○吴承仕與劉説同，云：周禮「司刑，墨罪五百」注「墨，黥也。先刻其面，以墨窒之」，是其義。左氏傳作蔡墨，吕氏春秋召類篇作史默，此「墨、默」通用之證。朱本「默」正作「墨」。○雙棣按：注「内默」之「内」，讀若「納」，「内」爲「納」之本字。王溥本、朱本作「肉」，誤。

劉、吳謂「默」讀爲「墨」是。
【用韻】「南、衆、蟲」侵冬合韻。

〔二九〕【箋釋】楊樹達云：「綣」當讀爲「幝」。說文巾部云：「幝，幒也。從巾，軍聲。或作褌。」按：所謂犢鼻褌也。短褌不著絝，今習游泳者猶然。「卷」字古音本在寒部，然多讀爲痕部音。漢書地理志下云：「安定郡眴卷。」應劭曰：「卷音箘簬之箘。」禮記喪大記云：「復者，朝服，君以卷。」鄭注讀「卷」爲「衮」。釋文云：「卷本又作衮，音古本反。」淮南以「綣」爲「幝」，猶禮記以「卷」爲「衮」、漢書讀「卷」爲「箘」矣。「游」說文作「汓」。○雙棣按：唐本玉篇殘卷糸部綣字引淮南：「短衣不絝以便涉游。」「綣」作「衣」。

〔三〇〕【高注】卷，卷臂也。因之，因水之宜也。
【箋釋】楊樹達云：列女傳趙津女娟傳云：「娟攘卷操檝而請。」此古人攘卷刺舟之證。「卷」說文作「絭」。糸部云：「絭，攘臂繩也。從糸，𠔉聲。」「卷」以同音通假。○蔣禮鴻云：說文：「纕，援臂也。絭，攘臂繩也。」廣雅釋器：「絭謂之纕。」玉篇：「纕，帶也。後臂也，收衣袖絭。」攘卷即纕絭，謂以繩束袖，以便刺舟也。「絭」又通作「帣」。史記滑稽列傳：「髡帣韝鞠腃。」徐廣曰：「帣，收衣褏也。」○何寧與楊、蔣說同。
【用韻】「游、舟」幽部。

〔三一〕【高注】不穀食，肉酪而已。北狄，鮮卑也。弛，舍也。便，習也。

【版本】景宋本「尚」作「上」。王溥本、王鎣本（無注）、茅本、葉本、汪本、吴本（無注）、張本、黄本、莊本、集解本正文及注「㢮」作「弛」，景宋本同藏本。茅本、汪本注「肉」上疊「食」字，餘本同藏本。

【箋釋】王念孫云：「俗」，本作「各」，言狄人各尚氣力也。「各」誤爲「谷」，（漢部陽令曹全碑「各獲人爵之報」，「各」作「各」，形與「谷」相似，「各、谷」草書亦相似。）後人因加人旁耳。不知「不穀食」與下文「人不弛弓，馬不解勒」，皆是狄人之俗，非獨尚氣力一事也。太平御覽兵部八十九引此，正作「各尚氣力」。○劉文典云：俗尚氣力，義自可通，不必改字釋之，類書所引孤證，未足爲據。且如王説誤自漢代，則宋代類書引文安得不誤乎？王氏但欲證明「俗」爲「各」字之譌，不知所舉二證實難並立也。○楊樹達與劉説同。○馬宗霍云：説文革部云：「勒，馬頭絡銜也。」劉熙釋名釋車云：「勒，絡也。絡其頭而引之也。」又案説文金部云：「銜，馬勒口中。从金，從行，銜行馬者也。」然則絡銜者，蓋謂絡其頭兼銜其口，使可控制也。本篇下文云「絡馬之口」，口而言絡，絡猶勒矣。

【用韻】「北、食、力、勒」職部。

〔三二〕【高注】裸國在南方。聖人治禮不求變俗，故曰因之也。

【箋釋】吴承仕云：曲禮曰：「君子行禮，不求變俗。」正義引「鄭答趙商，以爲衛武公居殷虚，故用殷禮。即引此云：君子行禮，不求變俗」。（正義文止此。）此注正用曲禮文，説義則與鄭志同。以文稱禹事，故變君子言聖人，是也。唯不云行禮而云治禮，則義不可說。疑傳寫失之，無可據正。○雙棣按：呂氏春秋貴因篇：「禹之裸國，裸入衣出，因也。」爲此文所本。呂覽求人篇高注：「裸民，不衣衣裳也。」

〔三三〕【高注】失猶易也。

【箋釋】何寧云：齊民要術四引，「徙」作「移」。

〔三四〕【高注】見於周禮。故春秋傳曰「鴝鵒來巢」，言非中國之禽，所以爲魯昭公亡異也。

【版本】王鎣本「鴝」作「鸜」，「貈」作「貉」。莊本、集解本此注在「鴝鵒不過濟」下，且「於」作「于」。藏本注「亡」作「仁」，朱本、莊本、集解本作「亡」，今據改，景宋本同藏本，葉本作「之」，王溥本不清。

【箋釋】殷敬順云：酈元水經曰：「濟水出王屋山爲兗水，東經溫爲濟水，下入黃河十餘里，南渡河爲滎澤，又經濟陰等九郡而入海。」周禮云：「鸜鵒不踰濟，貉踰汶則死。此地氣使然也。」鄭玄云：「汶水在魯城北。」先儒相因以爲魯之汶水，皆大誤也。案史記「汶」與「崏」同武巾切，謂汶江也。非音問之汶。案山海經「大江出汶山」，郭注：「東南逕蜀郡，東北逕巴東、江夏，至廣陵入海。」韓詩外傳云：「昔者江出於汶山，其始也足以濫觴。」是也。又楚詞「隱汶山之清江」，固可明矣。且列子與周禮通言水土性異，則遷移有傷，故舉四瀆以言之。案今魯之汶水闊不踰數十步，源不過二百里，揭厲皆渡，斯須往還，豈狐貉暫游，生死頓隔矣？說文云：「貉，狐類也。」皆生長丘陵旱地，今江邊人云：「狐不渡江。」是明踰大水則傷本性，遂致死者耳。○王念孫云：「枳」本作「橙」，此後人依考工記改之也。不知彼言橘踰淮而北爲枳，此言樹之江北則爲橙，義各不同，注言見周禮者，約舉之詞，非必句句皆同也。埤雅引此作「化而爲枳」，則所見本已誤。文選潘岳爲賈謐贈陸機詩「在南稱甘，度北則橙」，李善注引淮南曰：「江南橘，樹之江北，化而爲橙。」藝文類聚、太平御覽果部橘下並引考工記曰：「橘踰淮而北爲枳。」又引淮南曰：「夫橘樹之江北，化而爲橙。」（御覽橙下引淮南同。）然而考工記作「枳」，淮南作「橙」明矣。晉王子升甘橘贊曰：「異分南域，北則枳橙。」此兼用考工與淮南文也。○陶方琦云：大藏音義十四、三十七引許注：「鴝鵒，一名寒皋。」按：說文「鴝鵒也」，考工記及左昭二十五年傳皆作「鸜鵒」，許君淮南注作「鴝鵒」，正與說文同。高注既引春秋傳，則作「鸜鵒」可知。○劉文典云：考工記、埤雅字並作「枳」，即「枳」字不誤之證。此文以「枳、濟、死」爲韻，作「橙」則失其韻矣。列子湯問篇：「渡淮而北，而化爲枳焉。鸜鵒不踰濟，貉踰汶則死矣。」與此文正同。說苑奉使篇：「江南有橘，齊王使人取之，而樹之於江北，生不爲橘，乃爲枳。」韓詩外傳十：「王不見夫江南之樹乎，名橘，樹之江北則化爲枳。」亦皆可證「枳」字不誤。王說失之。○王叔岷云：記纂淵海九二引，「枳」正作「橙」。○于大成云：作「橙」作「枳」，兩皆是也。李善引此文以解潘岳詩正文「橙」字，御覽（卷九百七十一）引此在「橙」下，藝文類聚（八十六）、御覽（九百六十六）「橘」下引此與考工記並舉（已上並雜志所引），事類賦二十七橘賦曰：「亦度江而作橙」，注引此文亦作「橙」。知唐、宋人所見淮南，確然有作橙者矣。説文六上木部於橘字下，緊承之以「橙，橘屬」，是許君亦以橘橙同醜，殆即以淮南此文爲本也。上引各書，其時代咸及見許君淮南之本，然則作「橙」者，許本耳。吕氏春秋本味篇「江浦之橘」高注云：「浦，濱也，橘所生也，生江北則爲枳。」高注云云，知所據淮南本作「枳」，故此注云「見於周禮」也。然則埤雅引作「枳」者，與今本合，非誤，並據高本耳。御覽九百五十二引亦作「枳」，與九百六十六、九百七十一異者，自是所據本有許、高之不同，自非相乖戾也。劉氏所引諸書作「枳」，以明「枳」字不誤。不知王氏所校則可，謂足以定「枳」是而「橙」非，蓋猶有所未足。楚辭橘頌曰：「后皇嘉樹，橘徠服兮，受命不遷，生南國兮。」橘之生南而不可遷，固也。至其遷北而化爲橙、化爲枳，則莫有一定。雜志謂「枳」本作「橙」，固是所見有偏，劉氏必謂「橙」是誤字，亦繇周禮先入之見使然。又云：陶説是也。御覽九五二引此作「鸜鵒」，是用高本；引上句作「枳」，蓋足證作「枳」者是高本，與許本自異。注文末句有譌誤，劉本「仁」作「亡」，莊本同，當是也。

【用韻】「枳、濟、死」支脂合韻。

〔三五〕【用韻】「易、移」錫歌合韻。

是故達於道者，反於清浄〔一〕；究於物者，終於無爲〔二〕。以恬養性，以漠處神，則入于天門〔三〕。所謂天者，純粹樸素，質直皓白，未始有與雜糅者也。所謂人者，偶䁟智故〔四〕，曲巧僞詐，所以俛仰於世人而與俗交者也〔五〕。故牛歧蹏而戴角，馬被髦而全足者，天也。絡馬之口，穿牛之鼻者，人也〔六〕。循天者，與道游者也〔七〕。隨人者，與俗交者也〔八〕。夫井魚不可與語大，拘於隘也；夏蟲不可與語寒〔九〕，篤於時也〔一〇〕；曲士不可與語至道，拘於俗、束於教也〔一一〕。故聖人不以人滑天，不以欲亂情〔一二〕，不謀而當，不言而信，不慮而得，不爲而成〔一三〕，精通于靈府〔一四〕，與造化者爲人〔一五〕。

夫善游者溺，善騎者墮，各以其所好，反自爲禍〔一六〕。是故好事者未嘗不中〔一七〕，爭利者未嘗不窮也〔一八〕。昔共工之力，觸不周之山，使地東南傾〔一九〕。與高辛爭爲帝〔二〇〕，遂潛于淵，宗族殘滅，繼嗣絶祀〔二一〕。越王翳逃山穴，越人熏而出之，遂不得已〔二二〕。由此觀之，得在時，不在爭；治在道，不在聖〔二三〕。土處下不爭高，故安而不危；水下流，不爭先，故疾而不遲〔二四〕。

昔舜耕於歷山，朞年而田者爭處墝埆，以封壤肥饒相讓〔二五〕；釣於河濱，朞年而漁者爭處湍瀨，以曲隈深潭相予〔二六〕。當此之時，口不設言，手不指麾〔二七〕，執玄德於心而化馳若神〔二八〕。使舜無其志，雖口辯而户説之，不能化一人〔二九〕。是故不道之道，莽乎大哉〔三〇〕！夫能理三苗，朝羽民〔三一〕，從裸國，納肅慎，未發號施令而移風易俗者，其唯心行者乎〔三二〕！法度刑罰何足以致之也〔三三〕？

是故聖人内修其本而不外飾其末，保其精神，偃其智故，漠然無爲而無不爲也〔三四〕，澹然無治而無不治也〔三五〕。所謂無爲者，不先物爲也；所謂無不爲者，因物之所爲也〔三六〕。所謂無治者，不易自然也；所謂無不治者，因物之相然也〔三七〕。萬物有所生而獨知守其根〔三八〕，百事有所出而獨知守其門〔三九〕。故窮無窮，極無極，照物而不眩，響應而不乏，此之謂天解〔四〇〕。

校釋

〔一〕【高注】反，本也。天本授人清静之性，故曰反也。

【版本】王溥本、朱本、茅本、莊本、集解本注「静」作「浄」，景宋本正文及注均作「静」。

【箋釋】雙棣按：「浄、静」音同字通。淮南書道藏本出現「清静」四例，原道：「清静者，德之至也。」主術：「清静而無爲，一度而不摇。」「清静無爲則天與之時。」要略：「乘勢以爲資，清静以爲常。」又「清浄」三例，原道：「是故達於道者，反於清浄。」人間：「清浄恬愉，人之性也。」要略：「反之以清浄爲常，恬惔爲本。」然此處正文作「浄」，高注作「静」，似當以一致爲是。

〔二〕【高注】無爲者，不爲物爲也。

【版本】朱本注「不爲物爲也」作「不爲物動」。

【箋釋】吴承仕云：各本並非也。下文云：「所謂無爲者，不先物爲也。」疑此注亦當作「不先物爲」。以本文相互釋之，説義至當。

〔三〕【用韻】「神、門」真文合韻。

〔四〕【箋釋】劉台拱云：「偶睉」未詳。字書無「睉」字。孫卿君道篇：「天下之變，境内之事，有弛易齵差者矣。」齵，五婁切。差，初宜切。此讀當從之。言人情物態齱齵不正，參差不齊也。（本經訓「衣無隅差之削」，高注：「隅，角也。差，邪也。古者質，皆全幅爲衣裳，無有邪角。邪角削殺也。」案：全幅爲衣，無殺縫，不能無隅角。「隅差」與「偶睉」，聲義相近，蓋以全幅爲衣，縫無不正，齎無不齊，「隅差」即「偶睉」之義。）○馬宗霍云：「睉」字不見説文。玉篇、廣韻、集韻、類篇諸書皆無之。康熙字典從吴志伊字彙補收入，注云：「鋤加切，音槎。」下即引本文爲證。字從差，疑當取參差爲義也。又案：「睉」與「偶」連文，「偶」蓋通作「隅」。詩大雅抑篇「維德之隅」，漢劉熊碑作「惟德之偶」，即其證。説文𨸏部云：「隅，陬也。」廣雅釋言「陬、隅」同訓角，然則「偶睉」猶「隅差」，隅則不正，差則不齊，蓋以狀人情之變耳。○雙棣按：呂氏春秋君守篇「智差自亡」，高誘注：「差，過也。」俞樾謂「智差」即此「偶睉智故」之義。高亨謂「差」古有邪義，廣雅釋詁：「差，衺也。」呂覽及淮南此「差」，均爲邪義。陳奇猷謂「智差」爲智巧，即僞詐之意，「偶睉」亦僞詐之意。諸説是，「偶睉」乃邪而不正之義。又字彙補「音槎」之注，取自茅本。

〔五〕【版本】藏本無「也」字，王鎣本、朱本、張本、黄本、莊本、集解本有，今據補，景宋本、王溥本、茅本、汪本、葉本、吴本同藏本。

〔六〕【箋釋】蔣禮鴻云：「世人」，「人」字涉上「所謂人者」而衍。○雙棣按：蔣説是。「所以俛仰於世而與俗交者也」，語義甚明，「世」下衍一「人」字，則與上文「所謂人者」相複。

【用韻】「素、白」魚鐸通韻，「故、詐」魚鐸通韻，「天、人」真部，「糅、交」幽宵合韻。

【箋釋】蔣禮鴻云：莊子秋水篇曰：「牛馬四足，是謂天。落馬首，穿牛鼻，是謂人。」淮南語本此。

【用韻】「角、足」屋部，「天、人」真部。

〔七〕【高注】循，隨也。游，行也。

〔八〕【用韻】「天、人」真部，「游、交」幽宵合韻。

〔九〕【高注】言蜩蟬不知寒雪也。

【版本】莊本、集解本注「蜩蟬」作「蟬蜩」。

〔一〇〕【箋釋】郭慶藩云：司馬訓篤爲厚，其説迂曲難通。爾雅釋詁：「篤，固也。」論語泰伯篇「篤信好學」，謂信之固也。禮儒行「篤行而不倦」，謂行之固也。後漢延篤字叔堅，堅亦固也。凡鄙陋不達謂之固，夏蟲爲時所蔽而不可語冰，故曰篤於時。篤字正與上下文拘、束同義。○雙棣按：郭説是。篤亦可訓困。後漢書光武紀下「篤癃」注引爾雅云：「篤，困也。」困亦與拘、束同義。

〔一一〕【箋釋】俞樾云：「大」字泛而無指，義不可通，疑本作「夫井魚不可與語大海，拘於隘也；夏蟲不可與語寒雪，篤於時也；曲士不可與語至道，拘於俗、束於教也」。曰「大海」、曰「寒雪」、曰「至道」，皆二字爲文，與莊子秋水篇不同。彼云「井鼃不可以語於海者，拘於虛也；夏蟲不可以語於冰者，篤於時也；曲士不可以語於道者，束於教也」，曰「海」、曰「冰」、曰「道」，皆一字爲文。古人屬文必相稱如此。高注於次句曰「言蟬蜩不知寒雪也」，則其所據本正有「雪」字。若正文但言寒，不言雪，則高注何以横加「雪」字乎？即謂增字以足字，何不據莊子加「冰」字，而必加「雪」字乎？此句既有「雪」字，則上句亦有「海」字可知。不然，次句曰「語寒雪」，三句曰「語至道」，而首句獨曰「語大」，文不相稱。且寒以雪言，至以道言，大以何物言乎？文又不備矣。梁張綰文曰：「井魚之不識巨海，夏蟲之不見冬冰。」巨海即大海也。○雙棣按：荀子正論篇云：「坎井之鼃不可與語東海之樂。」亦言東海，俞説似是。又：曲士，莊子秋水司馬注：「鄉曲之士。」成疏謂「曲見之士」。

【用韻】「道、教」幽宵合韻。

〔二三〕【高注】天，身也。不以人事滑亂其身也。不以欲亂其清淨之性者也。

【版本】茅本、汪本、張本注「身」作「理」。藏本注「清淨」作「情濁」，莊本、集解本作「清淨」，今據改，景宋本、朱本、茅本、汪本、張本作「清濁」，葉本同藏本。

【箋釋】劉績云：「天、人」即前所言，注非。○莊逵吉云：天竺即身毒，故天有身義。○于鬯云：高注云：「天，身也。」以身訓天。如上文所謂「牛歧蹏而戴角，馬披髦而全足者，天也」，然則人身之五官四體，亦是天也。故曰「天，身也」，此不以聲訓也。莊校云「天竺即身毒，故天有身義」，恐失高意。凡莊校多迂。○吴承仕云：「天，身」云者，疊韻爲訓，亦高氏之常詁也。梵音印度，漢、魏間或言身毒、身竺、天竺、捐毒、賢豆，皆音譯之殊，不關義訓。至玄奘乃定名印度耳，莊説失之。○楊樹達云：「天、身」古音同，故譯語可任作。莊據譯語以説義，疏矣。○于省吾云：注以「天，身」爲音訓，非是。「故聖人不以人滑天」，乃承上文而伸述之，上云「循天者與道游者也，隨人者與俗交者也」，此句即就天人爲言也。○金其源云：上文「故達於道者，不以人易天」，注：「天，性也。不以人事易其天性也。」説文：「身，躬也。」吕覽孝行「嚴親之遺躬也」注：「躬，體也。」禮中庸「體物而不可遺」注：「體，生也。」孟子告子「生之爲性」，白虎通「情性，性者，生也」，則身即性也。不當以身毒爲解。○何寧云：道藏本作「不以欲亂其情濁之性者也」，疑藏本是也。「亂其情」與「濁之性」對文，「濁之性」猶言「濁其性」也。「情」以形近誤作「清」，「清濁之性」，義不可通，莊本改「濁」爲「净」，恐非其舊。○雙棣按：高氏吕覽、淮南注或以「性」釋「天」，或以「身」訓「天」。吕覽本生篇「以全天爲故者也」，注：「天，性也。」「故聖人之制萬物也，以全其天也」，注：「天，身也。」又論人、大樂、侈樂、去宥高注均以「身」訓「天」。許維遹云「注天身者，疊韻爲訓，高之常詁。天訓身猶天訓性也。」然此處之天，似不當以身爲訓，而以劉績、于省吾説爲是。上文天、人對舉，此承上而言，天當指自然爲言，上文云：「所謂天者，純粹樸素，質直皓白，未始有與雜糅者也。」莊子天道注：「天者，自然也。」荀子解蔽注：「天謂無爲自然之道。」又按：高注以清浄之性訓情，則「情」乃謂性也，故「天」不得再訓「性」，金以「性」訓「天」，於此亦不合。淮南書中，「情」與「性」義近，而與「欲」爲對文，則「情」爲本性，「欲」爲貪欲。又何寧所云大繆。上句「以人滑天」，高注「以人事滑亂其身」，此句「以欲亂情」，高注豈能用「亂其情、濁之性」兩動詞兩名詞爲釋乎？高氏豈不通訓詁之例如是耶？

〔一三〕【高注】詩云：「不識不知，順帝之則。」故曰不謀而當，不慮而得也。

【箋釋】雙棣按：吕氏春秋本生云：「若此人者，不言而信，不謀而當，不慮而得。」蓋爲淮南所本。又注引詩見大雅皇矣。

〔一四〕【箋釋】陶方琦云：莊子釋文引許注：「人心以上，氣所往來也。」按：莊子釋文引郭象注：「靈臺，心也。心有靈氣，能主持也。」○雙棣按：陶引釋文「靈氣」當作「靈智」，「主持」當作「住持」。又案：莊子德充符「不可入於靈府」，郭注：「靈府者，精神之宅也。」

〔一五〕【高注】爲，治也。

【箋釋】王引之云：高未解「人」字之義，故訓「爲」爲「治」。人者，偶也，言與造化者爲偶也。中庸：「仁者，人也。」鄭注曰：「人也，讀如相人偶之人，以人意相存問之言。」檜風匪風箋曰：「人偶能割亨者，人偶能輔周道治民者。」聘禮注曰：「每門輒揖者，以相人偶爲敬也。」公食大夫禮注曰：「每曲揖及當碑揖相人偶。」是人與偶同義。故漢時有「相人偶」之語。上文云：「與造化者俱」，本經篇云「與造化者相雌雄」，齊俗篇曰「上與神明爲友，下與造化爲人」，曰俱，曰爲友，曰爲人，曰相雌雄，皆是相偶之意。故本經篇「與造化者相雌雄」，文子下德篇作「與造化者爲人」，此尤其明證矣。莊子大宗師篇「彼方且與造物者爲人」，應帝王篇「予方將與造物者爲人」，天運篇「久矣夫某不與化爲人」，並與淮南同意，解者亦失之。○于省吾云：王引之訓人爲偶，義則近是，而未盡得之。按甲骨文、金文，人、尸字通。尸，古夷字，與造化者爲夷，言與造化者爲等夷也。

【用韻】「天、情、信、成、人」真耕合韻。

〔一六〕【高注】禍，害也。

【用韻】「墮、禍」歌部。

〔一七〕【高注】中，傷也。好爲情欲之事者，未嘗不自傷也。

【箋釋】雙棣按：中讀陟中切，中訓傷，由擊中、射中引申而來。韓非子內儲説上「後者以兵中之」，王先慎集解引舊注曰：「中，傷也。」「以兵中之」，即以兵擊中之。漢書王莽傳下「皆自亂鬬，中兵而死」，顔師古注：「中，傷也。」「中兵」亦即被兵器擊中。後漢書竇武傳「爲流矢所中死」，李賢注：「中，傷也。」「爲流矢所中」即被箭射中。再引申爲中傷。漢書何武傳「欲以吏事中商」，顔師古注：「中，傷之也。」後漢書王允傳「以事中允」，李賢注：「中，傷也。」由此再引申則爲傷害矣。即此文之義。

〔一八〕【用韻】「中、窮」冬部。

〔一九〕【高注】共工，以水行霸於伏犧、神農間者也，非堯時共工也。不周山，崑崙西北。傾猶下也。天文言天傾西北，地傾東南，先言傾，高也。此言東南，後言傾，明其下也。

【版本】莊本、集解本注「崑崙」作「昆侖」，餘本同藏本。

【箋釋】陶方琦云：文選劉孝標辯命論注引許注：「昔共工，古諸侯之彊者也。不周之山，西北之山也。」按：二家注文異。史記三皇本紀言諸侯有共工氏，任智刑以彊，霸而不王，以水乘木，乃與祝融戰，不勝而怒，乃頭觸不周，山崩，天柱折，地維缺。（列子、潛夫論引皆有「怒」字。）高本無「怒」字，應補。離騷「路不周以左轉」，王注：「不周，山名，在昆侖西北。」郝氏懿行山海經箋疏云：「王逸、高誘注云不周山在昆侖西北，並非也。依此經乃在昆侖東南。考西次三經『又西北三百七十里曰不周之山』，並非指言昆侖西北。」許注西北之山，不專指昆侖，是也。列子（湯問篇）張注：「不周山，在西北之極。」與許説合。○王叔岷云：文選劉孝標辨命論注引「觸」上有「怒」字，天文篇亦云：「怒而觸不周之山。」○于大成云：荀悦前漢紀一引劉向父子之説，以爲「五行之運，以子承母，始自伏羲，爲木德，共工氏因之，爲水德，居水火之間，霸而不王」。○何寧云：注「地傾東南」四字衍文。天文篇云：「天傾西北，故日月星辰移焉；地不滿東南，故水潦塵埃歸焉。」無「地傾東南」四字。且云「地東南傾」是先言「傾」，非此「使地東南傾」注云「後言傾，明其下也」之義。疑涉上「天傾西北」爲後人所妄加。

〔二〇〕【高注】高辛，帝嚳有天下之號也。嚳，黄帝之曾孫。

【箋釋】金其源云：天文訓「昔者共工與顓頊争爲帝，怒而觸不周之山」，或云顓頊，或云高辛，前後似出兩歧。竹書紀年云：「術器作亂，辛侯滅之。」山海經云：「共工生術器。」故竹書徐箋謂術器襲共工之號。是顓頊爲天子時，術器作亂，帝嚳時爲辛侯滅之。故或稱顓頊，或稱帝嚳。○陳奇猷云：考共工實係一部落之名，遊徙無定，勢强則近來，敗弱則遠遷。漢書古今人表共工兩見，一列在女媧時，一列在帝堯時。御覽七十八引帝王世紀、司馬貞補三皇本紀俱共工在女媧之世，列子湯問、文子上義、淮南子天文訓、兵略訓並謂共工與顓頊争帝見誅，淮南子原道訓、賈逵周語注及吕覽蕩兵篇高注又謂共工與高辛争見誅，荀子議兵、韓非子五蠹、山海經大荒西經、北經則謂禹伐共工。因其係一遷徙無定之部落，故女媧時出現，而顓頊時又見，高辛時又見，堯時又見，禹時又見。所謂誅，乃伐之之意，非誅滅之也。禹以後未見共工之紀載，其於此役後遠去未返，或即於此役被滅，則未可知矣。

〔二一〕【高注】謂共工也。

〔二二〕【箋釋】馬宗霍云：本文「繼嗣」疑當作「斷嗣」。上句言「宗族殘滅」，滅者盡也，則不得有繼嗣，既有繼嗣，則雖失帝位，不得言絶祀也。

〔二三〕【高注】已，止也。翳，越太子也。賢不欲爲王，逃於山穴之中，越人以火熏出而立之。故曰遂不得已。在春秋後，故不書于經也。

【版本】景宋本注「翳」作「翳」，又「山穴」上有「出」字。王溥本注「熏」下有「之」字。

【箋釋】陶方琦云：北堂書鈔引許本「山穴」上有「巫」字，引許注：「翳，越王之太子，當立，讓，逃巫山之穴中，熏而出之，遂不得已立爲王。」按：二家注文異。此事見莊子、呂覽，並作「王子搜」，越世家不壽生王翁，翁生王翳，是也。莊子、呂覽並作「丹穴」，許作「巫山之穴」，與高本異也。巫山在南郡巫縣。俶真訓「巫山之上」，高注：「巫山在南郡。」○劉文典云：書鈔百五十八引「翳」作「醫」。○向承周云：此巫山非南郡之巫山，越絶書紀地云：「巫山者，越䰠神巫之官，死葬其上，去山陰縣十三里許。」若南郡之巫山，遠隔楚地，非越人所易至也。○何寧云：景宋本注之「出」字，疑即「巫」字之誤，而今本脱之。又「火」字當作「艾」，火不可謂熏也。莊子讓王篇、呂氏春秋貴生篇皆作「薰之以艾」。

【用韻】「祀、已」之部。

〔二三〕【高注】治，爲也。雖聖不得爲，故曰在道。孔子是也。

【版本】王溥本注「聖」下有「人」字。

【箋釋】雙棣按：「治」與「得」相對，「治」當訓成，此言得在時不在争，成在道不在聖。得成謂事之結果，而爲乃事之進行。注欠妥。

【用韻】「争、聖」耕部。

〔二四〕【版本】莊本「土處下不争高」，「争」作「在」，餘本皆同藏本。

【箋釋】王叔岷云：「水下流」當作「水流下」，與上「土處下」對言，文子符言篇正作「水流下」。

○雙棣按：莊本「在」字誤。

【用韻】「危、遲」歌脂合韻。

〔二五〕【高注】歷山，在濟陰成陽也。一曰：濟南歷城山也。墝埆，讀人相墝椽之墝。

【版本】莊本、集解本注「濟」作「泲」，「成」作「城」，景宋本、王溥本、朱本、葉本同藏本。王溥本注「墝椽」之「墝」作「撓搦」之「撓」。藏本注「埆」作「瑻」（不甚清），各本皆作「埆」，今據改。

【箋釋】劉績云：爾雅注引此作「封畔」。○王念孫云：「封壤」二字，義不相屬。「封壤」本作「封畔」，此後人以意改之也。封、畔皆謂田界也。（周官保章氏注、呂氏春秋孟春、樂成二篇注並云：「封，界也。」說文：「畔，田界也。」）史記五帝紀：「舜耕歷山，歷山之人皆讓畔。」（本出韓子難一。）大雅緜傳亦云「耕者讓畔」。「封畔」與「肥饒」相對爲文。下文「以曲隈深潭相予」，曲隈、深潭亦相對爲文。覽冥篇云「田者不侵畔，漁者不爭隈」，此云「田者以封畔肥饒相讓，漁者以曲隈深潭相予」，其義一也。太平御覽皇王部六、爾雅釋草疏引此並作「封畔」。○劉文典云：御覽八十一引，「昔」下有「者」字，又宋本注「城」作「成」。○楊樹達云：說文云：「磽，磬也。墽，磽也。确，磬也。」「墝」與「磽、墽」同，「埆」與「确」同。○蔣禮鴻云：卷子本玉篇确字注曰：「淮南『爭處磽确而以封畔相讓』。」可爲王說佐證。○于大成云：漢地理志、後漢郡國志皆作「成陽」，御覽八十一引亦作「成陽」。又御覽引注前一義，是許本，連引下文及注，皆與唐本玉篇、慧琳音義引許本及注文合。今本高注蓋先引許義，高氏自爲注。又：唐本玉篇石部

「确」字，慧琳音義七十二、御覽八十一引「墝埆」字皆從石。顧野王、慧琳引淮南皆許本，則御覽所引亦許本也。許本自作「磽确」。○何寧云：注「墝椓之墝」，疑當作「譊諑之譊」。説文：「譊，恚聲也。」椓與諑通。方言：「諑，愬也。」郭注：「諑譖亦通語也。」故曰人相譊諑也。○雙棣按：廣韻：「墝，墝埆，瘠土。」後漢書陳龜傳李賢注：「埆謂薄土也。」墨子親士：「墝埆者，其地不育。」

〔二六〕【高注】漁，讀告語之語。湍瀨，水淺流急少魚之處也。曲限，崖岸委曲。深潭，回流饒魚之處。潭讀葛覃之覃。

【版本】藏本「濱」作「瀆」，景宋本、王鎣本、張本、黄本、莊本、集解本作「濱」，今據改，王溥本、朱本、茅本、葉本、汪本同藏本。藏本注「告語」下無「之語」二字，王溥本、朱本有，今據補，景宋本、莊本、集解本同藏本。藏本注「回」作「四」，各本皆作「回」，今據改。

【箋釋】陶方琦云：文選張衡南都賦注、張協七命注、馬融長笛賦注引許注：「湍，水行疾也。」按：二家注文異。説文水部：「湍，疾瀨也。」湍訓爲疾，與注淮南同。御覽八十一引淮南「争處湍瀨」，又引注云：「湍，疾；瀨，淺。」湍訓爲疾，當是許注約文。（地形訓高注：「湍，急流悍水也。」與説山訓並訓爲急。）大藏音義八十五引許注：「湍，疾水也，瀨，淺水也。」按：前引御覽引舊注與此引許相符，是御覽所載舊注即許注也。（高注「水淺流急少魚之處」，亦本許義。）又：唐本玉篇水部引許注：「潤，水入之處也。」按：二注文異，「潤」字疑有譌，御覽二十八引作「深潤」，亦當爲許注本，「潤」或爲「澗」字之誤。○易順鼎與陶説同。○馬宗霍云：唐卷子本玉篇水部潤字下云：「淮南以曲隈深潤相與」，許叔重曰：「潤，入之處也。」野王案謂潤利也。廣雅：「潤，益也。潤，濕也。」據此，是許、高二家正文、注文皆異。顧氏以潤利釋潤，與許注又微不同。尋太平御覽八十一引作「以曲隈深澗相與」，「與」字正同許本，「澗、潤」二字形近，以玉篇校之，疑「澗」當作「潤」，知亦據許本也。然玩繹文義，似高本作「深潭」爲長。○于大成云：爾雅釋丘疏、諸子類語四引亦作「濱」，御覽四二四無此文，八十一有，亦作「濱」。通鑑外紀一帝堯紀亦作「濱」。○雙棣按：韓非子難一云：「河濱之漁者争坻，舜往漁焉，朞年而讓長。」爲此文所本。韓子作「河濱」，知此處亦當作「河濱」，故改從宋本。

【用韻】「讓、予」陽魚通韻。

〔二七〕【高注】口不設不信之言也。手不指麾，不妄有所規儗也。

【箋釋】于鬯云：此二句甚明，但謂不言不指耳，無不信不妄之義。高説轉迂。○馬宗霍云：説文言部云：「設，施陳也。」施陳猶敷布也。口不設言者，謂舜以德化人，不須假口敷布教言而人自化之。即老子所謂「行不言之教」，非謂口不設不信之言也。舜執玄德於心，不信之言何自而出，高增「不信」二字，失之矣。手不指麾者，即不假施爲而人自歸之之意。又即老子所謂「聖人處無爲之事」也。高注「不妄有所規儗」，平添「妄」字，亦非。

【用韻】「言、麾」元歌通韻。

〔二八〕【高注】玄，天也。馳，行也。若神，若有神化之也。

【箋釋】雙棣按：老子五十一章：「生而不有，爲而不恃，長而不宰，是謂玄德。」莊子天地篇：「其合緡緡，若愚若昏，是謂玄德，同乎大順。」此玄德謂自然無爲之德。

〔二九〕【高注】志，王天下之志也。一曰：人心之志也。

【箋釋】雙棣按：此「志」當即上文之「玄德」，注非。上文言「執玄德於心，而化馳若神」，此承上而言，謂假使無此玄德，則雖口辯而户説之，不能化一人。語氣極順，依注説則不相貫。

【用韻】「志、之」之部，「神、人」真部。

〔三〇〕【高注】道不可道，故曰不道之道。

【箋釋】楊樹達云：説文水部沆下云：「莽沆，大水。一曰大澤。」風俗通山澤篇云：「沆者，莽也，言其平望莽莽無涯際也。」俶真篇云：「茫茫沆沆。」高注云：「盛貌，茫讀王莽之莽。」又云：「其道昧昧芒芒然。」高注云：「芒芒，廣大貌也。」「莽茫芒」並音近義同。

〔三一〕【高注】三苗，堯時所放渾敦、窮奇、饕餮之等。理，治也。羽民，南方羽國之民。使之朝者，德以懷遠也。

【版本】莊本、集解本注「饕餮」作「叨飸」。

〔三二〕【高注】從，化也。裸國在南方，禹所入也。肅慎，北方遠地。傳曰：「肅慎、燕、亳，吾北土也。」唯仁化爲能然也。

【版本】茅本、汪本、張本、黄本、莊本、集解本正文及注「從」作「徙」，景宋本、王溥本、王鎣本、朱本、葉本、吴本同藏本。藏本注「從化也」三字在「禹所入也」下，茅本、汪本、莊本、集解本在「裸國」上，今據移。茅本、汪本、張本、黄本、莊本、集解本注「肅慎」下有「在」字，景宋本、王溥本、朱本、葉本同藏本。藏本注「遠」下「地」字作「也」，王溥本、朱本作「地」，今據改。藏本注「亳」作「毫」，景宋本、莊本、集解本作「亳」，今據改。莊本、集解本注「仁」作「神」，景宋本、王溥本、朱本同藏本。

【箋釋】劉家立云：今本「其唯心行者乎」，「心行」二字不可通，疑「仁化」之誤。高注云：「惟仁化爲能然也。」下注云：「明不如仁化之爲大也。」是正文作「仁化」之證。且「移風易俗」正即所謂仁化也。○吴承仕云：朱本作「遠地」。「遠地」是也。形殘作「也」耳。○于大成云：此「從」字謂化而使之從我耳，非從彼國之化也。又：劉説大謬。管子形勢篇「四方所歸，心行者也」，即此「心行」二字所本。文子道原篇襲此文，亦作「心行」。上文曰：「口不設言，手不指麾，執玄德於心，而化馳若神。」可以説此「心行」之意。○雙棣按：説文：「從，隨行也。」引申爲順從。此「從裸國」即使裸國順從之意，故高注以「化」訓之。茅本改「從」爲「徙」，非是。又莊本改注「仁」爲「神」，非高意，高下注「明不如仁心化之爲大」，亦用「仁」字，明此亦當爲「仁」。莊本臆改亦無據。然高注以「仁化」釋「心行」亦未妥，上文云「執玄德於心，而化馳若神」，此亦承上而言，劉謂「心行」爲「仁化」之誤亦非。

【用韻】「民、慎」真部，「俗、乎」屋魚合韻。

〔三三〕【高注】言不足以致之也。明不如仁心化之爲大。

【用韻】「罰、也」月歌通韻。

〔三四〕【高注】能無爲，故物無不爲之化。

〔三五〕【版本】藏本「無治」下有「也」字，王溥本、王鎣本、葉本、吴本、張本、黄本無，今據删，景宋本、朱本、茅本、汪本、莊本、集解本同藏本。

【箋釋】劉台拱云：「無治也」，「也」字衍。當在下文「因物之所爲」下。

〔三六〕【高注】順物之性也。

【版本】藏本「不爲」上脱「無」字，王鎣本、朱本、張本、黄本、莊本、集解本有，今據補，王溥本、茅本、吴本同藏本。藏本「所爲」下無「也」字，王鎣本、朱本有，今據補，餘本同藏本。

【用韻】「爲、爲、爲、爲」歌部。

〔三七〕【高注】然，猶宜也。

【版本】王溥本、王鎣本、朱本、吴本「不易」下有「之」字。

【用韻】「治、治」之部，「然、然」元部。

〔三八〕【高注】根，本也。

〔三九〕【高注】門，禁要也。

【用韻】「根、門」文部。

〔四〇〕【高注】眩，惑也。天解，天之解故也，言能明天意也。

【箋釋】莊逵吉云：解故即詁字。説文解字云：「詁，訓故言也。」是「故」與「詁」通。○于省吾云：天猶玄也，「天解」即老子所謂「古者謂是帝之玄解」之「玄解」也。上文「執玄德於心」注：「玄，天也。」下文「萬物玄同也」注：「玄，天也。」是其證。○馬宗霍云：「此之謂天解」與莊子齊物論「此之謂物化」句例相同。天者言其自然也，解者説文訓判，廣雅訓散，鄭玄儀禮大射儀注訓釋，引申之，則「解」猶化也。「天解」猶言自然之化，即上文所謂「漠然無爲而無不爲，澹然無治而無不治也」。高釋「天解」爲「天之解故」，意近回穴。

故得道者志弱而事强〔一〕，心虛而應當〔二〕。所謂志弱者〔三〕，柔毳安静〔四〕，藏於不敢，行於不能〔五〕，恬然無慮，動不失時〔六〕，與萬物回周旋轉，不爲先唱，感而應之〔七〕。是故貴者必以賤爲號〔八〕，而高者必以下爲基〔九〕。託小以包大，在中以制外〔一〇〕，行柔而剛，用弱而强，轉化推移，得一之道，而以少正多〔一一〕。所謂其事强者〔一二〕，遭變應卒〔一三〕，排患扞難〔一四〕，力無不勝，敵無不凌，應化揆時，莫能害之〔一五〕。

是故欲剛者，必以柔守之；欲强者，必以弱保之〔一六〕。積於柔則剛，積於弱則强，觀其所積，以知禍福之鄉〔一七〕。强勝不若己者，至於若己者而同〔一八〕；柔勝出於己者，其力不可量〔一九〕。故兵强則滅，木强則折，革堅則裂，齒堅於舌而先之弊〔二〇〕。

是故柔弱者，生之榦也〔二一〕；而堅强者，死之徒也〔二二〕。先唱者，窮之路也；後動者，達之原也〔二三〕。何以知其然也？凡人中壽七十歲，然而趨舍指湊〔二四〕，日以月悔也〔二五〕，以至於死，故蘧伯玉年五十而有四十九年非〔二六〕。何者？先者難爲知，而後者易爲攻也〔二七〕。先者上高則後者攀之，先者踰下則後者蹷之，先者隤陷則後者以謀，先者敗績則後者違之〔二八〕。由此觀之，先者則後者之弓矢質的也〔二九〕。猶錞之與刃，刃犯難而錞無患者何也？以其託於後位也〔三〇〕。此俗世庸民之所公見也，而賢知者弗能避也〔三一〕。

所謂後者，非謂其底滯而不發，凝竭而不流〔三二〕，貴其周於數而合於時也〔三三〕。夫執道理以耦變，先亦制後，後亦制先〔三四〕。是何則？不失其所以制人，人不能制也。時之反側，間不容息〔三五〕，先之則大過，後之則不逮〔三六〕。夫日回而月周，時不與人游〔三七〕，故聖人不貴尺之璧而重寸之陰，時難得而易失也。禹之趨時也，履遺而弗取，冠挂而弗顧〔三八〕，非争其先也，而争其得時也。是故聖人守清道而抱雌節〔三九〕，因循應變，常後而不先；柔弱以静，舒安以定〔四〇〕，攻大礰堅，莫能與之争〔四一〕。

天下之物，莫柔弱於水〔四二〕。然而大不可極，深不可測〔四三〕；脩極於無窮，遠淪於無崖；息耗減益，通於不訾〔四四〕；上天則爲雨露，下地則爲潤澤〔四五〕；萬物弗得不生，百事不得不成〔四六〕；大包群生而無好憎〔四七〕，澤及蚑蟯〔四八〕而不求報〔四九〕；富贍天下而不既〔五〇〕，德施百姓而不費〔五一〕；行而不可得窮極也〔五二〕，微而不可得把握也〔五三〕；擊之無創，刺之不傷，斬之不斷，焚之不然〔五四〕；淖溺流遁，錯繆相紛〔五五〕，而不可靡散；利貫金石，强濟天下〔五六〕；動溶無形之域〔五七〕，而翺翔忽區之上〔五八〕，邅回川谷之間〔五九〕，而滔騰大荒之野〔六〇〕；有餘不足，任天地取與〔六一〕，稟授萬物而無所前後〔六二〕。是故無所私而無所公〔六三〕，靡濫振蕩，與天地鴻洞〔六四〕；無所左而無所右，蟠委錯紾，與萬物（始終）［終始］〔六五〕，是謂至德〔六六〕。夫水所以能成其至德於天下者，以其淖溺潤滑也。故老聃之言曰：「天下至柔，馳騁於天下之至堅〔六七〕，出於無有，入於無間〔六八〕，吾是以知無爲之有益〔六九〕。」

校釋

〔一〕【高注】弱，柔也。强，無不勝也。

〔二〕【高注】當，合也。

【用韻】「强、當」陽部。

〔三〕【版本】茅本、汪本、張本、黄本、莊本、集解本「者」上有「而事强」三字，景宋本、王溥本、王鎣本、朱本、葉本、吴本同藏本。

【箋釋】陶鴻慶云：「而事强」三字當衍。自「柔毳安静」以下，至「得一之道，而以少正多」，以志言也。自「遭變應卒」以下，至「莫能害之」，以事言也。此云所謂志弱者，與下文所謂其事强者，乃承上「得道者志弱而事强」之文而分釋之。文子道原篇載此文，正作「志弱者」，無「而事强」三字，此涉上文而誤衍耳。○楊樹達與陶説同。○雙棣按：陶、楊説是，道藏本、景宋本等無「而事强」三字，此三字乃茅一桂本衍，其後諸本誤襲之。

〔四〕【箋釋】楊樹達云：「毳」當讀爲「膬」。説文肉部云：「膬，耎易破也。從肉，毳聲。」「毳」省借字。

〔五〕【箋釋】俞樾云：文子道原篇作「藏於不取」，當從之，即所謂「百姓足，君孰與不足」也。「取」與「敢」形似而誤。○劉文典云：「藏」與「行」、「不敢」與「不能」相對成義。藏於不敢，即道家卑弱自持之意。俞氏以論語「百姓足，君孰與不足」之義釋之，非其指矣。文子道原篇「敢」誤爲「取」，可依此文訂正，不當據彼改此也。○楊樹達、蔣禮鴻與劉説同。○于大成云：「不敢」是也。管子勢篇「行於不敢，而立於不能」，文子道德篇「立於不敢，設於不能」，羣書治要引申子大體篇「立於不盈，設於不敢，藏於無事」，皆與此文同意。本書人間篇「能勇於敢矣，而未能勇於不敢也」，亦可證此「不敢」必非誤字。所謂「不敢」，即詩經「小心翼翼」之意。

〔六〕【用韻】「能、時」之部。

〔七〕【高注】感，動。應，和。

【箋釋】雙棣按：説文：「回，轉也。」集韻：「回，繞也。」回即回轉圍繞之義。周亦繞也。

〔八〕【高注】貴者，謂王、公、侯、伯。稱孤寡不穀，故曰以賤爲號。

【版本】藏本注「王、公」作「公、王」，朱本作「王、公」，今據改，餘本同藏本。

〔九〕【高注】基，始也。夫築京臺先從下起也。

【箋釋】雙棣按：老子三十九章：「貴以賤爲本，高以下爲基。」爲此文所本。

〔一〇〕【箋釋】馬宗霍云：廣雅釋詁二云：「在，凥也。」言凥中以制外也。凥爲凥處本字，經傳皆通作「居」。

〔一一〕【高注】而，能也。能以寡統衆。

【用韻】「大、外」月部。

【箋釋】莊逵吉云：古「能」字爲「耐」，「耐」與「而」通，故訓「而」爲「能」。易「眇能視，跛能履」，虞仲翔本皆作「而」。

〔一二〕【用韻】「剛、强」陽部，「移、多」歌部。

【箋釋】雙棣按：「其」字疑衍。上言「得道者志弱而事强」，下分言之，先言「所謂志弱者」，此言「所謂事强者」，「其」字不當有。

〔一三〕【箋釋】楊樹達云：「卒」讀爲「猝」。○蔣禮鴻云：「遭」當作「遇」。本篇末曰：「萬物之化無不遇而百事之變無不應。」「遇、應」同義。高彼注曰：「應，當之也。」孫詒讓舉齊俗篇「欲以耦化應時」、要略篇「應待萬方，覽耦百變」、説林篇「聖人之偶物」以解彼文。案「應」爲「當之」，「遇、耦、偶」亦「當之」也，乃迎應、應合之意。「遇變應卒」與「排患扞難」文相儷，若作「遭變」，則與

「應、排、扞」三字義不屬也。高於「萬物之化無不遇」下注云：「遇時也。」非淮南本旨。其注説林篇曰：「偶猶周也。」庶幾得之。今本「遇」作「遭」者，寫者以恒言遭遇同義連文，漫易之耳。○雙棣按：説文：「猝，犬從草暴出逐人也。」段玉裁云：「假借爲凡猝乍之稱。古多假卒字爲之。」

〔一四〕【箋釋】雙棣按：此排患扞難對言，患、難義近，排、扞義近。吕氏春秋恃君篇：「肌膚不足以扞寒暑。」高誘注：「扞，禦也。」此「扞」亦當訓爲「禦」。

〔一五〕【用韻】「勝、淩」蒸部，「時、之」之部。

〔一六〕【用韻】「剛、强」陽部，「守、保」幽部。

〔一七〕【高注】鄉，方也。

【用韻】「剛、强、鄉」陽部。

〔一八〕【高注】夫强者能勝不如己者。同，等也。至於如己者則等，不能勝也。言强之爲小也，道家所不貴也。

【版本】莊本、集解本注「於」作「于」。

【箋釋】劉績云：文子「同」作「格」。

〔一九〕【高注】夫能弱柔勝己者，其力不可訾也。言柔之爲大也，道家所貴。

【版本】莊本、集解本注「可」作「能」，景宋本、王溥本、朱本、葉本同藏本。

【箋釋】雙棣按：柔勝出於己者，其意甚明。此承上「强勝不若己者，至於若己者而同」而言，言柔弱能勝超過己者，亦即柔弱勝剛强之義。高注「夫能弱柔勝己者」，於文義不合。

【用韻】「同、量」東陽合韻。

〔二〇〕【高注】兵猶火也。强則盛，盛則衰，故曰則滅。以火諭也。木强則折，不能徐屈也。革堅則裂，鼓是也。弊，盡。齒堅於舌而先舌盡。

【版本】藏本「堅」作「固」，景宋本作「堅」，今據改，餘本同藏本。茅本、汪本、張本、黄本、莊本、集解本「弊」作「敝」，景宋本、王溥本、朱本、葉本同藏本。莊本、集解本注「屈」作「詘」，「於」作「于」。

【用韻】「滅、折、裂、弊」月部。

〔二一〕【高注】幹，質也。

〔二二〕【高注】徒，衆也。

【箋釋】蔣禮鴻云：徒即徒與之徒，謂堅强者與死同行也。注非。老子：「堅强者死之徒，柔弱者生之徒。」淮南語本此。

〔二三〕【高注】先者隤陷，故曰窮也。後者以謀，故曰達也。

【用韻】「徒、路」魚鐸通韻，「幹、原」元部。

〔二四〕【版本】茅本、汪本、張本、黄本、莊本、集解本有注：「指，所之也。湊，所合也。指湊猶言行止也。」景宋本、王溥本、朱本、葉本同藏本。

【箋釋】金其源云：荀子引詩「物其指矣」注：「指與旨同。」本書精神訓「哀世湊學」注：「湊，趨也。」詩棫樸「左右趣之」傳：「趣，趨也。」是指湊者，旨趣也。即下文齊俗訓「故百家之言，指湊相反」、要略「指湊卷異」之「指湊」。蓋周禮夏官金方氏「津梁相奏」，釋文：「奏本作湊。」爾雅釋獸：「奏者貑。」釋文：「奏本作湊。」湊與奏同也。

〔二五〕【版本】景宋本「月」作「自」，餘本同藏本。茅本、汪本、張本、黄本、莊本、集解本有注：「積日至月，則悔前之非。」景宋本、王溥本、朱本、葉本同藏本。

【箋釋】馬宗霍云：本文下句云「以至於死」，則上句「以」字不當訓「至」。「以」與「與」通。儀禮鄉射禮「各以其耦進」，鄭注云：「今文以爲與。」詩召南江有汜篇「不我以」，邶風擊鼓篇「不我以歸」，大雅桑柔篇「不胥以穀」，鄭箋並云：「以猶與也。」是則「日以月悔」之「以」，亦當訓「與」，言日與月悔以至於死也。日與月悔，即下文高注「歲歲悔之」之意。

〔二六〕【高注】伯玉，衛大夫蘧瑗也。今年所行是也，則還顧知去年之所行非也，歲歲悔之，以至於死，故有四十九非。所謂月悔朔，日悔昨也。

【版本】茅本、汪本、張本、吴本、黄本「有」作「知」，餘本同藏本。莊本、集解本注「四十九」下有「年」字，景宋本、王溥本、朱本、葉本同藏本。

【箋釋】王叔岷云：事文類聚前集四六引「有」作「知」。北山録十外信第十六云：「夫蘧大夫五十知四十九年非。」字亦作「知」。莊子則陽篇：「蘧伯玉行年六十而六十化，未嘗不始於是之而卒詘之以非也，未知今之所謂是之非五十九年非也。」（寓言篇記孔子同。）此言「五十而有四十九年非」，所據異本。○鄭良樹云：「有」作「知」，文義較明。注云「今年所行是也，則還顧知去年之所行非也」，正作「知」，可證。○雙棣按：莊子則陽篇「未知今之所謂是之非五十九非也」，無「年」字，王氏引失檢。此文藏本、景宋本等無「年」字是，莊本妄加。

〔二七〕【箋釋】于鬯云：「攻」讀爲「功」。○楊樹達與于說同。

〔二八〕【高注】𡳐，履也。音展非展也。楚人讀蹪爲隤，隤者車承，或言跋蹪之蹪也。

【版本】藏本「踰」作「諭」，王溥本、王鎣本、朱本、汪本、張本、吳本、黃本、莊本、集解本作「踰」，今據改，景宋本、茅本、葉本同藏本。藏本正文及注「𡳐」作「蹷」，莊本作「𡳐」，今據改，餘本同藏本。藏本「違」作「逢」，王溥本、王鎣本、朱本、茅本、葉本、汪本、張本、吳本、黃本、莊本、集解本作「違」，今據改，景宋本同藏本。藏本注「跋」作「羡」，莊本、集解本作「跋」，今據改，景宋本、葉本同藏本，王溥本作「顛」。

【箋釋】王念孫云：「𡳐」與「蹷」聲不相近，「蹷」皆當爲「𡳐」，字之誤也。𡳐，女展反，履也，言後者履先者而上也。「𡳐」字或作「蹍」，廣雅：「蹍，履也。」曹憲音女展反。莊子庚桑楚篇「蹍市人之足」，司馬彪云：「蹍，蹈也。」淮南說山篇「足𡳐地而爲跡」，說林篇「足所𡳐者淺矣」，脩務篇「猶釋船而欲𡳐水也」，高注並云：「𡳐，履也。」𡳐音女展反而訓爲履，故此注云：「𡳐，履也。

音展非展也。」且攀、蹷爲韻，謀、之爲韻。若作蹶，則失其韻矣。〇吴承仕云：「展非展」者，疑是辨家舊義，即莊子天下篇所云「輪不輾地」是也。成玄英莊子疏云：「車之運動，輪轉不停，前迹已過，後塗未至，徐却前後，更無蹍時。」「輪不蹍地」蓋與「展非展」同義，高「音展非展」者，猶云「讀蹷如『輪不輾地』之『輾』」。蹷、輾音義正同。又高注云「隤者，車承。」「車承」義不可説，疑「車承」應作「疐」，廣雅釋言：「蹪，疐也。」蹪、隤同字，此注以「疐」釋「隤」，傳寫誤分「疐」爲二形，遂譌作「車承」矣。〇向承周云：「隤」當作「蹪」，注當作「楚人謂躓爲蹪」。説林篇「人莫蹪於山」，可證。説山篇「萬人之蹪」，注正作「躓」。

〔二九〕【用韻】「攀、蹷」元部，「謀、之」之部。

【高注】質的，射者之準埶也。

【箋釋】莊逵吉云：準，古作埻。説文解字：「埻，射臬，讀若準。」〇梁玉繩云：今注「準埶」乃「準蓺」之譌。越語韋昭注云：「蓺，射的也。」呂覽盡數篇「射而不中，反脩于招」，高注：「于招，埻蓺也。」即準蓺。〇顧廣圻云：詩行葦「舍矢既均」，傳曰：「已均中蓺。」箋云：「蓺，質也。」文六年左傳「陳之藝極」，注云：「藝，準也。」漢書司馬相如傳「弦矢分蓺殪仆」，文穎曰：「所射準的爲蓺。」顔師古曰：「蓺謂射的，即今之垛上槷也。蓺讀與藝同。字亦作臬，音魚列反。」「藝、臬」聲相近，「寱」或作「囈」是也。〇吴承仕、向承周與梁、顧説同。

〔三〇〕【高注】錞，矛戈之錞也，讀曰頓。刃，矛戈之刃也。刃在前，故犯難；錞在後，故以無患。故曰

「其託於後位」也。

【版本】莊本、集解本注「讀曰」作「讀若」，景宋本、王溥本、朱本、葉本同藏本。藏本注「錞在後」之「錞」作「頓」，王溥本、朱本、汪本、莊本、集解本作「錞」，今據改，景宋本、葉本同藏本。

【箋釋】莊逵吉云：曲禮曰：「進戈者前其鐏，進矛戟者前其鐓。」注：「鋭底曰鐏，平底曰鐓。」方言「鐏謂之釬」，郭璞注：「鐏或名爲鐓。」説文解字：「鐏，柲下銅也。」「鐔，柲下銅鐏也。」知鐏即鐔。蓋刃鋭而鐔頓，故讀若頓。然則「錞」應爲「鐔」。○蔣禮鴻云：注「以」字當在「其」字上。

【用韻】「錞、刃」文部，「難、患」元部。

〔三二〕【高注】庸，衆也。公，詳也。衆民詳所見，知賢者不能避爲鋒刃也，鋒刃，以諭利欲也。故曰有所屏蔽也。

【版本】藏本注無下「鋒刃」二字，景宋本有，今據補，餘本同藏本。莊本、集解本注「知賢」作「賢知」。

【箋釋】王念孫云：如高注，則正文「避」字下當有「有所屏蔽」四字，而今本脱之也。此承上文而言，言先者有難而後者無患，此庸人之所共見也。而賢知者猶不能避，則爲争先之見所屏蔽故也。故注云「故曰有所屏蔽也」。凡注内「故曰」云云，皆指正文而言，以是明之。○吴承仕云：「公，詳」之訓，古所未聞，疑「詳」當作「訟」，兵略篇：「夫有形埒者，天下訟見之。」注：「訟，公也。」訟訓公，則公亦訓訟矣。衆所共見，謂之訟見；衆所共聞，謂之訟言。蓋古人常語。（此注下文尚有譌奪，無可據校。）○馬宗霍云：説文八部云：「公，平分也。从八，从厶。」又云：「八，别也。」言部云：「詳，審議也。」審之古文作「宷」，从宀，从釆。「釆，辨别也。」公之从八，猶宷之从釆，凡平分者必加釆别，故「公」之義得訓「詳」矣。又漢書食貨志下「刑戮將甚不詳」，顔師古注云：「詳，平也。」公訓平分，詳可訓平，又高注以「詳」釋「公」之旁證也。「詳」非誤字。○蔣禮鴻云：注「詳所見」當作「所詳見」。○何寧云：馬謂「詳」非誤字，是也。兵略篇「訟」訓「公」，故須訓釋。反之，此「公」字則無庸訓釋。此與兵略篇取義各殊。

〔三二〕

【用韻】「位、避」物錫合韻。

【高注】底讀曰紙。發，動也。凝，如脂凝也。流，行。

【版本】王溥本、王鎣本、吴本、張本、黄本、莊本、集解本「竭」作「結」，景宋本、朱本、茅本、葉本、汪本同藏本。

【箋釋】王念孫云：竭之言遏也。爾雅曰：「遏，止也。」底、滯、凝、竭皆止也。（爾雅：「底，止也。」原道篇注：「滯，止也。」楚辭九歎注：「凝，止也。」）天文篇曰：「清妙之合專易，重濁之凝竭難。」要略曰：「凝竭底滯，捲握而不散。」皆其證也。道藏本、朱本、茅本皆作「凝竭」，劉績不知其義，而改「竭」爲「結」。莊本從之，謬矣。

〔三三〕

【高注】周，調也。數，術也。合於時，時行則行，時止則止也。

【箋釋】雙棣按：周於數而合於時，「周」亦合也。王力古漢語字典訓「周」爲「合」即引此句爲證。

高注訓「調」，調亦合也。本經：「在内而合乎道，出外而調於義。」説林：「梨橘棗栗不同味，而皆調於口。」高注：「調，適也。」此「調」即「符合、適合」之義。

〔三四〕【高注】道當隨事爲變，不必待於先，人事當在後，趨時當居先也。

【版本】藏本注「隨」作「勝」，景宋本、茅本、汪本作「隨」，今據改，王溥本、朱本、葉本、莊本、集解本同藏本。

【箋釋】雙棣按：耦變之義，淮南屢見。齊俗篇：「此皆聖人之所以應時耦變。」又：「夫以一世之變，欲以耦化應時，譬猶冬被葛而夏被裘。」化與變義同。氾論篇：「欲以一行之禮，一定之法，應時偶變，其不能中權亦明矣。」偶與耦同。耦與應相對，義亦相近，「耦」當訓爲「應」，或合。高注「隨事爲變」，正是釋「耦」爲「應」。

〔三五〕【高注】言時反側之間，不容氣息，促之甚也。

【箋釋】馬宗霍云：説文口部云：「呼，外息也。吸，内息也。」一呼一吸爲息。間不容息，猶言間不容呼吸也。説文心部又云：「息，喘也。」喘爲息之疾者。則高注「促之甚」正與許説合。

【用韻】「側、息」職部。

〔三六〕【版本】王鎣本、汪本、吴本、莊本、集解本「大」作「太」，餘本同藏本。

【用韻】「過、逮」歌月通韻。

〔三七〕【箋釋】馬宗霍云：説文㫃部：「游，旌旗之流也。從㫃，汓聲。」又云：「㫃，旌旗之游，㫃蹇之皃。從中曲而下垂，㫃相出入也。讀若偃。」段玉裁謂「相出入者，謂從風往復，如一出一入然」。據此，則由游之本義引申之，有從容逸豫之意。本文「時不與人游」，言時光瞬息即逝，不與人少作周旋也。說文旋訓「周旋，旌旗之指麾也」，與游之本義亦相因。

【用韻】「周、游」幽部。

〔三八〕【箋釋】劉文典云：御覽八十二、六百九十七引，並作「冠挂而不顧，履遺而不取」。八十二又引注云：「冠有所挂著，去不暇顧視。」○王叔岷云：齊民要術種穀第三引作「履遺而不納，冠挂而不顧」。○鄭良樹云：玉海八一、天中記十一、四八引亦並作「冠挂而不顧，履遺而不取」。○于大成云：後漢書崔駰傳注、困學紀聞十七亦引作「冠挂而不顧，履遺而不取」，「冠挂」句在上。然齊民要術種穀篇、藝文類聚二十、御覽七十七、諸子類語四、喻林三十四、天中記六所引又並與今本同，則「履遺」句在上。疑此許、高二本之異同。○胡敕瑞謂「挂」當讀作「傾」。從「圭」得聲與從「頃」得聲可相通。從「圭」得聲字古音在支部，從「頃」得聲字古音在耕部，故「跬」字又可作「蹞」。脩務篇高誘注：「聖人趨時，冠戴弗顧，履遺不取。」可爲明證。

【用韻】「取、顧」侯魚合韻。

〔三九〕【高注】清，和净也。雌，柔弱也。

【版本】景宋本、王溥本注「浄」作「静」，茅本、葉本、汪本、莊本、集解本同藏本，朱本作「潔」。

【箋釋】吴承仕云：作「静」是也。後文云「清静者，德之至；柔弱者，道之要」，文與此同。御覽四百一引注正作「静」。○于大成云：御覽七十七引亦作「静」，集證本同。然浄、静二字，古亦通用。下文「清静者，德之至也」，王鎣本「静」即作「浄」；又「嗜欲者，性之累也」，注：「性當清静。」景宋本「静」作「浄」。○雙棣按：馬王堆帛書老子乙本前古佚書有雌雄節，其中云：「□□共（恭）驗（儉），是胃（謂）雌節。」又云：「凡人好用雌節，是胃（謂）承禄，富者則昌，貧者則穀；以守則寧，以作事則成；以求則得，以單（戰）則克。是謂吉節。」帛書順道篇又稱作「女節」，其云：「刑於女節，所生乃柔。」又稱作「弱節」，云：「守弱節而堅之，胥雄節之窮而因之。」又稱作「柔節」，云：「安徐正静，柔節先定。」「浄、静」字通。

〔四〇〕【高注】舒，詳也。

【箋釋】于大成云：文子道原篇「因循」下有「而」字，與下句一律。

〔四一〕【高注】攻大礱堅，論難也，無與聖人之争也。

【箋釋】雙棣按：説文石部：「礱，石磑也。」段玉裁曰：「礱，今字省作磨。引申之義爲研磨。」御覽皇王部二引正文及注皆作「磨」。

【用韻】「静、定、堅、争」耕真合韻。

〔四二〕【用韻】「物、水」物微通韻。

〔四三〕【高注】測，盡也。

【用韻】「極、測」職部。

〔四四〕【高注】訾，量也。

【版本】藏本「淪」作「瀹」，王溥本、王鎣本、朱本、張本、黄本、莊本、集解本作「淪」，今據改，景宋本、茅本、葉本、汪本同藏本。王溥本、葉本、張本、黄本、莊本、集解本「崖」作「涯」，景宋本、王鎣本、茅本、汪本同藏本。

【箋釋】雙棣按：上文「其力不可量」，高注云：「其力不可訾也。」以訾訓量。此又以量注訾，訾量同義，漢時蓋常用。

〔四五〕【用韻】「崖、訾」支部。

〔四六〕【用韻】「露、澤」鐸部。

〔四七〕【用韻】「生、成」耕部。

【版本】王溥本、王鎣本、吴本「好憎」作「所私」，朱本「憎」作「私」，景宋本、茅本、葉本、汪本、張本、黄本、莊本、集解本同藏本。

【箋釋】劉績云：「所私」舊本作「好憎」，非。○王引之云：「無好憎」本作「無私好」，此後人以意改之也。文子道原篇正作「無私好」。此承上文生萬物、成百事而言，言水之利物，非有所私好而然也。下句「澤及蚑蟯而不求報」，亦是此意。加一「憎」字，則非其指矣。且「好」與「報」爲韻，（上下文皆用韻。）若作「無好憎」，則失其韻矣。劉本作「無所私」，亦非。○劉文典云：御覽五十八引，「包」作「苞」，「無好憎」作「無所私」，與劉績本合。

〔四八〕【高注】蚑，蚑行也。蟯，微小之蟲也。

【版本】莊本正文及注「蚑」均作「跂」，餘本同藏本。

【箋釋】雙棣按：説文蟲部：「蚑，行也。」高注與説文合。然此處不當訓「蚑行」。蚑本義爲蟲行兒，引申之則可指蟲，文選枚乘七發：「蚑、蟜、螻、蟻聞之，拄喙而不能前。」吕延齊注：「蚑、蟜、螻、蟻皆小蟲名也。」張協七命：「于時昆蚑感惠，無思不擾。」吕向注：「昆蚑，昆蟲。」集韻支韻：「蚑，蟲名。」此蚑、蟯爲「及」之賓語，皆當爲名詞，蟯爲小蟲名，蚑亦當爲蟲名。

〔四九〕【高注】施而不有也。

〔五〇〕【高注】贍，足也。既，盡也。

〔五一〕【高注】德澤加於百姓，不以爲己財費也。

【箋釋】雙棣按：高注「不費」爲「不以爲己財費也」，恐非淮南之意，此句「德施百姓而不費」與上句「富贍天下而不既」相對爲文，「不費」當與「不既」義相因。吕氏春秋禁塞「費神傷魂」，高誘注：「費，損也。」廣雅釋言：「費，損也。」此「費」字亦當訓「損」。

〔五二〕【用韻】「既、費」物部。

【高注】流膏不止也。

〔五三〕【用韻】「極、握」職屋合韻。

〔五四〕【高注】水之性也。

【用韻】「創、傷」陽部，「斷、然」元部。

〔五五〕【高注】遁，逸也。錯繆相紛，彼此相糾也。

【版本】茅本、汪本、張本、黄本、莊本、集解本此注在「靡散」下。

【箋釋】雙棣按：淖溺，文子道原篇作「綽約」。荀子宥坐篇「夫水……淖約微達，似察」，楊倞注云：「淖當爲綽。綽約，柔弱也。」莊子在宥「淖約柔乎剛彊」，成玄英疏：「淖約，柔弱也。」亦有作「淖弱」者，管子水地：「夫水淖弱以清。」李善文選注引「淖弱」作「淖溺」。「綽約」蓋藥部疊韻聯緜字，故又可作「淖約、淖弱、淖溺」。

〔五六〕【高注】水流缺石，是其利也。舟船所載無有重，是其强也。濟，通也。

【用韻】「遁、紛、散」文元合韻，「石、下」鐸魚通韻。

〔五七〕【箋釋】劉文典云：「溶」爲「搈」叚。説文手部：「搈，動搈也。」溶、搈同音，古通用。俶真篇「動溶於至虚」同。宋蘇頌校淮南子題序云：「許於卷内多假借用字。」原道篇雖高本亦爾。

〔五八〕【高注】忽怳之區上也。言其飛爲雲，無所不上也。

【版本】莊本、集解本注「雲」下有「雨」字，餘本同藏本。茅本、汪本、張本、莊本此注在下文「大荒之野」下。

【箋釋】莊逵吉云：本無「雨」字，依太平御覽加。○王引之云：「忽區」二字，文不成義。「區」當作「芒」。隸書「芒」字作「芷」，與「區」相似而誤。（太平御覽地部二十引原道篇已誤作「區」。）

「忽芒」即「忽荒」也。莊子至樂篇：「芒乎芴乎，而無從出乎。芴乎芒乎，而無有象乎。」釋文：「芒音荒，又呼晃反，芴音忽。」是「芒」與「荒」同。（爾雅「太歲在巳曰大荒落」，史記曆書「荒」作「芒」。三代世表「帝芒」，索隱：「芒，一作荒。」）上文「游微霧，鶩忽怳」，高注曰：「忽怳，無形之象。」文選七發注引作「鶩忽荒」。「忽芒」乃無形之貌，故曰「動溶無形之域，而翱翔忽芒之上」也。人間篇曰：「翱翔乎忽荒之上，析惕乎虹蜺之間。」是其明證矣。（賈誼鵩鳥賦「寥廓忽荒兮，與道翱翔」，亦謂翱翔於忽荒之上也。）○吳承仕云：御覽五十八引注作「無所不止」。按：作「止」是也。無所不止，猶言無所不集，意謂蒸水爲雲，密雲爲雨，不崇朝而徧天下，無所不沾洽也。上文云：「上天則爲雨露，下地則爲潤澤。」義正與此相應。此注蓋舉本文四語而通釋之，形近誤作「上」，則義不可説。○向承周云：王説謬。人間篇自作「忽荒」，此篇自作「忽區」，他書自言「忽芒」，不可强爲牽合。若本篇無「區」字，高注便是贅文。精神篇「遊於忽區之旁」，高注：「忽區，忽怳無形之區。」正文、注文皆與此篇合，足證王説之誤。○雙棣按：吳説非。御覽引「上」作「止」，誤，不當據以校此文。高此注茅本、莊本等移至「大荒之野」下，故吳謂舉本文四語而通釋之，然道藏本、景宋本等各本均在「翱翔忽區之上」下，乃爲此句作注，翱翔於無形之上，故高以「言其飛爲雲，無所不上也」爲注，若作「止」，則不通矣。莊於「雲」下加「雨」字，亦非。雲可上下無處不飛，雨則不能上下無處不飛，因習見「雲雨」連文，故御覽誤衍「雨」字，莊本以誤校正，不可取。

〔五九〕【高注】邅回，猶委曲也。

【版本】茅本、汪本、張本、莊本、集解本此注在下文「大荒之野」下。

【箋釋】楊樹達云：楚辭九章云：「欲儃佪以干傺。」又云：「入漵浦余儃佪。」王注云：「儃佪猶低佪也。」說文人部云：「儃，儃回也。」（從段注。）「邅回、儃佪、儃回」並同。

〔六〇〕【版本】藏本「滔」作「淊」，餘本均作「滔」，今據改。

【箋釋】李哲明云：滔騰猶蹈騰也。上文「蹈騰崑崙」，注：「蹈，躡也。騰，上也。」義與此同。

〔六一〕【版本】藏本「任」作「與」，王溥本、王鎣本、朱本、葉本、吴本作「任」，今據改，餘本同藏本。王溥本、王鎣本、朱本、葉本、吴本「地」作「下」，餘本同藏本。

【箋釋】劉績云：「下」，舊訛「地」。○王叔岷云：天中記九引作「任天下取與」，與文子道原篇同。

〔六二〕【高注】前後皆與之。

【版本】藏本「授」上無「稟」字，王溥本、王鎣本、朱本（挖改）、葉本、吴本有，今據補，餘本同藏本。王溥等本「授」作「受」。

【箋釋】俞樾云：「授」上當有「稟」字。上文曰「稟授無形」，又曰「布施稟受而不益貧」，下文曰「稟授於外而以自飾也」，並以「稟授」連文，是其證也。文子道原篇作「稟授萬物而無所先後」，當據補。○雙棣按：俞說是，王溥等本亦有「稟」字，今據補。

【用韻】「野、與、後」魚侯合韻。

〔六三〕【高注】公私一也。

〔六四〕【高注】鴻，大也。洞，通也，讀同異之同也。

【版本】莊本、集解本注「同」下無「也」字。

【用韻】「公、洞」東部。

〔六五〕【高注】紾，轉也。

【版本】茅本、汪本、張本、黄本、莊本、集解本此注在上文「紾」字下。「終始」各本作「始終」，今據王念孫、陳昌齊校改。

【箋釋】王念孫云：「始終」當爲「終始」。（上文云：「水流而不止，與萬物終始。」）公、洞爲韻，（高注：「洞，讀同異之同。」）鴻、洞疊韻字。）右、始爲韻，（右，古讀若以，説見唐韻正。）若作「始終」，則失其韻矣。○陳昌齊云：「始終」當據御覽作「終始」。○何寧曰：王説疑非。御覽五十八引「始終」下有「流轉」二字，紾、轉同屬獮韻。上句言「蟠委錯紾」，高注「紾，轉也」，文正相應，御覽引二字恐非誤入。○雙棣按：王、陳説是，何説大謬。此爲對句，上一句分三小句，第一小句「公」，與第三小句「洞」，叶古韻東部；下一句亦分三小句，第一小句「右」，與第三小句「始」，叶古韻之部。「是謂至德」一句爲總括，亦可認爲與右、始之職對轉。句式整齊，韻律和諧。如何説，則句式零亂，韻例亦亂。淮南一書，始、終連文十九處，原道：「與萬物終始。」

俶真：「相扶而得終始。」精神：「反復終始。」「終始若環。」「終始無端。」本經：「終始虛滿。」齊俗：「聖人之見終始微矣。」人間：「之見終始微矣。」泰族：「見其終始。」「豈得無終始哉。」「必察其終始。」要略：「繁然足以觀終始矣。」「窮逐終始之化。」「擘畫人事之終始者也。」「標舉終始之壇也。」「故言道而不言終始。」「言終始而不明天地四時。」十八處皆爲「終始」，惟此處作「始終」，而失其韻哉？且上古反義連文，多依平上入聲調爲序，淮南亦然。

〔六六〕【高注】言水之爲德最大，故曰至德也。

【用韻】「右、始、德」之職通韻。

〔六七〕【版本】王溥本、王鎣本、茅本、汪本、吴本、張本、黄本、莊本、集解本無「於」字，餘本同藏本。

【箋釋】雙棣按：宋范應元老子道德經古本集注有「於」字，並云：「淮南子有『於』字，與古本合。」馬王堆漢墓帛書老子甲本有「於」字，老子乙本有「乎」字。今本王弼注老子無「於」字。帛書老子甲、乙本及傅奕本、王弼注本等，「至柔」上有「之」字，與淮南引不同，恐淮南誤脱。

〔六八〕【高注】水是也。

〔六九〕【高注】有益於生。

【箋釋】劉文典云：今本老子河上公章句徧用第四十三，「無有」上敓「出」字，可據淮南引文增。道應篇引作「無有入於無間」，疑後人改之也。○雙棣按：帛書老子甲本作「無有入於無間」，與道應篇所引正合，道應所引非後人改之。

【用韻】「堅、間」真元合韻。

夫無形者，物之大祖也。無音者，聲之大宗也〔一〕。其子爲光，其孫爲水，皆生於形乎〔二〕？夫光可見而不可握，水可循而不可毀，故有像之類，莫尊於水〔三〕。出生入死，自無蹠有，自有蹠無，而以衰賤矣〔四〕。是故清靜者，德之至也〔五〕。而柔弱者，道之要也〔六〕。虛而恬愉者，萬物之用也〔七〕。肅然應感，殷然反本，則淪於無形矣〔八〕。

所謂無形者，一之謂也〔九〕。所謂一者，無匹合於天下者也。卓然獨立，塊然獨處〔一〇〕；上通九天，下貫九野〔一一〕；員不中規，方不中矩〔一二〕；大渾而爲一，葉累而無根〔一三〕；懷囊天地，爲道關門〔一四〕；穆忞隱閔，純德獨存〔一五〕；布施而不既，用之而不勤〔一六〕。是故視之不見其形，聽之不聞其聲，循之不得其身〔一七〕。無形而有形生焉〔一八〕，無聲而五音鳴焉〔一九〕，無味而五味形焉〔二〇〕，無色而五色成焉〔二一〕。是故有生於無，實出於虛〔二二〕，天下爲之圈，則名實同居〔二三〕。

音之數不過五〔二四〕，而五音之變不可勝聽也〔二五〕。味之和不過五〔二六〕，而五味之化不可勝嘗也〔二七〕。色之數不過五〔二八〕，而五色之變不可勝觀也〔二九〕。故音者宮立而五音形矣〔三〇〕，味者甘立而五味亭矣〔三一〕，色者白立而五色成矣〔三二〕，道者一立而萬物生矣〔三三〕。是故一之理，施四海〔三四〕；一之解，際天地〔三五〕。其全也，純兮若樸〔三六〕；其散也，混兮若濁〔三七〕。濁而徐清，沖而徐盈，澹兮其若深淵〔三八〕，汎兮其若浮雲，若無而有，若亡而存〔三九〕。萬物之總，皆閱一孔〔四〇〕；百事之根，皆出一門〔四一〕。其動無形，變化若神；其行無迹，常後而先〔四二〕。

是故至人之治也〔四三〕，掩其聰明，滅其文章，依道廢智，與民同出于公〔四四〕。去其誘慕，除其嗜欲〔四五〕，損其思慮〔四六〕。約其所守則察〔四七〕，寡其所求則得〔四八〕。夫任耳目以聽視者，勞形而不明；以知慮爲治者，苦心而無功〔四九〕。是故聖人一度循軌〔五〇〕，不變其宜，不易其常，放準循繩，曲因其當〔五一〕。

校釋

〔一〕【高注】無形生有形，故爲物大祖也。無音生有音，故爲聲大宗。祖、宗皆本也。

【箋釋】于大成云：喻林一引此注「宗」下有「也」字，與上文一律。集證本補「也」字是也。

【用韻】「音、宗」侵冬合韻。

〔二〕【高注】光無形，道所貴也。觀之，故子爲光也。水形而不可毁，差之，故孫爲水也。

【版本】王溥本、王鎣本、朱本（挖補）、茅本、汪本、張本、吳本、黄本、莊本、集解本「形」上有「無」字，景宋本、葉本同藏本。

【箋釋】吳承仕云：注「觀」字疑當作「親」，草書形近而誤。光亦無形，故曰親之，親則爲子。水有形，故曰差之，差則爲孫。言孫之親，差遠於子也。○呂傳元云：「形」字上不當有「無」字。此猶言其子爲光，其孫爲水，皆非生於形也。若有「無」字，則非其指也。宋本、藏本皆無「無」字。○王叔岷云：茅本、漢魏叢書本、莊本「形」上並有「無」字，當補。上文言「無形者，物之太祖也」，故此言「其子爲光，其孫爲水，皆生於無形」也。○雙棣按：呂氏説藏本、景宋本等無「無」字是，而王氏謂當補「無」字則非。此句爲反問句，「皆生於形乎」意即「皆非生於形也」。

【用韻】「光、形」陽耕合韻。

〔三〕【箋釋】劉文典云：文選海賦注引，「像」作「形」。○楊樹達云：「循」當讀爲「揗」。説文手部云：「揗，摩也。」此言光可見而不可把握，水可摩揗而不可毁壞。俶真篇云：「可切循把握而有數量。」「循」亦當讀爲「揗」。切循猶言摩切。此以「握」與「揗」連言，彼文以「切揗」與「把握」連言，爲義正同。

【用韻】「握、類」屋物合韻，「毁、水」微部。

〔四〕【高注】出生，出生道，謂去清浄也。入死，入死道，謂情欲也。蹠，適也。自無形適有形，離其本也；自有形適無形，不能復得，道家所棄，故曰而以衰賤也。

【版本】景宋本注「浄」作「静」，餘本同藏本。茅本、汪本、張本、黄本、莊本、集解本注「情」上有「匿」字，餘本同藏本。

【箋釋】吴汝綸云：「衰賤」當據俶真篇改爲「衰漸」。衰，等差也。○雙棣按：出生謂自無蹠有，入死謂自有蹠無，而由此有所等差。又「凈」與「静」通，詳上文説。

〔五〕【版本】王溥本、王鎣本、葉本、吴本「静」作「凈」。

〔六〕【高注】要，約也。

【箋釋】于大成云：文子道原篇「柔弱」上無「而」字。

【用韻】「弱、要」藥宵通韻。

〔七〕【高注】萬物由之，得爲人用。

【版本】王溥本、王鎣本、吴本、黄本、莊本、集解本「而」作「無」，餘本同藏本。藏本「用」下「也」字作「者」，各本均作「也」，今據改。

【箋釋】劉績云：文子「用」作「祖」。○雙棣按：文子道原篇作「虚無恬愉者，萬物之祖也」，似作「祖」義長。高注因「用」爲説，蓋高所見本已作「用」。

〔八〕【箋釋】莊逵吉云：殷然，太平御覽作「毅然」。向承周云：鮑本太平御覽作「殷」，正宋刻之舊。

【用韻】「感、本」談文合韻。

〔九〕【高注】一者，道之本也。

〔一〇〕【箋釋】劉文典云：獨立、獨處，於辭爲複。文選與侍郎曹長思書注引，下「獨」字作「幽」。○楊樹達云：一無匹合，故立則獨立，居則獨處，作「幽」則失其義。選注所引不可從。○于大成云：文選張華鷦鷯賦注，劉琨答盧諶書注、左思雜詩注、御覽五十八、喻林一百十、諸子類語三引並與今本同，楊說是也。

〔一一〕【高注】九天，八方中央也，九野亦如之。

〔一二〕【用韻】「處、野、矩」魚部。

〔一三〕【高注】無根，言微妙也。

【箋釋】楊樹達云：「渾」當讀爲「掍」。說文手部云：「掍，同也。」廣雅釋詁云：「葉，聚也。」又云：「㵽，積也。」本經篇云：「積牒旋石以純修碕。」高注：「牒，累也。」葉、㵽、牒義並近。此文「葉累」猶云「積累」，以同義連文。集解以「一葉」爲句，誤。○何寧與楊說同。○雙棣按：張本、黄本「葉」亦斷上爲句，莊本、集解本因其誤。

〔一四〕【高注】門，道之門。

【版本】茅本、汪本「天地」下有注：「懷囊，猶言囊括宇宙之謂。」

【箋釋】惠棟云：御覽「關門」作「開門」，注：「開道之門。」○劉文典云：御覽五十八引「關」作「開」，又引注作「開道之門」。○王叔岷云：御覽引「關」作「開」，乃俗書形近之誤。引注「門」作「開」，又因引正文「關」作「開」而誤也。氾論篇注「爲機關發之」，劉文典云：御覽二百七十一引「機關」作「機開」，「開」亦「關」之誤。○于大成云：王說是也。「關」字各本並同，諸子類語三引此亦作「關」。○何寧云：疑作「開門」是也。管子心術篇云：「天曰虛，地曰靜，乃不伐。潔其宮，開其門，去私毋言，神明若存。」其義略同。曰開門者，謂順理而自存也。注亦當作「開道之門」。若釋門字，則注語贅設矣。「關」俗書作「開」，與「開」形似而誤。○雙棣按：此文「關」字不誤。王説是而何説非。上文「萬物有所生而獨知守其根，百事有所出而獨知守其門」，與此義合。

〔一五〕【高注】穆忞、隱閔，皆無形之類也。純，不雜粗也。

【版本】藏本注「粗」作「粒」，景宋本作「粗」，今據改，朱本、葉本同藏本，莊本、集解本作「糅」，王溥本、茅本、汪本無此字。

【箋釋】朱起鳳云：「穆忞」疑爲「沕穆」之倒文，「沕」字古亦讀刎，故叚作「忞」字。○吴承仕云：無形之類，「類」當爲「額」，「額」爲「貌」之或字，二形相近，傳寫多互譌。後文「漠睧於勢利」，注云：「不知足額。」朱本誤作「類」，是其比。凡雙聲疊韻形頌之詞，注皆宜言「貌」，其事易明，不煩多證。○雙棣按：吴説是。蔣禮鴻説同。

〔一六〕【高注】既，盡也。勤，勞也。

【箋釋】楊樹達云：用之而不勞，文義難通。上文云：「纖微而不可勤。」注云：「勤，盡也。」此「勤」亦當訓「盡」，與上句「既」字義同。○雙棣按：楊説是。

【用韻】「根、門、存、勤」文部。

〔一七〕【箋釋】劉文典云：「循」爲「揗」叚。説文手部：「揗，摩也。」循之不得其身，猶摩之不得其身也。

【用韻】「形、聲、身」耕真合韻。

〔一八〕【高注】無形，道也。有形，萬物也。

〔一九〕【高注】音生於無聲也。

〔二〇〕【高注】形或作和也。

【箋釋】楊樹達云：「形」字是，「和」字誤也。此文自上文「是故視之不見其形」以下凡七句，以「形、聲、身、生、鳴、形、成」爲韻，作「和」則失其韻矣。「身」在真部，與青部合韻，淮南書多以二部合韻。○雙棣按：下文「味之和」即從此出，作「和」亦有據。此處可不入韻。

〔二一〕【用韻】「生、鳴、形、成」耕部。

〔二二〕【高注】有形生於無形，人也。實，財也。

【箋釋】吴承仕云：有形生於無形，淮南常語。此注「人」字無義，當是衍文。

〔二三〕【高注】圈，囮也。名，爵號之名也。實，幣帛之屬也。一曰仁義之功賞也。

【版本】莊本、集解本注無「帛」字，景宋本、王溥本、朱本、葉本同藏本。

【箋釋】吴承仕云：朱本、景宋本「幣」下並有「帛」字。案：幣帛是也。莊本誤奪，當據補。○楊樹達云：説文口部云：「圈，養畜之閑也。」此與上文「張天下以爲之籠」語意相同，高注非是。○雙棣按：吴、楊説是。實出於虚，實、虚之對，如有、無之對，非實指也。高注「實，財也」，非是。高注名、實亦過實，此處如楊説，天下爲之圈，乃比喻，則名實亦泛指，非僅爲爵號、幣帛也。

【用韻】「無、虚、居」魚部。

〔二四〕【高注】宫、商、角、徵、羽也。

〔二五〕【高注】變，更相生也。

〔二六〕【高注】甘、酸、鹹、辛、苦也。

〔二七〕【高注】化亦變也。

〔二八〕【高注】青、赤、白、黑、黄也。

〔二九〕【高注】常事曰視，非常曰觀。春秋魯隱公觀漁於棠是也。

【箋釋】莊逵吉云：易觀盥而不觀薦，非常視也。故夫子曰「禘自既灌不欲觀」。説文解字：「觀，諦視也。」古字古義，自有一定，誘解得之矣。○向承周云：穀梁於「公觀漁於棠」、「公如齊觀社」兩傳皆云「常事曰視，非常曰觀」，即高注所本。莊氏委曲説之，由未讀穀梁也。

【用韻】「聽、嘗、觀」耕陽元合韻。

〔三〇〕【高注】宫在中央，聲之主也。形，正也。

【版本】藏本注「宫」作「言」，景宋本、朱本、茅本、汪本、莊本、集解本作「宫」，今據改，王溥本、葉本同藏本。

〔三一〕【高注】亭，平也。甘，中央味也。

【箋釋】俞樾云：説文高部：「亭，民所安定也。」是「亭」有「定」義。故文選謝靈運初去郡詩注引蒼頡曰:「亭,定也。」亦通作「停」。釋名釋言語曰:「停,定也,定於所在也。」五味亭矣,文子道原篇字正作「定」,可證也。高注曰:「亭,平也。」於義轉迂。

〔三二〕【高注】白者,所在以染之,故五色可成也。

【箋釋】吴承仕云:「所在以染之」,「在」當作「任」。「在、任」形近多互譌。説林篇:「墨子見練絲而泣之,爲其可以黄,可以黑。」注云:「練,白也。」白任所染,故云所任以染之。○楊樹達云:「在」字不誤,注當云「在所以染之」,「在所」二字誤倒耳。○向承周、何寧與楊説同。

〔三三〕【用韻】「形、亭、成、生」耕部。

〔三四〕【高注】理,道也。

【版本】莊本、集解本此注在上文「一之理」下。

【用韻】「理、海」之部。

〔三五〕【高注】解,達也。際,機也。解,讀解故之解也。

【箋釋】吴承仕云:「際,機」之訓,於古無徵。疑「機」當爲「幾」。幾,近也,盡也。並與「際」義會。今本作「機」者,傳寫妄著木旁。○雙棣按:「際」當訓「至」。上文「高不可際」,高注云:「際,至也。」義甚明白。文子道原篇作「察於天地」,廣雅釋詁一:「察,至也。」王念孫云:「際」與「察」古亦同聲,故淮南用「際」,文子用「察」。馬王堆漢墓帛書十六經成法云:「一之解,察於天地,一之理,施於四海。」與淮南此文同,察亦際也,至也。

〔三六〕【用韻】「解、地」支歌合韻。

【高注】樸，若玉樸也，在石而未剖。

【版本】王鎣本、朱本、茅本、吴本「樸」作「璞」（朱本、茅本注亦作「璞」）。

【箋釋】楊樹達云：高讀「樸」爲「璞」，然樸爲木素未斲之稱，與玉在石未剖之璞義同。如字可通，不必讀爲「璞」也。

〔三七〕【用韻】「全、散」元部，「純、混」文部，「樸、濁」屋部。

〔三八〕【高注】沖，虚也。盈，滿也。澹，定不動之貌。

〔三九〕【用韻】「清、盈」耕部，「淵、雲、存」真文合韻。

〔四〇〕【高注】總，衆聚也。

【版本】景宋本注「衆」作「皆」，除朱本、張本無注外，餘本同藏本。

【箋釋】馬宗霍云：説文門部云：「閲，具數於門中也。」引申爲凡具之稱。小爾雅廣詁云：「閲，具也。」此言萬物雖衆，皆具於一孔之中也。又案：詩邶風谷風篇云：「我躬不閲。」毛傳云：「閲，容也。」本文釋「閲」爲「容」，言皆容於一孔，亦通。○雙棣按：文子道原：「萬物之總，皆閲一孔；百事之根，皆出一門。」默希子注：「萬物萬事，皆出衆妙之門。」謂「閲」與「出」同義，皆訓爲出。漢語大字典收此義項，王力古漢語字典於備考中亦收此義項。當是。俶真曰：「夫天之所覆，地之所載，六合所包，陰陽所呴，雨露所濡，道德所扶，此皆生一父母而閲一和也。」此文

「閱」高注爲「總」，誤。此「閱」亦同「皆閱一孔」之「閱」，當訓爲「出」。「閱」何由有「出」義？友生龐光華謂，蓋與「脱」通。閱、脱，均古韻月部，閱喻四，古喻四與定母接近，脱爲透母，亦可爲准鄰紐，故可相通。管子霸形：「言脱於口，而令行乎天下。」尹注：「脱，出也。」

【用韻】「總、孔」東部。

〔四一〕【高注】道之門也。

【用韻】「根、門」文部。

〔四二〕【高注】道之先也。

【用韻】「形、迹」耕錫通韻，「神、先」真文合韻。

〔四三〕【高注】至道之人。

〔四四〕【高注】公，正。

【用韻】「明、章、公」陽東合韻。

〔四五〕【高注】誘慕，諭貪榮勢也，故去之也。嗜欲，情欲也，故除之也。

【版本】王溥本、王鎣本、朱本（挖補）、張本、吴本、黄本、莊本、集解本「去其誘慕」上有「約其所守，寡其所求」八字，餘本同藏本。

【箋釋】劉績云：文子有「約其所守，寡其所求」二句，舊本缺。○王叔岷云：漢魏叢書本、莊本此上更有「約其所守，寡其所求」二句，蓋據文子道原篇妄加也。○何寧與王説同。

〔四六〕【高注】常恬澹也。

【版本】藏本注「恬」作「浩」，王溥本作「恬」，今據改，葉本、莊本同藏本，景宋本、集解本作「活」。莊本注「澹」作「淡」。

【箋釋】劉績云：「損」，文子作「捐」。○王念孫云：「損」當作「捐」，字之誤也。捐與去、除同意。作「損」則非其指矣。文子道原篇正作「捐其思慮」。又下文「殘亡其國家，損棄其社稷」，案：社稷可言「棄」，不可言「損」，當亦是「捐」字之誤。○吴承仕云：「活澹」無義，「活」當爲「恬」，下文注云：「寂寞，恬澹也。」

〔四七〕【用韻】「守、求」幽部，「慕、慮」鐸魚通韻。

【高注】不煩擾也。

〔四八〕【高注】易供，故得。

〔四九〕【用韻】「察、得」月職合韻。

〔五〇〕【用韻】「明、功」陽東合韻。

〔五一〕【高注】一，齊也。軌，法也。

【版本】藏本「循」作「修」，王溥本、王鎣本、葉本、張本、吴本、黄本、莊本、集解本作「循」，今據改，餘本同藏本。莊本「放」作「故」，餘本同藏本。

【箋釋】劉績云：文子「宜」作「故」。○雙棣按：詮言篇「放準循繩，身無與事」，字亦作「循」。且放、(廣雅釋詁四:「放,依也。」)循義相近,作「修」乃「循」字之誤。「循」誤作「脩」,又寫作「修」耳。「循、脩」之誤,淮南多有。

【用韻】「常、當」陽部。

夫喜怒者,道之邪也〔一〕;憂悲者,德之失也〔二〕;好憎者,心之過也;嗜欲者,性之累也〔三〕。人大怒破陰,大喜墜陽〔四〕,薄氣發瘖〔五〕,驚怖爲狂〔六〕;憂悲多恚,病乃成積;好憎繁多,禍乃相隨〔七〕。故心不憂樂,德之至也;通而不變,静之至也〔八〕;嗜欲不載,虚之至也〔九〕;無所好憎,平之至也〔一〇〕;不與物散,粹之至也〔一一〕。能此五者,則通於神明。通於神明者,得其内者也。

是故以中制外,百事不廢〔一二〕,中能得之,則外能收之〔一三〕。中之得,則五藏寧,思慮平〔一四〕,筋力勁强,耳目聰明〔一五〕;疏達而不悖〔一六〕,堅强而不贑〔一七〕;無所大過,而無所不逮〔一八〕;處小而不逼,處大而不窕〔一九〕;其魂不躁,其神不嬈〔二〇〕,湫漻寂漠,爲天下梟〔二一〕。迫則能應〔二二〕,感則能動〔二三〕;物穆無窮〔二四〕,變無形像〔二五〕;優游委縱,如響之與景〔二六〕;登高臨下,無失所秉;履危行險,無忘玄仗〔二七〕。能存之此,其德不虧,萬物紛糅,與之轉化,以聽天下,若背風而馳〔二八〕,是謂至德。至德則樂矣。

古之人有居巖穴而神不遺者〔二九〕，末世有勢爲萬乘而日憂悲者〔三〇〕。由此觀之，聖亡乎治人，而在于得道；樂亡于富貴，而在于德和〔三一〕。知大己而小天下，則幾於道矣〔三二〕。

校釋

〔一〕【高注】道貴平和，故喜怒爲邪也。

【版本】藏本注「怒」作「恕」，景宋本、王溥本、茅本、葉本、汪本、張本、莊本、集解本作「怒」，今據改。

【用韻】「怒、邪」魚部。

〔二〕【高注】德尚恬和，以憂悲爲失。論語曰「其德坦蕩」是也。

【版本】張本、莊本、集解本注「以」作「故」，茅本、汪本注「以」上有「故」字，景宋本、王溥本、葉本同藏本。王溥本注「蕩」字重。

【箋釋】俞樾云：上云「喜怒者，道之邪也」，下云「好憎者，心之過也」，喜之與怒，好之與憎，皆二字相反。此云「憂悲」則非其義矣。「憂悲」當作「憂樂」。下文云「心不憂樂，德之至也」，即承此文而言。精神篇曰：「夫悲樂者，德之邪也。」與此文異義同，悲即憂也。當由别本從彼作「悲樂」，而傳寫誤合之，轉脱「樂」字耳。○劉文典云：下文「嗜欲者，性之累也」，嗜之與欲，誼固相類，而不相反也。俞説未審。○楊樹達云：此文疑當作「悲樂」，與精神篇同。莊子刻意篇云

「故曰悲樂者，德之邪；喜怒者，道之過；好惡者，德之失」，爲此文所本。是其證也。今誤作「憂悲」者，淺人見下文有「憂悲多恚，病乃成積」之文，妄改「悲樂」爲「憂悲」耳。下文「心不憂樂」云云，亦本之莊子。上文作「悲樂」，下文作「憂樂」，文異而義同。古人文多變化，不必一律也。○何寧與劉説同。

【用韻】「悲、失」微質合韻。

〔三〕【高注】心當專一，中扃外閉，反有所好憎，故曰過。性當清静，以奉天素，而反嗜欲，故爲之累也。

【用韻】「過、累」歌微合韻。

【版本】藏本注「專」下缺「一」，各本均有，今據補。

〔四〕【高注】怒者，陰氣也。陰爲堅冰，積陰相薄，故破陰。喜者，陽氣也。陽升於上，積陽相薄，故曰墜陽也。

【版本】藏本注「陽氣」下無「也」字，王溥本、茅本、葉本、汪本有，今據補。莊本、集解本注「升」上有「氣」字。藏本注「墜陽」作「陽墜」，茅本、汪本、莊本、集解本作「墜陽」，今據乙轉，景宋本、王溥本、朱本、葉本同藏本。

【箋釋】何寧云：莊子在宥篇「人大喜邪毗於陽，大怒邪毗於陰」，此淮南所本。

〔五〕【箋釋】馬宗霍云：上文「大怒破陰，大喜墜陽」。高注云：「怒者，陰氣也。積陰相薄，故破陰。

喜者，陽氣，積陽相薄，故曰墜陽也。」蓋即探本文「薄」字爲說。案廣雅釋詁三，小爾雅廣言並云：「薄，迫也。」則「薄氣」猶言陰陽偪迫之氣。「瘖」者失音。説文疒部云：「瘖，不能言也。」發瘖猶俗語發啞。禮記王制篇「瘖聾跛躄」，陸德明釋文云：「瘖，啞也。」是其證。

〔六〕【用韻】「陰、瘖」侵部，「陽、狂」陽部。

〔七〕【用韻】「恚、積」錫部，「多、隨」歌部。

〔八〕【高注】變，更也。

【箋釋】于鬯云：文子道原篇「通」作「一」，義似較勝。○劉文典云：御覽七百二十引，「通」作「性」。○于大成云：于（鬯）説勝。淮南此文本之莊子刻意篇，彼文亦作「一」，與文子合。呂惠卿注莊云：「人心終日萬慮，而未嘗止，惡能頃刻而静哉！聖人不憂不樂，至於一而不變，是謂静之至也。」

〔九〕【高注】不載於性。

【箋釋】馬宗霍云：高不釋「載」字，「載」之本義爲乘。本文之「載」，不可訓以本義。案説文「載，從車，𢦏聲」，「𢦏，從戈，才聲」，「才，艸木之初也。從丨上貫一，將生枝葉，一，地也」，「生，進也。象艸木生出土上」。據此，是「才」與「生」同意。載既得聲於「𢦏」，「𢦏」又得聲於「才」，則「載」亦兼有生義。本文「嗜欲不載」，即嗜欲不生也。高注「不載於性」，即不生於性也。管子侈靡篇「地重人載」，尹知章注云：「載，生也。」劉熙釋名釋天曰：「唐虞曰載，載，生物也。」文選嵇叔夜琴賦「披重壤以誕載兮」，李善注云：「載，生也。」又干寶晉紀總論「然懷帝初載」，李注云：「載猶生也。」皆「載」訓「生」之證。本書精神篇「機械知巧弗載於心」，彼文之「載」義與此同。

〔一〇〕【箋釋】劉文典云：御覽七百二十引，「好」作「愛」。○于大成云：「好憎」連文，本書習見，此「好」字不當作「愛」。此「無所好憎」，承上文「好憎者，心之過也」及「好憎繁多，禍乃相隨」兩句而來，則「好」字之不當爲「愛」明矣。文子道原篇亦作「好憎」。

〔一一〕【高注】散，亂。粹，純。

【箋釋】王引之云：諸書無訓「散」爲雜亂者。（説文：「散，雜肉也。」「雜」乃「離」之誤，辯見説文考正。）「散」皆當爲「殽」，隸書「殽」或作「散」，（見漢敎阬君神祠碑。）與「散」相似。「散」或作「散」，（見李翕析里橋郙閣頌。）與「殽」亦相似。故「殽」誤爲「散」。（太平御覽方術部引原道篇已誤。）莊子齊物論篇「樊然殽亂」，釋文：「殽，郭作散。」太玄玄瑩「晝夜殽者，其禍福雜」，今本「殽」誤作「散」。皆其證也。説文：「殽，相雜錯也。」廣雅：「殽，雜也，亂也。」並與高注同義，則「散」爲「殽」之誤，明矣。「殽」訓爲雜，義與「粹」正相反，故曰「不與物殽，粹之至也」。文子道原篇作「不與物雜」，「雜」亦「殽」也。莊子刻意篇作「不與物交」，「交」與「殽」聲義亦相近。精神篇又曰「審乎無瑕而不與物糅」，「糅」亦「殽」也。若云「不與物散」，則非其指矣。

【用韻】「至、至、至、至、至」質部。

〔一二〕【高注】中，心也。外，情欲。

【用韻】「外、廢」月部。

〔一三〕【高注】不，養也。

【版本】莊本注「不」作「收」。

【箋釋】王念孫云：「收」當爲「牧」，高注「不，養也」，當爲「牧，養也」。此承上文「得其内」而言，能得之於中，則能養之於外，下文「筋力勁强，耳目聰明」，所謂外能養之也。若云「外能收之」，則非其指矣。且「牧」與「得」爲韻，（牧古讀若墨，説見唐韻正。）若作「收」，則失其韻矣。俗書「收」字作「収」，形與「牧」相似，故「牧」誤爲「收」。文子道原篇正作「牧」。〇雙棣按：王説是。淮南各本多有「收、牧」互譌者。景宋本俶真篇注「肝讀閈牧之閈也」，道藏本「牧」作「收」。景宋本天文篇「亥爲牧，主大德」，道藏本「牧」作「收」。景宋本泰族篇「周公肴臑，不收於前」，道藏本「收」作「牧」。吕覽論人「牧」亦譌作「收」。

【用韻】「得、牧」職部。

〔一四〕【高注】五藏寧者，各得其所。思慮平者，不妄喜怒。

【版本】藏本注「不」作「本」，景宋本、王溥本、朱本、茅本、汪本、張本、莊本、集解本作「不」，今據改。

【用韻】「寧、平」耕部。

〔一五〕【箋釋】劉績云：文子「力」作「骨」。

【用韻】「强、明」陽部。

〔一六〕【高注】悖，謬也。

〔一七〕【高注】轒，折。

【箋釋】朱駿聲云：「轒」假借爲「劌」。○馬宗霍云：高訓「轒」爲折，蓋「匱」之假借字。詩大雅既醉篇「孝子不匱」，毛傳云：「匱，竭也。」禮記坊記篇引此詩，鄭注云：「匱，乏也。」「竭乏」與「折損」之義近。「轒」與「匱」同從貴聲，故通用。又案：説文匚部「匱」本訓「匣」，其訓竭、乏，亦引申之義也。○向承周云：「轒」，「劌」之借字。説文：「劌，斷也。」「劌」之通作「轒」，猶「繢」之通作「繪」也。○雙棣按：文子道原篇「轒」作「匱」。馬王堆漢墓帛書道原作「撌」。

【用韻】「悖、轒」物部。

〔一八〕【箋釋】馬宗霍云：本文兩「所」字皆語助也，言無大過而無不逮也。公羊襄公二十七年傳「無所用盟」，何休注云：「無用爲盟矣。」禮記檀弓篇「君無所辱命」，鄭玄注云：「無所辱命，辭不受也。」彼文句例正與此同。何、鄭並不釋「所」字，知在句中不爲義也。○雙棣按：馬説非。「所」爲一特殊代詞，變動詞性短語爲名詞性短語，「無所大過」即没有大過之處，「無所不逮」即没有不及之處。

【用韻】「過、逮」歌月通韻。

〔一九〕【高注】在小能小，在大能大。

〔二〇〕【高注】躁，狡。嬈，煩嬈也。言精神定矣。

【箋釋】于大成云：「躁」訓爲「狡」，他處未見。主術篇「人主静漠而不躁」，高注：「躁，動。」此處亦當訓爲「動」，乃與下句「其神不嬈」之意相近。或高於此文訓爲「擾」，「擾」誤爲「狡」耳。（躁、擾之訓，見廣雅釋詁三。）

〔二一〕【高注】湫漻，清静也。寂漠，恬淡也。梟，雄也。

【版本】藏本「漠」作「寞」，景宋本作「漠」，今據改，朱本、汪本、張本、黄本、莊本、集解本正文及注均作「寞」。

【箋釋】陳昌齊云：「寞」當作「漠」。

【用韻】「窕、嬈、梟」宵部。

〔二二〕【版本】王溥本、王鎣本、朱本（挖補）、茅本、汪本、張本、吴本、黄本、莊本、集解本「迫」字上有「大道坦坦，去身不遠，求之近者，往而復反」十六字，茅本尚有「謂近身也」四字，汪本爲「近謂身也」，張本、莊本、集解本「近謂身也」四字爲注文，王溥本「往而復返」下有劉績校語：「舊本缺此四句，非。」

【箋釋】王引之云：「大道坦坦」至「往而復反」，注「近謂身也」，此一節宋本在「能存之此」上，今本在「迫則能應」上，道藏本無此四句及注。按：「能存之此，其德不虧」，上承「沕穆無窮」以下八句，所謂「穆忞隱閔，純德獨存」也。中間不得有此四句。「迫則能應，感則能動」上承「湫漻寂寞，爲天下梟」，所謂寂然不動感而遂通也。中間亦不得有此四句。且文子道原篇「大道坦坦，去身不遠，求之遠者，往而復反」，自然篇「夫道可親不可疎，可近不可遠，求之遠者，往而復反」，蓋言道不在遠，往求於遠，必將無所得而復反也。今乃云「求之近者，往而復反」，則義不可通矣，正文及注皆後人妄加，當以藏本爲是。○楊樹達云：王氏雜志校删此四句，其説是也，當從之。○何寧云：「大道坦坦」四句錯簡，當在「無忘玄伏」（向宗魯云：「玄伏」當依宋本、道藏本作「玄仗」）下。自「五藏寧」至「無忘玄伏」凡二十四句，皆承「中之得」言之，謂中之得而後能若此者，不得從中插入「大道坦坦」四句，使上下文義隔絶。于「無忘玄伏」下則緊承「登高臨下」四句以總結上文，於義爲當。文子道原篇作「中之得也，五藏寧，思慮平，筋骨勁强，耳目聰明。大道坦坦，去身不遠，求之遠（遠當作近）者，往而復返」，一段至此結束，則四句固結語也，不得置於段中。又上德篇云：「大道坦坦，去身不遠。修之於身，其德乃真；修之於物，其德不絶。」「修之於身」四句，與此「能存之此，其德不虧，萬物紛糅，與之轉化」，實文異而義同。則「大道坦坦」四句，當在「能存之此」上明矣。道藏本無此四句，當是後人臆删。鈔宋本正在「無忘玄伏」下，是其證。○雙棣按：王、楊説是。審文意，「無忘玄仗」下亦不當有此四句。

〔二三〕【箋釋】王念孫云：此當作「感則能應，迫則能動」，「感」與「應」相因，「迫」與「動」相因。精神篇曰：「感而應，迫而動。」脩務篇曰：「感而不應，敀而不動。」（「敀」，今本誤作「攻」，辯見脩務。）

莊子刻意篇曰：「感而後應，迫而後動。」皆其證。今本「感、迫」二字互誤。○向承周云：王説未碻。感、迫字義既相因，自可互用。説苑指武篇「魯石公劍，迫則能應，感則能動，昒穆無窮，變無形像，優柔委從，如影與響」，與此文正同。○何寧云：王説似是也。上文云「感而應之」，又云「肅然應感」，皆以感應連文，一篇中不當前後歧出，説苑疑據誤本淮南若是。

〔二四〕【高注】穆，美。

【版本】王鎣本「物」作「沕」。

【箋釋】莊逵吉云：「物穆」疑當作「沕穆」。○王念孫云：史記賈生傳「形氣轉續兮，變化而嬗。沕穆無窮兮，胡可勝言」，漢書作「沕穆無閒」，顔師古云：「沕穆，深微貌。沕音勿。」説苑指武篇亦云：「昒穆無窮，變無形像。」「沕、昒、物」古字通，高注專解「穆」字，蓋失之矣。○雙棣按：王説是。「物穆」爲明母雙聲聯緜字，取聲而已，故「沕、昒、物」皆可。高單訓「穆」爲「美」，非。

〔二五〕【高注】言能化也。

〔二六〕【高注】響應聲，影應形。

【版本】莊本、集解本注「影」作「景」，餘本同藏本。

〔二七〕【高注】玄仗，道也。

【版本】景宋本「玄仗」下有「大道坦坦」四句。莊本、集解本正文及注「仗」作「伏」，餘本同藏本。

【箋釋】馬宗霍云：玄謂道也，「伏」與「服」通，「服」猶「執」也，執猶守也。此言履危行險無忘守道也。訓「玄」爲「道」，見廣雅釋詁三。以「服」訓「伏」，見陸德明周易繫辭釋文引孟京注。訓「服」爲「執」，見韋昭國語吴語注。高氏連「玄伏」二字而以「道也」釋之，似失之簡。○吕傳元云：「伏」當爲「仗」字之訛也。○雙棣按：莊改「仗」爲「伏」，非是。此文「像、景、秉、仗」隔句爲韻，均爲陽部，作「伏」則失其韻矣。馬據誤本爲説，失之。

〔二八〕【用韻】「動、像、景、秉、仗」東陽合韻。

【高注】疾而易也。

〔二九〕【用韻】「虧、化、馳」歌部。

【高注】遺，失也。

〔三〇〕【用韻】「遺、悲」微部。

〔三一〕【版本】王鎣本，朱本、茅本、汪本、張本、黄本、莊本、集解本「富」上「于」作「乎」，餘本同藏本。王溥本、葉本、汪本、張本、黄本「德」作「得」，餘本同藏本。

【箋釋】楊樹達云：亡，不在也。「德」與「得」同，古通用。

【用韻】「道、和」幽歌合韻。

〔三二〕【高注】幾，近也。許由、務光是。

【版本】藏本「知」作「之」，各本均作「知」，今據改。

【用韻】「下、道」魚幽合韻。

所謂樂者，豈必處京臺、章華〔一〕，游雲夢、沙丘〔二〕，耳聽九韶、六瑩〔三〕，口味煎熬芬芳〔四〕，馳騁夷道〔五〕，釣射鷫鷞之樂乎〔六〕？吾所謂樂者，人得其得者也〔七〕。夫得其得者，不以奢爲樂，不以廉爲悲〔八〕，與陰俱閉，與陽俱開。故子夏心戰而臞，得道而肥〔九〕。聖人不以身役物，不以欲滑和〔一〇〕。是故其爲懽不忻忻〔一一〕，其爲悲不惙惙〔一二〕，萬方百變，消摇而無所定，吾獨忼慨遺物，而與道同出〔一三〕。是故有以自得也〔一四〕，喬木之下，空穴之中，足以適情〔一五〕。無以自得也，雖以天下爲家，萬民爲臣妾，不足以養生也〔一六〕。能至于無樂者，則無不樂，無不樂則至極樂矣〔一七〕。

夫建鍾鼓，列管弦，席旃茵，傅旄象〔一八〕，耳聽朝歌北鄙靡靡之樂〔一九〕，齊靡曼之色〔二〇〕，陳酒行觴，夜以繼日〔二一〕，强弩弋高鳥〔二二〕，走犬逐狡兔，此其爲樂也，炎炎赫赫，怵然若有所誘慕〔二三〕。解車休馬，罷酒徹樂〔二四〕，而心忽然若有所喪，悵然若有所亡也〔二五〕。是何則？不以内樂外，而以外樂内，樂作而喜，曲終而悲〔二六〕，悲喜轉而相生，精神亂營，不得須臾平〔二七〕。察其所以不得其形〔二八〕而日以傷生，失其得者也。

是故内不得於中，稟授於外而以自飾也，不浸于肌膚，不浹于骨髓〔二九〕，不留于心志，不滯于五藏。故從外入者，無主於中不止；從中出者，無應於外不行〔三〇〕。故聽善言便計，雖愚者知説之；稱至德高行，雖不肖者知慕之〔三一〕。説之者衆而用之者鮮，慕之者多而行之者寡。所以然者何也？不能反諸性也。夫内不開於中而强學問者，不入於耳而不著於心〔三二〕，此何以異於聾者之歌也？效人爲之而無以自樂也，聲出於口則越而散矣〔三三〕。夫心者，五藏之主也，所以制使四支，流行血氣，馳騁于是非之境，而出入于百事之門户者也〔三四〕。是故不得於心而有經天下之氣，是猶無耳而欲調鍾鼓，無目而欲喜文章也，亦必不勝其任矣〔三五〕。

校釋

〔一〕【高注】京臺、章華，皆楚之大臺。

【箋釋】俞樾云：「京臺」即「强臺」也。戰國策魏策「楚王登强臺而望崩山」是也。「强」字篆文作「彊」，從彊得聲，與京聲相近。「麠」或作「麖」，「鱷」或作「鯨」，皆其例也。故「强臺」亦稱「京臺」矣，「强臺」見道應篇，而文選應璩與滿寵書注引作「京臺」，此「京臺」即「强臺」之明證。

〔二〕【高注】雲夢，楚澤，在南郡華容也。沙丘，紂臺名也，在距鹿也。

【版本】黄本、莊本正文及注「丘」作「邱」。

【箋釋】劉文典云：藝文類聚二十二引，作「遊雲夢，陟高丘」。○蔣禮鴻云：類聚作「陟高丘」，是也。雲夢，楚澤。高丘，楚山。離騷：「哀高丘之無女。」王逸注曰：「楚有高丘之山。」宋玉高唐賦曰「巫山之陽，高丘之阻」，即離騷之「高丘」。此脱「高」字，校者輒改作「沙」耳。○于大成云：爾雅釋丘「邐迤沙丘」，郭璞注：「旁行連延。」漢書地理志上鉅鹿郡「鉅鹿，紂所作沙丘臺，在東北七十里」，史記殷本紀所謂「益廣沙丘苑臺」是也。此文上句「京臺、章華」皆臺名，此句「雲夢、沙丘」亦當爲類。疑所謂「沙丘」云者，其地邐迤連延，故名沙丘，而商王受築臺於斯，即因地以名臺耳。其後趙武靈王餓死沙丘宫，秦始皇崩於沙丘平臺，蓋皆在於此。又此文自上句「豈必處京臺、章華」以下，至「釣射鷫鷞之謂樂乎」，皆兩句相對，以上句準之，「陟」字不當有，藝文類聚、永樂大典所引並非，「沙」字作「高」，尤非。

【用韻】「華、丘」魚之合韻。

〔三〕【高注】九韶，舜樂也。六瑩，顓頊樂也。

【版本】藏本注缺「六」字，景宋本、王溥本、茅本、汪本、張本、黄本、莊本、集解本有，今據補，朱本、葉本同藏本。

【箋釋】雙棣按：吕氏春秋古樂篇云：「帝嚳命咸黑作爲聲歌：九招、六列、六英。」此「九招」即「九韶」，文心雕龍頌贊篇「昔帝嚳之世，咸墨爲頌，以歌九韶」，唐寫本「墨」作「黑」，「韶」作「招」。六英亦即六瑩也。據此知九韶、六瑩，均帝嚳時樂也。古樂篇又云：「帝舜乃令質修九招、六列、六英，以明帝德。」是帝舜重修九韶，非舜作九韶也。

〔四〕【用韻】「瑩、芳」耕陽合韻。

〔五〕【高注】夷，平也。

〔六〕【高注】鷫鷞，鳥名也，長脛緑身，其形似鴈。一曰鳳凰之别名也。

【版本】景宋本、茅本、汪本、張本、黄本、莊本、集解本「樂」上有「謂」字，王溥本、王鎣本、朱本、葉本、吴本同藏本。王溥本、莊本、集解本注「脛」作「頸」，景宋本、朱本、茅本、汪本同藏本。莊本、集解本注「凰」作「皇」。

【箋釋】莊逵吉云：太平御覽引作「釣射瀟湘」，當是異本。馬融注左傳：「鷫鷞，雁也。其羽如練，高首而脩頸。」説文解字云：「五方神鳥，西方曰鷫鷞，中央曰鳳皇。」故一曰鳳皇别名也。○陳昌齊云：「鷫鷞」御覽引作「瀟湘」，本句並舉「釣射」，則「瀟湘」義長也。○劉文典云：文選西京賦注引高注，作「鷫鷞，長脛緑色，其形似雁」。○吴承仕云：爾雅翼引高誘注作「脛」，朱本、景宋本並作「脛」，與選注同。○吕傳元云：御覽引作「釣射瀟湘」，是也。非異本。郭璞西山經注引作「弋釣瀟湘」，御覽與之正同。瀟湘與上文京臺、章華、雲夢一例，若作鷫鷞，便不類矣。○蔣禮鴻云：莊説是也。蓋上文之京臺，章華與雲夢、高丘、瀟湘皆爲楚地，是一本也。山海經中次十二經郭璞注云：「淮南子曰：弋釣瀟湘。」與此本同。高注以沙丘爲紂臺名，鷫鷞爲鳥名者，是又一本也。高氏所據，其義實短。○鄭良樹云：高注「鷫鷞，鳥名也」，似所見本已作「鷫鷞」，則作「瀟湘」者，蓋許本乎？各本「樂」上有「謂」字，意義完好。永樂大典八八四四引亦有「謂」字。○于大成云：鄭説是也。御覽所引在六十五卷，「瀟湘」字與郭注山海經合，二書咸見許注本，故所引如此。「釣射」郭引作「弋釣」，御覽引作「躬釣」，疑郭注得其真，後人依高本改「弋」爲「射」，「射」又誤爲「躬」，而「釣」字猶在下，尚存其舊也。莊氏謂御覽引作「釣射」，失檢。藝文類聚二十二引「釣射鸕鷀」與今本同，自是高本。許以鸕鷀爲鳳皇之醜，高以爲似鴈，蓋本於馬融左傳注。鄭君謂「樂上有謂字」，是也。藝文類聚引亦有。○何寧曰：作「瀟湘」者當是許本。許本「瀟」當爲「潚」。說文：「潚，深清也。從水肅聲。」「潚湘」與「夷道」對文，夷道即平道，潚湘即清湘。中山經「交瀟湘之淵」，郭璞注云「所在未詳」，是中山經本作「潚湘」，不作「瀟湘」，正淮南「潚湘」所本。水經湘水注：「神遊洞庭之淵，出入瀟湘之浦。瀟者，水深清也。」酈注本山海經。說文新附：「瀟，水名。從水蕭聲。」蓋後人少見「潚」，多見「瀟」，故相訛亂耳。○雙棣按：諸說皆是。作「瀟湘」義勝。「瀟」即「潚」字或體。何說據段玉裁說文「潚」字注。又按：山海經作「瀟湘」，水經注亦作「瀟湘」，郭璞注引淮南亦作「瀟湘」，酈氏明言「瀟者，水深清也。」恐本有「瀟」字。潚與瀟，從肅、從蕭一也。論語季氏「而在蕭牆之內」集解引鄭玄曰：「蕭之爲言肅也。」釋名釋宮室：「蕭，肅也。臣將入，於此自肅敬之處也。」「瀟」字說文未收爲或體，故新附收之，以釋水名也。

〔七〕【版本】藏本句末無「也」字，張本、黄本、莊本、集解本有，今據補，餘本同藏本。

【箋釋】陳昌齊云：「人得其得者」下疑脫「也」字。○于大成云：御覽四六八引亦有「也」字。

〔八〕【高注】廉，猶儉也。

【箋釋】于大成云：後文亦有此文，「廉」作「慊」，高注亦云：「慊，約也。」檢御覽四六八引此文作

「慊」，與彼文同。廉、慊並叚爲「儉」，説文：「儉，約也。」

〔九〕【高注】子夏，名商，孔子弟子也。入學見先王之道而説之，又出見富貴之樂而欲之，二者交争，故戰而臞也。先王之道勝，無所復思，故肥也。

【版本】藏本注「二」與「勝」上「道」字互譌，各本均不譌，今據改。

【箋釋】王念孫云：「得道」本作「道勝」，淺學人改之也。「道勝」與「心戰」相對爲文。高注曰「先王之道勝，無所復思，故肥也」，則正文本作「道勝」，明矣。精神篇曰：「子夏見曾子，一臞一肥，曾子問其故。曰：『出見富貴之樂而欲之，入見先王之道又説之，兩者心戰，故臞。先王之道勝，故肥。』」是其事也。（本出韓子喻老篇。）太平御覽人事部一百九引此，正作「道勝而肥」。

【用韻】「悲、開、肥」微部。

〔一〇〕【高注】不以身爲物役，不以情欲亂中和之道也。

【版本】汪本「身」作「心」。

【箋釋】劉文典云：御覽四百六十八引，作「聖人不以身徇物，不欲人爲之而自樂也」。○何寧云：御覽引文有譌亂。「不欲人爲之而自樂也」九字，疑是許注佚文，誤入正文。

〔一一〕【高注】忻忻爲過制也。

【版本】藏本「懽」作「曜」，張本、莊本、集解本作「懽」，今據改，黄本作「歡」，王鎣本、朱本作「樂」，王溥本作「耀」，景宋本、茅本、葉本、汪本同藏本。藏本下「忻」字作「欣」，景宋本、黄本、莊本、集解本作「忻」，今據改，王溥本、王鎣本（無注）、朱本、葉本、吳本（無注）正文及注均作「欣欣」。

【箋釋】劉績云：文子作「其爲樂不欣欣」。○陳昌齊云：（王溥本）「臞」當作「驩」。○雙棣按：藏本等「曜」字及王溥本之「臞」，當爲「懽」字形近之譌，作「歡」、作「樂」者皆以意改之。

〔二〕【高注】惙惙爲傷性也。

【箋釋】劉績云：文子作「其爲憂不惋惋」。○吳承仕云：注文「爲」讀于僞切，忻忻、惙惙，蓋當依本文沾一「不」字。注言聖人懼有過制傷性之患，故不忻忻、不惙惙耳。各本誤奪「不」字，文不成義。○楊樹達云：説文心部云：「惙，憂也。詩云：『憂心惙惙。』一曰：意不定也。」○雙棣按：注爲猶則也。爲讀如字，不當沾「不」字，忻忻爲過制，惙惙爲傷性，故不忻忻，不惙惙也。吳説非是。

【用韻】「和、惙」歌月通韻。

〔三〕【版本】茅本、汪本、張本、吳本、黄本、莊本、集解本「忼」作「慷」，景宋本、王溥本、王鎣本、朱本、葉本同藏本。

【箋釋】陳昌齊云：文選謝靈運從斤竹澗越嶺溪行詩注引，「忼慨」上有「懷」字。○陶方琦云：大藏音義二十六、卷一百引許注：「慷慨，不得志也。」按：説文慨字下云：「忼慨，壯士不得志也。」訓同。○雙棣按：「消搖」疊韻聯緜字，字又作「逍遥」，文選司馬相如上林賦「消搖乎襄羊」郭璞注引司馬彪曰：「消揺，逍遥也。」後漢書馮衍傳下「陟雍畤而消揺兮」，李賢注：「消揺，猶翺望也。」淮南書三次作「消揺」，此外有俶真「而消揺于無事之業」，覽冥「浮游消揺」；三次作「逍遥」，原道「逍遥于廣澤之中」，脩務「以逍遥仿佯於塵埃之外」，要略「其於逍遥一世之間」。「消揺」亦可倒文爲「揺消」，俶真「揺消掉捎仁義禮樂」。

【用韻】「物、出」物部。

〔一四〕【高注】自得其天性也。

【版本】王溥本、王鎣本、茅本、汪本、張本、吴本、黄本、莊本、集解本「得」下有「之」字，景宋本、朱本、葉本同藏本，且景宋本無「也」字。

【箋釋】陳昌齊云：文選謝靈運從斤竹澗越嶺溪行詩注引「自得」下無「之」字。

〔一五〕【高注】喬木，上竦少陰之木也。空穴，巖穴也。唯處此中，夫自得者，足以適其情性。

【版本】藏本注「竦」作「疏」，朱本、張本、莊本、集解本作「竦」，今據改，景宋本、葉本同藏本，王溥本作「疎」。

【箋釋】劉文典云：北堂書鈔百五十八引，「空」作「土」。○雙棣按：藏本注「疏」爲「竦」字之誤，「竦」蓋先誤作「疎」，再誤作「疏」。詩周南漢廣毛傳、漢書地理志顔注並云：「喬，上竦也。」漢廣釋文：「喬，木枝上竦也。」

〔一六〕【高注】言無以自得之人，猶以此爲不足也。

【用韻】「情、生」耕部。

〔一七〕【高注】至樂，至德之樂。極亦至也。

【箋釋】王念孫云：「至極樂」本作「至樂極」。「至樂」二字連讀，謂極樂也。極，至也，言人能無不樂，則極樂自至也。高注曰「至樂，至德之樂」，是正文本以「至樂」連文。今本作「至極樂」，則與注不合。文子九守篇正作「至樂極矣」。○陳昌齊與王說同。

〔一八〕【高注】管，簫也。弦，琴瑟也。傅，著也。旄，旌也。象，以象牙爲飾也。

【版本】莊本、集解本注「管，簫也。弦，琴瑟也」，在上文「管弦」下。

【箋釋】楊樹達云：「旃」假爲「氈」。說文毛部云：「氈，撚毛也。從毛，亶聲。」「旃」字或作「旜」，亦從亶聲，故得假「旃」爲「氈」。○何寧云：文選西征賦注引許慎淮南子注曰：「茵，車中蓐也。」

〔一九〕【高注】朝歌，紂都。鄙，邑也。紂使師涓作北鄙靡靡之樂也，故師延爲晉平公歌之，師曠知之曰：亡國之音也。

【版本】藏本注「北鄙」作「鄙邑」，王溥本作「北鄙」，今據改，餘本均同藏本。茅本、汪本、張本、黃本、莊本、集解本注「邑」下無「也」字。

【箋釋】吳承仕云：師延爲紂作靡靡之樂，師涓聽而寫之，師曠知爲亡國之聲。事見韓非子十過。而史記殷本紀、漢書古今人表，並以師涓爲紂時樂工，與韓非子所述異。此注謂紂使師涓作靡靡之樂，則與史記、漢書同。疑「涓、延」疊韻音近，說古事者自有錯互，不盡由傳寫之譌。後文揚鄭、衛之浩樂，注亦云晉平公使師延爲桑間濮上之音，同爲高誘說。至泰族篇注稱師涓、師延事，與韓子合者，蓋許慎義也。又案：注言紂使師涓作鄙邑靡靡之樂，文有奪誤。上以「邑」訓「鄙」，下不得複言「鄙邑」。

〔一〇〕【高注】齊，列也。靡曼，美色也。

【版本】藏本注無「色」字，茅本、汪本、張本、黃本、莊本、集解本有，今據補，餘本同藏本。

【箋釋】雙棣按：呂氏春秋本生篇高誘注：「靡曼，細理弱肌，美色也。」亦有「色」字。

〔一一〕【高注】樂不輟也。

〔一二〕【版本】藏本「弋」作「干」，各本均作「弋」（除景宋本作「于」外），今據改。

【箋釋】楊樹達云：說文隹部云：「雉，繳射飛鳥也。從隹，弋聲。」「弋」是省借字。○王叔岷云：宋本「于」即「干」字之誤。爾雅釋言：「干，求也。」齊俗篇注亦云：「干，求也。」茅本、漢魏叢書本、莊本並作「弋」，疑後人妄改。○雙棣按：楊說是而王說非也。經籍多以「弋」爲「雉」者。周禮司弓矢孫詒讓正義：「弋，正字作雉，經典並叚弋爲之。」詩經女曰雞鳴「弋鳧與鴈」鄭玄箋：「弋，繳射也。」呂氏春秋功名「善弋者，下鳥乎百仞之上」高注：「弋，繳射之也。」「干」之「求」義多用於福祿之類抽象義，未見用於飛鳥者。

〔一三〕【高注】誘，進也。慕，有所思。怵然猶惕然。

【箋釋】朱駿聲云：「怵」假借爲「訹」。史記賈生傳：「怵迫之徒。」淮南原道：「怵然若有所誘慕。」管子心術：「君子不怵乎？」○俞樾云：高注曰：「怵然猶惕然。」此説非也。下文「解車休馬，罷酒徹樂」之後，方云「忽然若有所喪，悵然若有所亡」，則此時不得遽云惕然也。若已惕然，又何樂之有乎？「怵」當讀爲「訹」，説文言部：「訹，誘也。」下言「有所誘慕」，故上言「訹然」，義正相應。作「怵」者，叚字耳。○何寧云：俞説是也。漢書武帝紀「怵於邪説」，如淳曰：「見誘怵於邪説也。」顔師古曰：「怵，或體訹字耳。」下文「使心怵然失其情性」同。

【用韻】「鳥、兔」幽魚合韻，「赫、慕」鐸部。

〔二四〕【箋釋】楊樹達云：説文力部云：「勶，發也。」「徹」乃叚字。○雙棣按：朱駿聲云：「勶」經傳皆以「徹」爲之。儀禮大射儀：「乃徹豐與觶。」注：「徹，除也。」禮記曲禮下：「大夫無故不徹縣。」疏：「徹亦去也。」左傳宣公十二年：「軍衛不徹。」注：「徹，去也。」字亦作「撤」，論語鄉黨：「不撤薑食。」孔注：「去也。」皇疏：「除也。」

〔二五〕【用韻】「喪、亡」陽部。

〔二六〕【箋釋】劉文典云：文選贈王太常詩注引，「樂作」作「奏樂」。

【用韻】「外、内」月物合韻，「喜、悲」之微合韻。

〔二七〕【高注】營，惑。

【用韻】「生、營、平」耕部。

〔二八〕【高注】不得樂之形也。

〔二九〕【高注】浸，潤也。浹，通也。

〔三〇〕【箋釋】雙棣按：「稾授」之「授」，猶受也。受、授相通。此文謂接受外物而粉飾之。

【箋釋】楊樹達云：公羊傳宣公三年曰：「自內出者無匹不行，自外至者無主不止。」莊子天運篇云：「中無主而不止，外無匹而不行。由中出者，不受於外，聖人不出；由外入者，無主於中，聖人不隱。」則陽篇云：「自外入者有主而不執，由中出者有匹而不距。」此淮南所本。○向承周云：「從外入者」四句蓋古語，「應」當作「匹」，疑後人改之。莊子、公羊同用古語，雖取意各殊，而語出一原。莊子今本作「正」，乃「匹」字形近而誤。本書用莊子，後人又改作「應」，俱失之矣。

〔三一〕【用韻】「入、出」緝物合韻，「藏、行」陽部。

〔三二〕【用韻】「説、慕」月鐸合韻。

〔三三〕【箋釋】陳昌齊云：劉子新論採用此段，「不入於耳而不著於心」作「入於耳而不諦於心。」○俞樾云：「不入於耳」句衍「不」字，言雖入耳而不著於心也。「不」字涉上下句而誤衍。○劉文典云：內不開於中，意林引作「內心不開」。○于省吾云：俞說非是。「而」猶「則」也。詳經傳釋詞。此文本謂，既不入於耳，則不著於心。下接以「此何以異於聾者之歌也，效人爲之而無以自樂也，聲出於口則越而散矣」，注：「散去耳不聞也。」此喻正與「不入於耳則不著於心」義符。

若如俞説，則聾者之歌爲入於耳，豈不謬哉！○王叔岷云：「不入於耳」句，「不」疑本作「雖」，今本作「不」，涉上下文「不」字而誤。劉子新論專學篇正作「雖入於耳」。○何寧與王説同。云：荀子勸學篇：「君子之學也，入乎耳，著乎心，布乎四體，形乎動静，端而言，蝡而動，一可以爲法則。小人之學也，入乎耳，出乎口，口耳之間，則四寸耳，曷足以美五尺之軀哉！」此淮南文所本。又新論專學篇「若心不在學而强諷誦，雖入於耳而不諦於心，譬若聾者之歌，效人爲之，無以自樂，雖出於口，則散越矣」，語又本於淮南，正作「雖入於耳」，無「不」字，可爲俞説之證。

〔三三〕【高注】散，去，耳不聞也。

【箋釋】雙棣按：越亦散去之意。左傳昭公四年杜注：「越，散也。」本書精神篇高注：「越，失。」

【用韻】「歌、散」歌元通韻。

〔三四〕【箋釋】劉文典云：御覽三百七十六引，「血氣」作「氣血」。○于大成云：「血氣」二字，本書屢見，咸可證此「血氣」二字不當作「氣血」，「血氣」各本並同。萬卷菁華九、喻林一百十一、天中記二十三、諸子類語四引亦並作「血氣」。

【用韻】「境、户」陽魚通韻。

〔三五〕【高注】經，理。

【版本】茅本、汪本、張本、黄本、莊本、集解本此注在上文「經天下之氣」下，且「理」下有「也」字。

【用韻】「鼓、章」魚陽通韻。

故天下神器，不可爲也〔一〕，爲者敗之，執者失之〔二〕。夫許由小天下而不以己易堯者，志遺於天下也〔三〕。所以然者何也？因天下而爲天下也。天下之要，不在於彼而在於我〔四〕，不在於人而在於我身〔五〕，身得則萬物備矣〔六〕。徹於心術之論，則嗜欲好憎外矣〔七〕。是故無所喜而無所怒，無所樂而無所苦，萬物玄同也〔八〕，無非無是，化育玄燿，生而如死〔九〕。夫天下者，亦吾有也，吾亦天下之有也，天下之與我，豈有間哉〔一〇〕！夫有天下者，豈必攝權持勢，操殺生之柄而以行其號令邪〔一一〕？吾所謂有天下者，非謂此也，自得而已〔一二〕。自得則天下亦得我矣。吾與天下相得，則常相有已〔一三〕，又焉有不得容其間者乎？所謂自得者，全其身者也。全其身，則與道爲一矣。

故雖游於江潯海裔〔一四〕，馳要褭，建翠蓋〔一五〕，目觀掉羽、武象之樂〔一六〕，耳聽滔朗奇麗激抮之音〔一七〕，揚鄭、衛之浩樂，結激楚之遺風〔一八〕，射沼濱之高鳥，逐苑囿之走獸〔一九〕，此齊民之所以淫泆流湎〔二〇〕；聖人處之，不足以營其精神，亂其氣志〔二一〕，使心怵然失其情性〔二二〕。處窮僻之鄉，側谿谷之間〔二三〕，隱于榛薄之中〔二四〕，環堵之室，茨之以生茅，蓬户瓮牖，揉桑爲樞〔二五〕，上漏下溼，潤浸北房〔二六〕，雪霜滾灖，浸潭苽蔣〔二七〕，逍遥于廣澤之中，而仿洋于山峽之旁〔二八〕，此齊民之所爲形植黎累，憂悲而不得志也；聖人處之，不爲愁悴怨懟〔二九〕，而不失其所以自樂也〔三〇〕。是何也？則内有以通于天機〔三一〕，而不以貴賤貧富勞逸失其志德者也〔三二〕。故夫烏之啞啞，鵲之唶唶〔三三〕，豈嘗爲寒暑燥溼變其聲哉〔三四〕！

是故夫得道已定而不待萬物之推移也〔三五〕，非以一時之變化而定吾所以自得也。吾所謂得者，性命之情處其所安也。夫性命者，與形俱出其宗〔三六〕。形備而性命成，性命成而好憎生矣〔三七〕。故士有一定之論，女有不易之行〔三八〕，規矩不能方圓，鉤繩不能曲直〔三九〕。天地之永，登丘不可爲脩，居卑不可爲短〔四〇〕。是故得道者窮而不懾，達而不榮〔四一〕，處高而不機〔四二〕，持盈而不傾〔四三〕，新而不朗，久而不渝〔四四〕，入火不焦，入水不濡〔四五〕。是故不待勢而尊，不待財而富，不待力而强，平虛下流，與化翱翔〔四六〕。若然者，藏金於山，藏珠於淵〔四七〕，不利貨財，不貪勢名〔四八〕。是故不以康爲樂〔四九〕，不以慊爲悲〔五〇〕，不以貴爲安，不以賤爲危，形神氣志，各居其宜，以隨天地之所爲〔五一〕。

校 釋

〔一〕【高注】器，物用也。爲，治也。

〔二〕【箋釋】王叔岷云：此本老子。「爲者敗之」，承「不可爲也」而言；「執者失之」四字無著。文子道德篇作「天下，大器也。不可執也，不可爲也。爲者敗之，執者失之」。多「不可執也」四字，與「執者失之」相應，極是！今本老子、淮南子並脱四字，當補。據老子王弼注「萬物以自然爲性，故可因而不可爲也，可通而不可執也」，是所見本原有「不可執也」四字。○雙棣按：易順鼎校老子二十九章云：「『不可爲也』下，當有『不可執也』一句，請舉三證以明之。文選干令升晉紀總論引文子稱老子曰：『天下，大器也，不可執也，不可爲也。爲者敗之，執者失之。』其證一。王注云：『故可因而不可爲也，可通而不可執也。』王注有，則本文可知。其證二。下篇六十四章云：『爲者敗之，執者失之，是以聖人無爲故無敗，無執故無失。』無爲即不可爲，無執即不可執。彼文有，則此文亦有。其證三。蓋有『執者失之』一句，必先有『不可執也』句明矣。」易説甚是。

〔三〕【高注】許由，陽城人也，箕山之隱士也。堯以其賢，聘之，欲禪天下焉，不肯就，故曰志遺於天下也。

【版本】藏本句末無「也」字，王溥本、王鎣本、茅本、汪本、張本、吴本、黄本、莊本、集解本有，今據補，景宋本、朱本、葉本同藏本。景宋本正文及注「於」作「于」。

〔四〕【高注】彼，謂堯也。我，謂許由。

【版本】藏本「不」下「在」字作「任」，王溥本、王鎣本、朱本、葉本、汪本、張本、吴本、黄本、莊本、集解本作「在」，今據改，景宋本、茅本同藏本。

【用韻】「彼、我」歌部。

〔五〕【用韻】「人、身」真部。

〔六〕【版本】王溥本、王鎣本、茅本、葉本、汪本、張本、吴本、黄本「我身」作「身我」，餘本同藏本。【箋釋】王念孫云：「不在於人而在於我身」，「我」字涉上句而衍。彼我、人身相對爲文，「身」上不當有「我」字。劉本移「我」字於下文「身得」之上，而讀「我身得」爲一句，亦非。文子九守篇正作「不在於人而在於身，身得則萬物備矣」。

【用韻】「得、備」職部。

〔七〕【高注】外，不在心。

【箋釋】楊樹達云：説文云：「徹，通也。」

〔八〕【高注】玄，天也。

【箋釋】于大成云：「玄同」二字出老子五十六章「挫其鋭，解其紛，和其光，同其塵，是謂玄同」，河上注曰：「玄，天也。人能行此上事，是謂與天同道也。」亦見莊子胠篋篇「削曾、史之行，鉗楊、墨之口，攘棄仁義，而天下之德始玄同矣」。又老子十五章「古之善爲士者，微妙玄通，深不可識」，河上注曰：「玄，天也。言其志節玄妙，精與天通也。」則「玄同」即「玄通」也。○雙棣按：此注「玄，天也」，下句又注「玄，天也」，似無必要，疑此句因衍「也」字，後人誤以爲句終，故加「玄，天也」之注，不知高有注在「生而如死」下。

【用韻】「怒、苦」魚部。

〔九〕【高注】玄，天也。燿，明也。生而如死，言無所欲。

【版本】藏本注「無」上無「言」字，茅本、汪本、張本、黄本、莊本、集解本有，今據補。茅本、汪本注「燿」上有注語「玄同，言萬物皆受氣於天也」。

【箋釋】王念孫云：此四句皆以四字爲句，則「萬物玄同」下不當有「也」字，文子九守篇無「也」字。○王叔岷云：「玄燿」即「炫燿」，炫亦燿也。説文：「炫，爓燿也。」「炫、玄」正假字。高注非。

【用韻】「是、死」支脂合韻。

〔一〇〕【高注】言相比也。

【箋釋】吴承仕云：「相比」疑當作「相化」，形近而誤。物我玄同，故言相化。譌「化」爲「比」，於義遠矣。○馬宗霍云：本文「有間」之「間」，當讀如莊子養生主篇「以無厚入有間」之「間」。説文門部云：「閒，隙也。」「豈有間哉」，言無間隙也。無間隙則天下與我相與爲一，即下文所謂「又焉有不得容其間者乎」。高云「言相比也」者，案説文比部云：「比，密也。」國語吴語「而孩童焉比謀」韋昭注，莊子逍遥遊「行比一鄉」釋文引李頤注，管子五輔篇「中正比宜以行禮節」尹知章注，荀子臣道篇「有能比知同力」楊倞注，並云：「比，合也。」則高氏此注蓋亦取密合無間之意。吴承仕謂「相比疑當作相化，形近而誤」，未必是。

【用韻】「有、有」之部，「我、間」歌元通韻。

〔一一〕【用韻】「柄、令」陽耕合韻。

〔一二〕【高注】自得其天性也。一曰：不失其身也。

【箋釋】楊樹達云：淮南王覬覦帝位，至於殺身，與此言正相反，抑何言行不相顧也！然此書實成於門客之手，豈其客先有所見，以此微言相諷者邪！○雙棣按：以此語知淮南王本無謀反之意，淮南書之主旨亦在無爲，故史書云淮南王謀反，大可疑也。

【用韻】「此、已」支之合韻。

〔一三〕【版本】王溥本、王鎣本、吴本「常」作「嘗」，餘本同藏本。

【用韻】「得、已」職之通韻。

〔一四〕【高注】潯，崖也。裔，邊也。潯，讀葛覃之覃也。

【版本】莊本、集解本注「崖」作「厓」。

【箋釋】陶方琦云：文選郭璞江賦注，沈約應詔樂遊苑詩注引許注云：「潯，水涯也。」「涯」即「厓」，（説文有「厓」無「涯」，爾雅釋水：「滸，水厓。」字或作「涯」也。）故宣貴妃誄注引許注亦作「潯，涯也」。説文水部：「潯，水旁深也。」（水旁即水涯，廣雅釋詁：「厓，方也。」方、旁古字通。）亦有「水」字。字林「潯，水涯也」，即本許君淮南注。又：大藏音義八十六引許注：「潯，涯也。」按：此引敓一「水」字。○易順鼎云：一切經音義卷八十七引許注：「潯，涯也，旁深也。」○何寧云：江賦注引「游於」作「南游」。又應詔樂遊苑詩注引許注作「潯，涯也」，無「水」字，大藏音義八十八引同，陶誤。

〔一五〕【高注】駟駕。要褭，馬名也，日行萬里。褭，讀撓弱之撓。翠蓋，以翠鳥羽飾蓋也。

【版本】茅本、汪本、張本、黄本、莊本、集解本注無「駟駕」二字。王鎣本、朱本、茅本、汪本、張本、吴本、黄本、莊本、集解本正文及注「褭」作「裹」，景宋本、葉本同藏本，王溥本作「褭」。藏本注「撓弱」上無「讀」字，王溥本有，今據補，餘本同藏本。莊本、集解本注「撓弱之撓」作「橈弱之弱」。藏本注「鳥」字作「褭」，景宋本、王溥本、朱本、茅本、汪本、張本、莊本、集解本作「鳥」，今據改。

【箋釋】顧廣圻云：「馳」疑當作「駟」，故注如此也。齊俗篇「駟駃騠」，亦可證。○吴承仕云：「裹、弱」同屬宵部，聲類亦近，注應有「音」、「讀」等字，今本誤奪。（俶真篇「蕭條霄霓」注云：「霓，翟氏之『翟』也。」亦誤奪「讀」字，類此者衆，後不復出。）○吕傳元謂注當有「讀」字，與吴説同。

【用韻】「裔、蓋」月部。

〔一六〕【高注】掉羽，羽舞。武象，周武王之樂。

【箋釋】楊樹達云：「掉」字無義，當讀爲「翟」。説文羽部云：「翟，山雉尾長者。從羽，從隹。」爾雅釋鳥云：「鸐，山雉。」樊光注云：「其羽可持而舞。」鸐與翟同。詩邶風簡兮云：「左手執籥，右手秉翟。」毛傳云：「翟，翟羽也。」正義云：「翟，羽舞也。」淮南之「掉羽」，即毛詩之「翟羽」。假「掉」爲「翟」，猶「櫂」字或作「棹」矣。○雙棣按：吕氏春秋古樂篇：「武王即位，……乃命周公作爲大武。」高誘注：「大武，周樂。」又：「成王立，殷民反，……周公遂以師逐之，至於江南，乃爲三象。」高注：「三象，周公所作樂名。」蓋此處之武象，即指大武、三象言。

〔一七〕【高注】激，揚。抮，轉。皆曲名也。

【版本】藏本注「激揚」上有「激有」二字，張本、黄本、莊本、集解本無，今據删，餘本同藏本。

【箋釋】陶方琦云：一切經音義十七、十八，文選枚乘七發注，王元長永明十一年策秀才文注，唐本玉篇車部引許注云：「軫，轉也。」按：「軫、抮」文異而訓同，或高承用許注而異其文與？説文糸部：「紾，轉也。」許注當是「紾」字。（上文「蟠委錯紾」，高注紾訓轉，正同許説。）○易順鼎云：一切經音義十八、七十三引許注：「軫，轉也。」卷八十引許注：「猶重也。」按：此篇乃高注本，故「軫」作「抮」，與許異，文選注兩引許注云：「軫，轉也。」已見陶氏輯本。疑許注原有兩義，重與轉義以相近。楚詞有重曰，即所謂激抮之音也。

〔一八〕【高注】鄭聲，鄭會晉平公，説新聲，使師延爲桑間、濮上之樂。濮在衛地，故鄭、衛之浩樂也，結激清楚之聲也。必爲鄭、衛之浩樂及結激清楚以娱樂也。遺風，猶餘聲也。

【版本】莊本、集解本注無「結激清楚之聲也」七字。藏本注「必爲鄭、衛」之「衛」作「爲」，王溥本、莊本、集解本作「衛」，今據改，景宋本、朱本、葉本同藏本。藏本注「必爲鄭、衛之浩樂」之「浩」作「俗」，「及」作「夫」，王溥本作「浩」，作「及」，今據改，餘本同藏本。

【箋釋】陶方琦云：文選枚乘七發「浩樂」作「皓樂」，引許注：「鄭、衛，新聲所出國也。皓樂，善倡也。」按：二家注文異，浩、皓同字。（孟子「浩然」，劉注作「皓然」。）七發「揚鄭、衞之皓樂」，正同許本。説文人部：「倡，樂也。」楚辭：「陳竽瑟兮浩倡。」故許注曰善倡也。○鄭良樹云：正文「揚」與「結」相對，「鄭衞」與「激楚」相對，疑「激楚」即爲歌曲之名也。楚辭招魂云：「宮廷震驚，發激楚些。」補注引李善云：「激楚，歌曲也。」漢書司馬相如傳「鄢郢繽紛，激楚結風」，注引郭璞曰：「激楚，歌曲也。」並其證。○于大成云：鄭説「激楚」爲歌曲之名，是也。王先謙嘗考證之也。其説曰：「楚辭『宮廷震驚，發激楚些』，後漢書邊讓傳『揚激楚之清宮兮，展新聲而長歌』，淮南子『揚鄭衞之浩樂，結激楚之遺風』，以鄭衞、激楚對文，文選嘯賦『收激楚之哀荒，節北里之奢淫』，以激楚、北里對文，皆與郭説激楚歌曲合。唐獨孤及詩『齊童如花解郢曲，起舞激楚歌采蓮』，激楚、采蓮對舉，尤激楚爲歌舞曲之明證。」茲再試舉數例用補王説。文選孔文舉薦禰衡表「激楚、陽阿，至妙之容」，初學記十五引張華輕薄篇「新聲特激楚，妙舞絶陽阿」，北堂書鈔一百六引傅玄正都賦「詠激楚之遺風，耿陽河而位迴」，激楚與陽阿對舉。（河、阿古通。）文選虞子陽詠霍將軍北伐詩「未窮激楚樂」，又陸士衡招隱詩「激楚佇蘭林」，又張景陽七命「激楚迴，流風結」，李白白紵辭「激楚結風醉忘歸」，諸「激楚」咸爲曲名，其上並無「結」字，胥不得如高注之釋爲「結激清楚」也。文選傅武仲舞賦「激楚、結風、陽阿之舞」，善注引張晏曰「激楚，歌曲也」，初學記十五引梁元帝纂要曰「古豔曲有北里、靡靡、激楚、結風、陽阿之曲」，以激楚爲歌曲之名，並同郭璞説。楚辭招魂「鄭衞妖玩，來雜陳些；激楚之結，獨秀先些」，以鄭衞、激楚對舉，正淮南此文所本。文選枚叔七發「於是乃發激楚之結風，揚鄭衞之皓樂」，鄭衞、激楚相對，亦原本於招魂也。文選傅武仲舞賦注引列女傳「聽激楚之遺風」，與枚叔、淮南同一句法。本書道應篇「豈無鄭衞、激楚之音哉」，尤可證高氏此注之非是。此文「結」字作何解？廣雅釋詁曰：「結，續也。」是其誼也。

【用韻】「音、風」侵部。

〔一九〕【用韻】「鳥、獸」幽部。

〔二〇〕【高注】齊於凡民，故曰齊民也。沼，池也。濱，水崖也。

【版本】莊本、集解本注「池」作「沱」，景宋本、王溥本、葉本同藏本。莊本、集解本注「崖」作「厓」，王溥本作「涯」，景宋本、葉本同藏本。

【箋釋】陶方琦云：莊子釋文引許注：「齊等之民也。」按：二家注文異。莊子「下以化齊民」，李注：「齊，等也。」漢書「編户齊民」，如淳曰：「齊，等也。無有貴賤，謂之齊民。」○于大成云：下文「此齊民之所形植黎黑，憂悲而不得志也」，與此相對，句尾有「也」字，此亦當有「也」字。文選枚叔七發注、初學記十五引此文正有「也」字，當據補。○雙棣按：説文：「沼，池也。」召南毛傳及廣雅同。莊本改池爲沱，集解本從之，誤。説文：「沱，江别流也。」徐鉉云：「沱沼之沱，通用此字。」段玉裁駁之，並據初學記等書引説文補「池」篆。段氏是。沱義爲水名，無池沼之義。

〔二一〕【高注】營，惑也。

【版本】景宋本注「惑」作「或」。

【箋釋】段玉裁云：淮南鴻烈、漢書皆假「詧」爲「眢」，高誘注每云「詧，惑也。」「詧」行而「眢」廢。○楊樹達云：「詧」讀爲「眢」，説文目部云：「眢，惑也。」

〔二一〕【用韻】「神、性」真耕合韻。

〔二二〕【高注】側，伏也。

〔二三〕【版本】藏本注「伏」作「仗」，景宋本、王溥本、朱本、黄本、莊本、集解本作「伏」，今據改，茅本、葉本、汪本、張本同藏本。

〔二四〕【高注】蓁木曰榛，深草曰薄。

【箋釋】雙棣按：文選王粲從軍詩注引高注云：「聚木曰榛。」主術篇注同。聚當爲蓁。

【用韻】「鄉、中」陽東合韻。

〔二五〕【高注】堵長一丈，高一丈，面環一堵，爲方一丈，故曰環堵，言其小也。編蓬爲户，以破瓮蔽牖，揉桑條以爲户樞。

【版本】景宋本、王溥本、王鎣本、吴本「瓮」作「甕」，餘本同藏本。景宋本「桑」下有「以」字。藏本注「環堵」作「環者」，各本「者」均作「堵」，今據改。藏本注「户樞」作「元樞」，各本「元」均作「户」，今據改。

【箋釋】陳昌齊云：文選江淹上建平王書注引，「揉桑」下有「以」字。○劉家立云：釋名：「茨，次也。次比草爲之也。」莊子讓王篇：「原憲居魯環堵之室，茨以生草。」即淮南所本也。今本「茨」下有「之」字，因上句而衍。○馬宗霍云：説文艸部云：「茨，以茅葦蓋屋。」又云：「葺，茨也。」劉熙釋名釋宫室云：「屋以草蓋曰茨。茨，次也，次比草爲之也。」○王叔岷云：宋本「爲」上有「以」字，文選江文通上建平王書注引同。據注「揉桑條以爲户樞」，是正文原有「以」字。○雙棣按：文選頭陁寺碑文注引淮南「茨」下有「之」字，引高注亦作「故曰環堵」。

【用韻】「茅、牖、樞」幽侯合韻。

〔二六〕【高注】浸，漬也。北房，陰堂也。

【版本】莊本注「漬」作「積」。

【箋釋】陶方琦云：大藏音義十八、四十七、六十六引許注：「漏，穿也。」按：高無注。大藏音義六十六引作「漏，穿孔也」，説文作屚，云：「屋穿水下也。」訓正合。

〔二七〕【高注】滾瀧，雪霜之貌也。浸潭之潤，以生苽蔣實。苽者，蔣實也，其米曰彫胡。滾，讀維繩之維。瀧，讀校滅之校。苽，讀觚哉之觚也。蔣，讀水漿之漿也。

【版本】莊本、集解本注「校」作「拉」，王溥本作「没」，景宋本、朱本、葉本同藏本。

【箋釋】莊逵吉云：藏本「瀧讀拉滅之拉」作「讀校滅之校」。盧詹事文弨云：「或當作拉滅之拉，因拉、瀧聲相近也，故據莊子語改之。」孫編修星衍云：「當作校滅之滅，因滅、瀧聲相近也。」當以盧君之言爲是。○劉台拱云：氾論訓「黄衰微」注云：「衰讀維繩之維。微讀拉滅之拉。」又精神訓「芒芠漠閔」注云：「芠讀抆滅之抆。」並與此注同。或疑「瀶微」二字不當讀「抆」，是，不然文欣二韻偏旁，隋唐人多收入微，故從軍之字多讀揮，從斤之字多讀祈。又殷讀爲衣，君讀爲威，賁讀爲肥之類，不一而足。繀繩之繀，廣韻蘇内切。抆滅之抆，高蓋讀如昧。「滾瀶、衰微」皆疊韻字也。「滾瀶」猶「霏微」也。人名衰微者，取小弱之意，若草木之穉弱爲靃靡也。「芒芠」，雙聲字也，「芒芠」即「芒昧」。繆稱訓引黄帝曰：「芒芒昧昧，從天之道，與元同氣。」是也。「抆」之讀爲「昧」，猶「玫瑰」之讀爲「枚」。○吴承仕云：盧校是也。「滾瀶」字又作「浽溦」，並屬脂部，脂對轉諄，故音「瀶」爲「抆」。○楊樹達云：「雪霜滾瀶」疑誤倒，當作「滾瀶雪霜」。此文承上文言之，謂所居環堵之室，上漏下溼，滾瀶於雪霜之中也。此句與下句「浸潭苽蔣」爲對文，誤倒作「雪霜滾瀶」則與下文不一律矣。文以「房、霜、蔣」及下文之「旁」爲韻，誤倒又失其韻矣。「浸潭」與「侵尋」同。○于大成云：注「以生苽蔣實」，「實」字不當有，涉下「實」字而誤衍也。集證本删去之，是也。○雙棣按：説文：「苽，彫苽，一名蔣。」「蔣，苽也。」（此依段注本。）苽爲蔣之果實。段玉裁云：「猶扶渠實名蓮，亦因以爲華、葉名也。」苽與此同，因實名而爲植株名，故蔣亦稱苽也。又：莊依盧説改注「校」爲「抆」，孫謂作「滅」。孫説爲長，「瀶」在歌部明母，「滅」在月部明母，明母雙聲，歌月對轉，聲近於「瀶、抆」，「抆」爲文部明母，劉謂「抆」讀作「昧」，「昧」在物部，亦不如「滅瀶」聲相近也。又原本玉篇殘卷水部「滾」字注云：「淮南『雨霓滾溦則埐潭苽蔣』。野王案：此亦浽字也。」

〔二八〕【高注】兩山之間爲峽。

【版本】王溥本、王鎣本、朱本、吴本「仿洋」作「徜徉」。

【箋釋】王念孫云：水經江水注曰：「江水又東逕赤岬城西。淮南子曰：『彷徨於山岬之旁。』注曰：『岬，山脅也。』」文選吴都賦「傾藪薄，倒岬岫」，李善曰：「許慎淮南子注曰：『岬，山旁。』古狎切。」案水經注所引亦作「岬」，而訓爲山脅，疑是高注。山脅即山旁，義與許同也。今本「岬」作「峽」，注云「兩山之間爲峽」，與酈、李所引迥異，疑皆後人所改。玉篇：「岬，古狎切，山旁也。亦作𥐘。」廣韻：「𥐘，古狎切，山側也。」「峽，侯夾切，巫峽，山名。」二字音義判然，後人誤以山脅之岬爲巫峽之峽，故改訓爲兩山之間，不知正文明言「山岬之旁」，則岬爲山脅，而非兩山之間矣。校書者以注訓兩山之間，故又改「岬」爲「峽」，而不知其本非原注也。集韻：「𥐘，古狎切，兩山之間爲𥐘，許慎說。或作岬。」（宋人皆誤以高注爲許注，故云許慎說。）則所見已非原注，但岬字尚未改爲峽耳。○陶方琦云：玉篇：「岬，山旁也。亦作𥐘。」廣韻：「𥐘，山側也。」皆本許注淮南說。高本作「峽」，説故異。許義爲長。○向承周云：唐本玉篇山部引許叔重曰：「岬，山旁也。」即本書許文。王氏謂兩山之間之訓，是。唐本玉篇引左思吴都賦「倒岬岫」，劉逵注：「兩山間也。」正與高注合。則高注從「兩山之間」訓「岬」，必非後人所改，而高本作「岬」與許不殊明矣。○何寧云：向説是也。文選吴都賦六臣注張銑曰：「兩山間曰岬。」蓋劉、張皆本高注。

【用韻】「房、蔣、旁」陽部。

〔二九〕【高注】懟，病也。

【版本】集解本「累」作「黑」，餘本同藏本。

【箋釋】陳昌齊云：文選江淹上建平王書注引，「累」作「黑」。「懟」當作「慰」。○王引之云：「黎黑」舊本訛作「黎累」。又「懟」與「病」義不相近，「懟」皆當爲「慰」。今作「懟」者，後人以意改之也。「怨」讀爲「苑」，「慰」讀爲「蔚」。苑、蔚皆病也。俶真篇「形傷於寒暑燥濕之虐者，形苑而神壯」，高注曰：「苑，枯病也。」本經篇「則身無患，百節莫苑」，高注曰：「苑，病也。」俶真篇「五藏無蔚氣」，高注曰：「蔚，病也。」是苑、蔚皆病也。荀子哀公篇「富有天下而無怨財」，楊倞注引禮運「事大積焉而不苑」，是「苑」與「怨」通。莊子盜跖篇「貪財而取慰，貪權而取竭，可謂疾矣」，疾亦病也。淮南繆稱篇曰：「侏儒瞽師，人之困慰者也。」是「蔚」與「慰」通。故高注云「慰，病也」。後人不通古訓，而改「慰」爲「懟」，其失甚矣。○俞樾云：王氏據文選注訂「黎累」爲「黎黑」，是也。惟未説「植」字之義。「植」當讀爲「殖」。管子地員篇：「五殖之狀，甚澤以疏，離坼以臞塉。」是殖有臞瘠之義。形殖，謂形體臞瘠也。蓋即從「脂膏殖敗」之義而引申之耳。○章炳麟云：植者志也。見楚辭招魂注。黎累疊韻兼雙聲，累讀爲傫。洞簫賦「桀跖鬻博傫以頓顇」，寡婦賦「容貌傫以頓顇」，是傫乃本義，而黎則發聲之辭也。黎累屬形，憂悲屬志。○于省吾云：俞説未允，「形植」猶後世言柴立，不應改讀爲「殖」也。○馬宗霍云：俞説迂曲無當。廣雅釋詁三云：「植，多也。」此謂齊民形多黎黑也。王念孫廣雅疏證云：「植謂蕃植也，字通作殖。殖，積也。」又廣雅釋地「植，種也」。文選景福殿賦李善注引蒼頡篇：「植，種也。」東京賦「植華平於春圃」，薛綜注云：「植猶種也。」則知「植」之訓「多」，由於「蕃植」，蕃植之義，又由於「種植」也。説文木部植本訓户植。户植當爲直立之木，因之種亦曰植矣。○蔣禮鴻云：易大壯九三：「羸其角。」釋文：「馬云：大索也。」王肅作「縲」，鄭、虞作「纍」，蜀才作「累」，張作「虆」。「累」即「纍」之省。然則「累」與「羸」通。禮記玉藻篇：「喪容纍纍。」鄭注云：「纍纍，羸憊貌。」亦其證也。黎言黑，累言憊，本自不誤。王氏改之，非是。俞氏讀「植」作「殖」，訓殖爲瘠，亦不可從。形植即形體。楚辭招魂「去君之恒幹」，幹與植義一也。若如俞説，則形瘠黎黑，豈成文乎？○何寧云：章氏據楚辭訓植爲志，是也。管子法法篇「上無固植」，注亦云「植，志」。史記孔子世家「纍纍若喪家之狗」，集解：「王肅曰：喪家之狗，主人哀荒，不見飲食，故纍然而不得意。孔子生於亂世，道不得行，故纍然不得志之貌也。」此文「纍」亦當訓不得志貌。上言形志，下言黎累憂悲而不得志，文正相應。

〔三〇〕【箋釋】王引之云：「不」字涉上下文而衍。「不爲愁悴怨慰而失其所以自樂也」，作一句讀。

〔三一〕【高注】機，發也。

【版本】景宋本注「發」作「微」，王溥本、朱本、葉本、莊本、集解本同藏本。

【箋釋】吳承仕云：「機，發」之訓，於義稍遠，疑宋本近之。或文本作「幾」，故訓爲「微」，傳寫譌爲「機」耳。

〔三二〕【箋釋】陶鴻慶云：「是何也」，「也」字衍文，當以「是何則」爲句。「何則」之文，本書屢見，不可悉舉。上文云：「是何則？不失其所以制人，人不能制。」又云：「是何則？不以内樂外，而以外樂内。」文法並與此同。又案：「志德」當爲「至德」。上文云：「是謂至德，至德則樂矣。」此與相照。○楊樹達云：「志」當爲「自」，「志、自」音近，又涉上文「憂悲而不得志」「志」字而誤。「德」與「得」古字通，自德即自得也。上文云：「吾所謂有天下者，非謂此也，自得而已。自得則天下亦得我矣。」又云：「所謂自得者，全其身者也。」自彼文至此，皆言聖人自得之事。下文又云：「非以一時之變化而定吾所以自得也。」皆足證此文之誤。據高注云「言體道者，不爲貴賤貧富勞逸易其志」，則所據本已誤。陶鴻慶校「志」爲「至」之誤，亦非是。○何寧云：上言齊民處之而不得志，此言聖人處之則不失其志得，文正反覆相承。「德」字通「得」是也。必欲改「志」爲「至」或「自」，陶説固非，楊亦未必是。高注云：「言體道者不爲貴賤貧富勞逸易其志」，是其證，非據誤本也。

〔三三〕【用韻】「啞、喈」鐸部。

〔三四〕【高注】言體道者不爲貴賤貧富勞逸易其志，如烏鵲之不爲寒暑易其聲。

〔三五〕【版本】藏本「推」作「惟」，各本均作「推」，今據改。

【箋釋】陶鴻慶云：「不」字衍文。下云：「非以一時之變化而定吾所以自得也。」與此反復相明。

言先定以待物，非遇物而求定也。衍「不」字則失其旨矣。○于大成云：諸子類語三引無「夫」字。此文「夫」字，疑涉上文「故夫烏之啞啞」而衍。

〔三六〕【高注】宗，本。

〔三七〕【用韻】「成、生」耕部。

〔三八〕【高注】士有同志，同志德也。至其交接，有一會而公定，故曰有一定之論也。貞女專一，亦無二心，雖有偏喪，不復更醮，故曰有不易之行也。

【版本】茅本、汪本、張本、莊本、集解本注「公定」之「公」作「交」，景宋本、王溥本、葉本同藏本。藏本注「行」下有「者」字，茅本、汪本、張本、莊本、集解本無，今據删，景宋本、王溥本、葉本同藏本。

【箋釋】劉績云：「一定之論」謂辯析之精而行之決也。○劉文典云：高注「士有同志，同志德也」，下「志」字疑涉上文而衍。文選詣建平王上書注引，正作「士有同志同德」，又「交定」作「分定」，「不復」作「不須」。○何寧云：注作「交定」不誤。文選三國名臣序贊云：「披草求君，定交一面。」是其義。作「分」，形近而誤。作「公」亦非。○雙棣按：文選詣建平王上書注引高注「行」下亦無「者」字。

〔三九〕【高注】雖規矩鉤繩，無以施於此。

〔四〇〕【版本】莊本「丘」作「邱」。

【箋釋】陶鴻慶云：「登邱」與「居卑」文不相稱，而邱以脩言，卑以短言，義尤不倫。疑元文本四句，以高卑脩短並列，當云：登邱不可爲高，居澤不可爲卑，彭祖不可爲脩，殤子不可爲短。與莊子齊物論「莫大乎秋毫之末，而太山爲小；莫壽乎殤子，而彭祖爲夭」，語意相似。元文脱爛，寫者以其羨文，併作二句，遂成今本之誤。○王叔岷云：莊子徐无鬼篇：「天地之養也一，登高不可以爲長，居下不可以爲短。」即此文所本。永、養同義。爾雅釋詁：「永，長也。」大戴禮記夏小正篇：「五月，時有養日。」「十月，時有養夜。」傳並云：「養，長也。」即其證。登丘猶登高也，時則篇：「行秋令，則丘隰水潦。」注：「丘，高也。」即其證。

〔四一〕【高注】雖窮賤不以爲懾懼也，雖顯達不以爲榮幸也。

〔四二〕【高注】機，危也。

【箋釋】楊樹達云：高讀「機」爲「幾」，故訓危。○馬宗霍云：機從幾聲，説文𢆶部云：「幾，微也，殆也，從𢆶，從戍。戍，兵守也，𢆶而兵守者危也。」爾雅釋詁「幾」、「殆」皆訓「危」。然則高訓機爲危，蓋讀「機」爲「幾」。經傳「機、幾」二字多相通。公羊定公元年經「晉人執宋仲幾于京師」。陸德明釋文云：「幾，本或作機。」易屯之六三「君子幾」，釋文云：「鄭作機。」又繫辭上「極深而研幾也」，釋文云：「『幾』，本或作『機』，鄭云『機』當作『幾』。」書皋陶謨「一日二日萬幾」，漢書王莽傳作「一日二日萬機」，皆其例也。

〔四三〕【高注】傾，覆也。

【用韻】「榮、傾」耕部。

〔四四〕【高注】朗，明也。渝，變也。朗，讀汝南朗陵之朗。

〔四五〕【用韻】「渝、濡」侯部。

〔四六〕【高注】翱翔，猶頫仰也。

【版本】藏本注「頫」作「傾」，蜀刊道藏輯要作「頫」，今據改，景宋本、王溥本、朱本、葉本、茅本、汪本、莊本、集解本同藏本。

【箋釋】吴承仕云：傾訓不正，引申爲顛覆，與仰義異，不成連語。「傾」當爲「頫」，字之誤也。後文云「與道沈浮俛仰」，注云：「俛仰猶升降。」文義並相近。○馬宗霍云：吴校是也。蜀刊道藏輯要二十八卷本注亦作「頫仰」，與吴校合。又案本書俶真篇「雖欲翱翔，其勢焉得」，高彼注云：「翱翔，鳥之高飛，翼上下曰翱，直刺不動曰翔。」又覽冥篇「翱翔四海之外」，彼注云：「翼一上一下曰翱。」本文「翱翔」亦取喻於鳥飛，則作「頫仰」，與「翼上下」正相應。

【用韻】「强、翔」陽部。

〔四七〕【高注】舜藏金於嶃巖之山，藏珠於五湖之淵，以塞貪淫之欲也。

【版本】藏本注「嶃」作「嶄」，景宋本、汪本作「嶃」，今據改。莊本、集解本注兩「於」字作「于」。

【箋釋】吴承仕云：「嶄巖」當作「嶃巖」。泰族篇：「舜深藏黄金於嶃巖之山。」嶃亦作嶔，穀梁傳「必於殽之嶔巖」是也。各本並譌爲「嶄」，唯景宋本作「嶃」不誤。○徐仁甫云：陸賈新語術事篇曰：「舜棄黄金於嶄嵓之山，禹捐珠玉於五湖之淵，將以杜淫邪之欲，絶琦瑋之情。」誘注蓋本於此，而字有脱誤，應以此校補之。

〔四八〕【高注】勢，位。爵號之名也。

【箋釋】吴承仕云：文當作「勢（讀），位（句）。名（讀），爵號之名也」。記禮運注：「勢，勢位也。」上文名實同居。注：「名，爵號之名也。」是其證。○何寧云：莊子天地篇「若然者，藏金於山，藏珠於淵，不利貨財，不貪貴富」，即淮南所本。○雙棣按：吴説是。吕氏春秋務本篇高注：「名者，爵位之名也。」左傳成公二年、昭公三十二杜注：「名，爵號。」均可爲佐證。

【用韻】「淵、名」真耕合韻。

〔四九〕【高注】康，安也。

〔五〇〕【高注】慊，約也。慊，讀辟向慊之慊也。

【版本】莊本注「辟」作「僻」。莊本、集解本注「慊」下無「也」字。

【箋釋】劉家立云：「慊」讀「辟向慊」之「慊」，所引出於禮記坊記注中。齊俗篇「衣若縣衰而意不慊」，注云：「慊讀若羣公慊之慊。」所引出於易文言傳注中。按齊俗篇乃許注，與高氏所引各有所本，亦可證許、高之異也。○楊樹達云：「慊」讀爲「歉」。説文欠部云：「歉，食不滿也。」故高訓爲約。○向承周云：上文云「不以廉爲悲」，此「廉」又改爲「慊」，當由高、許糅襍也。注「辟向慊」乃「羣公溓」之譌。「羣」隸書作「群」，與「辟」相似。「公」作「㕣」，與「向」相似。「慊」

與「溓」尤易相亂。春秋文十三年公羊傳云：「羣公廩。」鄭氏易注（坤文言）引作「羣公溓」。高所引與鄭同。孟子「吾何慊乎哉」，注：「慊，少也。」爾雅釋言：「廩，鮮也。」高此注：「慊，約也。」義竝相通。○許建平云：此文上下「悲樂、貴賤、安危」義均相反，則「康慊」義亦當相反。孟子公孫丑下「吾何慊乎哉」趙岐注：「慊，少也。」廣雅釋詁：「儉、約，少也。」慊、約同義，故高以約注慊。本篇「吾所謂樂者，人得其得者也。夫得其得者，不以奢爲樂，不以廉爲悲」，句意與此同。高注：「廉猶儉也。」儉者，少也。是「慊、廉」字通義同。廉、慊同義，則康、奢亦應同義。奢，多也。史記滑稽列傳「臣見其所持者狹而所欲者奢」是也。康亦可訓多。釋名釋道：「五達曰康。康，昌也。昌，盛也。」詩周頌臣工「迄用康年」，馬瑞辰通釋：「康亦可訓大，與豐年訓大同義。」高亨云：「康年即豐年。」盛、大、豐皆與「多」義相成。貴賤承勢名言，康慊承貨財言。「不以康爲樂，不以慊爲悲」，言不因貨財多而樂，不因貨財少而悲也。高釋「康」爲「安」，楊讀「慊」爲「歉」，皆失之。

〔五二〕【用韻】「悲、危、宜、爲」微歌合韻。

夫形者，生之舍也；氣者，生之充也；神者，生之制也。一失位則二者傷矣〔一〕。是故聖人使人各處其位，守其職，而不得相干也〔二〕。故夫形者非其所安也而處之則廢〔三〕，氣不當其所充而用之則泄，神非其所宜而行之則昧〔四〕。此三者不可不慎守也。

夫舉天下萬物，蚑蟯貞蟲〔五〕，蠉動蚑作〔六〕，皆知其所喜憎利害者，何也？以其性之在焉而不離也〔七〕，忽去之，則骨肉無倫矣〔八〕。今人之所以眭然能視〔九〕，瞥然能聽〔一〇〕，形體能抗〔一一〕，而百節可屈伸〔一二〕，察能分白黑、視醜美，而知能别同異、明是非者〔一三〕，何也？氣爲之充而神爲之使也。何以知其然也？凡人之志各有所在而神有所繫者，其行也，足蹪趎埳，頭抵植木，而不自知也〔一四〕，招之而不能見也，呼之而不能聞也〔一五〕，耳目非去之也〔一六〕，然而不能應者，何也？神失其守也〔一七〕。故在於小則忘於大，在於中則忘於外〔一八〕，在於上則忘於下，在於左則忘於右〔一九〕，無所不充，則無所不在〔二〇〕。是故貴虚者以毫末爲宅也〔二一〕。今夫狂者之不能避水火之難而越溝瀆之險者〔二二〕，豈無形神氣志哉〔二三〕？然而用之異也〔二四〕。失其所守之位而離其外内之舍，是故舉錯不能當，動静不能中〔二五〕，終身運枯形于連嶁列埒之門〔二六〕，而蹪蹈于汙壑穽陷之中〔二七〕，雖生俱與人鈞，然而不免爲人戮笑者，何也〔二八〕？形神相失也。

故以神爲主者，形從而利；以形爲制者，神從而害〔二九〕。貪饕多欲之人，漠睧於勢利，誘慕於名位〔三〇〕，冀以過人之智，植于高世〔三一〕，則精神日耗而彌遠〔三二〕，久淫而不還〔三三〕，形閉中距，則神無由入矣〔三四〕。是以天下時有盲妄自失之患〔三五〕。此膏燭之類也，火逾然而消逾亟〔三六〕。夫精神氣志者，静而日充者以壯，躁而日耗者以老〔三七〕。是故聖人將養其神，和弱其氣〔三八〕，平夷其形，而與道沈浮俛仰〔三九〕；恬然則縱之，迫則用之〔四〇〕。其縱之也若委衣〔四一〕，其用之也若發機〔四二〕。如是，則萬物之化無不遇〔四三〕，而百事之變無不應〔四四〕。

校釋

〔一〕【版本】王溥本、王鎣本、茅本、葉本、汪本、張本、吴本、黄本、莊本、集解本「二」作「三」，景宋本、朱本同藏本。

【箋釋】王念孫云：「充」本作「元」，此涉下文「氣不當其所充」而誤也。元者，本也。言氣爲生之本也。文選養生論注引此正作「元」，文子九守篇亦作「元」。王冰注素問刺禁論云：「氣者，生之原。」語即本於淮南，「原」與「元」同。「一失位則二者傷」，謂此三者之中，一者失位，則二者皆傷也。各本「二」作「三」，因下文「此三者」而誤。（文子亦誤作「三」。）唯道藏本、朱本作「二」。莊本依諸本作「三」，非也。文選注引此，正作「二」。○劉文典云：下文「氣不當其所充而用之則泄」，即承此而言，正此文「充」字不誤之證。下文又云：「氣爲之充而神爲之使也。」「無所不充，則無所不在。」並可證此文「充」非誤字。本書精神篇「使神滔蕩而不失其充」，素問解精微論「髓者，骨之充也」，誼皆與此文「充」字相類。王説未諦，不可從也。○楊樹達云：王校並非也。孟子公孫丑上云：「氣，體之充也。」此淮南語所本。且此云：「形者生之舍，氣者生之充，神者生之制」，故下文承此而申言之云：「形者非其所安而處之則廢，氣不當其所充而用之則泄，神非其所宜而行之則昧。」惟形爲生之舍，故云「非其所安而處之」。惟氣爲生之充，故云「氣不當其所充而用之」。惟神爲生之制，故云「神非其所宜而行之」。如改爲「氣者生之元」，則下文「氣不當其所充而用之」句與此句不相貫注矣。下文又云「今之人所以眭然能視，瞀然能聽，形體能抗，而百節可屈伸，察能分白黑、視醜美，而知能别同異、明是非者，何也？氣爲之充而神爲之使也」，「能視能聽，形體能抗，百節可屈伸」云云，承此文「形者生之舍」爲言。「氣爲之充而神爲之使」，又承此「氣者生之充，神者生之制」而言之也。若云「氣者生之元」，又與此文不相照應矣。春秋繁露循天之道篇云：「精神者，生之内充也。」語意與此相同。文選注及文子作元者，充與元形近致誤，不足據依。王氏不考諸孟子，不詳核之本文，欲據他書之誤字改不誤之本文，可謂千慮一失矣。「一失位則三者傷矣」，作「三」者是，藏本、朱本及文選注引作「二」者，亦形近誤字也。一者，假設之詞。孟子離婁上云「一正君而國定矣」，國策秦策云「蔡澤駿雄弘辨，彼一見秦王，秦王必相之」，史記藺相如傳云「相如一奮其氣，威信敵國」，並其例也。一失位猶云一旦失位，非謂三者之中有一失其位也。上文云「吾所謂得者，性命之情處其所安也」，性命之情處其所安，則得其位也。此云「一失位」，亦承彼文言之，謂性命之情一失其位，則形氣神三者皆傷也。二與三積畫易誤，王氏不瞭藏本、朱本及文選注所引「二」爲誤字，而欲改諸本之不誤者以從之，謬矣。○何寧云：「充」字不誤，楊説是也。精神篇云：「猶充形者之非形也。」高注：「充形者氣也。」充形者氣，猶此言「氣者生之充」也。又管子心術篇云

「氣者身之充」，皆其證。竊疑此句「生」當爲「身」，涉上下句「生」字而誤。孟子曰「體之充」，管子曰「身之充」，體之充即身之充也。氣可曰充體、充身，不可曰充生，可曰生之元，不可曰身之元或體之元。文選注及文子作「生」，故改「充」爲「元」。王冰注素問作「生」，故曰「生之原」。孟子作「體」，管子作「身」，故皆曰「充」，不作「元」。精神篇云「充形」，形亦體也，此文既「充」字不誤，則「生」爲「身」之誤字可知也。○雙棣按：劉、楊謂「充」字不誤，是也。何謂「生之充」當作「身之充」，恐非。上下句「生之舍」、「生之制」，皆云「生」，不當中間插入一「身」字。生即謂生命也，上下句「生之舍」、「生之制」謂生命之居所、生命之主宰，「生」字義同。又「一、二」之校，王説是而楊説非。「二」非一旦之義，此文謂其一失位，餘二者亦隨之傷矣。文選嵇康養生論注引淮南子正作「一失位，則二者傷矣」。

〔二〕【版本】藏本「干」作「于」，各本均作「干」，今據改。

【箋釋】劉殿爵云：下「人」字疑衍。「使各處其位」乃就形、氣、神而言，有「人」字則不可通矣。○于大成云：「人」字當作「之」，「使之各處其位」，使形、氣、神三者各處其位也。

〔三〕【版本】王溥本、王鎣本、吴本「非其所安」下無「也」字，餘本同藏本。

【箋釋】雙棣按：王溥等本「故夫形者非其所安也而處之則廢」無「也」字，與下文「氣不當其所充而用之則泄，神非其所宜而行之則昧」一律，似是。此處或三句皆有「也」字，或三句皆無「也」字。「形」下「者」字亦如之。

〔四〕【高注】眛，不明也。

【箋釋】楊樹達云：「眛」字當作「眜」，形近誤也。説文目部云：「眜，目不明也。從目，末聲。」「眛、眜」形近，又世人多見「眛」，少見「眜」，故「眜」譌爲「眛」。「眜」從本末之末得聲，與「廢、泄」古韻同在月部。若「眛」則從未聲，古韻在没部，失其韻矣。高訓眜爲不明，正與説文同訓。至説文別有「眛」字，從目，未聲，亦訓目不明，此乃後人誤增之字，不得據以爲説也。○雙棣按：楊説未必是。各本皆作「眛」，説文：「眛，眛爽，且明也。一曰闇也。」（依段注本。）段注：「眛者，未明也。爽者，明也。合爲將旦之稱。」又：「闇者，閉門也。門閉則光不明。明闇字用此。」可見「眛」正爲昏暗不明之義，不必認爲誤字。至於協韻，眛在物部，廢、泄在月部，亦爲鄰近之韻，可視爲合韻。從末、從未之字，段玉裁均在十五部，孔廣森、嚴可均均在脂部。

【用韻】「廢、泄、眛」月物合韻。

〔五〕【高注】蚑行蟯動之蟲也。蟯讀饒。貞蟲，細腰之屬也。

【版本】景宋本注「腰」作「要」。

【箋釋】洪頤煊云：貞蟲不專是蜂，貞蟲猶言昆蟲。地形訓「萬物貞蟲各有以生」，大戴禮易本命作「昆蟲」，昆蟲即衆蟲也。○宋翔鳳云：墨子非樂上：「蜚鳥貞蟲。」案：貞，通征。此言蜚鳥貞蟲，即三朝記所謂「蜚征」也。○孫詒讓云：宋説是也。莊子在宥篇云：「災及草木，禍及止蟲。」釋文引崔譔本作「正蟲」，亦即「貞蟲」也。征，正字，貞、正，並聲近叚借字。○劉文典與宋、孫說同。○于大成云：洪說是也。家語執轡篇亦作「昆蟲」，與大戴同。墨子明鬼下「百獸貞蟲」，又非樂上「今人固與禽獸麋鹿蜚鳥貞蟲異者」，又「今之禽獸麋鹿蜚鳥貞蟲」，「貞蟲」亦昆蟲也。孫詒讓有說。○雙棣按：「貞蟲」淮南三見，皆在今高注本，除此尚有：地形「萬物貞蟲」，高注：「貞蟲，諸細要之屬也。」說山「貞蟲之動以毒螫」，高注：「貞蟲，細要蜂蜾蠃之屬。無牝牡之合曰貞。」高三處之注義同，蓋古當亦有此一說。此義引申之，則泛指昆蟲。玄應音義三引淮南「昆虫蝡動」，不敢輒定是否此處之文。若爲此處之文，則古本或有作昆虫者。在宥篇「禍及止蟲」釋文云「本亦作昆蟲」，郭慶藩校云「趙諫議本止作昆」。成玄英疏云：「災禍及昆蟲。昆，明也。」成所見本作「昆蟲」。宋、孫謂貞通征，貞蟲作征蟲。征蟲之征何義？且古無有「征蟲」之說，其說不可信。宋謂墨子「蜚鳥貞蟲」即三朝記之「蜚征」。大戴禮千乘、四代二篇有「蜚征」一語，王聘珍前篇解爲飛鳥走獸，後篇解爲禽獸昆蟲，說法亦不一。

〔六〕【高注】蚑讀鳥蚑步之蚑也。

【版本】莊本注後二「蚑」字作「跂」。

〔七〕【用韻】「何、離」歌部。

〔八〕【高注】去之，去道也，則骨肉靡滅，無倫匹也。

【版本】藏本注「道」作「逆」，各本均作「道」，今據改。

【箋釋】馬宗霍云：本文「忽去之」三字承上句「性之在焉」而言。「去」字與「在」字相對爲義。

「之」字指謂「性」也，「在」猶「存」也，「在」謂性存，則「去」謂性離。骨肉謂形體也。此蓋言萬物之有知，由於性存，若離去本性，猶喪其神守。形，附於神者也。神喪則形無所主，是失其倫匹也。○雙棣按：蔣禮鴻敦煌變文字義通釋（新三版）謂此「忽」字當解爲「若」，且謂此是「忽」作「若」解的最早用例。蔣説是，馬氏釋義中亦解「忽」爲「若」。

〔九〕【高注】眭讀曰桂。

【箋釋】李哲明云：玉篇：「眭，目深惡貌。」廣韻：「眭，目深惡視。」此當但取視義。○楊樹達云：「眭」疑與「娃」同。説文女部云：「娃，圜深目貌也。」○雙棣按：説文新附：「眭，深目也。」集韻：「眭，目深皃。」

〔一〇〕【高注】瞀讀疾營之營也。

【箋釋】李哲明云：「瞀」亦可作「營」，漢書劉向傳「所以營惑耳目」，注：「營謂回繞之也。」是「營」即「瞀」也。注「疾營」未知所出，當作「疾禜」之「禜」。説文：「禜，設緜蕝爲營，以禳風雨雪霜水旱癘疾於日月星辰山川也。」所云「癘疾」即「疾禜」之説也。○雙棣按：説文作「癘疫」，不作「癘疾」，李氏誤。

〔一一〕【高注】抗，讀扣耳之扣。

【箋釋】李哲明云：「扣耳」疑誤，或當讀扣馬之扣。武王伐紂，伯夷、叔齊扣馬而諫是也。事見史記。「馬」字缺蝕而誤爲「耳」也。○何寧與李説同。

〔二〕【版本】藏本「伸」作「神」，各本均作「伸」，今據改。

【用韻】「聽、伸」耕真合韻。

〔三〕【箋釋】雙棣按：「視醜美」，疑當作「見醜美」。視僅爲動作，見則爲行爲之結果，與上下文「分、別、明」同類。

【用韻】「黑、異」職部，「美、非」脂微合韻。

〔四〕【高注】蹪，躓也，楚人讀躓爲蹪。知猶覺也。

【版本】藏本「抵」作「低」，各本（除朱本同藏本外）均作「抵」，今據改。

【箋釋】劉台拱云：字書「趎」有音無義，但云人名南榮趎。此不當作「趎」。列子説符篇：「意之所屬箸，其行足躓株埳，頭抵植木，而不自知也。」株者，橛株也。埳者，坑坎也。足躓株埳，與頭抵植木相對爲文，此即襲列子之文，即當從彼作「株」爲是。○楊樹達云：「各有所在」，「各」字疑衍。「蹪」讀爲「隤」。説文𨸏部云：「隤，下隊也。」玉篇云：「陷，隤也。」原道篇云「先者隤陷」，字正作「隤」。高彼注亦云：「楚人讀躓爲隤。」尤爲明證。本經篇云：「無蹪陷之患。」「蹪」亦當讀爲「隤」。「抵」當作「牴」，字之誤也。説文牛部云：「牴，觸也。」此文見列子説符篇，列子亦誤作抵。趎埳二事，植木亦二事。説文木部云：「植，户植也。」（趎當作株，劉台拱已言之。）又按：蹪字從足，疑是躓本字，説文漏未采耳。○于大成云：楊説「各」字疑衍，是也。諸子類語四引此正無「各」字。

〔一五〕【高注】不能見招之者，不能聞呼之者。

【版本】藏本注「聞」作「間」，景宋本、朱本、莊本、集解本作「聞」，今據改。

【用韻】「見、聞」元文合韻。

〔一六〕【版本】藏本無「非」字，張本、黄本、莊本、集解本有，今據補，餘本同藏本。

【箋釋】陳昌齊云：「耳目」下當有「非」字。

〔一七〕【高注】精神失其所守。

〔一八〕【用韻】「大、外」月部。

〔一九〕【高注】若楚白公勝將欲慮亂，立於朝，倒杖策，上貫其頤，血流至地而不覺。此之類也。

【版本】藏本注「頤」作「頭」，景宋本、王溥本、集解本作「頤」，今據改，朱本、葉本、莊本同藏本。

【箋釋】楊樹達云：「忘」與「亡」同，亦謂不在，非謂遺忘也。○呂傳元云：高注「貫其頭」，「頭」當作「頤」，字之誤也。說山訓「白公勝之倒杖策也」，高注：「倒杖策，傷其頤，血流及屨而不覺，精有所在也。」可互證。○雙棣按：列子說符篇「白公勝慮亂」，張湛注：「慮猶度也，謀度作亂。」淮南道應篇：「白公勝慮亂，罷朝而立，到杖策，錣上貫頤，血流至地而弗知也。」爲高注所本。淮南作「頤」，高注亦當作「頤」。

〔二〇〕【高注】精神無所不充。在，存也。

【用韻】「右、在」之部。

〔二一〕【高注】虛者，情無所念慮也。以毫末爲宅者，言精微也。

〔二二〕【版本】藏本「宅」下無「也」字，景宋本、茅本、汪本、張本、黄本、莊本、集解本有，今據補。莊本、集解本正文及注「毫」作「豪」。

〔二三〕【用韻】「虛、宅」魚鐸通韻。

〔二三〕【用韻】「難、險」元談合韻。

〔二三〕【箋釋】俞樾云：「不能」當作「能不」，傳寫誤倒。○劉文典云：御覽八百六十九引，「形神氣志」作「形氣神志」。○于大成云：上文「形神氣志，各居其宜」，與此文同，知今本固無誤。檢御覽所引，仍是「形神氣志」，劉氏所據，當是誤本。萬卷精華十四、喻林一百十二引並同今本。

〔二四〕【高注】與人異也。

【用韻】「志、異」之職通韻。

〔二五〕【高注】當，合也。中，適也。

【用韻】「當、中」陽冬合韻。

〔二六〕【高注】運，行也。枯，猶病也。形，體也。于，於也。連嶁，猶離嶁也，委曲之類。列埒，不平均也。連，讀陵聾幽州陵陵蓮之蓮。嶁，讀嶁嶁無松栢之嶁。

【版本】藏本注「枯猶」作「推輔」，景宋本、王溥本、朱本、葉本、莊本、集解本作「枯猶」，今據改，茅本、汪本、張本作「枯」。茅本、汪本、莊本、集解本注無「于，於也」，景宋本、王溥本、朱本、葉本同藏本。藏本注下「蓮」字作「連」，景宋本作「蓮」，今據改，王溥本、莊本、集解本注兩字均作「連」。

【箋釋】莊逵吉云：古無「嶁」字，「連嶁」即「連遱」也。所謂「離嶁」，亦即「麗廔」也。「遱、廔」蓋正字。○洪頤煊云：說文：「廔，屋麗廔也。」列子力命篇「居則連欐」，莊子徐無鬼篇「君亦必無陳鶴列於麗譙之間」，郭象注：「麗譙，高樓也。」皆同聲通用字。廣雅釋室：「埒，隄也。」高注非。○蔣超伯云：連嶁，莊補注以「麗廔」釋之，非也。當依高注「委曲之貌」。漢書地理志交阯有羸𨻻縣，殆因山厓曲岪而名，語言繁絮爲嗹嘍，轉而爲覼縷。廣韻：「覼縷，委曲也。」其義一耳。爾雅「山上有水埒」，列子湯問篇「一源分爲四埒」，張湛注：「山上水流曰埒。」高注「不平均也」，似亦非。○劉文典云：連、列對文，皆所謂動詞；嶁、埒對文，皆所謂名詞。嶁即㟝嶁。埒，說文土部云：「卑垣也。」「連嶁、列埒之門」，謂㟝嶁連緜，卑垣橫列，行者將躓蹈其中，不能自脱也。高注未晰。○楊樹達云：說文辵部云：「遱，連遱也。」言部云：「謰，謰謱也。」「連遱、謰謱、連嶁」並同。蓋雙聲連語，隨義賦形，絕無定字。莊必以「遱、廔」爲正字，說殊泥。高注謂「連嶁」即「離嶁」，委曲之類，亦非。「離嶁、麗廔」言其疏通開朗，「連遱、謰謱」言其綴聯不絕，義各有屬，不得混而一之。○于大成云：以說文考之，許本淮南王書，此文當作「連遱」，義爲綴聯不絕。說文繫傳四「遱」字注引淮南正作「連遱」，云「猶參差零瓏若連若絕之意也」，然以下句例之，則許君義實不當，而當如劉說。下句之「汙壑穽陷」與此句之「連遱列埒」相對，

「連、列、污、穽」皆所謂形容詞，（劉君謂動詞，非。）「嶁、埒、壑、陷」皆所謂名詞。則「嶁」字自當訓爲「培嶁無松柏」之「嶁」。玉篇「塿」字注曰：「培塿，小阜。」是其誼也。又「門」字誤，字當爲「間」，「連嶁列埒之間」，謂小阜卑垣之間也。下句「污壑陷穽之中」，「中、間」同誼。又：注「委曲之類」，「類」當作「纇」，「纇」即「貌」字也。集證本改作「纇」，是也。○蔣禮鴻云：「連嶁」謂連延之嶁，「列埒」謂成列之埒。二文相對，「連、列」皆静字，「嶁、埒」皆界畔之名。言其綿亘重襲，故入之者終身不得出也。高、洪二家説並未得。又案：高注「類」字當作「纇」，下文「滇睯（今本作漠睯，依王念孫改漠爲滇）于勢利」，注曰：「不知足纇。」亦作豸旁頁。

〔二七〕【高注】污壑，大壑。壑讀赫赫明明之赫。

【箋釋】王紹蘭云：「蹈」當爲「埳」，「蹪埳」即足蹪趎埳也。埳即陷之今字。説文𨸏部：「陷，高下也。」謂從高陷下也。臼部：「臽，小阱也。」讀淮南者見下有穽陷字，輒改「埳」爲「蹈」，不知正文本當作「蹪陷於汙壑穽臽之中」，非重複也。若如今本作「蹪蹈」，説文「蹈，踐也」，既蹪蹎矣，何能復蹈踐乎？於文亦不詞。○劉家立云：王氏石臞謂俗書「陷」字作「蹈」，又因「蹪」字而誤從足，是也。惟污壑穽陷之中，「穽陷」二字亦係誤倒，「污壑、陷穽」本相對爲文也。

〔二八〕【箋釋】雙棣按：國語晉語注、孟子告子上注並云：「鈞，同也。」呂覽貴信、淮南俶真高注並云：「鈞，等也。」此鈞亦是同、等之義。呂覽情欲高注：「戮，辱也。」

【用韻】「門、鈞」文真合韻。

〔二九〕【高注】神清静故利，形有情欲故害也。

【用韻】「制、害」月部。

〔三〇〕【高注】漠睧猶鈍睧，不知足貇。誘，進也。慕，貪。漠，溺之漠。睧，讀織絹緻密睧無間孔之睧也。

【版本】藏本正文及注「睧」作「昬」，葉本、黄本、莊本、集解本作「睧」，今據改，景宋本、王溥本、朱本、茅本同藏本。藏本注「貇」作「類」，莊本、集解作「貇」，今據改，景宋本、王溥本、朱本、葉本、吴本同藏本。王溥本注「溺之漠」作「讀没溺之没」，餘本同藏本。莊本、集解本注「密」作「宓」。

【箋釋】劉績云：文子作「顛冥乎勢利」。○王念孫云：「漠睧」皆當爲「滇眠」，字之誤也。（隸書「真」字作「真」，「莫」字作「莫」，二形相似而誤。史記高祖功臣侯者表甘泉戴侯莫摇，漢表「莫摇」作「真粘」，朝鮮傳「嘗略屬真番」，徐廣曰：「真，一作莫。」新序雜事篇「黄帝學乎大真」，路史疏仡紀曰：「大真，或作大莫，非。」皆其例也。「眠」之爲「睧」，則涉注文「鈍睧」而誤。）滇音顛，眠音莫賢反。「滇眠」或作「顛冥」。文子九守篇作「顛冥乎勢利」，是其證也。莊子則陽篇「顛冥乎富貴之地」，釋文：「冥，音眠。司馬云：顛冥，猶迷惑也。言其交結人主，情馳富貴。」即此所云「滇眠於勢利，誘慕於名位」也。高以滇眠爲不知足，司馬以顛冥爲迷惑，迷惑與不知足，義相因也。又案高云：「滇眠，猶鈍睧。」睧讀齊湣王之湣。（見集韻。）滇眠、鈍睧，皆疊韻也。「鈍睧」或爲「鈍閔」，或爲「頓愍」。方言：「頓愍，惛也，江湘之間謂之頓愍。」淮南脩務篇「精神曉泠，鈍閔條達」，高彼注云：「鈍閔，猶鈍惛也。」此注云：「鈍睧，不知足貌。」鈍惛與不知足，義亦相因也。○劉台拱云：注「慕貪」下當有「也」字，「漠溺」上當有「漠讀」二字。○蔣禮鴻云：王氏改「漠」爲「滇」，甚確。「睧」則不必改「眠」。滇睧、顛冥爲迷惑，亦童蒙義也。脩務篇之「鈍聞」亦「童蒙」之轉。

【用韻】「利、位」質物合韻。

〔三二〕【高注】冀，猶庶幾也。植，立也。庶幾立高名於世也。

【版本】茅本、汪本、張本、黄本、莊本無此注，餘本同藏本。

【箋釋】劉績云：文子作「幾以過人之智位高于世」。○王念孫云：「植于高世」當作「植高于世」，故高注曰「植，立也。庶幾立高名於世也」。今本「高于」二字誤倒，則文不成義矣。文子作「位高於世」，位亦立也。（周官小宗伯注：「鄭司農云：古者位立同字。」）

〔三三〕【高注】秏，秃也。

【版本】藏本「日」下有「以」字，茅本、汪本、張本、黄本無，今據删，餘本同藏本。朱本、茅本、汪本、張本、黄本、莊本、集解本無此注，景宋本、王溥本、葉本同藏本。

【箋釋】于省吾云：趙萬里云，「以」字衍文。按，趙説是也。日秏而彌遠，與下句「久淫而不還」對文，多一「以」字，則贅於詞矣。又宋本此句下有注云：「秏，秃也。」按，時則篇「秋行冬令秏」，

注：「秏，零落也。」零落與秃義相因。○于大成云：文子九守篇亦無「以」字。○何寧云：疑「秃」字乃「亂」字之譌也。「亂」字草書與「秃」形似。精神篇注：「秏猶亂也。」云精神日以秃，義不可通。○雙棣按：何謂「秃」爲「亂」之譌，非也。「秃、亂」形遠，無由致譌。于説是，高注不誤。秏猶損也，減也。零落亦減損也。時則「秋行夏令，榮；行冬令，秏」，秏與榮對文，零落而凋敝也，説文「秃，無髮也」，亦即髮零落減損之結果也。

〔三三〕【高注】淫，過。還，復。

【用韻】「遠、還」元部。

〔三四〕【高注】神，精神也。清静之性無從還入也。

【版本】藏本注「静」作「浄」，景宋本、茅本、汪本、張本、莊本、集解本作「静」，今據改，王溥本、朱本、葉本同藏本。

【箋釋】馬宗霍云：形謂外也，中猶内也。形閉中距，言外閉内距也。「距」與「閉」相對，蓋通作「歫」。説文足部云：「距，雞距也。」非本文之義。止部云：「歫，止也，一曰槍也。」槍謂相抵，是其義也。漢石經論語「其不可者距之」，彼亦以「距」爲「歫」，經傳多作「拒」，説文無「拒」字，「歫」即「拒」也。○雙棣按：文子九守篇作「拒」。

〔三五〕【版本】吴本「妄」作「忘」。

【箋釋】劉績云：文子「妄」作「忘」。

〔三六〕【高注】逾，益也。亟，疾也。

〔三七〕【版本】藏本「精」下無「神」字，王溥本、王鎣本、朱本、茅本、汪本、張本、吴本、黄本、莊本、集解本有，今據補，景宋本、葉本同藏本。

【箋釋】俞樾云：下兩「者」字皆衍文。「日充以壯」、「日耗以老」，猶言日充而壯，日耗而老也。有「者」字，則文不成義。文子九守篇正無兩「者」字。○陶鴻慶云：「日充」、「日耗」下兩「者」字衍文，俞氏平議已訂正矣。「精」當爲「形」字之誤。上文皆以形神氣志並舉，而此文静躁以神言，充耗以氣言，壯老則以形言也。下云「是故聖人將養其神，和弱其氣，平夷其形」，文義上下相承，尤其明證。今本作「精神」，蓋涉上文「精神日以耗」之文而誤也。○馬宗霍云：本文兩「者」字不衍。「以」猶「則」也。此謂静而日充者則壯，躁而日耗者則老也。若如俞訓「以」爲「而」，是爲「静而日充而壯，躁而日耗而老」，於詞爲累矣。文子襲用本書多增損，不可盡據。○何寧云：陶氏謂「精」當爲「形」，非是。蓋惑於上文以「形神氣志」並舉故也。此作「精神氣志」，蓋緊承「精神日以耗而彌遠」言之。上文亦云：「聖人處之，不足以營其精神，亂其氣志。」此謂「精神氣志者，静而日充者以壯，躁而日耗者以老」，正謂精神氣志之不可營且亂也。使如陶説作形神氣志，而静躁充耗承神氣言，壯老承形言，實文理不清。蓋形神氣志爲全句主語而異類，静充壯、躁耗老各爲一類謂語，語法不得如此分承也。至下文言「將養其神，和弱其氣，平夷其形」，陶以爲正分承此形神氣志之明證。不知形神本相依，言神而形自在，若謂此無

「形」字則文不相承，泥矣。

〔三八〕【版本】王溥本、王鎣本、吴本「弱」作「柔」。

【箋釋】馬宗霍云：「將」猶「持」也，「將養」猶「持養」也。文子守弱篇正作「持養」。荀子成相篇「吏謹將之無鈹滑」，楊倞注云：「將，持也。」莊子秋水篇「將甲者進辭」，陸德明釋文云：「將甲本亦作持甲。」是「將」可訓爲「持」，又與「持」通之證。又案：禮記樂記篇「其聲和以柔」，是「和」亦有「柔」義。本文和弱連文，猶言柔弱也。○雙棣按：吕氏春秋盡數篇云：「將之以神氣。」高注：「將，養。」此文「將」亦爲「養」義，「將養」乃同義連文。

〔三九〕【高注】沈浮猶盛衰，俛仰猶升降。

【用韻】「神、形」真耕合韻。

〔四〇〕【箋釋】劉台拱云：「然」字衍。○王叔岷云：上「則」字涉下「則」字而衍。然、則互文，然猶則也。「恬然縱之」，即「恬則縱之」，「然」下復有「則」字，則不詞矣。

【用韻】「縱、用」東部。

〔四一〕【箋釋】楊樹達云：吕氏春秋開春論云：「故曰：堯之容若委衣裘，以言少事也。」春秋繁露立元神篇云：「故爲人君者，志如死灰，形如委衣。」文選任彦昇爲蕭楊州薦士表注引列仙傳：「晏子曰：治天下若委衣。」

〔四二〕【高注】機，弩機關。言其疾也。

【用韻】「衣、機」微部。

〔四三〕【高注】遇時也。

【版本】王溥本、王鎣本、朱本、吴本正文及注「遇」作「偶」。張本、黄本、莊本無此注。茅本、葉本、汪本、集解本同藏本。

【箋釋】孫詒讓云：「遇」與「耦」通。齊俗訓云：「夫以一世之變，欲以耦化應時。」要略云：「所以應待萬方，覽耦百變也。」許注云：「耦，通也。」字亦作偶，説林訓云：「聖人之偶物也。」高注云：「偶，猶周也。」此云「無不遇」，亦即周通之義。高釋「遇」爲「時」，失之。文子守弱篇襲此文，「遇」作「偶」，正與説林訓「偶物」字同。○吴承仕云：孫説非也。此注以「遇時也」三字爲句，正以齊俗篇耦化應時之義，轉釋此文。萬物之化無不遇者，謂物化與時相應也。訓詁家自有此例。晉語：「人不求及，其能及乎？」韋注：「求及，求及時也。」文例正與此同。孫氏失其讀，故不了耳。○向承周云：文子道原篇「萬物之化無不應也，百事之變無不偶也」，亦用此文，孫失引。又高注釋遇爲時，亦讀爲「偶」，非誤也。管子心術上云：「其應物也若偶之，言時適也。」足爲高注之證。

〔四四〕【高注】應，當之也。

【版本】王溥本、王鎣本、吴本無「而」字，餘本同藏本。

【箋釋】于大成云：諸子類語三引亦無「而」字，文子九守篇同。

淮南子校釋卷第二

俶真訓〔一〕

有始者〔二〕，有未始有有始者〔三〕，有未始有夫未始有有始者〔四〕。有有者〔五〕，有無者〔六〕，有未始有有無者〔七〕，有未始有夫未始有有無者〔八〕。

所謂有始者，繁憤未發，萌兆牙蘖，未有形埒垠堮，無無蝡蝡，將欲生興而未成物類〔九〕。

有未始有有始者，天氣始下，地氣始上，陰陽錯合，相與優游，競暢于宇宙之間，被德含和，繽紛蘢蓯，欲與物接而未成兆朕〔一〇〕。

有未始有夫未始有有始者，天含和而未降，地懷氣而未揚，虛無寂寞，蕭條霄霏，無有仿佛，氣遂而大通冥冥者也〔一一〕。

有有者，言萬物摻落，根莖枝葉，青蔥苓蘢，萑蔰炫煌，蠉飛蝡動，蚑行噲息，可切循把握而有數量〔一二〕。

有無者，視之不見其形，聽之不聞其聲，捫之不可得也，望之不可極也，儲與扈治〔一三〕，浩浩瀚瀚，不可隱儀揆度而通光耀者〔一四〕。

有未始有有無者，包裹天地，陶冶萬物，大通混冥，深閎廣大，不可爲外，析豪剖芒，不可爲内，無環堵之宇而生有無之根〔一五〕。

有未始有夫未始有有無者，天地未剖，陰陽未判〔一六〕，四時未分，萬物未生，汪然平静，寂然清澄，莫見其形〔一七〕，若光耀之間於無有，退而自失也〔一八〕，曰：「予能有無而未能無無也〔一九〕。及其爲無無，至妙何從及此哉！」

校釋

〔一〕【高注】俶，始也。真，實也。説道之實始於無有，化育于有，故曰俶真，因以題篇。

【版本】藏本注無「實」下「也」字，王溥本、葉本、茅本、汪本、張本、黄本、莊本、集解本有，今據補，景宋本、朱本同藏本。張本、黄本、莊本、集解本注無「説」字，景宋本、王溥本、朱本、葉本同藏本。

【箋釋】楊樹達云：「真」字説文訓「僊人變形而登天」，蓋戰國燕、齊方士之説盛行以後始有此字，故六經無其字，而始見於莊生之書。莊生稱老子爲「博大真人」，（見天下篇。）又謂「爾已反其真，而我猶爲人」，（見大宗師篇。）其他屢稱不一稱。淮南此篇全衍莊子之旨，故以俶真名篇，俶真猶首篇之名原道也。高注訓真爲實，非其義也。○雙棣按：楊説是也。高注非此文之義。莊子漁父云：「真者，所以受於天也，自然不可易也。」漢書楊王孫傳顔師古注：「真者，自然之道也。」此文「真」字，即爲自然之道。所謂「俶真」者，即自然之道之始也，如楊説猶首篇之名原道也。

〔二〕【高注】天地開闢之始也。

〔三〕【高注】言萬物萌兆，未始有始者，始成形也。

〔四〕【高注】言天地合氣，寂寞蕭條，未始有也。夫未始有始，彷彿也。

〔五〕【版本】景宋本、莊本、集解本注「彷彿」作「仿佛」，王溥本、葉本同藏本。

〔六〕【高注】言萬物始有形兆也。

〔六〕【高注】言天地浩大，無可名也。

〔七〕【版本】景宋本正文及注「無」作「无」，餘本同藏本。藏本注「無」上有「言」字，莊本、集解本無，今據删，景宋本、王溥本、朱本、葉本同藏本。

〔七〕【版本】景宋本此下有注云：「言道微妙，苞裹天地。未始有有无者，在有无者之前。有未始有夫未始有有无者，天也。」

〔八〕【版本】景宋本此句缺，餘本同藏本。

【箋釋】陶鴻慶云：莊子齊物論云：「有始也者，有未始有始也者，有未始有夫未始有始也者，有有也者，有无也者，有未始有无也者，有未始有夫未始有无也者。」即淮南所本。此文「未始有有始者」、「未始有有無者」，皆誤重「有」字，下同。○吕傳元與陶説同。○馬宗霍云：此文本莊子齊物論而字略有增損。「有始」之「始」爲「始終」之「始」。故郭象莊子注云：「有始則有終」。「未始」之「始」爲語辭，故成玄英疏云「未始猶未曾也」。「有無」之「無」，莊子作「无」，説文亾部「无」爲「無」之古文奇字。

〔九〕【高注】繁憤，衆積之貌。發，憤也。

【版本】王溥本（及注）、王鎣本、葉本「憤」作「慣」。

【箋釋】王念孫云：覽冥篇「不見朕垠」，高注：「朕，兆朕也。垠，形狀也。」繆稱篇「道之有篇章形埒者」，高注：「形埒，兆朕也。」是「垠堮」與「形埒」同義。既言形埒，無庸更言垠堮，疑「垠堮」是「形埒」之注，而今本誤入正文也。且此三句以「發、蘖、埒」爲韻，若加「垠堮」二字，則失其韻矣。○李哲明云：「無無」義不可曉，疑當作「馮馮」。天文篇「馮馮翼翼」注：「馮馮，無形之貌。」廣雅釋詁：「馮馮，元氣也。」「無」字與「馮」字音、形俱近，因而致譌。穆天子傳「河伯無夷之所都」注：「無夷，馮夷也。」是其例。詩大雅緜「削屢馮馮」與「捄之陾陾」，「馮、陾」爲韻，陾從耎聲。此馮馮陾陾並言，又極相合。○吴承仕云：「衆積」疑當作「聚積」。此書「衆、聚」二文，每以形近致譌。又案：此文「發」猶開發、散發耳，注云「發，憤也」，「憤」字涉上文「繁憤」而誤。○

馬宗霍云：説文心部云：「憤，懣也。」懣從滿聲，故引申之憤有盈滿之義。方言十二、廣雅釋詁一並云：「憤，盈也。」莊子盜跖篇「侅溺於馮氣」，陸德明釋文云：「馮音憤。憤，滿也。」是其證。盈滿則積，故高訓「憤」爲「積」矣。國語周語「陽癉憤盈」，韋昭注云：「憤，積也。」與高注此文合。○王叔岷云：「無」讀爲「膴」，「膴」與「腜」同。詩大雅緜「周原膴膴」，韓詩作「腜腜」，即其證。説文：「腜，婦始孕，腜兆也。」「蝡，動也。」「腜腜蝡蝡」，正所謂「將欲生興」也。○雙棣按：王念孫説是，用韻采其説，正文因無版本可據，暫不改。又高注「繁憤」爲衆積之貌，此「繁憤」乃並母雙聲聯緜字，不必據單字爲解。吴謂「發，憤也」，「憤」涉上而誤，是也。素問四氣調神大論「惡氣不發」王冰注：「發，散發也。」是其義。

【用韻】「發、蘖、埒」月部。

〔一〇〕【高注】競，逐也。暢，達也。和，氣也。繽紛，雜糅也。蘢蓯，聚會也。兆朕，形怪也。

【版本】藏本正文及注「朕」作「眹」，除葉本同藏本外，各本均作「朕」，今據改。景宋本、莊本（浙局本）、集解本注「糅」作「粈」，茅本、汪本、張本、黄本作「揉」，王溥本、朱本同藏本。王溥本注「怪」作「狀」。

【箋釋】陶方琦云：文選魏都賦注引許注：「朕，兆也。」詮言訓注：「朕，兆也。」正與此注同。莊子齊物論釋文引李注：「朕，兆也。」○吴承仕云：文當云：「和，和氣也。」本篇「抱德煬和」注云：「抱其志德，而炙其和氣。」又「吟德懷和」注云：「吟詠其德，含懷其和氣。」並以和氣釋和，是其明論。古書重文，傳寫者每誤奪其一，本書注文，亦多有之，覽者可自尋之，聊發其例於此。又案：兆眹形怪，義不可通。「怪」當爲「埒」，繆稱篇：「道之有篇章形埒。」注云：「形埒，兆眹也。」二語互訓，是其證。○于省吾云：「形埒」義雖可通，但「埒」與「怪」形不相近，吴説非是。「怪」係「性」之譌，性猶體也，見讀書雜志俶真篇「知不能平」條。形性猶形體，乃古人成語，下云「形物之性」，言形物之體也。禮記月令「安形性」，後漢書陳寵傳作「安形體」。此言未成兆眹，即未成形體，故注云：「兆眹，形性也。」○馬宗霍云：説文卜部「兆」爲「𠧞」之古文。「𠧞」下云：「灼龜坼也，從卜、兆，象形。」是兆本象龜坼之形。引申之，凡形皆得謂之兆。「眹」者，説文訓「我也」，然字在舟部，從舟，則「我」非本義。段玉裁曰：「眹在舟部，其解當曰舟縫也，本訓舟縫。引申爲凡縫之偁。凡言眹兆者，謂其幾甚微，如舟之縫，如龜之坼也。」此説得之。高氏訓「眹兆」爲「形怪」，「怪」本訓「異」，義與「兆眹」二字皆不近。尋本書繆稱篇「道之有篇章形埒者」，彼注云：「形埒，兆眹也。」案説文土部云：「埒，庳垣也。」廣韻十七薛「埒」下引孟康云：「等庳垣也。」卑垣延長而齊等若一，是之謂埒。引申爲涯際之稱。故廣韻又有「厓也」一義。埒爲涯際，斯與眹爲舟縫相近矣。以彼注證此，則此注當云：「兆眹，形埒也。」「怪」字蓋「埒」字傳寫之譌。别本「形怪」有作「形狀」者，亦非也。○于大成云：「粿」字不見説文。玄應一切經音義三：「雜粿，古文粈、𩚵二形。」説文米部：「粈，雜飯也。」（食部：「𩚵，雜飯也。」）段玉裁以爲俗增，當删；朱駿聲以爲「𩚵」是本字，「粈」是或體。）段注云：「今之粿雜字也。」今案淮南書及注文中，二字皆有，原道篇「所謂天者，純粹樸素，質直皓白，未始有與雜糅者也」，精神篇「審乎無瑕，而不與物糅」，字並作「糅」；精神篇高注「故不與物相雜粗」，本篇下文「雜道以僞」高注「雜，粗」，字並作「粗」。○何寧云：于（省吾）說未安。原道篇：「夫徙樹者，失其陰陽之性，則莫不枯槁。故橘樹之江北則化而爲枳，鴝鵒不過濟，貈渡汶而死。形性不可易，勢居不可移也。」上言「失其陰陽之性」，彼「形性」固不釋爲形體也。如于說，何高失與淮南異趣？且土與立心形近，「」與「」形亦近，吳說近之。○雙棣按：「優游」高氏未注，本經篇「與一世而優游」，高注：「優游，猶委從也。」原道篇云：「優游委縱，如響之與景。」「響、景」之喻，正此文「優游」之義也。「陰陽錯合，相與優游」，謂陰陽交錯合和，互相委隨。「委從、委縱」同，亦與「優游」同義。「優游」爲幽部疊韻聯緜字，又作「優猶、優繇、優柔」等。淮南書「優游」出現八次，當隨文而解。

【用韻】「下、上」魚陽通韻。

〔一二〕【高注】霄，讀紺綃之綃。雿，翟氏之翟也。

【箋釋】馬宗霍云：本文「霄雿」，高注有音無義。原道篇「上游於霄雿之野」，彼注訓霄雿爲高峻貌，作音與本文同。王念孫謂彼文「霄雿者虛無寂漠之意」，即引本文爲證，而謂高注以霄雿爲高峻貌非其本指。今按王說是也。楚辭九思疾世篇「闚睄窕兮靡睹」，王逸注云：「睄窕，幽冥也。」一本「睄窕」作「睄雿」。案：睄窕、睄雿猶霄雿也。叔師「幽冥」之訓，亦可以釋本文。○鄭良樹云：高注「翟氏」上當有「讀」字，原道篇有，是其明證。

【用韻】「降、揚」冬陽合韻。

〔一三〕【高注】摻，讀參星之參。藿蔰炫煌，采色貌也。蚑讀車蚑轍之蚑，噲讀不說懌外之噲。切，摩也。循，順也。藿，讀曰唯也。蔰，讀曰扈。

【版本】王溥本、王鎣本（無注）、朱本、茅本、汪本、張本、黄本、莊本、集解本正文及注「藿」作「萑」，景宋本同藏本。茅本、汪本、張本、黄本「噲」作「喙」，餘本同藏本。莊本、集解本注「説」作「悦」。

【箋釋】劉績云：前後俱作「喙息」，則「噲」字疑誤。○莊逵吉云：噲息，各本皆作「喙息」，唯藏本作「噲」。考方言：「喙，息也。自關而西，秦、晉之間曰喙。」説文解字：「噲，咽也。一曰噲，嚵也。」「嚵，一曰喙也。」嚵有喙訓，噲亦從之，是噲亦有息義矣。後人但知喙息，而改「噲」爲「喙」者，非是。○王念孫云：「藿」音灌，與「唯」字聲不相近。「藿」皆當爲「蓶」，字之誤也。蓶，讀若唯諾之唯，字從艸，唯聲。蓶扈者，草木之榮華也。後漢書馬融傳廣成頌説植物云：「鋪于布濩，蓶扈蘛熒。」李賢曰：「蓶，音以揆反，郭璞注爾雅云：『草木華初出爲芛。』（爾雅：「芛、葟、華，榮。」説文：「芛，艸之皇榮也。」）芛與蓶通。扈音户。」（以上後漢書注。）此言根莖枝葉青蔥苓蘢，蓶扈炫煌義與彼同也。高注讀「蓶」爲「唯」，李賢音以揆反，正與高讀合。劉績不知「藿」爲「蓶」之誤，而改「藿」爲「萑」，斯爲謬矣。（諸本及莊本同。）又案：蓶蔰之蔰，當依後漢書作「扈」，注當作「扈，讀曰户。」正文作「蔰」者，因「蓶」字而誤加艸耳。後人不達，又改注文爲「蔰，讀曰扈」，以從已誤之正文，則其謬益甚矣。説文、玉篇、廣韻、集韻、類篇皆無「蔰」字。○于鬯云：既諸本及莊本皆同，劉作「萑」，何以決「萑」字爲謬，「蓶」字爲是？萑諧隹聲，蓶諧唯聲，唯亦諧隹聲，蓶、萑一也。且萑字既劉、莊本諸本同，而曾無一本作「蓶」者，亦不見於諸注家諸類書所引，並不見於文子之書，（文子多與淮南同，而此文無之。）而僅見於後漢書馬融傳之廣成頌，頌何必出於淮南乎？要之，頌之「蓶扈」，固即此之「萑蔰」，而彼自作「蓶」字，此自作「萑」字，其義不二，其字不必同也。且道藏本誤作「雚」，以形論之，亦必「萑」誤爲「雚」，非「蓶」誤爲「雚」，「蓶」字雖有一口，而在左旁，不至譌成「吅」也。「雚」之必知其誤者，以不可通於高注「讀曰唯」一語耳。若萑，何不可讀曰唯乎，而必定從「蓶」？固矣！王氏通古音，而書中此類泥滯亦竟不少。又謂「蔰」亦當依後漢書作「扈」，以説文、玉篇、廣韻、集韻、類篇皆無「蔰」字，此猶或可説，然子籍中字亦正未可執字書定之者，況欲輒改高注「蔰讀曰扈」爲「扈讀曰户」乎？○金其源云：詩鄭風「遵大路兮，摻執子之手兮」，疏引説文云：「摻字山音反，聲訓爲斂也。」注云「讀參星之參」者，當是用其音，非從其義。若並從其義，則詩召南小星「惟參與昴」傳「參，伐也」，説文：「伐，擊也。」雖擊落萬物亦可作解，然就有數量言，不如從疏所引説文訓斂，以斂與落俱是收穫之義，似較擊落爲長，且與毛傳訓擥亦合，擥者，釋名釋姿容云：「斂也，斂置手中也。」○馬宗霍云：説文大小徐本手部無「摻」字。詩鄭風遵大路篇孔穎達疏引説文有

「摻」字，訓爲「歛也」。方言卷二云：「摻，細也，歛物而細或曰摻。」是孔疏訓義與方言合。但郭璞方言音：「摻，素檻反」，與高氏本文音讀異。宋魏了翁謂晉、魏閒避曹操諱，改「操」爲「摻」。清顧藹吉隸辨據漢議郎元賓碑「即有殊摻」，又謂「摻」爲「操」之隸變，且引博雅「摻，操也」爲證，知非避諱字。唐人引説文往往與字林不分，則孔疏所引是否出於許書，尚不敢定。高氏既讀摻爲參星之參，則字當作「槮」，從木不從手。説文木部云：「槮，木長貌。詩曰：『槮差荇菜。』」今毛詩作「參差」，是「槮、參」相通之證。參本星名，槮則參差正字也。從木從手，隸書易相掍，淮南本文「摻」字蓋爲「槮」字傳寫之譌。「槮落」連文，猶言參差錯落，即雜亂之意，蓋以狀萬物之多而且散也。○何寧云：注「車蚑轍」衍「轍」字。蚑通跂。脩務篇注「蚑讀車跂之跂」，無「轍」字，是其證。又「噲讀不説懌外之噲」，應作「不説懌快之快」。説文：「噲，讀若快。」從説文訂正。又高注訓循爲順，非是。楊樹達云「循當讀爲揗」，説在原道篇。

【用韻】「蘢、煌、動、量」東陽合韻。

〔一三〕【高注】儲與扈治，褒大意也。

【版本】藏本正文及注「冶」作「治」，王溥本、王鎣本、朱本、茅本、汪本、張本、莊本、集解本作「治」，今據改，景宋本、葉本同藏本，黄本正文作「冶」，注文作「治」。

【箋釋】雙棣按：高注「儲與扈冶」爲「褒大意」，是也。正與下文「浩浩瀚瀚，廣大貌」相合。「儲與」、「扈冶」皆爲魚部疊韻聯緜字。「儲與」淮南書三見，本經篇「陰陽儲與」，高注：「儲與，猶尚羊，無所主之貌。一曰褒大貌。」要略篇「以儲與扈冶」，許注：「儲與，猶攝業也。」「扈冶」二見，本篇與要略篇。本篇藏本「冶」誤作「治」，要略篇作「冶」不誤，許注：「扈冶，廣大也。」與此注同。

〔一四〕【高注】浩浩瀚瀚，廣大貌也。光耀，無形。

【箋釋】蔣超伯云：兵略篇云：「兵之所隱議，天道也。」「隱議」即「隱儀」，儀訓度，隱亦訓度，「儀」通作「議」。左氏「蔿艾獵城沂，議遠邇」，亦謂度其遠邇。○于省吾云：爾雅釋言注：「隱，度。」廣雅釋詁：「隱，度也。」説文：「儀，度也。」是隱儀揆度四字疊義。

〔一五〕【用韻】「形、聲」耕部，「得、極」職部。

【高注】混冥，大冥之中，謂道也。

【版本】藏本注「大」作「人」，各本均作「大」，今據改。

【箋釋】吳承仕云：本經篇「猶在於混冥之中」，注云：「混，大也。大冥之中，謂道也。」本篇下文亦云「古之人有處混冥之中」，並以混冥謂道，文例正同。疑此文奪「之中」二字，注文亦有譌錯，應以本經篇注正之。○馬宗霍云：「不可爲外」，「不可爲内」，猶莊子天下篇所謂「至大無外，至小無内」也。○于大成云：覽冥篇「隳肢體，絀聰明，大通混冥」，（亦見文子上禮篇。）與本文同，無「之中」二字。○何寧云：吳説非也。下文「混冥」上有「處」字，本經篇「混冥」上有「在」字，故曰「混冥之中」，此云「大通混冥」而曰「之中」，文則累矣。覽冥篇亦云「大通混冥」，無「之中」二字。注文「之中」字，疑後人據本經篇所加。○雙棣按：「環堵」本篇無注，原道篇注曰「堵長一丈，高一丈，面環一堵，爲方一丈，故曰環堵，言其小也」。禮記儒行「環堵之室」鄭玄注：「環堵，面一堵也。」莊子庚桑楚「居環堵之室」成玄英疏：「四面環各一堵，謂之環堵也。所謂方丈室也。」各家注義同。說文云：「堵，垣也。五版爲一堵。」段玉裁注：「此云五板爲堵，古今説所同也。蓋言板廣二尺，五板積高一丈爲堵而已。」又莊子、禮記均言「環堵之室」，此言「環堵之宇」，「宇」猶「室」也。詩大雅桑柔「念我土宇」毛傳：「宇，居也。」楚辭招魂「高堂邃宇」王逸注：「宇，屋也。」文選潘岳哀永逝文「想孤魂兮眷舊宇」吕延濟注：「宇，室也。」

【用韻】「大、外」月部，「冥、芒」耕陽合韻，「物、内」物部。

〔一六〕【高注】剖判混分。

【版本】王溥本注「混」作「未」。

【箋釋】雙棣按：說文：「剖，判也。」「判，分也。」剖判同爲「分」。混，文選子虚賦注引郭璞曰：「混，并也。」

〔一七〕【高注】汪，讀傳「尸諸周氏之汪」同。

【版本】王溥本、王鎣本、朱本（挖補）、吴本「莫」下有「先」字。莊本、集解本注「尸」作「矢」。

【箋釋】楊樹達云：説文水部云：「汪，池也。」通俗文云：「水停曰汪。」○馬宗霍云：高注所偁傳，文見左傳桓公十五年。今左傳「矢」作「尸」，爾雅釋詁「尸」「矢」同訓「陳」。太平御覽引邱季彬禮統云：「尸之爲言矢也，陳也。」疑高氏所據傳文本作「矢」，二字古蓋通用。「汪」者，説文水部云：「汪，池也。」杜預左傳注與説文合。池水不流，故本文以汪然狀平静之貌。玄應一切經音義四大灌頂經第八卷「汪池」條引通俗文「亭水曰汪」，又其證也。○于大成云：「先」即「見」字之誤，傳鈔遂誤兩存耳。喻林一引此文亦無「先」字。

【用韻】「生、静、形」耕部。

〔一八〕【高注】自失，没不見也。

【箋釋】陳昌齊云：「間」當作「問」，光耀問於無有，事見莊子知北遊篇。○楊樹達云：自失謂神不自得，高説非。

〔一九〕【高注】能有無爲也，未能本性自無爲也。故曰未能無無也。

【版本】藏本注「無」下無「無」字，王溥本、朱本、莊本、集解本有，今據補，景宋本、葉本同藏本。

夫大塊載我以形，勞我以生〔一〕，逸我以老，休我以死〔二〕。善我生者，乃所以善吾死也〔三〕。夫藏舟於壑，藏山於澤，人謂之固矣〔四〕。雖然，夜半有力者負而趨〔五〕，寐者不知，猶有所遁〔六〕。若藏天下於天下則無所遁其形矣〔七〕。物豈可謂無大揚攉乎〔八〕？一範人之形而猶喜〔九〕。若人者，千變萬化而未始有極也〔一〇〕。弊而復新，其爲樂也，可勝計邪〔一一〕？譬若𡪢爲鳥而飛於天，𡪢爲魚而没於淵〔一二〕，方其𡪢也，不知其𡪢也，覺而後知其寢也。今將有大覺，然後知今此之爲大寢也〔一三〕。始吾未生之時，焉知生之樂也？今吾未死，又焉知死之不樂也？

昔公牛哀轉病也，七日化爲虎〔一四〕，其兄掩户而入覘之，則虎搏而殺之〔一五〕。是故文章成獸，爪牙移易〔一六〕，志與心變，神與形化〔一七〕。方其爲虎也，不知其嘗爲人也；方其爲人，不知其且爲虎也〔一八〕。二者代謝舛馳，各樂其成形〔一九〕。狡猾鈍惛〔二〇〕，是非無端，孰知其所萌〔二一〕？夫水嚮冬則凝而爲冰，冰迎春則泮而爲水〔二二〕，冰水移易于前後，若周員而趨，孰暇知其所苦樂乎〔二三〕！

是故形傷于寒暑燥濕之虐者，形苑而神壯〔二四〕；神傷乎喜怒思慮之患者，神盡而形有餘〔二五〕。故罷馬之死也，剥之若槁〔二六〕；狡狗之死也，割之猶濡〔二七〕。是故傷死者其鬼嬈〔二八〕，時既者其神漠〔二九〕，是皆不得形神俱没也〔三〇〕。

夫聖人用心，杖性依神，相扶而得終始。是故其寐不寢，其覺不憂〔三一〕。古之人，有處混冥之中，神氣不蕩于外，萬物恬漠以愉静，攙搶衡杓之氣，莫不彌靡〔三二〕，而不能爲害〔三三〕。當此之時，萬民猖狂，不知東西，含哺而游，鼓腹而熙〔三四〕，交被天和，食于地德〔三五〕，不以曲故是非相尤，茫茫沈沈，是謂大治〔三六〕。於是在上位者，左右而使之，毋淫其性；鎮撫而有之，毋遷其德〔三七〕。是故仁義不布而萬物蕃殖〔三八〕，賞罰不施而天下賓服〔三九〕。其道可以大美興，而難以算計舉也〔四〇〕。是故日計之不足，而歲計之有餘〔四一〕。夫魚相忘於江湖，人相忘於道術〔四二〕。古之真人，立於天地之本，中至優游〔四三〕，抱德煬和，而萬物雜累焉〔四四〕，孰肯解構人間之事，以物煩其性命乎〔四五〕！

校釋

〔一〕【高注】大塊，天地之間也。

【箋釋】雙棣按：注「之間」二字似爲衍文，莊子大宗師成疏：「大塊者，自然也。」文選郭景純江賦注引司馬云：「大塊，自然也。」似較此注義長。又「載」字當讀爲「在」，此文「大塊載我以形，勞我以生，逸我以老，休我以死」，「勞、逸、休」之主體皆是「我」，「載」之主體亦當爲「我」，而非「大塊」，「大塊」乃四句之主語。此四句謂「大塊以形使我存在，以生使我勞倦，以老使我安逸，以死使我休息」。

〔二〕【高注】莊子曰：「生乃徭役，死乃休息也。」故曰休我以死。

【版本】藏本注「徭」作「徑」，景宋本、王溥本、莊本、集解本作「徭」，今據改，朱本、葉本同藏本。

【箋釋】向承周云：「夫大塊」以下，本莊子大宗師。○雙棣按：注引莊子不見於今本。

【用韻】「形、生」耕部，「老、死」幽脂合韻。

〔三〕【高注】善吾生之樂，乃欲善吾死之樂也。明死變化有知，欲勸人同死生也。

【版本】茅本、汪本、張本、黄本、莊本（並注）、集解本（並注）「吾」作「我」，景宋本、王溥本、王鎣本（無注）、朱本、葉本、吴本（無注）同藏本。

【箋釋】馬宗霍云：生死受之自然，莊子謂之適來適去。適來，時自生也；適去，理當死也。則生死之間，無所容其哀樂。生無所謂樂，死亦無所謂樂也。善者，説文誩部云：「善，吉也。」文選東京賦「祚靈主以元吉」，薛綜注云：「吉，福也。」廣雅釋詁二云：「福，備也。」備猶全也，故善引申之亦有「全」義。善我生者乃所以善我死也，猶言全我生者即所以全我死也。高注謂「勸人同死生」是也。不解「善」字而增「之樂」二字於「生」「死」之下，蓋探下文「焉知生之樂，焉知死之不樂」爲説，似非本文之恉。又案本文出於莊子大宗師篇，郭象彼注云：「死與生皆命也，無善則死，有善則生，不獨善也。故若以吾生爲善乎，則吾死亦善也。」此解「善」字亦似未諦。

○王叔岷云：「我」本作「吾」，注文可證。此涉上文「我」字而誤也。○何寧與王説同。

〔四〕【箋釋】王叔岷云：「山」當作「車」，字之誤也。古人設譬，多以舟、車對舉，「車」誤爲「山」，則不可通矣。記纂淵海五九引莊子大宗師篇正作「藏車於澤」。惟「車」之誤「山」，由來已久，記纂淵海所引莊子弗誤，蓋善本之僅存者，當據正。

【用韻】「壑、澤、固」鐸魚通韻。

〔五〕【高注】趨，走。

〔六〕【高注】夜半有力者負舟與山走，故寐者不知也。

【箋釋】劉文典云：「猶有所遁」上，疑脱「藏小大有宜」五字。莊子大宗師：「夫藏舟於壑，藏山於澤，謂之固矣。然而夜半有力者負之而走，昧者不知也。藏小大有宜，猶有所遯。若夫藏天下於天下，而不得所遯，是恒物之大情也。」郭注：「不知與化爲體，而思藏之使不化，則雖至深至固，各得其所宜，而無以禁其日變也。」今脱此五字，與「寐者不知」連讀，文義遂不可通矣。

〔七〕【高注】大丈夫以天下爲室，以藏萬物。

〔八〕【高注】揚擢，無慮，大數名也。擢，讀鎬京之鎬。

【箋釋】陶方琦云：文選左思蜀都賦注、郭璞江賦注、陸機吴趨行注、莊子釋文引許注：「揚搉，粗略也。」是許本「擢」作「搉」，與説文同。許注粗略即大略，是解大揚搉之義。漢書敘傳「揚搉古今」，猶言約略古今。又大藏音義八十二、八十四、八十七引許注：「揚搉，粗略也。」○鄭良樹云：陶説是也。莊子徐無鬼篇「則可不謂有大揚搉乎」，字亦作「揚搉」。○何寧云：文選魏都賦注引淮南子許注曰：「揚搉，略也。」文小異。○雙棣按：廣雅釋訓：「揚搉，都凡也。」王念孫疏證：「揚搉者，大數之名。」朱駿聲説文通訓定聲云：「揚搉，約略大凡之意，猶云大較也。」墨子經下「擢慮不疑」孫詒讓間詁：「擢當作搉，形近而誤。凡古書言大略計算者，重言之曰揚搉、嫴榷、無慮，單言之則曰搉、曰慮。」莊子大宗師云「若夫藏天下於天下而不得所遯，是恒物之大情也」，此云「物豈可謂無大揚擢乎」，與莊子之義同，僅莊子正言，淮南反問而已。于大成從段注説謂「搉」當作「榷」。然「搉」、「榷」皆爲通假。古籍多作「搉」者，不必改作「榷」也。

〔九〕【高注】範猶遇也，遭也。一説：範，法也。言物一法効人形而猶喜也。

【版本】藏本注「説」上無「一」字，王溥本、莊本、集解本有，今據補，景宋本、朱本、葉本同藏本。藏本注「而猶」作「尚由」，「喜」作「善」，王溥本、莊本、集解本作「而猶」、作「喜」，今據改，景宋本、朱本、葉本、茅本、汪本同藏本。

【箋釋】俞樾云：「範」即「犯」之叚字。周易繫辭傳「範圍天地之化而不過」，釋文曰：「範圍，馬、王肅、張作犯違。」是「範、犯」古字通也。莊子大宗師篇正作「特犯人之形而猶喜之」，又曰「今一犯人之形，而曰人耳人耳」，皆其證也。高注曰：「範，猶遇也，遭也。」此説得之。郭象注莊子曰：「人形乃是萬化之一遇耳。」是亦以遇釋犯也。高注又曰：「一説範，法也。言物一法効人形而猶喜也。」則望文生訓，失之泥矣。○于鬯云：範人者，非人也，故下文云「若人者」。彼人字方真指人，明範人非人矣。高注云：「範猶遇也，遭也。」一説：範，法也，言物一法效人形而猶喜也。」俞蔭甫太史平議據莊子大宗師篇作「特犯人之形而猶喜之」，以此「範」爲「犯」之假字。主高注前一説，以後一説爲泥。鬯竊謂後一説實近之，但語似不甚明曉。範人之形而可喜者，蓋如國語越語言「王命工以良金寫范蠡之狀，而朝禮之」者也。莊子作「犯」，實正當讀「犯」爲「範」。故彼文又云：「今大冶鑄金，金踊躍曰：『我且必爲鏌鋣』，大冶必以爲不祥之金。今一犯人之形，而曰『人耳人耳』，夫造化者必以爲不祥之人。今一以天地爲大鑪，以造化爲大治，惡乎往而不可哉！」觀彼文上下以鑄金鑪冶取喻，即「犯」字之義可知矣。（特範人之形，指範人，非人也。此之範人又是取喻。）依說文，字當作「笵」，竹部云：「笵，法也。」○楊樹達云：高注一說釋「範」爲「法」者是也。「範」本字作「笵」，說文竹部云：「笵，法也。從竹，氾聲。」古人用字，體用相因，蓋模法謂之笵，以質入模法鑄成器物亦謂之笵。一笵人之形，謂造化者鑄人之形耳。莊子作「犯」，淮南作「範」，並是假字，不得以「犯」爲本字也。賈生鵩鳥賦曰：「天地爲鑪，造化爲工，陰陽爲炭，萬物爲銅，合散消息，安有常則，千變萬化，未始有極。忽然爲人，何足控摶，化爲異物，又何足患！」本書精神篇曰：「夫造化者既以我爲坯矣。」又云：「夫造化者之攫援物也，譬猶陶人之埏埴也。其取之地而以爲盆盎也，與其未離於地也無以異；其已成器而破碎漫瀾而復歸其故也，與其爲盆盎亦無以異矣。」賈生喻萬物爲銅，淮南喻萬物爲埴，銅、埴可以成萬器，人不過其一耳。知二文設喻之意，乃可以釋此文。俞氏申高前說而斥後說爲泥，不悟俞氏正所謂泥迹以求，不能心知其意者也。又按：高注一說前人多謂是許說。果然，許說此文優於高氏矣。○蔣禮鴻與于、楊說同。

〔一〇〕【高注】言死生變化而夢，故曰未始有極也。

【版本】王溥本注「而夢」作「無窮」。

【箋釋】雙棣按：注「而」猶「如」也。

【用韻】「喜、極」之職通韻。

〔一一〕【箋釋】劉績云：範，模也。言人一得人形尚喜，況自然之道千變萬化皆爲人？弊而復新，其爲樂多矣，莊生所謂「故聖人將遊於物之所不得遁而皆存」是也。自「大塊」至此用莊子之文而微不同。注多謬。學者合而觀之義見，所謂輪回之説實本於此，故不詳釋。○劉文典云：御覽三百九十七引，「復」作「後」，無「也」字。○王叔岷云：御覽引「後」即「復」之誤。「復、後」篆書形近，往往相溷。○于大成云：宋本御覽作「復」，劉氏失檢。

〔一二〕【箋釋】劉文典云：御覽三百九十七引，作「譬若夢，夢爲鳥而飛於天，夢爲魚而没於淵」。「譬若夢」句絶，語義較完，當據補「夢」字。○楊樹達云：語出莊子大宗師篇。

【用韻】「天、淵」真部。

〔一三〕【箋釋】劉文典云：御覽三百九十七引，「有」下有「所」字。○楊樹達云：語本莊子齊物論篇。

〔一四〕【高注】轉病，易病也。江、淮之間，公牛氏有易病，化爲虎，若中國有狂疾者，發作有時也。其爲虎者，便還食人，食人者因作真虎，不食人者更復化爲人。公牛氏，韓人。淮南之人，因牛食芻，謂之芻豢，有驗于此。

【版本】茅本、汪本注「發」作「疾」。

【用韻】「病、虎」陽魚通韻。

〔一五〕【高注】殺其兄。掩讀曰奄也。覘，視也。

【版本】王溥本、莊本、集解本注「奄」下無「也」字。

【箋釋】劉文典云：文選思玄賦注引作「牛哀病七日而化爲虎，其兄啟户而入，哀搏而殺之」。御覽八百八十八、白帖九十七所引略同，「病」下並無「也」字，疑衍文也。後漢書張衡傳注引作：「昔公牛哀病，七日化而爲虎。其兄覘之，虎搏而殺之，不知其兄也。」「病」下亦無「也」字。高注曰「江、淮之間公牛氏」，又曰「公牛氏，韓人」，疑是高、許二家注，後人合而爲一耳。又文選思玄賦李善注云：「牛哀，魯人牛哀也。」未知其審。○吴承仕云：劉説非也。注文「江、淮之間公牛氏」，此「公牛氏」三字，疑是譌文。注意蓋謂江、淮之間，人有易病，病者亦非一人，故下文云「食人者，因作真虎；不食人者，更復爲人」。使此注確指公牛哀，即不得有食人不食人之别矣。御覽變化部所述人化爲虎事，皆出于豫章尋陽間，僻在南土，中國蓋以蠻夷視之，故多怪異之辭。近世短書，猶謂廣西邊竟，多有化虎之民。此注以中國狂病爲比，事類正同。注引江、淮間人，以證公牛哀之易病爲虎，非正述公牛哀事，劉説爲許、高異義，疑其未諦。又案：以公牛哀爲魯人，見於論衡。王充述舊聞，多本之淮南，又在許、高之前，疑舊説如是。劉乃下引選注，亦非也。又案：文選思玄賦本用舊注，作注之人，在摯虞撰流别以前，則魏、晉人所爲也。李善注語，自有「善曰」二字間之，劉以舊注爲李注，則尤非矣。又廣韻注云：「公牛哀，齊公子牛之後。」古今姓氏書辯證説同。校魯人、韓人説又異，疑以論衡最爲近古。要之齊、魯、韓皆中國也，去江、淮絶遠，此亦江、淮間不得有公牛氏之明證矣。○楊樹達云：轉病又名注病，「轉、注」二字聲同，義亦相近。周禮天官瘍醫云：「祝藥劀殺之齊。」鄭注云：「祝當爲注，讀如注病之注。」釋名釋疾病云：「注病，一人死，一人復得氣，相灌注也。」素問諸病源候總論云：「注病，注者，住也。言其連滯停住，死又注易旁人也。」按公牛哀化爲虎，與釋名、素問言注易旁人者有人獸之不同，其爲轉注則一也。又按今俗有所謂借屍還魂者，即此病也。○何寧云：御覽八百九十一引淮南萬畢術云：「昔者，牛哀病七日，化而爲虎。其兄啟户而入，虎搏而殺之。」與文選思玄賦注及御覽八百八十八引淮南僅一二字異，疑是淮南誤爲淮南萬畢術。又類説引作「牛哀轉病，七日化爲虎。其兄入覘之，虎搏殺之」，與後漢書張衡傳注引更近今本淮南。諸書引「病」下皆無「也」字，劉謂「也」字衍文，似是也。○雙棣按：劉引思玄賦注、御覽卷八百八十八及何引御覽八百九十一「掩户而入」並作「啟户而入」。事類賦注獸部一引亦作「啟户而入」，疑作「啟户而入」當是。啟，開也。掩，斂也。「掩户而入」不辭。

〔一六〕【高注】移易人爪牙爲虎爪牙也。

【箋釋】雙棣按：文章猶形體也。獸謂虎也。

〔一七〕【高注】志心皆變，神形皆化。

【用韻】「變、化」元歌通韻。

〔一八〕【箋釋】馬宗霍云：且猶將也，言當其爲人之時，不知其將爲虎也。○鄭良樹云：「人」下疑脱「也」字。前文「方其夢也，不知其夢也」，「方其爲虎也，不知其嘗爲人也」，與此句法一律，並有「也」字。記纂淵海引此正有「也」字，是其證。○于大成云：事類賦注引此亦有「也」字，集證本正有「也」字，鄭説是也。

〔一九〕【高注】代，更也。謝，敘也。舛，互也。形，謂成虎形、人形。舛，讀舛賣之舛也。

【版本】藏本注「互」作「牙」，王溥本、莊本、集解本作「互」，今據改，景宋本、朱本、葉本、茅本、汪本同藏本。藏本注「人」下無「形」字，王溥本有，今據補，餘本同藏本。王溥本注「賣」作「訛」。

【箋釋】易順鼎云：一切經音義卷六十五、八十四引許注：「踳，相背也，亦差也。」八十九引許注：「舛，相背也。」九十六引許注：「僢，相背也。」按，今注乃高注，故與許異。説文舛部：「舛，對臥也。從㐄相背。」楊雄舛從足春。文選魏都賦注引司馬彪莊子注：「踳讀曰舛。舛，乖也。」是「舛、踳」同一字。字又作「僢」，禮王制注：「浴則同川，臥則僢足。」周禮典瑞注：「僢而同本。」疏云：「僢謂兩足相向也。」其音與義皆與舛同矣。漢書揚雄傳「各以其知舛馳」，師古注：「相背也。」即用許義。「亦差也」三字疑後人語。〇吴承仕云：注末六字，義不可通。疑當作「成形，謂人虎形」。今本傳寫譌倒耳。又云：「舛賣」無義，疑應作「舛背」，形近譌作「賣」。廣雅：「舛，背也。」此「舛背」連文之證。〇于大成云：謝、敘皆古魚部字，此以聲訓也。説文：「敘，次弟也。」〇雙棣按：王溥本注「人」下有「形」字，勝乎吴説「成形，謂人虎形」。

〔二〇〕【箋釋】易順鼎云：一切經音義卷三十、三十三引許注：「鈍，識見闇濁也。」按：許義蓋假「鈍」爲「惷」，「惷」亦從屯，故與「鈍」通用。氾論篇「愚夫惷婦」，注云：「惷亦愚，無知之貌也。」又與此同。説文：「鈍，錭也。」乃其本義。史記絳侯周勃世家「其椎少文如此」，索隱引大顔注云：

「俗謂愚爲鈍椎。」亦可與此注相證。○雙棣按：易引氾論「惷」乃「惷」之譌。説文：「惷，愚也。」「惷，亂也。」易氏誤以「惷」爲「愚」義，故謂「鈍假爲惷」，實非也。

〔一〕【高注】萌，生也。

【用韻】「惛、端」文元合韻，「形、萌」耕陽合韻。

〔二〕【用韻】「冬、冰」冬蒸合韻，「春、水」文微通韻。

〔三〕【高注】泮，釋也。趨，歸也。

【箋釋】陳昌齊云：移易，御覽作「弛易」，初學記作「施易」。○劉文典云：意林、初學記下、御覽六十八引，「泮」並作「釋」。

〔四〕【高注】苑，枯病也。壯，傷也。苑，讀南陽苑。

【版本】王溥本、朱本注「傷」作「盛」，王溥本注末有「之苑」二字。

【箋釋】莊逵吉云：南陽苑即宛縣字也，古「苑」與「宛」同。○陶鴻慶云：高注蓋讀「苑」爲「鬱」，讀「壯」爲「戕」，故以病與傷釋之，實非本文之旨。壯當從本義釋爲壯健。形苑而神壯，與下文相互爲義。下文云「神傷乎喜怒思慮之患者，神盡而形有餘」，彼言神傷者形自存，此言形傷者神不敗也。下文又云「傷死者其鬼嬈」，高注云：「嬈，煩嬈，善行病祟。」惟其神壯，故能爲祟也。此節論常人之形神隨物消長，與上文「冰水移易」同一旨趣。故下文又云：「是皆不得形神俱没也。」高下注云：「道家養形養神，皆以壽終，形神俱没，不但漠而已也。」乃曲説，不可從。○劉家立云：本經篇「百節莫苑」，高彼注云：「苑，讀南陽宛之宛也。」即南陽宛縣也。今此注云苑讀南陽苑，乃寫者之脱誤，當據彼注補之。○吴承仕云：壯訓盛是也。易大壯釋文引王肅云：「盛也。」馬云：「傷也。」二義皆可通。然此文「形苑而神壯」，與下句「神盡而形有餘」，對文成義，則「壯」合訓盛，蓋無可疑。○金其源與吴説同。○馬宗霍云：此注作音用「苑」字，本經篇作音用「宛」字，是「苑」與「宛」通也。説文宀部云：「宛，屈艸自覆也。」案屈艸自覆，艸必枯萎。「宛」既通「苑」，故高氏訓「苑」爲「枯病」矣。詩唐風山有樞篇「宛其死矣」，毛傳云「宛，死貌。」陸德明釋文云：「宛，本亦作苑。」病與死相鄰，又其旁證。要皆「宛」字本義之引申也。○向承周云：説苑指武篇「吴起爲苑守」，字亦作「苑」。

〔二五〕【用韻】「壯、餘」陽魚通韻。

〔二六〕【高注】罷老，氣力竭盡，故若槁也。

【箋釋】陳昌齊云：御覽「槁」作「橐」，注云：「橐，治橐也。雖含氣而形不能摇。」○劉文典云：御覽引疑是許本。○吴承仕云：御覽引注「治橐」當作「冶橐」，形近而誤。本經篇「鼓橐吹埵以銷銅鐵」，注云「橐，冶鑪排橐也」，是其義。「橐、槀」形近，故二家異讀。然訓爲冶橐，説義轉迂。○于省吾云：作「橐」者是也。「槀、橐」以形近而譌。周禮小行人「則令槁襘之」，鄭司農注：「槀當爲槁。」漢書陳湯傳「宜縣頭槀街」注，崔浩以爲「槀」當爲「橐」，是其證。且「橐」與「餘、濡」爲韻，古音均屬魚部，作「槁」則失其韻矣。○于大成云：萬卷精華十八引此亦作「橐」，亦引注同御覽。○雙棣按：吴説是也。作「槁」，作「橐」，乃高、許之異，然實高勝於許。「罷馬之死也，剥之若槁；狡狗之死也，割之猶濡。」謂疲極之馬而死，剥其皮若枯樹槁木；狡少之狗而死，割宰肉尚有血濕之氣，甚通暢明了。

〔二七〕【高注】狡，少也。濡，濡濕，氣力未盡。

【箋釋】陳昌齊云：御覽「濡」作「蠕」，注云：「狡，少也。蠕，動也。」○于大成云：萬卷精華引此與御覽同。考説文犬部：「狡，少狗也。」虫部：「蠕，動也。」知御覽所引，的是許本無疑。段玉裁依急就篇注、事類賦注改説文「狗」爲「犬」字，不知許君説「狡」字，正用淮南「狡狗」之文，何得輕加更易！説文繫傳「狡」字注作「狗」，並引淮南此文，是也。「濡」字繫傳與今本淮南同，則高本也。

【用韻】「槁、濡」宵侯合韻。

〔二八〕【高注】嬈，煩嬈，善行病祟人。

【箋釋】陳昌齊云：説文繫傳引作「少而死者其鬼嬈」，當是誤記，然據其文義，知「傷」讀爲「殤」也。○陶方琦云：唐本玉篇「鬼」引許注作「䰫」，云：「楚人謂剽輕爲之鬼曰䰫。」按：二注文異。集韻三五笑「䰫」下云：「剽䰫强死輕爲害之鬼，見淮南子。」即許注也。（衆經音義引説文䰫剽捷之鬼，訓同。）○陶鴻慶云：高注云「嬈，煩嬈，善行病祟人」，惟其神壯，故能爲祟也。此節論常人之形，與上文冰水移易同一旨趣，故下文云「是皆不得形神俱没也」，高下注云：「道家養形養神，皆以壽終，形神俱没，不但漠而已也。」乃曲説不可從。○吴承仕云：唐卷子本玉篇「訬」字注云：「聲類亦『魑』字。魑，健疾也。許叔重注淮南、楚辭謂剽輕爲害之鬼爲魑。」案：玉篇所引，即此文之許注也。高本作「媱」，許本作「魑」，文異而音義略同。集韻「魑」字注云：「魑，疾貌。楚俗謂鬼剽輕爲害者。」（類篇同。）蓋轉引玉篇許注之文。見行黎刊玉篇作楚辭者，明是傳寫之譌。○于大成云：「魑」字見集韻笑韻，注云：「剽魑强死輕爲害之鬼。淮南子説。」玄應音義五引説文有「魑」字，（段玉裁補入鬼部之末。）許君即用淮南此文。益足證許本作「魑」，異於高本也。○雙棣按：陳説是。「傷死」與「時既」正相對，「傷」讀爲「殤」甚明。吕氏春秋察今篇高注：「未成人夭折曰殤。」「時既」謂時盡老死。釋名釋喪制：「殤，傷也，可哀傷也。」廣雅釋詁二：「殤，惕也。」

〔二九〕【高注】既，盡也。時既當老者，則神寂漠。漠，定也。

【箋釋】吴承仕云：「時既」與「傷死」對文，一則横死，一則壽終也。注文「時既當老」下疑奪「死」字。又「神寂漠」之「漠」字，疑衍。注既以「定」訓「漠」，不合更言「寂漠」。如以「寂漠」釋「漠」，即不煩别訓爲「定」，注例可知。○何寧云：當衍「寂」字，故下文以定釋漠，若作「則神寂」，則又以寂釋漠也。

〔三〇〕【高注】道家養形養神，皆以壽終，形神俱没，不但漠而已也。老子曰：「以道沧天下，其鬼不神。」此謂俱没也。

【版本】藏本注「但」作「俱」，汪本、張本、黄本、莊本、集解本作「但」，今據改，餘本同藏本。景宋本注「涖」作「治」，莊本、集解本作「𥫔」，王溥本、朱本、葉本同藏本。

【箋釋】王叔岷云：今本老子作「莅」，「莅」與「涖」同，本字作「𥫔」，莊本蓋改用本字耳。○于大成云：詩小雅采芑「方叔涖止」，釋文出「莅止」，云：「本又作涖。」是陸氏所見詩經、老子並出「莅」，不作「𥫔」也。文子道德篇「亦道莅天下」，字亦作「莅」。列子黄帝篇注引老子「以道涖天下」，字作「涖」。莅、涖二字雖不見説文，而見于玉篇，説文特以「𥫔」爲「𥫔臨」正字，遂不收毛詩之「莅、涖」二字爾。莊本出於錢坫，錢氏固深通説文者，改「涖」爲「𥫔」，正所謂通人之蔽爾。以絑爲朱，以澹爲瞻，以原爲源，書中類此者甚多，改今從古，緊庸何貴乎！又玉篇「莅」字注：「治也。」景宋本作「治」，誼與涖同。

【用韻】「漠、没」鐸物合韻。

〔三二〕【高注】精神無所思慮，故不瘳；志存仁義，患不得至，故不憂也。

【箋釋】于大成云：莊子大宗師、刻意並云：「其寢不夢，其覺無憂。」「寐」作「寢」。文子道原用淮南文，字亦作「寢」。列子周穆王篇字亦作「寢」。○雙棣按：語本莊子大宗師。郭象莊子注曰：「無意想也，當所遇而安也。」成玄英疏曰：「其人無情慮，絶思想，故雖寢寐，寂泊而不夢，以至覺悟，常適而無憂也。」高注「志存仁義，患不得至」，乃以儒家之説釋之，與淮南之意不合。

【用韻】「心、神」侵真合韻。

〔三二〕【高注】攙搶，彗孛也。杓，北斗柄第七星。

【版本】莊本「攙搶」作「欃槍」。

【箋釋】王引之云：北斗之星不聞爲害，高說非也。「衡」當爲「衝」，字形相似而誤。衝杓皆妖氣也。晉書天文志引河圖曰：「歲星之精，流爲天棓、天衝。熒惑散爲天欃。」呂氏春秋明理篇曰：「其雲狀有若人，蒼衣赤首，不動，其名曰天衝。（今本「衝」字亦誤作「衡」，據太平御覽咎徵部四引改。）」開元占經妖星占篇引劉向洪範傳曰：「天衝，其狀如人，蒼衣赤首，不動。」史記天官書曰：「五星蚤出者爲贏，晚出者爲縮，必有天應見於杓星。」漢書天文志曰「太歲在寅，歲星正月晨出，在斗、牽牛。失次，杓，早水，晚旱」是也。欃槍衝杓皆妖氣之名，故並言之。○馬宗霍云：高注未解「衡」字，「衡」與「横」同，詩陳風衡門篇「衡門之下」，毛傳云：「衡門，横木爲門。」陸德明釋文云：「衡，横也。」沈重云，此古文横字。」考工記玉人「衡四寸」，鄭玄注云：「衡，古文横，假借字也。」即「衡、横」相通之例。横者，說文木部云：「横，闌木也。」引申之，則陵亘謂之横，充滿亦謂之横。禮記樂記篇「號以立横」，孔子閒居篇「以横於天下」，鄭注並云：「横，充也。」漢書禮樂志「横泰河」，顔師古注云：「横，充滿也。」後漢書崔駰傳「氛霓鬱以横厲兮」，李賢注云：「横厲，謂氣盛而陵於天也。」皆其證。本文「欃槍衡杓之氣」，蓋謂彗孛之氣充塞斗杓之間也。王引之謂「衡當爲衝，字形相似而誤，衝杓皆妖氣也」，分衡與杓爲二名，且引妖星有名天衝者以爲證。然謂杓亦妖氣，其說殊爲牽强，不足據。○何寧云：馬謂「衡」與「横」同，其説是也。凡五星贏縮，則見天罰。五星者，歲星、熒惑、填星、太白、辰星也。漢書天文志云：「歲星贏而東南，石氏『見彗星』，甘氏『不出三月乃生彗』；贏東北，石氏『見覺星』，甘氏『不出三月生天棓』；縮西南，石氏『見欃雲』，甘氏『不出三月生天槍』；縮西北，石氏『見槍雲』，甘氏『不出三月生天欃』。石氏『槍、欃、棓、彗異狀，其殃一也』。」是五星贏縮，則槍、欃、棓、彗見也。又史記天官書云：「五星蚤出者爲贏，晚出者爲縮，必有天應見於杓星。」漢書天文志云：「五星蚤出爲贏，晚出爲縮，五星贏縮，必有天應見杓。」故曰「欃槍衡杓」也。孟康曰：「五星東行，天西轉。歲星晨見東方，行疾則不見，不見則變爲祆星。」「歲星當伏西方，行遲早没，變爲祆星也。」是祆星蓋謂五星贏縮，非謂北斗杓亦祆星也。王氏引天官書「必有天應見於杓星」，引天文志「失次，杓，早水晚旱」，於文義似未達。

〔三三〕【用韻】「中、静」冬耕合韻，「外、氣、害」月物合韻。

〔三四〕【高注】鼓，擊也。熙，戲也。

【箋釋】陶方琦云：一切經音義引「游」作「興」。又引許注云：「哺，口中嚼食也。」按：高無注，許本作「興」，與高本作「游」，亦異。説文：「哺，哺咀也。」玄應引字林：「哺，咀食也。」又引：「嚼，咀也。」漢書「輟飯吐哺」，注：「哺，口中所含食也。」（爾雅釋文引説文作「哺，咀哺，口中嚼食也」。訓正同。）又：大藏音義引正文「游」作「與」，十五、十八、三十四、四十一、五十、六十、八十九引許注：「哺，口中嚼食與之也。」玄應經引正文作「含哺而興」，此作「含哺而與」，注中有

「嚼食與之」，則作「與」爲是。又六十引許君注曰：「口中嚼食吐與孩子曰哺。」又多數字。又：希麟續一切經音義卷一引許注：「口中嚼食與之，似鳥與兒曰哺。」按此引文小異。希麟音義，近得於日本，所引多古書。○于大成云：玄應所引，實作「含哺而與」，與陶氏所見大藏音義、希麟續音義同，字弗作「興」，陶氏失檢。二句用莊子馬蹄文。「熙」借爲「娭」，説文：「娭，戲也。」故高氏此注云云。○雙棣按：吕氏春秋古樂篇云：「鱓乃偃寢，以其尾鼓其腹，其音英英。」本書地形篇：「鼓其腹而熙。」高注並曰：「鼓，擊也。」

〔三五〕【高注】交，俱也。和，氣也。地德，五穀。

【箋釋】何寧云：注「和氣也」，當重「和」字，與上文「被德含和」注誤同。彼文吴承仕有説。

〔三六〕【高注】曲故，曲巧也。尤，過也。茫茫沈沈，盛貌也。茫，讀王莽之莽。沈，讀水出沈沈正白之沈。

【版本】藏本注「之莽」二字作「也」，王溥本、浙局莊本、集解本作「之莽」，今據改，景宋本、朱本、葉本同藏本。藏本注「正」作「沈」，景宋本、王溥本、朱本、葉本、莊本、集解本作「正」，今據改。

【箋釋】王念孫云：「沈」皆當爲「沆」，（玉篇何黨切，廣韻又音「杭」。）茫茫沆沆，疊韻也。説文沆字注云：「莽沆，大水。一曰大澤。」風俗通義山澤篇云：「沆者，莽也，（今本「沆」誤作「沉」，辯見漢書刑法志「沈斥」下。）言其平望莽莽無涯際也。」「莽」與「茫」古同聲，茫茫沆沆即莽莽沆沆，故高注以爲盛貌也。「莽沆」或作「漭沆」，張衡西京賦「滄池漭沆」是也。倒言之則曰「沆漭」，馬融廣成頌「瀇瀁沆漭」是也。又作「沆茫」，楊雄羽獵賦「鴻濛沆茫」是也。（顏師古曰：「茫，音莽。」）「沆茫」即「沆莽」，故曰「茫讀王莽之莽」。漢書禮樂志「西顥沆碭」，顏師古曰：「沆碭，白氣之貌。」故曰「沆讀水出沆沆白之沆」。若作「沈沈」，則與正文、注文皆不合矣。凡從亢之字，隸或作冗，故「沆」字或作「沉」，一誤而爲「沉」，再誤而爲「沈」，散見羣書，而學者莫之能辯也。（詳見漢書。）○雙棣按：此以「西、熙、德、尤、治」爲韻，以之爲主，之職對轉，唯「西」字，先秦在文部，嚴可均兼歸脂部。蓋漢代「西」字已在脂部，且之脂合韻。之脂合韻，戰國末期已存在，如吕氏春秋序意：「行也者，行其理也，行其數，循其理，平其私。」「理、理、私」爲韻。審時：「後時者，纖莖而不滋，厚糠多秕，庢辟米，不得恃定熟，卬天而死。」「滋、秕、米、死」爲韻。

【用韻】「時、熙、德、尤、治」之職通韻。

〔三七〕【箋釋】蔣禮鴻云：「使」當作「在」，「左右而在之」句絶，「有」讀作「宥」。莊子在宥篇曰：「聞在宥天下，不聞治天下也。在之也者，恐天下之淫其性也。宥之也者，恐天下之遷其德也。」莊文即淮南所本，是其證也。下文曰：「心有所至，而神喟然在之，反之於虚。」義與此「在之」同。左右讀如易泰象「裁成天地之道，輔相天地之宜，以左右民」之「左右」。

〔三八〕【高注】古者抱盛德，上質樸，不待仁義而萬物蕃殖也。

【版本】景宋本、茅本注「樸」作「是」，屬下讀。

〔三九〕【高注】服其德也。

【版本】莊本、集解本注「服」作「昭」，景宋本、王溥本、朱本、葉本同藏本。

【箋釋】吴承仕云：朱本「昭」作「服」。案：注文釋「天下賓服」之故，故曰「服其德」。吕氏春秋貴當篇：「如此者，國日安，主日尊，天下日服。」注云「服其德也」。文例正同。

【用韻】「使、有」之部，「德、殖、服」職部。

〔四〇〕【高注】言天性萬物，但可以大美興而育之，難以算計具也。

【版本】莊本、集解本注「性」作「地」，景宋本、王溥本、朱本、茅本、葉本、汪本同藏本。

【箋釋】俞樾云：「美」當作「筴」，隸書「策」字也。史記五帝紀「迎日推策」，晉灼曰：「策，數也。」是「大筴」即大數也。興亦舉也。言止可以大數舉也。「筴」與「美」形似而誤。大戴記易本命篇「此乾坤之筴」，盧辯注曰：「三百六十，乾坤之筴。」而今正文「筴」字亦誤作「美」，是其證也。高注曰「言天地萬物但可以大美興而育之」，是其所據本已誤。○馬宗霍云：莊子知北遊篇云：「天地有大美而不言，萬物有成理而不説。聖人者，原天地之美而達萬物之理。」此淮南本文「大美」二字所出。高注「言天地萬物但可以大美興而育之」，亦正探莊子以爲釋。陸德明莊子音義云：「大美，謂覆載之美也。」天覆地載，萬物育於其中。陸説又足證成高氏「興育」之義，俞説非是。○于大成云：「性」即「生」字，莊本改作「地」，而集解本從之，斯爲繆矣。集證逕改爲「生」，亦未達叚借之旨也。

〔四一〕【高注】以限計之，故有餘也。譬若梅矣，百梅足以爲百人酸，一梅不足爲百人酸也。

【版本】莊本、集解本注「譬」作「辟」。王溥本、朱本注「矣」作「以」。

【箋釋】劉文典云：注「一梅不足爲百人酸也」，「百」字當爲「一」字之誤。百梅百人譬歲計之有餘，一梅一人譬日計之不足也。若作「百人」，則非其指矣。本書説林篇「百梅足以爲百人酸，一梅不足以爲一人和」，即此注所本也。事類賦果部二十六引此已誤。○楊樹達云：語出莊子庚桑楚篇。

【用韻】「舉、餘」魚部。

〔四二〕【高注】言各得其志，故相忘也。

【箋釋】雙棣按：莊子大宗師篇云：「魚相造乎水，人相造乎道。相造乎水者，穿池而養給；相造乎道者，無事而生定。故曰魚相忘乎江湖，人相忘乎道術。」此爲淮南語之所出。

〔四三〕【箋釋】馬宗霍云：周禮地官師氏「以三德教國子，一曰至德，以爲道本」，鄭玄注云：「至德，中和之德。」通典引馬融注云：「至德，中德也。」是「至」有「中」義，兼有「和」義。本文「中至」連文爲平列字，「中至優游」，猶言中和優游也。○于大成云：「至」字無義，字當作「正」。周易每言「中正」，謂居中守正也。離騷「耿吾既得此中正」，注云：「得此中正之道，精合真人，神與化游。」尤足證此文當作「中正」也。

〔四四〕【高注】煬，炙也。抱其志德而炙於和氣，故萬物雜累，言成熟也。煬，讀供養之養也。

【箋釋】孫詒讓云：「雜累」無成熟之義，「雜」疑當作「炊」。莊子在宥篇云：「從容無爲，而萬物炊累焉。」釋文云：「炊，本或作吹，同。司馬云：炊累，猶動升也。向、郭云：如埃塵之自動也。」淮南書似即本彼文，高訓爲成熟，則與司馬、郭義異耳。○蔣禮鴻云：「炊、雜」形聲不近，無緣致誤，孫説殆非是。「雜累」猶「葉累」也。原道篇：「大渾而爲一，葉累而無根。」廣雅釋詁：「雜、葉，聚也。」説文：「鏶，鍱也。」「鍱，鏶也。」雜之爲葉，猶鏶之爲鍱矣。王氏念孫廣雅疏證即引原道篇「葉累」以證葉之爲聚。又本篇下文曰：「横廓六合，揲貫萬物。」王氏謂葉累、揲貫同爲積累之義（説見主術篇）。是雜累、葉累、揲貫同義，揲貫萬物，即此萬物雜累矣。○雙棣按：説文：「煬，炙燥也。」高注與説文合，然非本文之義。淮南「煬」字出現四次，俶真與精神同。另有齊俗：「冬則羊裘解札，短褐不揜形，而煬灶口。」許注：「煬，炙也。」莊逵吉曰：「太平御覽引注曰：『煬，炙也。向灶口自温煬。讀高尚之尚也。』解讀甚精，當是今本脱之。」莊説是。何寧以此與精神並論，則誤矣。要略：「外與物接而不眩，内有以處神養氣，宴煬至和，而己自樂所受乎天地者也。」許無注。此處之「煬」與齊俗不同，而與俶真、精神同。高誘兩處皆注「煬，讀供養之養」，實則「煬」即爲「供養之養」義。莊子徐無鬼：「故無所甚親，無所甚疏，抱德煬和，以順天下，此謂真人。」此爲精神所本。陳鼓應莊子今譯今注引奚侗説：「煬借爲養。」引林雲銘説：「煬和，養和。」甚是。所謂「養和」者，即保養中和之氣也。此爲道家之常法。文子九守：「無所疏，無所親，抱德煬和，以順於天。」王利器義疏云：「雲笈七籤『煬』作『養』。唐寫本莊子亦作『養』。」淮南本於莊子，文子又本於淮南，作「養」爲本字，作「煬」爲借字。高注拘於

「煬」之本義，而疏於通假矣。或謂高注音讀即有通假之義，如是，則又與其釋義不合。

〔四五〕【高注】解構，猶合會也。煩，辱也。

【箋釋】洪頤煊云：後漢書隗囂傳「勿用傍人解構之言」，竇融傳「亂惑真心，轉相解搆」，莊子胠篋篇「解垢同異之變」，詩野有蔓草「邂逅相遇」，綢繆「見此邂逅」，其音義並同。

夫道有經紀條貫，得一之道，連千枝萬葉〔一〕。是故貴有以行令，賤有以忘卑，貧有以樂業，困有以處危〔二〕。夫大寒至，霜雪降，然後知松柏之茂也。據難履危，利害陳于前〔三〕，然後知聖人之不失道也〔四〕。是故能戴大員者履大方〔五〕，鏡太清者視大明〔六〕，立太平者處大堂〔七〕，能游冥冥者與日月同光〔八〕。是故以道爲竿，以德爲綸，禮樂爲鉤，仁義爲餌，投之於江，浮之於海，萬物紛紛，孰非其有〔九〕？

夫挾依於跂躍之術〔一〇〕，提挈人間之際，撢掞挺挏世之風俗〔一一〕，以摸蘇牽連物之微妙〔一二〕，猶得肆其志，充其欲，何況懷瓌瑋之道，忘肝膽，遺耳目，獨浮游無方之外，不與物相弊撥〔一三〕，中徙倚無形之域，而和以天地者乎〔一四〕？

若然者，偃其聰明而抱其太素〔一五〕，以利害爲塵垢〔一六〕，以死生爲晝夜〔一七〕。是故目觀玉輅琬象之狀，耳聽白雪清角之聲，不能以亂其神〔一八〕。登千仞之谿，臨蝯眩之岸，不足以滑其和〔一九〕。譬若鍾山之玉〔二〇〕，炊以鑪炭，三日三夜而色澤不變〔二一〕。則至德，天地之精也〔二二〕。

是故生不足以使之，利何足以動之；死不足以禁之，害何足以恐之〔二三〕？明於死生之分，達於利害之變〔二四〕，雖以天下之大，易骭之一毛，無所槩於志也〔二五〕。

夫貴賤之於身也，猶條風之時麗也〔二六〕；毀譽之於己，猶蚉蝱之一過也〔二七〕。夫秉皓白而不黑，行純粹而不糅，處玄冥而不闇，休于天鈞而不僞〔二八〕，孟門、終隆之山不能禁〔二九〕，（唯體道能不敗〔三〇〕。）湍瀨、旋淵、呂梁之深不能留也〔三一〕，太行、石澗、飛狐、句望之險不能難也〔三二〕。是故身處江海之上，而神游魏闕之下〔三三〕，非得一原，孰能至於此哉〔三四〕！

是故與至人居，使家忘貧，使王公簡其貴富而樂卑賤〔三五〕，勇者衰其氣，貪者消其欲〔三六〕。坐而不教，立而不議，虛而往者實而歸〔三七〕，故不言而能飲人以和〔三八〕。是故至道無爲，一龍一蛇〔三九〕，盈縮卷舒，與時變化〔四〇〕，外從其風，內守其性，耳目不燿，思慮不營〔四一〕。其所居神者，臺簡以游太清〔四二〕，引楯萬物，群美萌生〔四三〕。是故事其神者神去之〔四四〕，休其神者神居之〔四五〕。

校釋

〔一〕【高注】一者，道本。得其根本，故能連理千枝萬葉，以少正多也。【版本】朱本、茅本、汪本、張本注「道本」作「道之本也」，張本、莊本、集解本注無「根」字。【箋釋】于大成云：「道」當作「原」。下文「非得一原，孰能至於此哉」，正承此文而言，則此文「道」之當作「原」，審矣。又此注「一者道本」，「本」是誤字，字當作「也」。下文「非得一原」注：「一原，道之原也」，正以「道」訓「一」，可證也。若作「本」字，則「得一之原」者，當謂得道本之原矣，豈可通乎！

〔二〕【用韻】「卑、危」支歌合韻。

〔三〕【高注】陳，列也。

〔四〕【用韻】「茂、道」幽部。

〔五〕【高注】言能戴天履地之道。【版本】王溥本、王鎣本、吴本「戴」作「載」，餘本同藏本。

〔六〕【箋釋】雙棣按：鏡猶鑑也，照也。

〔七〕【高注】太平，天下之平也。大堂，明堂，所以告朔行令也。【箋釋】于鬯云：從舅氏姚藝譜廣文云：堂，非堂室之堂。釋名：「堂，高顯貌也。」上文「員方清明」及此「平」字，均非實義，高注以明堂解，失旨。○馬宗霍云：廣韻十一唐堂下引白虎通曰：「堂之爲言明也，所以明禮義也。」廣雅釋詁四云：「堂，明也。」高注訓「大堂」爲「明堂」，「堂」本自有明義。劉熙釋名釋宮室云：「堂猶堂堂，高顯貌也。」高顯猶高明也。○向承周云：梁仲子曰：東都賦注作「鏡大清者視大明」，管子心術可證。（管子心術篇：「能戴大圓者體乎大方，鏡大清者視乎大明。」又内業篇：「乃能戴大圓而履大方，鑒於大清，視於大明。」）大、太古同，不必致辯。本書太清屢見。東都「鑒于太清」，即用此文，字亦作太。

〔八〕【高注】光，明也。諭德道者能與日月明也。

【版本】王溥本、茅本、汪本注「德」作「得」。茅本、汪本注「月」下有「並」字，莊本、集解本有「同」字，景宋本、王溥本、朱本、葉本同藏本。

【用韻】「方、明、堂、光」陽部。

〔九〕【箋釋】劉文典云：初學記武部、御覽八百三十四引，並作：「聖人以道德爲竿綸，以仁義爲鉤餌，投之天地間，萬物孰非其有哉！」意林引「萬物紛紛，孰非其有」作「萬物皆得」。○于大成云：意林引此亦作：「以道爲竿，以德爲綸，禮樂爲鉤，仁義爲餌。」喻林一百十五、諸子類語三引此並同。知初學記之爲隨意改竄。

【用韻】「竿、綸」元文合韻，「餌、海、有」之部。

〔一〇〕【高注】跂躍，猶齟齬，不正之道也。

【版本】藏本「掞」作「棪」，各本（除景宋本同藏本外）均作「掞」，今據改。

【箋釋】陶方琦云：大藏音義四十五引許注：「跂，跳也。」按：許義以「跂」與「躍」連文，故訓爲跳。說文：「跳，一曰躍也。」○馬宗霍云：說文足部云：「跂，足多指也。」「躍，迅也。」然則「跂躍」連文，蓋矜趬之貌，高以齟齬釋之，聲義去之皆遠。又案：莊子馬蹄篇「踶跂爲義」，成玄英疏云：「踶跂，矜恃之容。」「跂躍」猶「踶跂」矣。

〔一一〕【高注】撢，引。掞，利也。挺挏，猶上下也，以求利便也。

【版本】王溥本、王鎣本、茅本、吴本、張本、黄本「挺」作「挻」，景宋本、朱本、葉本、汪本、莊本、集解本同藏本。

【箋釋】莊逵吉云：「挺」各本皆作「挻」。考說文解字：「挻，拔也。」「挻，長也。」挺、挏雙聲，應從藏本作「挺」爲是。○吴承仕云：「掞」訓利者，讀與易傳「剡木爲矢」同。覈實言之，「撢掞」疊韻，「挺挏」雙聲，皆爲連語，不得别義釋之。而淮南注文，多有此例。主術篇：「狡躁康荒。」注云：「康，安。荒，亂。」狡躁、康荒，並以疊韻成義，明不得訓康爲安，其謬正與此同。不審爲傳寫久譌，抑注家未達訓詁之例也。○雙棣按：莊、吴說是，「撢掞」侵談旁轉，透定旁紐，朱駿聲說文通訓定聲云：「此雙聲連語。」「挺挏」定母雙聲連語，義猶上下推移。

〔一二〕【高注】摸蘇，猶摸索。微妙，猶細小。

【箋釋】雙棣按：高訓「妙」爲小，妙實即眇字。段玉裁說文注云：「眇訓小目，引伸爲凡小之稱，又引伸爲微妙之義。説文無妙字，眇即妙也。」

〔一三〕【高注】弊撥，猶雜揉也。弊，讀跋涉之跋也。撥，讀楚人言殺也。

【版本】茅本、汪本、張本、黃本「瓌」作「環」。莊本、集解本注「揉」作「糅」，「糅」下無「也」字，「弊」下「讀」字作「音」，「跋」下無「也」字，「殺」下亦無「也」字。

【箋釋】楊樹達云：莊子馬蹄篇云：「及至聖人，蹩躠爲仁，踶跂爲義。」釋文云：「躠，向、崔本作殺。」「弊撥」與「蹩躠」同。釋名釋姿容云：「摩娑猶末殺也，手上下之言也。」「末殺」與「弊撥」亦同。〇雙棣按：楊説非是。馬蹄成玄英疏云：「蹩躠，用力之貌。」釋文引李云：「蹩躠踶跂，皆用心爲仁義之貌。」莊子之「蹩躠」、釋名之「摩娑、末殺」均非此文之義。摩娑爲手上下撫摸，以手摩之則有消滅之義，漢書谷永傳「欲末殺災異」，顏師古注：「末殺，掃滅也。」「末殺」後作「抹撥」。此云「獨浮游無方之外，不與物相弊撥」，與「用力、掃滅」何涉？高注得其解，此文「弊撥」，義當爲混雜。

〔一四〕【箋釋】俞樾云：「和以天地」，義不可通，「地」疑「倪」字之誤。莊子齊物論曰：「和之以天倪。」〇于省吾云：俞説非也。上云：「交被天和，食于地德。」又云：「是故能戴大員者履大方。」下云：「則至德，天地之精也。」是「天地」不應改爲「天倪」也。〇王叔岷云：「地」疑「均」之誤。「均、地」形近。莊子齊物論：「是以和之以是非，而休乎天均。」寓言篇：「萬物皆種也，以不同形相禪，始卒若環，莫得其倫，是謂天均。」即此「天均」所本。本篇下文「休于天鈞而不碭」，

「鈞」與「均」同。○向承周、何寧與俞説同。○雙棣按：「中」猶「得」也。吕氏春秋行論「以中帝心」高誘注：「中猶得。」周禮地官師氏「掌國中失之事」鄭玄注：「故書中爲得。」杜子春云：當爲得。」王引之經義述聞周禮中云：「中、得聲相近，故二字可以通用。淮南齊俗篇『天之員也不得規，地之方也不得矩』，文子自然篇得作中，是也。」「徙倚」此處無注，參下文三〇一頁注〔二二〕馬宗霍説。

〔一五〕【高注】素，樸性也。

【版本】莊本、集解本注「樸」作「朴」。

〔一六〕【高注】塵垢，諭輕也。

〔一七〕【用韻】「素、垢、夜」魚侯鐸合韻。

〔一八〕【高注】玉輅，王者所乘，有琬琰象牙之飾。白雪，師曠所奏大一五弦之琴樂曲，神物爲下降者。清角，商聲也。

【版本】茅本、汪本、張本、黄本、莊本、集解本注「大」作「太」。

【箋釋】陶方琦云：文選雪賦注引許注：「璐，美玉也。」按：「輅」，許本當作「璐」。玉、璐、琬、象皆飾也。文選注引無可附屬，當是此注，正見二本之異。説文：「璐，玉也。」楚詞王注：「璐，美玉也。」又文選南都賦注引許注：「清角弦急，其聲清也。」管子曰：「凡聽角，如雉登木以鳴，音疾以清。」韓非十過：「平公曰：『音莫悲於清徵乎？』師曠曰：『不如清角。』」蔡邕月令章句：

「凡弦急則清，緩則濁。」説文：「綪，弦急之聲也。」○許建平云：觀高、陶二氏之注，似不以「清角」爲樂曲名。文選傅毅舞賦：「揚激徵，騁清角。」李善注：「激徵、清角，皆雅曲名。」梁元帝纂要：「古琴名有清角。」曲名由琴名而來，清角之琴所彈之曲，故名清角。文選嵇康琴賦：「爾乃理正聲，奏妙曲，揚白雪，發清角。」成公綏琴賦：「清角發而陽氣亢，白雪奏而風雨零。」皆以清角、白雪對稱，二者皆曲名也。○雙棣按：覽冥篇云：「師曠奏白雪之音，而神物爲之下降。」高誘注：「白雪，太一五十弦琴瑟樂名也。」高誘此注「白雪」，當與彼同。「五弦」當爲「五十弦」之誤。「琴」亦當作「瑟」。覽冥篇注「琴」字衍。此注「樂」下有「曲」字，可證覽冥篇注「樂」下亦當有「曲」字。參見覽冥篇八五二頁注〔二〕。

【用韻】「聲、神」耕真合韻。

〔一九〕【高注】蝯臨其岸而目眩。滑，亂。和，適也。

【版本】藏本注「滑」上有「言滑」二字，王溥本、朱本、茅本、汪本無，今據删，景宋本、葉本同藏本。莊本、集解本無「言」字。

【用韻】「谿、和」支歌合韻。

〔二〇〕【高注】鍾山，崑崙也。

【版本】藏本此注在下文「天地之精也」下，莊本、集解本在此，今據移。莊本、集解本注「崑崙」作「昆侖」。

【箋釋】陶方琦云：文選嵇康琴賦注、任昉爲范尚書吏部封侯第一表注引許注：「鍾山，北陸無日之地，出美玉。」按：西山經西次三經「又西北四百二十里曰鍾山」，又云：「黃帝乃取峚山之玉榮而投之鍾山之陰。」山北曰陰。郭注「以爲玉種」，故許注云「出美玉」。海外北經「鍾山之神曰燭陰」，即淮南之「燭龍」。地形訓曰：「燭龍在雁門北，蔽于委羽之山，不見日。」是鍾山即雁門以北大山也，故許注云「北陸無日之地」。

〔二一〕【箋釋】王念孫云：「炊」當爲「灼」，字之誤也。玉可言灼，不可言炊。藝文類聚寶部上、太平御覽珍寶部四引作「炊」，皆後人依誤本改之。其御覽地部三引此，正作「灼」。白帖七同。呂氏春秋士容篇注作「燔以鑪炭」，「燔」亦灼也。○劉文典云：呂氏春秋重己篇高注引此亦作「燔以鑪炭」，與士容篇注同，是高氏所見本字作「燔」。「炊」固非，「灼」亦未必是。○于大成云：劉說未必是，王說未必非。說文繫傳玉部瑾字注，王十朋集注分類東坡詩卷十八和子由題孔平仲草庵次韻詩程演注、又卷二十送蔡冠卿知饒州引宋援注，施元之注蘇詩卷四送蔡冠卿知饒州、又卷十九和子由寄題孔平仲草庵引此文，字並作「灼」。或者「灼」之與「燔」，亦有許、高之異乎？又案：白帖引此文注在卷二，今本白孔六帖引迺在卷七。昔人不見真白帖，誤以今本白孔六帖當白帖，故王氏云然。案白帖曁孔續六帖，本皆三十卷，後人合而一之，析爲百卷，玉海所載已然，則宋本已如是也。唯傅沅叔舊藏宋本白帖分三十卷，猶存香山之舊。

【用韻】「玉、夜」屋鐸合韻，「炭、變」元部。

〔二二〕【箋釋】劉文典云：藝文類聚八十三引作「得天地之精也」。○鄭良樹云：「至」字疑衍。「則德天地之精也」，謂鍾山之玉，炊之三日三夜，色澤不變，乃得天地之精也。（德、得古通。）後人不知德、得古通，妄加一「至」字於「德」上，乃與上句文義不相屬矣。○于大成云：御覽八百五、事類賦注九等引此文，並作「得天地之精也」，（惟御覽無也字。）並無「則」字。「至」字固是衍文，「則」字亦不當有。○雙棣按：白孔六帖七引亦作「得天地之精也」，無「則至」二字。

〔二三〕【箋釋】向承周云：吕覽知分篇：「白圭曰：『利弗能使乎？威弗能禁乎？』夏后啟曰：『生不足以使之，則利曷足以使之矣；死不足以禁之，則害曷足以禁之矣。』」

【用韻】「動、恐」東部。

〔二四〕【箋釋】劉殿爵云：「變」讀爲「辯」，辯與分，並別也。○于大成云：此文亦見孔叢子抗志篇。「明於死生之分，達於利害之變」，謂明於死生之分界，通於利害之變化耳，非謂分別也。利害之變，即禍福相倚之理。劉説非是。

【用韻】「分、變」文元合韻。

〔二五〕【高注】骭，自膝以下脛以上也。骭，讀閈收之閈也。

【箋釋】馬宗霍云：高注解「骭」字不解「槩」字。本文「無所槩於志」，猶言無所感於志。在心爲志，易言之，亦即無所動於心也。本書精神篇「勢位爵祿何足以槩志」，義與此同。○雙棣按：高注「自膝以下脛以上也」，疑「以上」二字衍。説文：「骭，骹也。」「骹，脛也。」玉篇：「骭，脛也。」爾雅釋訓郭璞注：「骭，脚脛也。」脛爲脛骨，即膝以下踝以上之骨也，此不當有「以上」二字。又莊子至樂篇「我獨何能無槩然」，釋文引司馬注：「槩，感貌。」

〔二六〕【高注】條風鳴條，言其迅也。麗，過也。

【箋釋】陳昌齊云：文選陸機演連珠注引，作「猶條風之時灑」，又引許慎曰：「灑，猶汛也。」○陶方琦云：説文：「灑，汛也。」與文選注引許注同。玄應引通俗文：「以水撿塵曰灑。」文選張華答何劭詩注引淮南「猶條風之時灑」，即許本。○劉文典云：御覽九百四十五引注云：「時麗，忽一過也。」○雙棣按：高注「麗，過也」，「麗」與「歷」通。（麗、歷均爲來母，麗古韻支部，歷古韻錫部，支錫對轉。故可通借。）説文：「歷，過也。」吕氏春秋安死：「主人以璵璠收，孔子徑庭而趨，歷級而上。」論衡薄葬作「麗級」。吕覽用正字，論衡用借字。

〔二七〕【版本】藏本「蚉」下無「𧈢」字，各本均有，今據補。

【箋釋】鄭良樹云：「已」下疑有「也」字，今脱其字乃與前文「貴賤之於身也」不一律矣，記纂淵海五六引作「毁譽之於己也」，當從之。○于大成云：有「也」字是也。御覽九四五引有「也」字。

〔二八〕【高注】僞，敗也。天鈞，北極之地，積寒之野，休之輒敗，唯體道能不敗也。

【用韻】「麗、過」歌部。

【版本】王溥本、王鎣本、朱本、茅本、黄本、莊本、集解本正文及注「僞」作「⿰石爲」，景宋本同藏本。

【箋釋】俞樾云：此説「天鈞」之義，殊爲無據。莊子齊物論曰：「是以聖人和之以是非，而休乎天鈞。」郭象注曰：「莫之偏任，故付之自均而止也。」釋文引崔譔曰：「鈞，陶鈞也。」淮南「休乎天鈞」之文即本莊子，義亦當與彼同，謂休乎自然之陶鈞，故不敗也。他書無以積寒之地爲天鈞者，足徵高注之非矣。○向承周云：莊子庚桑楚篇「若有不即是者，天鈞敗之」，高注訓「僞」爲「敗」，即用莊子。俞氏未覈。○雙棣按：説文、玉篇、廣韻等均無「䃣」字，集韻云：「敗也。列子：事之破䃣。」篇海類篇云：「䃣，與毁同。」列子見於天瑞、黄帝二篇，天瑞篇云：「事之破䃣而後有舞仁義者，弗能復也。」注：「䃣音毁。」黄帝篇云：「形若飛鳥，揚於地，骪骨無䃣。」注：「䃣音毁。」按：「䃣」應是後起字，劉績據列子改淮南，不足取。僞通毁，「僞」疑母歌部，「毁」曉母微部，僞通毁爲疑曉旁紐、歌微旁轉。説文：「敗，毁也。」戰國策秦策四「壹毁魏氏之威」高誘注：「毁，敗也。」

〔二九〕【高注】孟門，山名，太行之隘也。終隆則終南山，在扶風。皆險塞也。

【版本】茅本、汪本注無「則」字。

【箋釋】莊逵吉云：古讀「隆」爲「臨」，故詩「與爾臨衝」，韓詩作「隆衝」。又後漢殤帝諱「隆」，改隆慮縣爲臨慮縣。亦是「南」、「臨」同聲，因之又以終南爲終隆也。○陳昌齊、王念孫、洪頤煊謂據下文「禁」下當有「也」字。○蔣超伯云：莊氏謂：「古讀隆爲臨，詩『與爾臨衝』，韓詩作『隆衝』。」其説似矣。按：古東覃等韻原亦相通，左昭三年傳「讒鼎之銘」，服虔云：「明堂位所云崇鼎也。」它如「錝」即「饞」也，「饞、錝」雙聲，則「南」字固可讀爲「隆」耳。

〔三〇〕【箋釋】王念孫云：「唯體道能不敗」六字，與上下文義不相屬，乃上文「休於天鈞而不僞」之注，誤衍於此。（上注云：僞，敗也。天鈞，北極之地，積寒之野，休之輒敗，唯體道能不敗也。）○陳昌齊、洪頤煊與王説同。○雙棣按：王、陳、洪説是，「唯體道能不敗」六字當删。

〔三一〕【高注】湍瀨，急流也。旋淵，深淵也。呂梁，水名也，在彭城。皆水險。留，滯也。

【箋釋】雙棣按：文選孫綽遊天台山賦注引高注：「旋流，深淵也。」郭璞江賦注引許注：「九旋之淵至深。」張衡南都賦注引許注：「湍，水行疾也。」馬融長笛賦注引許注：「湍，水疾也。」

【用韻】「闇、禁」侵部，「糅、碼、留」幽歌合韻。

〔三二〕【高注】太行，在野王北，上党關也。石澗，深谿。飛狐，在代郡。句望，在鴈門。皆隘險也。

【箋釋】劉績云：「句望」當作「句注」。○莊逵吉云：句望，今漢書地理志作「句注」，以義考之，「注」應即「汪」字也，古「汪、望」同聲，凡古字通者皆以聲同相通。若「汪」與「注」，乃字之誤耳。古「汪」字作「泩」，「注」字作「泩」，後人但識「注」，不識古字「汪」，因之傳訛矣。○王念孫云：莊説非也。「句注」之作「句望」，草書之誤耳。漢書文帝紀「屯句注」，師古曰：「句音章句之句。」凡昆侖、空桐、薄落、岣嶁之屬，皆山名之疊韻者，句注亦是也。若作「句望」，則失其讀矣。諸書及本書地形篇皆作「句注」，無作「句望」者，乃反以本書偶誤之字爲是，而以諸書之作「句注」者爲非，且以「注」爲「汪」之誤，「望」爲「汪」之通，見異思遷，輾轉附會，此近日學者之公患也。○向承周云：孟門、終隆、呂梁、太行、飛狐、句注，皆實有其地，則湍瀨、旋淵、石澗，亦必有所指，非泛説也。當詳考。

〔三二〕【高注】魏闕，王者門外闕也，所以縣教象之書於象魏也。巍巍高大，故曰魏闕。言真人雖在遠方，心存王也。一曰：心下巨闕，神内守也。

【版本】朱本注「教象」作「教民」。藏本注無「故」字，景宋本、王溥本、茅本、汪本、張本、黄本、莊本、集解本有，今據補，朱本、葉本同藏本。

【箋釋】陶方琦云：莊子釋文引許注：「天子兩觀也。」文選陸機弔魏武帝文注引許注，作「魏闕，王之闕也」。高注前一説，文選注所引許注相同，當是許説羼入高注。文選注、莊子釋文所引，乃約文也。且高注内作兩説，多係許、高之異。莊子釋文引淮南作騩，是許本。司馬注莊子同作騩，云：「騩，讀曰魏。象魏，觀闕，人君門也。言心存榮貴。」正搯許義。（山海經「騩山」或作「隗山」。説文：「隗，陮隗也。」「陮隗」即「崔巍」。故西山經「騩山」，郭注「騩音巍」。高注以巍訓魏，是「巍、魏、騩」三字音義並通。）張衡西京賦「建象魏之兩觀」，注：「象魏，闕也。一曰：觀也。」爾雅孫炎注：「宮門雙闕，舊縣法象，使民觀之，故謂之觀。」水經穀水注引白虎通義：「闕者，所以飾門，别尊卑也。」許注曰「天子」曰「王」，皆尊者之辭。○劉文典云：吕氏春秋審爲篇高彼注云：「魏闕，心下巨闕也。心下巨闕，言神内守也。一説：魏闕，象闕也。」與此注正同。本書道應篇注：「江海之上，言志在於己身；心之魏闕也，言内守。」與此文注「一曰心下巨闕，神内守也」相合。道應篇爲許注本，陶氏謂高注内之一説，多是許説之羼入者，是也。○楊樹達云：語本莊子讓王篇。○于大成云：陶氏既以注文前一説爲許注，又謂許本作「䰩」；劉氏又舉吕氏春秋注爲證，證注文後一説爲高注。然本書道應篇既爲許注，何以其説乃同於高注？陶説固未必近確也。此文自是注文後一義，前一義不可通。文子此文在下德篇，係用本書道應篇文，道應篇則又本於吕氏春秋審爲篇也。○雙棣按：吕氏春秋審爲篇高注與此注正相顛倒，以一曰爲正注，此正注爲彼一曰。陶説一曰爲許注於此難辯矣。

〔三四〕【用韻】「上、下」陽魚通韻。

〔三五〕【高注】一原，道之原也。

【版本】茅本、張本、黄本、莊本、集解本「貴富」作「富貴」，餘本同藏本。

【箋釋】馬宗霍云：文選張衡東京賦「簡珠玉」，薛綜注云：「簡猶略也。」本文「簡」字義同。「簡其富貴」，謂王公本富貴而自忽略之也，亦即輕之之意。○于大成云：莊子則陽篇云：「故聖人其窮也，使家人忘貧；（忘下原有其字，從王先生説删。）其達也，使王公忘爵禄而化卑。」「家」下有「人」字，當據補。

〔三六〕【用韻】「貧、賤」文元合韻，「氣、欲」物屋合韻。

〔三七〕【箋釋】楊樹達云：語本莊子德充符篇。

〔三八〕【高注】諭道如川，不言而能飲人以和適也。

【版本】莊本、集解本注「諭」作「論」，景宋本、王溥本、朱本同藏本。

【箋釋】吳承仕云：朱本作「諭道如川」。作「諭」是也。作「論」者，形近而誤。

【用韻】「教、議」宵歌合韻，「歸、和」微歌合韻。

〔三九〕【高注】龍能化，蛇能解蛻，故道以爲譬。

【版本】張本、黄本、莊本、集解本注「蛻」作「脱」，景宋本、王溥本、朱本、茅本、汪本同藏本。

〔四〇〕【箋釋】楊樹達云：莊子山木篇：「無譽無訾，一龍一蛇，與時俱化，而無肯專爲。」

【用韻】「爲、蛇、化」歌部。

〔四一〕【高注】營，或也。

【版本】王溥本、朱本、莊本、集解本注「或」作「惑」，景宋本、葉本同藏本。

【箋釋】雙棣按：「營」與「䁝」通；「或」與「惑」通。

〔四二〕【高注】臺，猶持也。簡，大也。

【版本】莊本注「持」誤作「特」。

【箋釋】莊逵吉云：「臺簡」注云「臺，持也」，錢別駕坫云：「臺當作握。説文解字『握』古文作『𡓽』，『𡓽』與『臺』形近致訛耳。」但藏本及各本皆作「臺」字，而本書用古文「𡓽」，不用篆文「握」，故仍存原文，不敢擅改。○俞樾云：高注曰「臺，猶持也」，以持訓臺，蓋以聲爲訓。釋名釋宮室曰：「臺，持也，築土堅高，能自勝持也。」是其證也。方言曰：「臺，支也。」支與持義同。錢氏坫謂「臺」當作「𡓽」，古文「握」字。然臺之訓持，自是古訓，不必疑其字誤也。莊子庚桑楚篇曰：「靈臺者有持，而不知其所持而不可持者也。」是亦以臺爲持。故釋文曰：「靈臺謂心，有靈智，能任持也。」然則「臺簡」即持簡，猶「靈臺」即靈持也。○金其源云：釋名釋宮室：「臺，持也。築土堅高，能自勝持也。」爾雅釋水「簡」，郭注：「水道簡易。」後漢書班彪傳「監乎太清」注：「太清，無爲之化也。」一切經音義引聲類：「無，虛無也。」是臺，持也。簡，平易也。太清，無爲，猶虛無也。下云「虛無者，道之舍；平易者，道之素」，則「臺簡以遊太清」者，猶曰持平易之素而入虛無之舍也。○呂傳元云：俞說非也。「臺」爲「𡍮」之訛。○雙棣按：文選任昉出郡傳舍哭范僕射詩引淮南子曰：「臺無所鑑，謂之狂生。」高誘曰：「臺，持也。所鑑者非玄德，故爲狂生。臺，古握字也。」選注引淮南見詮言篇，今本淮南「臺」作「持」。高誘明言「臺」爲古「握」字，蓋即說文之「𡍮」。（參詮言篇二〇二四頁注〔一九〕王念孫說。）本篇之「臺」，段玉裁亦疑當爲「𡍮」之誤。葉德炯謂古「握、臺」爲一字，故均有「持」訓也。

〔四三〕【高注】引楯，拔擢也。楯，讀若允恭之允也。

【版本】莊本、集解本注無「若」字，景宋本、王溥本、朱本、葉本同藏本。

【箋釋】莊逵吉云：「引楯」當作「揗」，從手旁。○劉文典云：楯、揗皆從盾得聲，得通用也。○吴承仕云：舊籍文多主聲，從木、從手不關弘旨。高讀「楯」同「允」，則以「引楯」爲雙聲連語也。漢書敘傳「數遺中盾，請問近臣」，蕭該音義曰：「盾音允可。」知「允、盾」同音，爲漢、魏以來舊讀，而廣韻從盾之字並無以允爲聲者，此亦音聲由喉而漸及脣舌之一例也。○楊樹達云：「盾、允」古音同。漢書敘傳云「數遣中盾，請問近臣」，師古云：「盾讀曰允。」按漢官「太子中盾」，後世稱「中允」。○雙棣按：説文：「揗，摩也。」段注引淮南作「揗」。説文：「楯，闌檻也。」「楯」亦用作「盾」字。此當以「揗」爲正，本書手旁、木旁多相混。

【用韻】「性、營、清、生」耕部。

〔四四〕【高注】事，治也。

【版本】集解本注「治」作「洽」，餘本同藏本。

〔四五〕【高注】不動擾。

【用韻】「去、居」魚部。

道出一原，通九門〔一〕，散六衢〔二〕，設於無垓坫之宇〔三〕，寂漠以虚無〔四〕。非有爲於物也，物以有爲於己也〔五〕。是故舉事而順于道者，非道之所爲也，道之所施也〔六〕。

夫天之所覆，地之所載，六合所包，陰陽所呴，雨露所濡，道德所扶，此皆生一父母而閱一和也〔七〕。是故槐榆與橘柚合而爲兄弟〔八〕，有苗與三危通爲一家〔九〕。夫目視鴻鵠之飛，耳聽琴瑟之聲，而心在鴈門之間，一身之中，神之分離剖判，六合之内，一舉而千萬里。是故自其異者視之，肝膽胡、越〔一〇〕；自其同者視之，萬物一圈也〔一一〕。百家異説，各有所出〔一二〕。若夫墨、楊、申、商之於治道〔一三〕，猶蓋之無一橑，而輪之無一輻；有之可以備數，無之末有害於用也〔一四〕。己自以爲獨擅之，不通之于天地之情也〔一五〕。

今夫冶工之鑄器〔一六〕，金踊躍于鑪中，必有波溢而播棄者，其中地而凝滯，亦有以象於物者矣〔一七〕。其形雖有所小周哉，然未可以保於周室之九鼎也，有況比於規形者乎〔一八〕？其與道相去亦遠矣。

今夫萬物之疏躍枝舉，百事之莖葉條梓，皆本於一根，而條循千萬也〔一九〕。若此則有所受之矣，而非所授者。所授者無受也而無不受也〔二〇〕。無不受也者，譬若周雲之蘢蓯，遼巢彭濞而爲雨〔二一〕，沈溺萬物而不與爲溼焉〔二二〕。今夫善射者有儀表之度，如工匠有規矩之數〔二三〕，此皆所得以至於妙〔二四〕。然而奚仲不能爲逄蒙〔二五〕，造父不能爲伯樂者〔二六〕，是皆諭於一曲而不通于萬方之際也〔二七〕。

今以涅染緇，則黑於涅；以藍染青，則青於藍。涅非緇也，青非藍也，茲雖遇其母而無能復化已〔二八〕。是何則？以諭其轉而益薄也。何況夫未始有涅藍造化之者乎？其爲化也，雖鏤金石，書竹帛，何足以舉其數〔二九〕？由此觀之，物莫不生於有也〔三〇〕，小大優游矣〔三一〕。

夫秋豪之末，淪於無間而復歸於大矣〔三二〕；蘆符之厚，通於無𡑞而復反於敦龐〔三三〕。若夫無秋毫之微，蘆符之厚，四達無境，通于無圻〔三四〕，而莫之要御夭遏者〔三五〕，其襲微重妙，挺挏萬物，揣丸變化〔三六〕，天地之間何足以論之〔三七〕！夫疾風教木，而不能拔毛髮〔三八〕；雲臺之高，墮者折脊碎腦，而蟁蝱適足以翱翔〔三九〕。夫與蚑蟯同乘天機〔四〇〕，天受形於一圈，飛輕微細者，猶足以脱其命，又況未有類也〔四一〕？由此觀之，無形而生有形亦明矣〔四二〕。

是故聖人託其神於靈府，而歸於萬物之初〔四三〕，視於冥冥，聽於無聲〔四四〕，冥冥之中獨見曉焉〔四五〕，寂漠之中獨有照焉〔四六〕。其用之也以不用，其不用也而後能用之；其知也乃不知，其不知也而後能知之也。夫天不定，日月無所載〔四七〕；地不定，草木無所植〔四八〕；所立於身者不寧，是非無所形〔四九〕。是故有真人，然後有真知〔五〇〕。其所持者不明，庸詎知吾所謂知之非不知歟〔五一〕？

校釋

〔一〕【高注】九門，天之門也。

〔二〕【高注】散布於六合之衢也。

【版本】莊本、集解本注「於」作「于」。

【箋釋】楊樹達云：繆稱篇云：「猶中衢而致尊。」許注云：「道六通謂之衢。」六衢謂六通之衢，非謂六合也，高注非是。○雙棣按：「六合」、「六通」無異，惟所據視角不同，就其會合言之，則曰六合；就其分布言之，則曰六通。高注不誤。

〔三〕【高注】設，施也。垓坫，垠堮也。垓，讀人飲食大多以思下垓。坫，讀爲管氏有反坫之坫。

【版本】莊本、集解本注「大」作「太」，「管」作「筦」。

【箋釋】段玉裁云：高注淮南書曰：「垓讀如人飲食太多以思下垓之垓。」「以思下垓之垓」，乃「以息上餩之餩」之誤。高注多言「心中滿該」，亦謂此也。○吴承仕云：段説是也。高讀「垓」爲飽食息之「餩」，以通語比况作音，其字不妨作「垓」，不煩改「上垓」爲「上餩」。

〔四〕【用韻】「原、門」元文合韻，「衢、宇、無」魚部。

〔五〕【高注】非有爲於物者，不爲之也。物以有爲於己者，物已爲也。

【版本】莊本、集解本注「之」作「爲」，景宋本、王溥本、朱本、茅本、葉本、汪本同藏本。

〔六〕【用韻】「爲、施」歌部。

〔七〕【高注】父母，天地。閱，總也。和，氣也，道所貴也。呴，讀以口相吁之吁。

【版本】莊本、集解本注「貴」作「貫」，景宋本、王溥本、朱本、茅本、葉本、汪本同藏本。

【箋釋】蔣超伯云：古「包、孚」通，「孚」之爲字象雞爪伏雛之形。方言「北燕、朝鮮、洌水之間謂伏雞曰抱」，「抱」即「孚」也。左傳「浮來」，公、穀作「包來」，「浮丘公」即「包丘子」。它如「䍖」通「罦」，「枹」通「桴」，「庖」通「烰」，具詳經典。管子八觀篇云：「衆有遺苞者，其戰不必勝；道有損瘠者，其守不必固。」「遺苞」謂「遺莩」也，「苞、莩」通也。○劉文典云：「生一父母」不辭，「生」下當有「於」字。御覽九百七十三引，正作「皆生於一父母」，是其證也。○于省吾云：劉説非是。御覽隨意竄易字句，不可爲據。覽冥「勞逸若一」注：「一，同心也。」「一、壹」古同用。左昭十年傳「而壹用之」注：「壹，同也。」言此皆生同父母而閱同和也，「生」下有「於」字則不詞矣。○雙棣按：「生一父母」並非不辭。用作被動之動詞帶賓語，其下不用「於」字，于古籍中所在多有，不繁舉證。劉氏謂爲不辭，欠妥。又高注「閱，總也」誤，閱猶出也。原道篇「皆閱一孔」，閱與此同。

〔八〕【高注】言道能化同異物也。

【箋釋】雙棣按：同異物，使異物同也。

〔九〕【高注】有苗國在南方彭蠡，舜時不服者。三危，在西極，山名，在辰州。通爲一家，道所化也。

【版本】藏本注「服」作「照」，景宋本、王溥本、朱本、莊本、集解本作「服」，今據改，葉本同藏本。莊本、集解本注「西」上無「在」字，景宋本、朱本、葉本同藏本，王溥本無「在西極」三字。

【箋釋】莊逵吉云：「辰州」疑當作「益州」。○陳昌齊云：類聚引「通」下有「而」字。○邵瑞彭云：「辰」當作「瓜」。左昭九年傳：「允姓之姦，居于瓜州。」杜注云：「允姓，陰戎之祖，與三苗俱放三危者。瓜州，今敦煌。」此注以三危在瓜州，即杜預所本。莊氏疑爲益州，蓋狃於鄭康成三危在岷山西南之説。（見禹貢疏。）不悟「益」字無由譌爲「辰」也。○吴承仕云：邵説近之，然「瓜」本古州名，非漢時郡縣也。高注當云，古瓜州，在今敦煌。疑注有奪誤，未能質定。○于大成云：注「在西極」，「在」字衍。「在辰州」亦是衍文，本書他篇及吕氏春秋「三危」注並無，是其證也。○雙棣按：「通」下當據類聚補「而」字，「通而爲一家」，與「合而爲兄弟」正相對。

【用韻】「包、响、濡、扶」幽侯魚合韻，「和、家」歌魚合韻。

〔一〇〕【高注】肝膽諭近，胡、越諭遠。

【箋釋】陶方琦云：文選蘇子卿古詩注、曹植求通親親表注引許注：「胡在北方，越在南方。」（古詩注引作「越居南方」，「居」應作「在」。）○王叔岷云：「胡越」下當有「也」字，乃與下文句法一律。文選趙景真與嵇茂齊書注引此正有「也」字。莊子德充符篇同。○于大成云：文選禰正平鸚鵡賦注引此亦有「也」字。○雙棣按：文選盧諶贈劉琨詩並書注引高誘注作「肝膽，喻近也；楚、越，喻遠也。」「楚、越」蓋遷就詩文而改從莊子德充符之文。

〔一一〕【高注】圈，陬。

【箋釋】易順鼎云：一切經音義卷三十九引許注：「圈，牢也。」卷六十八引許注：「圈，獸牢也。」按：今注乃高注，故與許異。説文圈下云：「養畜之閑也。」此云「獸牢也」，義正相同。○楊樹達云：語本莊子德充符篇。○馬宗霍云：説文口部云：「圈，養畜之閑也。」引申之，凡有所範圍者皆可謂之圈，本文蓋謂物雖萬殊，本原於一，同在天地陶鈞之中，故曰「一圈」也。高訓圈爲陬，説文自部云：「陬，阪隅也。」廣雅釋言云：「隅，陬角也。」似非其義。

【用韻】「越、圈」月元通韻。

〔一二〕【用韻】「説、出」月物合韻。

〔一三〕【高注】墨，墨翟也，其術兼愛、非樂，摩頂放踵而利國者爲之。楊，楊朱，其術全性保真，雖拔骭一毛而利天下，弗爲也。申，申不害也，韓昭侯相，著三符之命而尚刻削。商者，魏公孫鞅也，爲秦孝公制相坐之法，嚴猛聞，故封之爲商君也，因謂之商鞅。

【版本】景宋本注「放」作「於」，王溥本、朱本、莊本、集解本同藏本。茅本、汪本注上「申」下有「者」字。王溥本注「嚴」上有「以」字，無「故」字及「君」下「也」字。

【箋釋】向承周云：三符之命當爲申子書中篇名。本書泰族篇「申子之三符」，許注云：「申不害治韓，有三符驗之術。」論衡效力篇：「韓用申不害，行其三符，兵不侵境，蓋十五年。」第不知「三符」何説。今考尸子分篇云：「三人之所廢，天下弗能興也；三人之所興，天下弗能廢也。親曰不孝，君曰不忠，友曰不信，天下弗能興也；親言其孝，君言其忠，友言其信，天下弗能廢也。夫符節合之，則是非自見，行亦有符，三者合則自見矣。此所以觀行也。」云云。全篇俱觀人察事之言，「三符」之説，似即本於尸子。商君之學，出於尸佼，則尸子固法家先師，此一證也。尸子分篇云：「令名自正，令事自定。」申子大體篇亦云：「名自正也，事自定也。」（其他正名定分之説，類似甚多。）則申子之説，多本尸子可知。此又一證也。故吾謂申子之三符雖亡，而尸子之三符可補其闕佚也。○于大成云：此注本之孟子盡心上：「墨子兼愛，摩頂放踵，利天下爲之。」考文選江文通上建平王書注引孟子：「墨子兼愛，摩頂致於踵，利天下爲之。」並引劉熙注：「致，至也。」又任彦昇奏彈曹景宗注引孟子：「墨子兼愛，摩頂致於踵。」並引趙岐注：「致，至也。」是劉、趙二本皆作「致於踵」，不作「放踵」也。（以上周廣業孟子古注考説。）景宋本淮南此注作「摩頂於踵」，疑本作「摩頂致於踵」，「致」字誤奪，後人遂依宋以後本孟子並「於」字而改爲「放」字矣。幸景宋本尚存「於」字之舊，得以考見其譌奪之迹。

〔一四〕【版本】藏本「未」作「木」，各本均作「未」，今據改。

【箋釋】王念孫云：「蓋之無一橑」，「輪之無一輻」，本作「蓋之一橑」，「輪之一輻」。此但言一橑一輻，下乃言其有無之無關於利害。若先言無一橑，無一輻，則下文不必更言有無矣。此兩無字皆因下文無字而衍。○陳昌齊與王説同。

〔一五〕【箋釋】王叔岷云：「不通」下不當有「之」字，蓋涉上下文「之」字而衍。○于大成云：下文「而不通于萬方之際也」，與此句法同，亦無「之」字。

〔一六〕【高注】鑄，讀如唾祝之祝也。

【箋釋】雙棣按：鑄古音在幽部，祝古音在覺部，幽覺可對轉。「鑄、祝」音相近，吕氏春秋慎大篇「命封黄帝之後於鑄」，禮記樂記作「封帝堯之後於祝」，「鑄」即「祝」也。

〔一七〕【箋釋】馬宗霍云：本文高氏無注，「中地」之「中」，當讀去聲「陟仲切」，義猶得也，字亦通作「得」。周禮地官師氏「掌國中失之事」，鄭玄注云：「故書中爲得。杜子春云：當爲得。」史記封禪書「與王不相中」，司馬貞索隱引三蒼「中，得也」，並其證。「中地而凝滯」，言金之溢出者，得地而止也；「亦有以象於物者」，謂其值物賦象，任地班形也。○雙棣按：中讀陟仲切，猶投中之中，義極明白，不必釋爲得也。

【用韻】「器、棄、滯、物」質月物合韻。

〔一八〕【版本】張本、黄本、莊本、集解本「周」作「用」，景宋本、朱本、茅本、葉本、汪本、吴本同藏本。茅本、汪本、張本、黄本「九鼎也」下有注云：「保猶葆也，寶也。」張本、黄本、莊本、集解本「有況」作「又況」，餘本同藏本。

【箋釋】于省吾云：「保、寶」字通。書大誥：「用寧王遺我大寶龜。」魏三體石經「寶」作「保」。漢李氏鏡銘「明如日月，世之保」，假「保」爲「寶」。此例不勝繁舉。「於」猶如也，詳經傳釋詞。此言未可以寶如周室之九鼎也。古以九鼎爲寶器，故云然。○楊樹達與于「保讀爲寶」同。○向承周云：原道篇「貴其周於數而合於時也」，周、合同義。高彼注云：「周，調也。」調亦合也。楚辭「雖不周於今之人兮」，注：「周，合也。」○于大成云：周，合也。見離騷注。此文之意，謂金石之踴躍波溢而播棄于地，方其凝滯之後，亦未嘗不可以自然有象於物，或象圓，或象方，或象怪石，或象枯槎，雖略能合於物象，而不如周鼎之可寶也。説林篇「雖時有所合，然而不足貴也」，與此文意同。彼文之「時有所合」，即此文之「有所小周」，彼文之「不足貴」，即此文之「未可以保」也。○雙棣按：規形者猶造物者。

【用韻】「鼎、形」耕部。

〔一九〕【高注】疏躍，布散也。桙，讀詩頌「苞有三蘖」同。

【版本】藏本正文及注「桙」作「梓」，王溥本、王鎣本（無注）、茅本、汪本、張本、吴本（無注）、黄本、莊本、集解本作「栓」，今據改，景宋本、朱本、葉本同藏本。藏本注「蘖」作「葉」，王溥本、莊本、集解本作「蘖」，今據改，朱本、葉本同藏本。茅本、汪本、張本、黃本注「栓讀詩頌『苞有三蘖』同」作「栓讀作蘖，旁生萌芽也」。

【箋釋】莊逵吉云：「栓」，古文「𣡌」字也。亦作「櫱」，俗寫「櫱」字作「蘖」。又劉德引詩「苞不三枿」。說文解字：「𣡌，伐木餘也。」方言：「枿，餘也。陳、鄭之間曰枿。」是「枿、𣡌」亦同字。◯雙棣按：注引詩見商頌長發。

【用韻】「栓、萬」月元通韻。

〔二〇〕【版本】藏本下「所授者」作「所受者」，王溥本、王鎣本、葉本、吳本作「所授者」，今據改，餘本同藏本。藏本「無受也」作「無授也」，王溥本、王鎣本、葉本、吳本作「無受也」，今據改。

【箋釋】陳昌齊云：「無受」當作「無授」。◯顧廣圻云：疑「受、授」當互易。◯陶鴻慶云：「所受者」，當爲「所授者」，承上「而非所授者」而言。◯蔣禮鴻云：陶校未盡。「所受者無授也而無不受也，無不受也者」當作「所授者無受也，而無不授也，無不授也者」。此言萬物受於道而道無所受也。莊子大宗師篇曰：「夫道，自本自根，未有天地，自古以固存。」此所謂無受也。又曰：「神鬼神帝，生天生地。」此所謂無不授也。

【用韻】「受、授」幽部，「授、授、受」幽部。

〔二一〕【高注】周雲，密雨雲也。蘢蓯，聚合也。遼巢彭濞，蘊積貌也。濞，榆莢之濞。

【版本】王溥本、王鎣本（無注）、茅本、葉本、汪本、吴本（無注）、張本、黄本、莊本、集解本正文及注「澕」作「濞」，景宋本、朱本同藏本。集解本注「密」作「宓」。

【箋釋】莊逵吉云：御覽引作「寮撡彭薄」，「薄」與「濞」聲近也。○王念孫云：「彭濞」本作「彭薄」。道藏本作「彭澕」，「澕」即「薄」之誤。後人不知而改爲「濞」，莊本從之，斯爲謬矣。彭，古讀若旁，（說見唐韻正。）下文云「渾渾蒼蒼，純樸未散，旁薄爲一」，司馬相如封禪文「旁魄四塞」，義並與此同。故高注以彭薄爲蘊積貌。若彭濞則爲水聲，（見上林賦。）而非雲氣蘊積之貌，與正文、注文皆不合矣。舊本北堂書鈔天部二，引此正作「彭薄」，太平御覽天部八同。○俞樾云：高注曰：「周雲，密雨雲也。」然密雨之雲謂之周雲，甚爲未安，殆失之矣。「周」當讀爲「朝」。詩汝墳篇「惄如調飢」，毛傳曰：「調，朝也。」「周」之爲「朝」，猶「調」之爲「朝」也。朝雲爲雨，即詩所謂「朝隮於西，崇朝其雨」也。鄭箋云：「朝有升氣於西方，終其朝則雨，氣應自然。」升氣即雲也。文選高唐賦：「王問玉曰：『此何氣也？』玉對曰：『所謂朝雲者也。』」即可說此「周雲」之義。○劉文典云：說文口部：「周，密也。」與高注「密雨雲」之義正合。注「雨」字疑涉「雲」字上半誤羨之文。俞說迂曲，殆失之矣。○吴承仕云：王說是也。「榆莢」云者，蓋是讀音，應云：「薄讀如榆莢薄之薄。」食貨志「漢興，以爲秦錢重難用，更令民鑄莢錢」，如淳曰：「如榆莢也。」漢以錢重改鑄，則莢錢薄於秦錢矣，此高注「榆莢薄」之義。今本正文既誤作「濞」，乃改注文以就之，又有譌奪，遂不可通。○楊樹達云：高釋「周雲」爲「宓雨雲」，誠有未安，然其訓周爲密，則甚確。今按周雲即密雲也。易小畜、小過並云：「密雲不雨。」淮南言「周雲」，猶易之言「密雲」矣。密雲聚合蘊積，故淮南以「蘢蓯遼巢彭濞」狀之，義正相合。若如俞説讀爲朝雲，不必爲聚合蘊積之雲矣。○雙棣按：王説是。「薄」當爲「薄」之誤。高注薄，榆莢之薄」，即讀如榆莢薄之薄，榆莢今俗稱榆錢，甚薄，故高氏有此讀。若作「濞」，則不得有此讀矣。濞爲水暴至聲，與榆莢無涉。

〔二二〕【高注】不與萬物俱淫。

〔二三〕【用韻】「度、數」鐸侯合韻。

〔二四〕【高注】有所得儀表規矩之巧也。

【箋釋】王念孫云：「如」讀爲「而」。○陳昌齊曰：「所得」上疑脱「有」字。

〔二五〕【高注】奚仲巧爲車，逢蒙善於射，言未能相兼也。

【版本】景宋本、茅本、汪本、張本、吴本、黄本、莊本、集解本「逢」作「逢」。張本、黄本、莊本、集解本無此注，景宋本、王溥本、朱本、茅本、葉本、汪本同藏本。

〔二六〕【高注】造父善御馬，事周穆王。伯樂善相馬，事秦繆公。

【版本】張本、黄本、莊本、集解本無此注，景宋本、王溥本、朱本、茅本、葉本、汪本同藏本。

〔二七〕【版本】藏本「皆」作「日」，景宋本作「皆」，今據改，餘本或作「日」，或作「曰」。

【箋釋】陳昌齊云：「是曰」當作「是皆」。○王叔岷與陳説同。

〔二八〕【高注】涅，礬石也。母，本也。

【版本】茅本、汪本注有「藍，染草」三字。

【箋釋】顧廣圻云：涅非緇也，「涅緇」二字疑當互易，承上文以涅染緇，與下句承上文以藍染青一例。○孫詒讓云：賈公彦周禮鍾氏、儀禮士冠禮疏引，「染緇」並作「染紺」，疑據許本。（齊俗訓云：「夫素之性白，染之以涅則黑。」則此本爲長。然賈引以證紺色，則唐時自有作「紺」之本。）○于鬯云：「遇」當作「過」。

〔二九〕【高注】鏤，讀婁數之婁。

【箋釋】顧廣圻云：注有譌。○于大成云：韻補九御「鏤」字注引此作「鏤讀如窶藪之窶」，考集韻十九侯「婁、窶」同音郎侯切。漢書東方朔傳「射窶藪」云：「生肉爲膾，乾肉爲脯，著樹爲寄生，盆下爲窶數。」（集韻窶、窶同字。）師古曰：「窶數，戴器也。以盆盛物戴於頭者，則以窶數薦之。今賣白團餅人所用者是也。」又楊惲傳亦有「真人所謂鼠不容穴，銜窶數者也」之文。即此注之窶數也。「藪」字漢書作「數」，同，此注無譌。

【用韻】「石、帛、數」鐸侯合韻。

〔三〇〕【高注】有，猶往也。

【版本】王溥本、王鎣本、葉本、吴本無「不」字，餘本同藏本。藏本注「往」作「住」，景宋本、王溥本、朱本、葉本、莊本、集解本作「往」，今據改。

〔三二〕【高注】言饒多也。

〔三三〕【高注】秋豪微妙，故能入於無間。間，孔。言道無形，以豪末比道，猶復爲大也。

【版本】莊本、集解本注「於」作「于」。

【箋釋】于鬯云：此注似未得其義。此止言秋豪之末，未以道無形比也。以道無形比，尚在下文「若夫無秋豪之微」以下發義，不得此先及之。淪於無間者，謂間孔之中止容一秋豪之末而已，故曰無間也。然則秋豪之末已盈一孔，而更無空處，不亦大乎，故曰復歸於大也。（今案：此說亦非，無間者，無孔也。蓋但有孔，則秋豪之末無有不能入，至於無孔，雖秋豪之末亦不能入矣，故曰淪於無間，是見豪末之大。）○陶鴻慶云：高注云：「以豪末比道，猶復爲大也。」此失其旨。上文云：「物莫不生於有也，小大優游矣。」言物得其分，則小大不殊，秋豪之末雖小，而積小可以成大。即列子「有物不盡」，莊子「莫大乎秋毫之末，而太山爲小」之意。原道篇云「神託於秋毫之末，而大宇宙之總」，可證此文之義。○何寧云：上文言物莫不生於有，自此以下言無形而生有形，以闡明道貴無形。秋豪蘆苻雖微薄，然而有形，以道觀之，皆所不取。故下文云：「若夫無秋豪之微，蘆苻之厚，其襲微重妙，挺挏萬物，揣丸變化，天地之間，何足以論之。」又云：「夫與蚑蟯同乘天機，受形於一圈，飛輕微細者，猶足以脱其命，又況未有類也。」原道篇「神託於秋豪之末而大與宇宙之總」，與此異義。高注不誤。

【用韻】「末、大」月部。

〔三三〕【高注】厚，猶薄。蘆，葦也。符，蘆之中白符。言其薄柯則歸於葦，故曰反於敦龐矣。符，讀麫麱之麱也。

【版本】茅本、汪本、張本、黄本、莊本、集解本正文及注「符」作「苻」，餘本同藏本。藏本「埜」作「整」，王溥本、張本、黄本、集解本作「埜」，今據改，茅本、葉本同藏本，景宋本作「墪」，朱本作「憝」，汪本、莊本作「整」。

【箋釋】劉績云：埜，古文與「圻」同。言小無過於秋毫，而復歸於大；薄無過於蘆莩，而復歸於厚，蓋變化循環無一定也。○陳昌齊云：「龐」下疑脱「矣」字。○楊樹達云：漢書中山靖王傳云：「非有葭莩之親。」注云：「莩，葭裏之白皮也。」此文「蘆苻」即彼文之「葭莩」，故兩注義同。高讀「苻」爲「麱」，「麱」與「莩」同從孚聲也。下文云：「四達無境，通於無圻。」高注云：「圻，垠字也。」按：説文土部「垠」或作「圻」，高説良信。此「埜」字説文未見，「無埜」即「無圻」，「埜」，亦垠圻之或字。知者，説文犬部「犾讀若銀」，埜字從犾聲，亦讀魚覲切，與「垠圻」音正同也。○王叔岷與陳説同。云：「敦龐」下當有「矣」字，與下文「而復歸於大矣」句法一律。注「故曰反於敦龐矣」，是正文原有「矣」字明矣。○雙棣按：玉篇：「埜，古文垠。」集韻：「垠，或作埜。」「整、墪」蓋「埜」之誤字。類篇等始收。篇海類編：「墪，同埜。」筆乘：「墪，古垠字。」

【用韻】「厚、龐」侯東通韻。

〔三四〕【高注】道貴無形，秋豪、蘆符已有形，故曰「無秋豪之微、蘆符之厚，四達無境，通於無圻」。圻，垠字也。

【版本】茅本、汪本、張本、黄本、莊本、集解本正文及注「符」作「苻」。張本、莊本、集解本注無「貴」字，景宋本、王溥本、朱本、葉本同藏本。茅本、汪本、張本、莊本、集解本注「四達」上有「而」字，景宋本、王溥本、朱本、葉本同藏本。

【箋釋】莊逵吉云：説文解字「垠」或從斤作「圻」。○劉文典云：「整」，古「垠」字，又或從斤作「圻」。上既言「通於無整」，此不得復言「通于無圻」。上文「通於無整」與「淪於無間」相對，句法一律，下文有「通于無圻」四字，不惟重複，句法亦不一律。此疑一本作「通於無整」，一本作「通于無圻」，校者旁注，寫者誤入於此。「整」字下無注，而「圻」字下有注云：「圻，垠字也。」疑亦後人所加，非高氏舊注也。

〔三五〕【箋釋】楊樹達云：莊子逍遥遊云：「背負青天而莫之夭閼。」司馬彪云：「夭，折。閼，止也。」夭遏與夭閼同。下文又云：「宇宙之内莫能夭遏。」○于省吾云：管子君臣「要淫佚」注：「要謂遮止之也。」漢書趙充國傳集注：「要，遮也。」素問脈要精微論「是門户不要也」注：「要謂禁要。」「禁」與「遮」義相因。「御」、「禦」古通用。是「要御」猶言「禁禦」也。○雙棣按：「夭遏」爲影母雙聲聯緜字，當以聲取義，不應以形爲解。

〔三六〕【高注】道之所能。

【箋釋】楊樹達云：下文云：「提挈陰陽，嫥捖剛柔。」注云：「嫥捖，和調也。」「揣丸」與「嫥捖」

同。○馬宗霍云：高注似兼上文「襲微重妙挺挏萬物」三句總言之，而於「揣丸」二字無釋。余謂「揣丸」之「揣」與「摶」通。漢書賈誼傳服賦「何足控揣」，顏師古注引如淳曰：「揣音團，控摶，玩弄，愛生之意也。」史記賈生傳「揣」正作「摶」。「揣」又通作「團」。文選馬融長笛賦「冬雪揣封乎其枝」，李善注云：「揣與團古字通。」皆其證。說文手部「摶」、口部「團」同訓「圜也」。丸部「丸」訓「圜傾側而轉者」。然則「揣丸」者，蓋謂以手圜之使成丸。又文選李注引鄭玄毛詩箋曰：「團，聚貌。」管子霸言篇「不摶不聽」，尹知章注云：「摶，聚也。」聚猶累也，則「累丸」亦得謂之「揣」。疑淮南本文即用莊子達生篇痀僂丈人「累丸」之事。（列子黃帝篇作「纍垸」。）彼云累二累三累五而不墜。而孔子以「用志不分乃凝於神」稱之，故曰「揣丸變化」。丈人自稱云「我有道也」，故高注以「道之所能」釋之。○雙棣按：此文「襲、重」同義，皆爲重疊、重複。吕氏春秋順民「衣禁襲」高誘注：「襲，重也。」爾雅釋山「山三襲，陟」郭璞注：「襲亦重也。」「襲、重」常對言，氾論篇：「此聖人所以重仁襲恩。」高注亦曰：「襲亦重累。」又「妙」與「眇」通，微小也。

〔三七〕【高注】言道所化者大。

【用韻】「妙、化」宵歌合韻，「物、論」物文通韻。

〔三八〕【高注】教亦拔也。

【版本】茅本、莊本、張本、黄本、莊本、集解本此注在下文「翺翔」下，景宋本、王溥本、朱本、葉本同藏本。

【箋釋】楊樹達云：「敎」假爲「勃」，説文力部云：「勃，排也。」○于省吾云：廣雅釋詁：「捽，拔也。」「捽」同「敎」，古文從攴從手一也。

【用韻】「木、髮」屋月合韻。

〔三九〕

【高注】臺高際於雲，因曰雲臺也。蟲蝱微細，故翱翔而無傷毁之患，道所貴也。

【版本】茅本、汪本、張本、莊本、集解本注「因」作「故」，景宋本、王溥本、朱本、葉本同藏本。藏本注「翱」上有「曰」字，莊本、集解本無，今據删，景宋本、王溥本、朱本、葉本同藏本。

【箋釋】陳昌齊云：文選謝宣遠於安城答謝靈運詩注引「碎腦」作「碎脛」。○王念孫云：「適足以翱翔」當作「適足以翾」，高注「翱翔而無傷毁之患」，當作「翾飛而無傷毁之患」。説文：「翾，（許緣反。）小飛也。」原道篇曰「跂行喙息，蠉飛蝡動」，「蠉」與「翾」同。下文曰「飛輕微細者猶足以脱其命」，「飛輕」二字並承「翾」字言之。若翱翔則爲鳥高飛之貌，蟲蝱之飛，可謂之翾，不可謂之翱翔也。又下文「雖欲翱翔」，高注曰：「翱翔，鳥之高飛，翼上下曰翱，直刺不動曰翔。」而此注不釋「翱翔」之義，則正文本無「翱翔」二字明矣。隸書「翱」字或作「翺」，（見漢唐公房碑。）形與「翾」相近，故「翾」誤爲「翱」。後人不知「翱」爲「翾」之誤，因妄加「翔」字耳。藝文類聚蟲豸部引此，正作「蟲蝱適足以翾」。○向承周云：王説未諦，類聚所引，或是許本耳。鶡冠子備知篇（當爲天權篇）云：「蚊蝱墜乎千仞之谿，乃始翱翔而成其容。」正與此文相應。王謂下文始釋「翱翔」二字，此注不釋「翱翔」二字，爲正文本無「翱翔」二字之證，尤誤。上篇「與化翱翔」，注云：「翱翔，猶頫仰也。」此文當從其訓，故不復釋耳。且上篇「與化翱翔」之前，尚有「翱翔忽區之上」，句亦無注，豈得因下文始釋「翱翔」二字，亦斷爲正文無之乎？○于大成云：王説未必是。鶡冠子天權篇曰：「夫蚊虻墜乎千仞之谿，乃始翱翔而成其容。牛馬墜焉，碎而無形。」正與此文同義。陸佃于彼文注曰：「成其翱翔之容。高飛曰翱，翼不動曰翔。」大戴禮夏小正八月：「白鳥者，謂蚊蚋也。其謂之鳥也，重其養者也。有翼者爲鳥。」蟁蝱既有翼可以稱鳥，則曰「翱翔也」何不可之有？蟁蝱而曰翱翔，正莊生齊物之恉，矧高注亦明出「翱翔」二字也。至高氏於下文迺釋翱翔之誼，而此文不釋者，此在本書，亦所在多有，未可執此以定斯文之是非也。王説泥，不可從。○雙棣按：文選三國名臣序贊注引高注：「高際於雲，故曰雲臺。」又陳氏謂文選注引「碎腦」作「碎脛」。藝文類聚鱗介部下引仍作「碎腦」。「折脊碎腦」言其捽之重。吕氏春秋長功篇：「反斗而擊之，一成，腦塗地。」即此「碎腦」也。且「脛」只能言「折」或「斷」，不得言「碎」。故知此當以「腦」爲是。

【用韻】「高、腦」宵部。

〔四〇〕【高注】蚑行蟯動，諭微細也。天機，神馬。

【版本】王溥本、朱本注「神」上有「言」，下無「馬」字，餘本同藏本。

【箋釋】雙棣按：淮南書三次出現「天機」一語，原道篇：「内有以通於天機，而不以貴賤貧富勞逸失其志德者也。」高注：「機，微也。」道應篇：「若堙之所觀者，天機也。」觀此三處，蓋指自然之根本，亦即道而言。

〔四一〕【高注】類，形象也，未有形象，道所尚也。

【版本】王溥本、王鎣本、茅本、汪本、張本、吴本、黄本、莊本、集解本「天」作「夫」，景宋本、朱本、葉本同藏本。

【箋釋】王念孫云：「也」與「邪」同。下「夫」字因上「夫」字而衍。「夫與蚑蟯同乘天機，受形於一圈」，二句連讀，不當更有「夫」字。○楊樹達云：「脱」字無義，字當作「託」，聲近誤耳。○雙棣按：「天」字因上文「天機」而衍，王説「夫與蚑蟯同乘天機，受形於一圈」連讀，是，「受形」上不當更有「天」字。劉績改「天」爲「夫」，亦誤。

【用韻】「機、細、類」微脂物合韻。

〔四二〕【用韻】「翔、明」陽部。

〔四三〕【用韻】「府、初」侯魚合韻。

〔四四〕【箋釋】劉家立云：此承上「無形生有形」而言，應作「視於無形」方合。且「視於無形，聽於無聲」，正相對爲文也，今本「無形」譌作「冥冥」，蓋涉下句而誤。○于大成云：劉説未必是。此用莊子天地篇文，莊子亦作「冥冥」，文子微明篇襲此文，字亦作「冥冥」。

【用韻】「冥、聲」耕部。

〔四五〕【高注】曉，明也。

〔四六〕【版本】藏本注「明」字誤入正文，各本均爲注文，今據改。

【箋釋】楊樹達云：語本莊子天地篇。

【用韻】「曉、照」宵部。

〔四七〕【高注】載，行也。

〔四八〕【高注】植，立也。

【用韻】「載、植」之職通韻。

〔四九〕【高注】形，見也。

【箋釋】于大成云：文子精誠篇但作「身不寧，是非無所形」，與上「天不定，日月無所載；地不定，草木無所植」句法一例。○何寧與于説同。

【用韻】「寧、形」耕部。

〔五〇〕【高注】知不詐，故曰真也。

【版本】景宋本注「詐」下有「諂」字。

【箋釋】何寧云：「諂」乃「謟」字之誤。爾雅釋詁：「謟，疑也。」左傳昭公二十六年「天道不謟」，杜注：「謟，疑也。」又哀公十七年「天命不謟」，注「謟，疑也」，正文注文「謟」亦誤爲「諂」。爾雅郭注引正作「天命不謟」。釋文：「謟，本又作滔。」文選西京賦「天命不滔」，李善注：「滔與謟音義同。」謟、諂形似易誤。今本無「謟」字，蓋後人不知其誤所臆删。

〔五二〕【版本】藏本「庸」下有「愚」字，王溥本、王鎣本、葉本、茅本、汪本、張本、吴本、黄本、莊本、集解本無，今據删，景宋本、朱本同藏本。

【用韻】「知、知」支部。

今夫積惠重厚〔一〕，累愛襲恩，以聲華嘔符嫗掩萬民百姓〔二〕，使之訢訢然，人樂其性者，仁也〔三〕。舉大功，立顯名，體君臣，正上下，明親疏，等貴賤，存危國，繼絶世〔四〕，決挐治煩〔五〕，興毁宗，立無後者，義也。閉九竅，藏心志，棄聰明，反無識，芒然仿佯于塵埃之外，而消摇于無事之業〔六〕，含陰吐陽，而萬物和同者〔七〕，德也。是故道散而爲德，德溢而爲仁義，仁義立而道德廢矣〔八〕。

百圍之木，斬而爲犧尊〔九〕，鏤之以剞劂，雜之以青黄〔一〇〕，華藻鎛鮮，龍蛇虎豹，曲成文章〔一一〕。然其斷在溝中，壹比犧尊、溝中之斷，則醜美有間矣〔一二〕，然而失木性，鈞也〔一三〕。是故神越者其言華〔一四〕，德蕩者其行僞〔一五〕。至精亡於中而言行觀於外，此不免以身役物矣〔一六〕。夫趨舍行僞者，爲精求于外也〔一七〕，精有湫盡，而行無窮極〔一八〕，則滑心濁神，而惑亂其本矣〔一九〕。其所守者不定，而外淫於世俗之風〔二〇〕，所斷者差跌，而内以濁其清明〔二一〕，是故躊躇以終，而不得須臾恬澹矣〔二二〕。

是故聖人内修道術，而不外飾仁義，不知耳目之宜，而游于精神之和〔二三〕。若然者，下揆三泉，上尋九天，横廓六合，揲貫萬物〔二四〕，此聖人之游也。若夫真人，則動溶于至虚〔二五〕，而游于滅亡之野〔二六〕，騎蜚廉而從敦圄〔二七〕，馳於方外，休乎宇内〔二八〕，燭十日而使風雨，臣雷公，役夸父〔二九〕，妾宓妃，妻織女〔三〇〕，天地之間，何足以留其志？是故虚無者，道之舍；平易者，道之素〔三一〕。

夫人之事其神而嬈其精，營慧然而有求於外，此皆失其神明而離其宅也〔三二〕。是故凍者假兼衣于春，而暍者望冷風于秋〔三三〕。夫有病於内者，必有色於外矣〔三四〕。夫梣木色青翳〔三五〕，而蠃瘉蝸睆〔三六〕，此皆治目之藥也。人無故求此物者，必有蔽其明者〔三七〕。

校釋

〔一〕【箋釋】劉績云：厚，文子作「貨」。○雙棣按：「貨」當是誤字。此「惠、愛、恩」與財無涉。厚謂敦厚、厚道之義。

〔二〕【版本】茅本、汪本、張本、黄本、莊本、集解本「符」作「苻」，餘本同藏本。

【箋釋】楊樹達云：莊子人間世云：「昔者桀殺關龍逢，紂殺王子比干，是皆修其身以下傴拊人之民，以下拂其上者也。」李云：「傴拊謂憐愛之也。」淮南嘔苻與彼文傴拊同。禮記樂記云：「煦嫗覆育萬物。」鄭注云：「氣曰煦，體曰嫗。」「嘔」與「煦」通。此文「嘔苻」即樂記之「煦」，「嫗掩」即樂記之「嫗」也。詩毛傳云：「柳下惠嫗不逮門之女。」嫗之以體必掩之，故曰嫗掩矣。○雙棣按：「聲華」，漢語大詞典解爲「名聲榮耀」，馬王堆漢墓帛書經法云「聲華實寡者，用也」，史記陸賈傳云「名聲藉甚」，文選任彦昇宣德皇后令云「客游梁則聲華籍甚」。此「聲華」當即「名聲」，義爲名望聲譽。又樂記「煦嫗覆育」猶此文之「嘔符嫗掩」。「煦嫗」侯部疊韻聯緜字，「覆育」覺部疊韻聯緜字，皆爲撫養、撫育之義。「嘔符」侯部疊韻聯緜字，「嫗掩」影母雙聲聯緜字，義同。

〔三〕【版本】藏本「使」下有「知」字，王溥本、王鎣本、朱本、葉本、吴本無，今據删，餘本同藏本。

【箋釋】王念孫云：「使」下不當有「知」字，此因上文「所謂知之」而誤衍也。劉本無「知」字，是。○陶方琦云：漢書萬石君傳晉灼注引許注：「訢訢，古欣字。」當此處注也。原道訓「其爲歡不忻忻」，從心旁，此從言旁，尚是許君舊本，故與漢書傳注引許説正合。説文「訢」下云：「憙也。从言，斤聲。」又「欣」下云：「笑喜。从欠，斤聲。」音義相類，蓋古今字。

【用韻】「姓、性」耕部，「恩、然、仁」真元合韻。

〔四〕【用韻】「功、名」東耕合韻，「下、踈」魚部，「賤、世」元月通韻。

〔五〕【箋釋】劉家立云：「決挐治煩」四字，誤衍也。主術篇「今人之才，有欲平九州，并方外，存危國，繼絶世，志在直道正邪，決煩理挐」云云，疑後人據彼文以增之，不知彼言人之才欲存危繼絶，非具「直道正邪、決煩理挐」之志，不能任之。與此言仁義之道不同，不得據彼以增此也。文子精誠篇作「舉大功，顯令名，體君臣，正上下，明親疏，存危國，繼絶世，立無後者，義也」，亦無此四字。○劉文典云：文選吴都賦注引許注：「挐，亂也。」當是此處注也。説文：「挐，牽引也。」宋玉九辯「枝煩挐而交横」，王注：「柯條糾錯而崱嶷。」牽引、糾錯亦皆有亂義。

〔六〕【箋釋】俞樾云：廣雅釋詁：「業，始也。」無事之業，謂無事之始也。文子精誠篇作「無事之際」，乃淺人不得其義而臆改。九守篇亦作「無事之業」。

【用韻】「志、識」之職通韻，「外、業」月盍合韻。

〔七〕【用韻】「陽、同」陽東合韻。

〔八〕【用韻】「義、廢」歌月通韻。

〔九〕【高注】犧，讀曰月。猶疏鏤之尊。

【版本】王溥本、朱本、莊本、集解本注「月」作「希」，景宋本、葉本同藏本。茅本、汪本、張本、黄本此注作「犧尊，酒器，畫犧牛之象，以飾尊也」。蜀刊道藏輯要本注作「犧讀曰疏，猶疏鏤之疏」。

【箋釋】吴承仕云：「犧」從羲聲，字屬歌部，讀「犧」爲「希」，則韻部不近。首言「犧讀爲希」，繼云「猶疏鏤之尊」，則文義不次。尋聲訓之例，曰「讀曰」，猶其聲義必上下相應。此注應云：「犧讀曰希疏，猶疏鏤之尊。」今本誤挩一「疏」字，遂不可通。魯頌毛傳云：「犧尊，有沙羽飾也。」釋文云：「鄭音素何反。」毛義同鄭。高讀爲希疏之疏者，古音魚、歌部近，「疏」即「素何反」也。「疏鏤」即刻畫之義，高誘音訓蓋毛、鄭舊説也。後人不曉古音義，妄删「疏」字，而以「希」音「犧」，於古今音並不合。○黄侃云：賈侍中説「此非古字」，正謂古字止作「獻」耳。「犧、希」自是雙聲，歌、灰非無通轉，高注豈必如鄭君之意破字？稀、疏同義，但「讀曰希」自不妨有疏鏤之義爾。「疏」焉得即爲「素何反」？〇于省吾云：犧尊謂尊形如犧牛也。（參詩經新證閟宮犧尊條。）〇雙棣按：吳説非。道藏本、景宋本作「月」，不作「希」，「希」字乃劉績所改。劉以爲「月」字與「犧」音遠，而以時音改之。「犧」爲曉母歌部，「月」爲疑母月部，歌、月爲陰入對轉，曉、疑皆爲喉音，故可爲音注。此「讀曰」非必爲破字，黄氏所云然。

〔一〇〕【高注】剞，巧工鈎刀也。劂者，規度刺畫墨邊箋也。所以刻鏤之具也。青黄，采色之飾也。剞，讀技之技。劂，讀詩蹶角之蹶也。

【版本】茅本、汪本、張本、黄本、莊本、集解本此注在下文「曲成文章」下。

【箋釋】陶方琦云：文選魏都賦注引淮南作「鏤之以剞劂」，引許注：「剞劂，曲刀也。」按：二注文異。説文：「剞𠟩，曲刀也。」與淮南注正同。淮南「劂」應作「𠟩」。（韓集送文暢師北遊詩注引淮南「鏤之以剞𠟩」，注：「剞𠟩，曲刀也。」此即許注，字作「𠟩」。）王逸注哀時命：「剞劂，刻鏤刀也。」亦以剞劂爲一物。廣雅：「剞劂，刀也。」高氏此注與本經訓同。〇李哲明云：本經篇「剞𠟩」注作「技尺之技」，此作「技之技」，脱去「尺」字。蹶角，今詩無此語，疑「角」當爲「甫」，形近而譌。詩韓奕云：「蹶父之子。」「父」與「甫」通用字。高氏所見有作「蹶甫」者，故云。〇雙棣按：高注以「剞𠟩」爲二物，朱駿聲説文通訓定聲云：「俶真：『鏤之以剞𠟩。』注：『𠟩者，規度刺畫墨邊箋也。』似剞爲曲刀，𠟩爲畫圓錐規可開可合者。」亦謂爲二物。説文：「剞，剞𠟩，曲刀也。」又：「剧，剞剧，曲刀也。」以「剞剧」爲一物，文選引許氏淮南注亦以「剞劂」爲一物，蓋許氏謂「剞剧」爲一物，高氏以爲二物。廣雅釋器：「剞劂，刀也。」與許説小異。「剧」又作「劂」，説文段玉裁注：「剧，亦作劂。」桂馥義證：「剞剧也者，字或作劂。」廣雅王念孫疏證：「剧，與劂同。」

〔二〕【高注】華藻，華文也。鏄，今之金尊也。鮮，明好也。龍蛇虎豹者，刻尊彝爲蟠龍伏虎之狀，故曰曲成文章也。

【箋釋】洪頤煊云：「鏄」當是「鋪」字之譌，即「敷」字。易説卦「震爲旉」，釋文：「干寶注：旉，花之通名爲鋪。花朵謂之敷。」華藻鋪鮮，皆謂其刻鏤之美，非金尊也。○俞樾云：高注曰：「華藻，華文也。鏄，今之金尊也。鮮，明好也。」此説於「鏄」字之義未得。「鏄鮮」連文，若是金尊，則與「鮮」字不屬矣。陳氏壽祺左海經辨説以説文金部之「鏄鱗」，謂「鮮」當爲「鱗」。然鏄鱗自是鐘上橫木之飾，此言非所施也。今按：鏄從尃聲，尃猶敷也，謂以金敷布其上也。古者以金飾物謂之鏄。史記禮書注「金薄璆龍」，索隱引劉氏曰：「薄，猶飾也。」「薄」即「鏄」之叚字也。「鮮」讀爲「獻」。禮記月令篇「天子乃鮮羔開冰」，注曰：「鮮讀爲獻。」是其證也。明堂位篇「周獻豆」，注曰：「獻，疏刻之。」然則「鏄獻」謂疏刻而以金飾之也。畫爲華藻之形，疏刻而金飾之，是爲「華藻鏄獻」。○章炳麟云：「鏄」從尃聲，尃從甫聲，此借爲「黼」。釋言：「黼黻，彰也。」華藻黼鮮者，華藻彰明也。○吴承仕云：俞説是也。洪焱祖注爾雅翼引此文許注云：「鏄，今之金鎛也。」蓋漢人以金飾物，謂之「金鎛」。高誘以見行語釋之，猶今江南人之稱「錫薄」矣。今本作「金尊」者，涉下文「尊彝」字而誤也。又案：俶真篇爲高注本，此處亦無許、高錯雜之文，注釋剞劂，與本經篇注義同，皆是高説。證一。許訓「剞劂」爲曲刀，與説文相應，與高義異。（陶方琦説。）證二。御覽七百六十一引此注作高誘曰，證三。然則洪氏蓋誤高爲許耳。尋宋人引淮南注，大抵以高爲許，或稱許慎注，或稱許慎記。如陸佃埤雅，黄朝英靖康緗素記，政和證類本草，羅願爾雅翼，洪焱祖爾雅翼注，洪邁容齋隨筆，吴仁傑離騷本草疏，姚寬西溪叢話，史繩祖學齋佔畢，陳元靚歲時廣記，徐子光蒙求注，白珽湛淵静語等皆是也。證知宋、元間流布最廣之本，實與見行景宋本同。

【用韻】「黄、章」陽部。

〔一二〕【高注】間，遠也，方其好醜相去遠也。

【版本】景宋本、茅本「壹」作「一」，餘本同藏本。

【箋釋】劉文典云：「然其斷在溝中」句不詞，「壹」字疑當在「其」字下。御覽七百六十一引莊子正作「其一斷在溝中」，是其證。今本莊子天地篇作「其斷在溝中」，誤與此文同。○蔣禮鴻云：「其斷在溝中」與「溝中之斷」兩「斷」字正相應，如劉氏改上句爲「其一斷在溝中」，豈下句亦將云「溝中之一斷」乎？此兩「斷」字乃由動字轉成之名字，謂斬木爲尊之餘材棄在溝中者也。有斬則有斷，有斷則有棄，故棄材曰斷。書盤庚中篇云「乃祖乃父乃斷棄女，不救女死」，是其義也。劉氏據其一以改其二，傎矣。究其所以改之者，則以「壹比」語不經見，疑爲不可通耳。不知「壹」與「一」皆語助詞，並無實義，王氏經傳釋詞舉證甚博。新序雜事篇「老古振衣而起曰，一不意人君如此也」，羣要治要引，「一」作「壹」，即爲發語之詞，又何疑乎！又案：「壹比犧尊溝中之斷」八字當一句讀，莊子作「比犧尊于溝中之斷」，語意尤明。此省「于」字耳。胡適爲劉君作集解序，讀「壹比犧尊」爲句，則「溝中之斷」四字成疣綴矣。○雙棣按：「然其斷在溝中」，乃假設之詞，謂一旦犧尊毀壞，斷而棄之溝中。「其」指上文之犧尊。「壹比犧尊溝中之斷」，謂以「犧尊」與毀而斷之溝中者相比。故云「醜美有間矣」。莊子之「於」，猶「與」也，此則省略，然文義甚明。莊子成疏云：「間，別。」

【用韻】「斷、間」元部。

〔一三〕【高注】鈞，等。

【箋釋】楊樹達云：語本莊子天地篇。

〔一四〕【高注】越，散也。言不守也，故華而不實。

〔一五〕【高注】蕩，逸。僞，不成也。

【版本】王溥本、張本、莊本、集解本注「成」作「誠」，景宋本、茅本、葉本、汪本同藏本。

【箋釋】雙棣按：藏本注「成」爲「誠」字之借。朱駿聲曰：「成假借爲誠。」詩我行其野『成不以富』。」論語顏淵作「誠不以富」。墨子貴義「子之言則成善矣」，孫詒讓引王念孫云：「古或以成爲誠。」藏本等用「成」爲假字，王溥本等改作「誠」，用本字，今仍其舊。

【用韻】「華、僞」魚歌合韻。

〔一六〕【高注】與物爲役。

【箋釋】楊樹達云：「觀」讀如周語「先王耀德不觀兵」之「觀」。

【用韻】「外、物」月物合韻。

〔一七〕【箋釋】劉家立云：此承上文「神越者其言華，德蕩者其行僞」而言，應作「言華行僞」，方與上文相合。今本「言華」譌作「趨舍」，義不可通。○楊樹達云：「僞」與「爲」同。○何寧云：「言華」無由誤作「趨舍」也。王念孫云「行僞」即「行爲」，説在下文「褋道以僞」句下，王説是也。劉氏集證憑臆斷改「趨舍」爲「言華」，下文採王氏説，又删去王氏校此文一段，亦異矣。○雙棣按：爾雅釋詁：「求，終也。」詩大雅下武鄭箋：「求，終也。」此「求」似亦當訓爲「終」。

【用韻】「僞、外」歌月通韻。

〔一八〕【箋釋】楊樹達云：「湫」字假爲「潐」。説文水部云：「潐，水盡也。」故此以湫盡連文。又欠部云：「㰗，盡酒也。」説文「𩏧」或作「揫」，「焦、秋」音同，故得相通假。廣雅釋詁一「湫」訓盡，蓋本淮南之連文爲訓也。○馬宗霍云：「湫盡」連文，高氏無注。廣雅釋詁一云：「湫，盡也。」蓋即本之淮南。説文水部「湫」訓「隘下」，無「盡」義。王念孫廣雅疏證云：「湫讀爲遒。玉篇、廣韻並云：『遒，盡也。』廣韻湫、遒並即由切。爾雅：『酋，終也。』大雅卷阿篇『似先公酋矣』，毛傳云：『酋，終也。』正義作遒。楚辭九辯云：『歲忽忽而遒盡兮。』淮南子俶真訓云：『精有湫盡而行無窮極。』並字異而義同。」據此，是「湫」有「盡」義，蓋通作「遒」。說文手部云：「揫，束也。詩曰：百禄是揫。」今毛詩「揫」作「遒」，然則「湫」之通「遒」，即「揫」之借字，「湫」與「揫」同從秋聲。說文韋部「韢」或作「揫」，「韢」從𩏂聲，「𩏂」從焦聲，知秋、焦音又同也。從𩏂得聲之字，欠部有「歜」訓「盡酒也」。從焦得聲之字，水部有「潐」，訓「水盡也」，此亦「湫」有「盡」義之一證也。○雙棣按：文子精誠篇作「精有愁盡」。「愁」與「湫」同從秋得聲，並與從酋之「遒」相通而有「盡」義。

〔一九〕【用韻】「盡、神、本」真文合韻。

〔二〇〕【高注】風，化也。

【版本】藏本「外」上「而」字作「於」，王溥本、王鎣本、葉本、茅本、汪本、張本、吴本、黄本、莊本、集解本作「而」，今據改，景宋本、朱本同藏本。

〔二一〕【版本】藏本「者」字在「跌」字下，劉家立集證本在「斷」字下，今據移改，餘本同藏本。

【箋釋】鄭良樹云：「所斷差跌者」義不可通。疑當作「所斷者差跌」，乃與前文「所守者不定」文句一律。「差跌」猶言失誤也。漢文大成本正作「所斷者差跌」，當據正。○于大成云：集證本亦作「所斷者差跌」。○雙棣按：鄭、于説是，今據集證移改。

【用韻】「風、明」侵陽合韻。

〔二二〕【版本】景宋本「澹」作「淡」。

【箋釋】楊樹達云：「斷」字疑因「所」字形近而誤。

〔二三〕【版本】藏本「宜」作「宣」，王溥本、王鎣本、朱本、葉本、吳本作「宜」，今據改，餘本同藏本。

【箋釋】俞樾云：「宣」當作「宜」，字之誤也。莊子德充符篇「夫若然者，且不知耳目之所宜，而遊心乎德之和」，即淮南所本。文子精誠篇作「知九竅四肢之宜，而遊乎精神之和」，字正作「宜」，但「知」上脱「不」字耳。○楊樹達云：俞校是也。此文以「義、宜、和」爲韻，作「宣」則失其韻矣。○王叔岷云：俞校是也。初學記十七引此「宣」正作「宜」，「于」作「乎」，與莊子、文子合。

【用韻】「義、宜、和」歌部。

〔二四〕【箋釋】馬宗霍云：説文手部云：「揲，閲持也。」段玉裁曰：「閲，具數也，更迭數之也。繫辭傳曰：『揲之以四以象四時』，謂四四數之也。四四者，由一四二四數之至若干四，則得其餘矣。閲持者，既得其數而持之，故其字從手。」據此，則「揲」有更迭持之之意。廣雅釋詁一云：「揲，積也。」亦更迭之引申也。萬者，多數之虚名，故萬物曰揲貫矣。「揲貫」猶「迭貫」，「迭貫」與「横廓」正相對爲義。王念孫廣雅疏證亦引淮南本文以釋「揲」字。又云「王逸注離騷云：『貫，累也。』揲貫猶言積累。原道訓云：『大渾而爲一，葉累而無根。』主術訓云：『葉貫萬世而不壅。』葉與揲通。本經訓『積牒璇石以純脩碕』，高誘注云：『牒，累也。』牒與揲聲亦相近。」案此以本書前後互證，尤切。

〔二五〕【箋釋】雙棣按：「溶」當讀作「搈」，説文：「搈，動搈也。」段玉裁云：「動搈，漢時語。」廣雅釋詁云：「搈，動也。」王念孫云：「楚辭九章云：『悲秋風之動容兮。』韓子揚搉篇云：『動之溶之。』容、搈、溶並通。」

〔二六〕【箋釋】馬宗霍云：「亡」猶「無」也，古通作「無」。滅亡之野，猶莊子逍遥遊篇所謂「无何有之鄉」也。「无」與「無」同。

〔二七〕【高注】蜚廉，獸名，長毛，有翼。敦圄，似虎而小。一曰：仙人名也。

【版本】藏本注「似」作「也」，景宋本、王溥本、朱本、茅本、汪本、張本、黄本、莊本、集解本作「似」，今據改。

【箋釋】陶方琦云：史記索隱二十六引淮南作「騎飛龍從涫圄」，引許注：「涫圄，仙人也。」按：二注文義俱異。高注中一曰乃許氏説。如氾論訓「段干木，晉國之大駔」，高注：「駔，驕怚。一曰：駔，市儈也。」而御覽引許注正作「駔，市儈也」之例。羽獵賦「靈圉燕于閒觀」，集解引郭璞注：「靈圉，涫圉，仙人名也。」即用許氏淮南注。〇向承周云：史記相如傳索隱引「張揖云『靈圉，衆仙號』，淮南子云『騎飛龍，從淳圉』，許慎曰『淳圉，仙人也』。」許本作「龍」作「淳」，與高本異。

〔二八〕【用韻】「虚、野、圄」魚部。

【版本】黄本、集解本「方外」作「外方」，餘本同藏本。

【箋釋】王念孫云：（道藏本作「馳於外方」，各本「外方」作「方外」，乃劉績依文子精誠篇改之。）「宇内」當爲「内宇」，（内宇，猶宇内也。若谷中謂之中谷，林中謂之中林矣。）「内宇」與「外方」，相對爲文，「宇」與「野、圄、雨、女」爲韻。（野古讀若墅，説見唐韻正。）若作「宇内」，則失其韻矣。○鄭良樹云：王説疑非。莊子大宗師曰：「孔子曰：『彼遊方之外者也，而丘遊方之内者也。』」疏曰：「方，區域也。不爲教跡所拘，故遊心寰宇之外。」則「方外」與「宇内」乃對稱之詞也。（疏言「寰宇之外」乃「宇内」之反言。）漢書路温舒傳「暴骨方外，以盡臣節」，又吾丘壽王傳「宇内日化，方外鄉風」，字亦作「方外」、「宇内」。蓋古人慣用之詞也。各本皆如此，道藏本亦如此。王氏所見者爲「外方」，並據以校「宇内」當作「内宇」，誤。劉家立集證、劉文典集解據而改之，謬之甚矣。○于大成云：鄭説是也。「方外」二字，本書習見。本經篇「德澤施于方外」，主術篇「神諭方外」，並可證文不當作「外方」。景宋本亦作「方外」，豈亦劉績所得而改之乎？王氏所見，蓋非藏本之真，迺道藏輯要翻藏本也。（見劉殿爵氏讀淮南鴻烈解校記道應篇。）又案：集解本仍作「宇内」，唯「方外」從王説改爲「外方」。○雙棣按：鄭、于説是。王氏所云道藏，蓋嘉慶間蔣元庭之道藏輯要，然道藏輯要亦作「方外」，而不作「外方」，蓋王氏之誤也。

【用韻】「外、内」月物合韻。

〔二九〕【高注】夸父，仙人，棄其策，而爲鄧林也。

【版本】莊本、集解本注「策」作「杖」，景宋本、王溥本、朱本、葉本同藏本。藏本注「而」作「西」，景宋本、葉本、莊本、集解本作「而」，今據改，王溥本、朱本同藏本。

【箋釋】向承周云：夸父事見大荒西經、海外北經、列子湯問篇。

〔三〇〕【版本】茅本、汪本、張本、黄本此下有注：「宓妃，神女也。」

【箋釋】易順鼎云：一切經音義八十七引許注：「媲，偶也。」按：淮南今本無「媲」字，疑許注本「妾宓妃」作「媲宓妃」，姑係於此。

【用韻】「雨、父、女」魚部。

〔三一〕【高注】素，性也。

【用韻】「舍、素」魚部。

〔三二〕【高注】事，治也。嬈，煩也。營慧，求索名利者也。故曰有求於外。離宅，離精神之宅也。

【版本】茅本、汪本、張本、黄本、莊本、集解本注無「故曰有求於外」，莊本、集解本注無「宅」上「離」字，景宋本、王溥本、朱本、葉本等同藏本。

【箋釋】李哲明云：「營慧」義難通曉，注似强爲之辭，竊疑「營慧」當即「營營」疊字，莊子庚桑楚篇「全汝形，抱汝生，無使汝思慮營營」，即與此文同意。○吴承仕云：朱本作「離宅，離精神之舍」，景宋本作「離宅，離精神之宅」。案：二本並通，唯莊本不可讀耳。○向承周云：營慧猶儇慧。方言一：「儇，慧也。」説文：「儇，慧也。」又：「譞，慧也。」營之爲儇，猶自營之爲自環，煢煢之爲嬛嬛也。劉申叔以「精營」連讀，謂即老子「載營魄」之「營」，於文義不合，非是。○雙棣按：李説似當是，營營乃往來周旋有求於外之貌。廣雅釋訓：「營營，往來也。」詩小雅青蠅毛傳：「營營，往來貌。」漢書揚雄傳顔師古注：「營營，周旋貌也。」

【用韻】「外、宅」月鐸合韻。

〔三三〕【箋釋】楊樹達云：語出莊子則陽篇。

〔三四〕【版本】藏本「夫」作「天」，各本均作「夫」，今據改。

〔三五〕【高注】梣木，苦歷，木名也，生於山，剥取其皮，以水浸之，正青，用洗眼，瘉人目中膚翳，故曰色青翳。青色，象也。

【版本】莊本、集解本此注在下文「蝸睆」下。

【箋釋】陳昌齊云：「色青翳」據文似當作「已眚翳」。○王引之云：「色青翳」當作「已青翳」。（注内「色青翳」同。）「已」與「瘉」相對爲文，已亦瘉也，言梣木可以瘉青翳也。「瘉」今作「愈」。吕氏春秋至忠篇「王之疾必可已也」，高注曰：「已，猶愈也。」故此注云「用洗眼，瘉人目中膚翳也，故曰已青翳也」。今正文及注皆作「色青翳」者，涉注内「青色」而誤耳。○劉家立云：注「青色象也」，衍「青」字，應在「必有色於外矣」句下。王念孫襍志謂「句内有脱文，梣木色青，象目中青翳之色，故以同色者治之」，此説非也。正文「已」字，今誤作「色」，後人雖將此注移作下文「色」字之注，又於「色」上增「青」字，以爲訓梣木之色，文義俱不能明，王氏因疑其有誤也。○于大成云：説文繫傳梣字注、政和證類本草秦皮條、本草綱目秦皮條引此注，「木」下並無「名」

字。齊民要術九引韋仲將合墨法云：「栲，江南樊雞木皮也，其皮入水緑色。」與高注説合。

〔三六〕【高注】蠃蠡，薄蠃。蝸睆，目疾也。

【箋釋】陳昌齊云：「蠃」下脱「蠡」字，御覽作「蠃蠬愈蝸睆」，注云：「蠃，附蠃；蠬，細長蠃也。」衆經音義引許慎注云：「蝸睆，目内白翳也。」○王引之云：「蠃瘉蝸睆」當作「蠃蠡瘉燭睆」。（注内蝸睆同。）據高注「蠃蠡，薄蠃」，則「蠃」下原有「蠡」字明矣。御覽鱗介部十三引此作「蠃蠬瘉燭睆」，又引注云：「蠃，附蠃。蠬，細長蠃也。燭睆，目中疾。」一切經音義二十引許慎注云：「燭睆，目中白翳病也。」名醫别録曰：「蝸籬，味甘，無毒，主燭館，明目。」「蠃蠬」、「蝸籬」並與「蠃蠡」同。（士冠禮「蠃醢」，今文「蠃」爲「蝸」，内則作「蝸醢」。）「燭館」與「燭睆」同。「蠃、蠡」聲相亂，故「蠃」下脱「蠡」字。「燭、蝸」草書相似，故「燭」誤爲「蝸」。宋證類本草引此已誤。○郝懿行云：以今所見，海蠃有數種，總名海薄蠃。吴語云：「其民必移就蒲蠃於東海之濱。」「蒲蠃」即「薄蠃」也。「蒲、薄」二字古多通用。韋昭不知蒲蠃乃一物，反以蒲爲深蒲，蠃爲蚌蛤之屬，誤矣。西山經郭璞注云：「蠃母即⿰虫菐螺也。」夏小正傳云：「蜃者，蒲盧也。」「蒲盧」即「蒲蠃」，「⿰虫菐螺」即「薄蠃」，俱一聲之轉。爾雅釋魚云：「蠃小者蜬。」郭注：「螺大者如斗，出日南漲海中，可以爲酒杯。」然則爾雅舉小，郭璞舉大，廣異語也。○陶方琦云：許本作「蠃蠬瘉燭睆」。與高本正文並異。惟御覽引作「燭睨，目内病」，「睨」乃「睆」字之誤，又敚去「白翳」二字。衆經音義五及十七引許注，又敚去「燭」字。卷二十引有「燭」字。「鮒螺」當作「蚹蠃」。爾雅釋魚：

「蚹蠃，螔蝓。」說文：「蠃，一曰虒蝓。」蚹蠃聲蒲蠃，吳語「其民必移就蒲蠃於東海之濱」是也。又轉作「僕纍」，即「蹼螺」，見中山經。（高注「薄蠃」即本此，或「蒲蠃」之聲轉。）廣雅：「蠡蠃、蝸牛，螔蝓也。」說文：「蝸，蠃也。」本草云：「蛞蝓一名陵蠡。」（古今注作「陵螺」。）別録云：「一名附蝸。」「附蝸」即「蚹螺」也。說文無「⿰虫麗」字。方言：「蚰蜒，或謂之⿰虫長⿰虫麗。」廣雅：「⿰虫長⿰虫麗，蚰蜒也。」蓋蚹蠃有殼，⿰虫麗無殼，⿰虫麗細長如螺形，並居旱，非水中之螺，天雨即出，俗猶以其涎清涼，可愈熱毒，故名醫別録曰：「蝸籬，味甘，無毒，主燭館，明目，生江夏。」蝸籬即蠃⿰虫麗，燭館即燭睆。○易順鼎云：一切經音義卷四十二、四十三引許注：「燭睆，目内白翳病也。」

〔三七〕【箋釋】何寧云：御覽九百四十一引作「人無故而求此物者，必有蔽其明也」。疑御覽「也」上當沾「者」字，今本「故」下脱「而」字，下「者」字下脱「也」字，可互校。

聖人之所以駭天下者，真人未嘗過焉〔一〕；賢人之所以矯世俗者，聖人未嘗觀焉〔二〕。夫牛蹏之涔，無尺之鯉〔三〕；塊阜之山，無丈之材〔四〕。所以然者何也？皆其營宇狹小而不能容巨大也〔五〕。又況乎以無裹之者邪〔六〕！此其爲山淵之勢亦遠矣〔七〕。夫人之拘於世也，必形繫而神泄，故不免於虚〔八〕，使我可係羈者，必其有命在於外也〔九〕。

至德之世，甘瞑于溷澖之域〔一〇〕，而徙倚于汗漫之宇〔一一〕，提挈天地而委萬物，以鴻濛爲景柱，而浮楊乎無畛崖之際〔一二〕。是故聖人呼吸陰陽之氣，而群生莫不顒顒然仰其德以和順〔一三〕。當此之時，莫之領理決離，隱密而自成，渾渾蒼蒼，純樸未散〔一四〕，旁薄爲一，而萬物大優〔一五〕。是故雖有羿之知而無所用之〔一六〕。

及世之衰也，至伏羲氏，其道昧昧芒芒然，吟德懷和〔一七〕，被施頗烈〔一八〕，而知乃始昧昧晽晽，皆欲離其童蒙之心〔一九〕，而覺視於天地之間，是故其德煩而不能一〔二〇〕。乃至神農、黄帝〔二一〕，剖判大宗〔二二〕，竅領天地，襲九窾，重九𪍿〔二三〕，提挈陰陽，嫥捖剛柔，枝解葉貫，萬物百族〔二四〕，使各有經紀條貫〔二五〕。於此萬民睢睢盱盱然，莫不竦身而載聽視〔二六〕，是故治而不能和〔二七〕下。棲遲至于昆吾、夏后之世〔二八〕，嗜欲連於物，聰明誘於外，而性命失其得〔二九〕。

施及周室之衰，澆淳散樸〔三〇〕，雜道以僞，儉德以行〔三一〕，而巧故萌生〔三二〕。周室衰而王道廢，儒、墨乃始列道而議，分徒而訟〔三三〕。於是博學以疑聖，華誣以脅衆〔三四〕，弦歌鼓舞，緣飾詩書，以買名譽於天下〔三五〕。繁登降之禮，飾紱冕之服，聚衆不足以極其變，積財不足以贍其費〔三六〕。於是萬民乃始懈觟離跂〔三七〕，各欲行其知僞，以求鑿枘於世而錯擇名利〔三八〕。是故百姓曼衍於淫荒之陂，而失其大宗之本〔三九〕。夫世之所以喪性命，有衰漸以然，所由來者久矣〔四〇〕。

是故聖人之學也，欲以反性於初，而游心於虛也〔四一〕。達人之學也，欲以通性於遼廓，而覺於寂漠也〔四二〕。若夫俗世之學也則不然，擢德攓性，内愁五藏，外勞耳目〔四三〕，乃始招蟯振繾物之毫芒〔四四〕，摇消掉捎仁義禮樂，暴行越智於天下，以招號名聲於世〔四五〕。此我所羞而不爲也〔四六〕。

是故與其有天下也，不若有説也〔四七〕；與其有説也，不若尚羊物之終也始，而條達有無之際〔四八〕。是故舉世而譽之不加勸，舉世而非之不加沮〔四九〕，定于死生之境，而通于榮辱之理〔五〇〕，雖有炎火洪水彌靡於天下，神無虧缺於胷臆之中矣。若然者，視天下之間猶飛羽浮芥也〔五一〕，孰肯分分然以物爲事也〔五二〕。

校　釋

〔一〕【高注】駭，動也。

【版本】茅本、汪本、張本、黄本、莊本、集解本無此注，景宋本、王溥本、朱本、葉本同藏本。

〔二〕【高注】矯，拂也。

【箋釋】楊樹達云：莊子外物篇云：「聖人之所以駴天下，神人未嘗過而問焉；賢人所以駴世，聖人未嘗過而問焉；君子所以駴國，賢人未嘗過而問焉；小人所以合時，君子未嘗過而問焉。」淮南語本此。

【用韻】「過、觀」歌元通韻。

〔三〕【高注】洿，潦水也。洿，讀延袺曷問，急氣閉口言也。

【版本】王溥本、王鎣本「尺」下有「寸」字，餘本同藏本。茅本、汪本、張本、黄本注「潦水」下有「謂水澇之年大道上之積水」十一字，餘本同藏本。

【箋釋】何寧云：御覽九百三十六引作「牛蹄之踵，無盈尺之鯉」，注：「踵，牛蹄踐處。」當是許本。○雙棣按：類聚山部上、記纂淵海論議部十六引皆與今本同；御覽地部三引作「牛蹄之洿，無徑尺之鯉」，亦與今本大同。作「踵」者且有注，或是許本。

〔四〕【高注】小山也，在陳留。

【版本】茅本、汪本、張本、黄本注「小山」上有「塊阜」二字，無「在陳留」三字。

【箋釋】馬宗霍云：塊阜之山，「山」上箸一「之」字，蓋以「塊阜」二字狀小山之形耳，與上文以「牛蹏」二字狀洿水之形同。「牛蹏」非水名，知「塊阜」亦非山名也。高云「在陳留」，以地實之，似非原文之意。太平御覽地部三引「塊阜」作「魁父」，藝文類聚山部上引又作「魁府」，皆聲近之字。○雙棣按：列子湯問作「魁父之丘」，張湛注：「魁父，小山也，在陳留界。」與高注同。馬説與茅本等相同，茅本删去「在陳留」三字，以「小山」釋「塊阜」，蓋謂非山名也。列子釋文云：「魁父，淮南子作塊阜，謂小山如堆阜。」亦不謂爲山名。

【用韻】「鯉、材」之部。

〔五〕【箋釋】莊逵吉云：御覽引作「牛蹄之洿，無徑尺之鯉；魁父之山，無營宇之材」，無下「營宇」二字。○王念孫云：此御覽誤，非今本誤也。尺之鯉，丈之材，相對爲文。若作「營宇之材」，則文不成義，且與上句不對。營宇狹小所以不能容巨大。若無「營宇」二字，則文義不明。鈔本御覽作「牛蹄之涔，無徑尺之鯉；魁父之山，無丈之材。營宇狹小而不能容巨大也」。「尺」上有「徑」字，乃後人不識古文辭而妄加之。（後人以「尺之鯉」文義未足，故加一「徑」字，此未識古人句法也。原道篇曰：「聖人不貴尺之璧，而重寸之陰。」呂氏春秋舉難篇曰：「尺之木必有節目，寸之玉必有瑕適。」屬句並與此同。加一「徑」字，則與下句不對矣。御覽鱗介部八引此，又作「無盈尺之鯉」，「盈」字亦後人所加。）其「無丈之材」及「營宇狹小」，則皆與今本同。刻本御覽作「無營宇之材」，而下文無「營宇」二字，此皆後人妄改，不足爲據。藝文類聚山部上引作：「牛蹄之涔，無尺之鯉；魁府之山，無丈之材。皆其營宇狹小而不能容巨大也。」正與今本同，足證刻本御覽之誤。（劉晝新論觀量篇：「蹄窪之内，不生蛟龍；培塿之上，不植松柏，營宇隘也。」意皆本於淮南。彼言「營宇隘」，猶此言「營宇狹小」耳，亦足證刻本御覽無「營宇」二字之誤。）「尺」上無「徑」字，並足證鈔本御覽之誤。○鄭良樹云：王校非也。此當作「牛蹏之涔，無徑尺之鯉；塊阜之山，無尋丈之材」。鈔本太平御覽作「無徑尺之鯉」，不誤。劉本作「無尺寸之鯉」，蓋因脱「徑」字而補「寸」字爾。（御覽鱗介部八引作「無盈尺之鯉」，亦可證「無」下必有二詞。）「無丈之材」當作「無尋丈之材」，尋丈與徑尺相對爲文。韻府羣玉十二引作「無尋丈之林」，（林爲材之譌。）是其證。記纂淵海五六引作「無十丈之材」，太平御覽作「無營宇之材」，

「十丈」、「營宇」並爲「尋丈」之誤。「無」下並有二字之詞，必不誤矣。各本並脱「尋」字，王氏據之而謂「徑尺」當作「尺」，非也。藝文類聚七、記纂淵海五七引此亦並脱「徑」與「尋」二字。王氏又以爲「徑」字乃後人不識古文句法而妄加者，且援二例以明之。本書氾論篇曰：「醉者俛而入城門，以爲七尺之閨，超江淮，以爲尋常之溝，酒濁其神也。」泰族篇曰：「太山不可丈尺也，江海不可斗斛也。」「七尺」與「尋常」，「丈尺」與「斗斛」，並與此文同例，文句兩兩相對也。王氏之説，不可必矣。○于大成云：王説綦是。莊、鄭之説並非。王氏言「未識古人句法」者，蓋謂尺寸字爲聯緜形況之詞者習見，爲單詞形況之字者罕覯也。非謂形況尺寸者必單詞也。若「徑尺」、「尋常」諸詞，俛拾即是，何煩舉證？藝文類聚、記纂淵海引無「徑、尋」二字，鄭君已言之矣。讀子隨識、喻林二十四引亦並無，史容注黄山谷長句謝陳適用惠送吴南雄所贈紙詩（山谷外集十）、丹鉛續録八引上句，亦並作「尺之鯉」（下句未引），無「徑」字。韻府羣玉四紙尺字注引亦無「徑」字，並可證成王説。「皆其營宇狹小而不能容巨大也」，讀子隨識（無也字）、喻林引並同，莊説疏矣。

〔六〕【高注】無裏，無形。

【箋釋】吴承仕云：上文言「營宇狹小，不能容巨大」，此云以無爲營宇，則無所不包，非以無裏爲名身也。注當云：「無，無形。」猶云：「和，和氣。」訓詁之例正同。繆稱篇：「能包天地，曰唯無形者也。」此注義與彼文相應。各本誤衍「裏」，文不成義。

〔七〕【高注】此無有議長大。

【箋釋】劉績云：無裏之，則其大非止山，其深非止淵，而能容萬物矣。

【用韻】「大、遠」月元通韻。

〔八〕【高注】形繫者，身形疾而精神越泄，不處其守，故曰不免於虚疾。

【版本】莊本、集解本注「於」作「于」。

【箋釋】劉績云：「虚」當從文子作「累」。○于鬯云：高注曰「故曰不免於虚疾」，則正文「虚」下亦當有「疾」字，「疾」蓋與上文「世、泄」音近相叶也。文子精誠篇作「故不免於累」。「累」亦與「世、泄」叶也。○陶鴻慶云：高注未得「虚」字之義。莊子秋水篇云：「井鼃不可以語於海者，拘於虚也。」陸氏釋文云：「虚音墟，本亦作墟。」蓋虚之本義爲大丘，而與居同聲，故引申有居止之義。昭十七年左傳「大辰之虚也」，疏云「虚者，舊居之處」是也。然則「不免於虚」者，猶言不免於繫著也。文子精誠篇作「故不免於累」，文異而義同。○何寧與于說同。

〔九〕【箋釋】王念孫云：「有命在於外」當作「命有在於外」，言既爲人所係羈，則命在人而不在我也。今本「命有」二字誤倒，則文義不明。文子精誠篇正作「必其命有在外者矣」。莊子山木篇「物之所利，乃非己也，吾命有在外者也」，即淮南所本。

【用韻】「世、泄、羈、外」月歌通韻。

〔一〇〕【高注】澖，讀閑放之閑，言無垠虚之貌。

【版本】藏本「瞑」作「暝」，景宋本、王鎣本、張本、黄本、莊本、集解本作「瞑」，今據改，王溥本、朱本、茅本、葉本、吴本同藏本。汪本、張本、黄本、莊本、集解本此注在下文「汗漫之宇」下。

【箋釋】李哲明云：「澖」字罕見，疑「瀾」之壞文。古「閒、閑」多通用，而詩「秉蕳」本作「秉蘭」，「瀾」之爲「澖」，亦猶「蘭」之爲「蕳」也。「溷瀾」猶言「瀾漫」也，與下句「汗漫」字義相類。○劉文典云：御覽七十七引「至德之世」下有注云：「謂太古三皇之時。」○楊樹達云：莊子列禦寇篇云：「彼至人者，歸精神乎无始，而甘冥乎无何有之鄉。」釋文云：「冥亦作瞑，音眠。」按：説文目部云：「瞑，翕目也。」今字作眠。覽冥篇云：「故通於太和者，惽若純醉而甘臥以游其中，而不知其所由至也。」此文之「甘瞑」，即彼文之「甘臥」也。

〔二〕【高注】徙倚猶汗漫。無生形，形生，元氣之本神也。故盧敖見若士者言曰「吾與汗漫期於九垓之上」是也。宇，居也。

【箋釋】劉文典云：御覽七十七引，「汗漫」作「瀾漫」。○馬宗霍云：本文「徙倚」二字指人言，「汗漫」二字指宇言。楚辭屈原遠遊篇「步徙倚而遥思兮」，王逸注以「彷徨東西」釋之。又嚴夫子哀時命篇「獨徙倚而彷徉」，王注云「徙倚猶低佪也」，是「徙倚」所以狀人之行遊。汗漫蓋廣大無涯涘之貌。尋繹文意，蓋謂至德之世，人皆遊遨于廣大之宇也。高云「徙倚猶汗漫」，失之。○向承周云：徙倚不可訓汗漫，疑上文當從御覽作「而徙倚於瀾漫之宇」，注：「瀾漫猶汗漫。」高氏恐人不諭「瀾漫」當爲「汗漫」之意，故又以道應篇「汗漫」證成其義也。注文「徙倚」二字，涉正文而誤也。○許建平云：馬説是。本篇「何況懷瑰瑋之道，忘肝胆遺耳目，獨浮游無方之外，不與物相弊摋，中徙倚無形之域，而和以天地者乎？」「汗漫之宇」即無形之域也。道應篇「吾與汗漫期于九垓之外」，將「無形之域」拟人化，名之曰汗漫。抱朴子暢玄「出乎無上，入乎無下，經乎汗漫之門，游乎窈眇之野，逍遥恍惚之中，徜徉仿佛之表」，「汗漫」與「窈眇」對文，意即無涯涘之貌也。○雙棣按：馬説是。「徙倚」與上文「甘瞑」對文，義爲徘徊。汗漫、瀾漫皆元部疊韻聯緜字，以音取義，無關字形。又注引盧敖謂若士言見本書道應篇。注「形生，元氣之本神也」恐有譌錯。

〔一二〕【高注】一手曰提。挈，舉也。委，棄也。言不以身役物。鴻濛，東方之野，日所出，故以爲景柱。浮揚，猶遨翔也。無畛崖畔界，因以爲名也。

【版本】王溥本、王鎣本、張本、吴本、黄本、莊本、集解本「楊」作「揚」，景宋本、葉本同藏本（王溥本注作「楊」，同藏本）。張本、黄本、莊本、集解本注「舉」下無「也」字。

【箋釋】劉文典云：御覽七十七引，「浮揚」作「浡揚」。○何寧云：「浡」爲「浮」形似之誤。○雙棣按：浮楊猶翶翔，浮、翶幽部疊韻，亦猶遨翔，遨、翶疑母雙聲。

【用韻】「宇、柱」魚侯合韻，「物、際」物月合韻。

〔一三〕【箋釋】劉文典云：御覽七十七引，「顒顒」作「喁喁」，「和順」下有「止」字。○楊樹達云：説文口部云：「喁，魚口上見。」喁字義長，淮南本文用假字也。御覽「止」字當作「也」字。○于大成云：文選劉越石勸進表注、玄應音義十二引亦作「喁喁」，證之説文，疑高本自作「顒」，而作「喁」者乃許本耳。楊謂御覽「止」當作「也」，是也，玄應音義正作「也」字。○何寧云：詩大雅卷阿「顒顒卬卬」，箋：「體貌則顒顒然敬順。」爾雅釋訓：「顒顒卬卬，君之德也。」是顒顒乃向德之意。又史記司馬相如傳「喁喁然皆争歸義」，正義：「喁，口向上也。」向德、歸義，其義實同，是字可相通。蓋許作「喁」，而高作「顒」也。又疑此文「以」字衍，「和順」二字乃注文誤入正文。御覽引作「和順止」，「止」乃注文「也」字之誤。注文羼入正文，與上文不屬，故後人加「以」字耳。宋本御覽引「和順止」上無「以」字，爲「以」字後加之證。「顒顒然仰其德」，即和順之意，文義已足，又著「以和順」三字，義則累矣。大藏音義五十五、九十八引作「羣生莫不喁喁然仰其德」，又七十七、九十六引「德」下有「也」字，皆無「以和順」三字，是其明證。

【用韻】「氣、順」物文通韻。

〔一四〕【高注】渾渾蒼蒼，混沌大貌，故曰純樸未散也。

【版本】藏本注「未」作「味」，景宋本、朱本、葉本、莊本、集解本作「未」，今據改。茅本、汪本、張本、黄本、莊本、集解本此注在下文「大優」下。

【箋釋】陳昌齊云：御覽引「隱密」作「隱慜」。○劉文典云：御覽七十七引，「蒼蒼」作「若若」。○吴承仕云：注「大貌」，「大」當爲「之」，形近而誤。○何寧云：「密」「慜」聲近，字又作「閔」，原道篇「穆忞隱閔」，注：「皆無形之貌。」「若若」乃「蒼蒼」之誤。漢書石顯傳「綬若若耶」，師古曰：「若若，長貌。」高訓混沌之貌，若若非其義也。

〔一五〕【高注】優，饒也。

〔一六〕【高注】是説上古之時也，但甘臥，治化自行，故曰雖有羿之知，其無所用之。是堯時羿也，謂能射十日，繳大風，殺窫窳，斬九嬰，射河伯之知巧也。非有窮后羿也。

【版本】茅本、張本、黄本、莊本、集解本注「謂能射十日」作「善射，能一日落九烏」，景宋本、王溥本（無「謂」字）、朱本、葉本同藏本。

【箋釋】劉文典云：御覽七十七引，「是故雖有羿之知而無所用之」作「是故雖有明知，無所用之」。

〔一七〕【高注】伏羲氏以木德王天下，號曰太皞。昧昧，純厚也。芒芒，廣大貌也。吟詠其德，含懷其和氣，未大宣布也。

【版本】莊本、集解本注「皞」作「昊」，景宋本、王溥本、朱本、葉本同藏本。

【箋釋】王念孫云：吟，非吟詠之吟，乃「含」字也。原道篇「含德之所致也」，高彼注曰：「含，懷也。」此云「含德懷和」，本經篇云「含德懷道」，「含、懷」一聲之轉，其義一也。含字從口，今聲。移口於旁，字體小異耳。若訓爲吟詠之吟，則與「懷和」不類矣。漢書禮樂志「靈安留，吟青黄」，服虔曰：「吟音含。」是「含」字古或作「吟」也。○吴承仕云：注「純厚」下疑奪「貌」字，尋注例可知。

〔一八〕【高注】被，讀光被四表之被也。被其德澤，頗烈施於民。

【箋釋】雙棣按：「頗烈」當爲聯緜字，歌月對轉，廣泛之貌也。

【用韻】「然、和、烈」元歌月通韻。

〔一九〕【高注】昧昧，欲明而未也。晽晽，欲所知之貌也。離，去也。

【箋釋】王念孫云：説文、玉篇、廣韻、集韻皆無「晽」字，「晽晽」當爲「楙楙」。（注同。）昧昧、楙楙，一聲之轉，皆欲知之貌也。文子上禮篇作「昧昧懋懋」，「懋」與「楙」古字通。（皋陶謨「懋遷有無化居」，漢書食貨志「懋」作「楙」。）今作「晽」者，「楙」誤爲「林」，又因「昧」字而誤加日旁耳。楊慎古音餘乃於侵韻收入「晽」字，吴志伊字彙補又云「晽音林」，並引淮南子「昧昧晽晽」，皆爲俗本所惑也。○陶鴻慶云：王氏云「晽晽」猶「楙楙」之誤，是也。「昧」當讀爲「冒」。襄二十六年左傳「昧於一來」，注云：「昧猶貪冒。」文選吴都賦「昧潛險」，注云：「昧，冒也。」然則「昧昧」猶「冒冒」，亦不知而强求其知之皃，與楙楙之義正同。高注云：「昧昧，欲明而未也。」則與上文「昧昧芒芒然」，義無區别矣。

【用韻】「晽、心」侵部。

〔二〇〕【高注】煩，多也。一，齊也。

【箋釋】馬宗霍云：漢書五行志下之上引京房易傳曰：「德無常，兹謂煩。」本文「煩」字似當取「無常」之義。惟其無常，是以不能一也。

〔二一〕【箋釋】王念孫云：「乃」當爲「及」，字之誤也。文子上禮篇正作「及」。氾論篇「非乃鳴條之野甲子之日也」，「乃」亦當爲「及」。

〔二二〕【箋釋】劉文典云：北堂書鈔四功業十二引，「大」作「太」。

〔二三〕【高注】竅，通也。領，理也。襲，因也。窾，法也。埶，形也。言因九天九地之形法以通理也。

【箋釋】陳昌齊云：御覽引作「襲九空，重九埊」，又引注云：「九空，九天也；九埊，九地也。」○王念孫云：説文、玉篇、廣韻、集韻皆無「埶」字，「埶」當爲「埊」，字之誤也。玉篇：「埊，古文垠字。」（字從土，㐆聲。説文：「㐆，讀若銀。」）「九埊」即「九垠」也。上文曰「蘆苻之厚，通於無埊」，「無埊」即「無垠」也。兵略篇「不見朕埊」，覽冥篇作「朕垠」，彼注云：「垠，形狀也。」故此注亦云：「埊，形也。」○劉文典云：御覽七十八引作「襲九空，重九望」，又引注云：「九空，九天也。九望，九地也。」○王叔岷云：御覽引「窾」作「空」，窾猶空也。原道篇「窾者主浮」，注：「窾，空也。」御覽引「埶」作「望」，「望」乃「埒」之形誤，注同。「九埒」即「九垠」，（兵略篇「地方而無垠」，日本古鈔卷子本「垠」作「望」，「望」亦「埒」之誤。）亦即「九埊」，亦可證「埶」爲「埊」之誤。○雙棣按：高注「窾，法也」，非是。此言「竅領天地」，高注亦言「因九天九地」云云，蓋九窾指天，九埶指地。御覽「窾」作「空」，取其義耳，窾當訓空。原道篇「窾者主浮」，高注：「窾，空也。」史記太史公自序集解引徐廣曰：「窾，空也。」廣雅釋詁三：「窾，空也。」「窾、空」爲一聲之轉，九空即九天也。

〔二四〕【高注】摶捖，和調也。族，類也。

【箋釋】楊樹達云：「摶」假爲「摶」。考工記云：「摶埴之工二。」釋文云：「摶，李音團。」「捖」與「垸」同。説文土部云：「垸，以桼和灰丸而髹也。」又：王念孫釋葉爲聚，貫爲累，見九卷主術篇「業貫萬世而不壅」條下。今按：上文云：「夫道有經紀條貫，得一之道，連千枝萬葉。」又云：「今夫萬物之疏躍枝舉，百事之莖葉條栓，皆本於一根而條循千萬也。」此文復以「葉貫」與「枝舉」爲對文，然則「葉」當如字讀之，不當訓爲聚也。○雙棣按：楊説前後不一，上文「挺挏萬物，揣丸變化」，楊引此文以高注「和調」爲解，此又謂「捖」與「垸」同，以説文解之。楊説「摶」假爲「摶」是，朱駿聲説文通訓定聲云：「『摶』假借爲『摶』」。字亦可作「團」，義同，皆爲揉搓之使圓。禮記曲禮上：「毋摶飯。」吕覽慎大：「襄子方食摶飯。」「摶捖」爲疊韻聯緜字，義與單言「摶」同。「提挈陰陽，摶捖剛柔」，謂縣持陰陽，揉搓剛柔也。字亦作「揣丸」，上文「挺挏萬物，揣丸變化」，「挺挏」謂上下推移，「揣丸」謂旋轉揉搓，句法與此一例。又「葉貫」當如王氏説，枝解即解也，葉貫即聚也。此言分解聚積萬物百類，與植物之枝葉無涉。

〔二五〕【高注】貫，位也。

【箋釋】雙棣按：上文云「夫道有經紀條貫」，此亦云「經紀條貫」，蓋經紀猶法則也，條貫猶條理、秩序。注未妥。

〔二六〕【高注】睢睢盱盱，聽視之貌也。

【箋釋】劉家立云：莫不竦身而載聽視，文義欠明，文子上禮篇作「莫不竦身而思，戴聽而視」，於義爲長。「載」與「戴」古通用。○何寧云：高注以睢睢盱盱爲聽視之貌，不言思貌，則本文自作「竦身而載聽視」也。文子變易其文，劉氏集證不當據彼改此。載猶事也，見周禮地官序官載師鄭玄注。

〔二七〕【高注】和，協也。

【版本】莊本、集解本注在「下」下，景宋本、王溥本、葉本同藏本。

〔二八〕【高注】昆吾，夏伯，桀世也。

【版本】葉本、莊本、集解本「于」作「於」。

【箋釋】雙棣按：國語鄭語云：「昆吾爲夏伯矣。」韋昭注曰：「昆吾，祝融之孫，陸終第一子，名樊，爲己姓，封於昆吾，昆吾衛是也。其後夏衰，昆吾爲夏伯，遷於舊許。」吕氏春秋君守篇「昆吾作陶」，高誘注：「昆吾，顓頊之後，吴回之孫，陸終之子，己姓也，爲夏伯，製作陶冶埏埴爲器。」梁玉繩曰：「作陶者當是陸終之子，非爲夏伯之昆吾氏也。注似誤合爲一人。」昆吾爲夏伯乃夏衰之後，故高注云「桀世也」。

〔二九〕【高注】性命之本。

【箋釋】劉績云：「得」當從文子作「真」。○陳昌齊云：「失其得」，據注當作「失其真」。○吴承仕云：「得、德」古字通。莊子「物得以生謂之德。」失其得，猶云失其本矣。注當作「失性命之本」。蓋以「本」訓「得」也。原道篇：「悲喜相生，精神亂營，不得須臾平，而日以傷生，失其得者也。」文義正同。○雙棣按：文子上禮篇「連」作「達」。

【用韻】「世、物、外、得」月物職合韻。

〔三〇〕【高注】施，讀難易之易也。

【箋釋】王引之云：「之衰」二字，後人所加也。尋繹上文，自伏羲氏以下，皆爲衰世，則「方其盛時」亦謂之衰，不待其衰而後爲衰也。下文「周室衰而王道廢」，始言周室之衰耳。若此句先言「周室之衰」，則下文不須更言衰矣。文子上禮篇作「施及周室」，無「之衰」二字。○楊樹達云：「淳」當讀爲「醕」。説文酉部云：「醕，不澆酒也。從酉，𦎧聲。」今作「醇」。醇以酒言，樸以木言。○于大成云：文子上禮篇正作「醇」。文子之取淮南，係據許本。然則許本此文當作「醇」也。今本作「淳」，乃高本矣。○雙棣按：文選陸機招隱詩注、王融永明九年策秀才文注引許注：「澆，薄也。」當爲此處之注。

〔三一〕【高注】雜，粗。

【箋釋】王念孫云：「雜」當爲「離」，字之誤也。「儉」，讀爲「險」。（「險、儉」古字通，説見經義述聞大戴禮「惠而不儉」下。）莊子繕性篇：「德又下衰，澆淳散樸，離道以善，險德以行。」（郭象注：有善而道不全，行立而德不夷。）此正淮南所本。文子作「離道以爲僞，險德以爲行」，又本於淮南。然則原文作「離道」明矣。高注訓雜爲粗，則所見本已誤作「雜」。又案：「僞」，古「爲」

字。（説見史記淮南衡山傳「爲僞」下。）爲亦行也。齊俗篇「矜僞以惑世，伉行以違衆」，矜僞猶伉行耳。（上文曰：「夫趨舍行僞者，爲精求於外也。」）荀子儒效篇曰：「其衣冠行僞，已同於世俗矣。」行僞即行爲。）「離道以僞，險德以行」，言所爲非大道，所行非至德也。與詐僞之僞不同。下句「巧故萌生」，始言詐僞耳。文子改作「以爲僞」，「以爲行」，失之。〇于大成云：此亦許、高所據本之異，許作「離」而高作「雜」也。文子用許本，故其字作「離」耳，然高本固非是。

〔三二〕【高注】巧言爲詐。

【箋釋】雙棣按：「爲」讀曰「僞」，「爲詐」即「僞詐」。

【用韻】「行、生」陽耕合韻。

〔三三〕【高注】儒，孔子道也。墨，墨翟術也。徒，黨也。訟，争是非也。

【箋釋】楊樹達云：説文刀部云：「列，分解也。」〇馬宗霍云：「列」通作「裂」。列道而議，猶莊子天下篇所謂「道術將爲天下裂」也。郭象亦訓「裂」爲「分離」。説文衣部云：「裂，繒餘也。」則「分離」本字正當作「列」。今則「分列」字皆作「裂」。而「列」爲「行列」之義所奪矣。

【用韻】「廢、議」月歌通韻。

〔三四〕【高注】博學楊、墨之道，以疑孔子之術。設虚華之言，以誣聖人，劫脅徒衆也。

【箋釋】王引之云：「疑」，讀曰「擬」。博學以疑聖，謂博學多聞以自比於聖人也。鄭注周官司服曰：「疑之言擬也。」史記平準書「人徒之費擬於南夷」，漢書食貨志「擬」作「疑」，文子作「狙學以擬聖」，是其證。莊子天地篇「博學以擬聖，於于以蓋衆」，即淮南所本也。高説失之。○于大成云：此文許本作「擬」，高本作「疑」，故文子作「擬」，而高就「疑」字立説也。墨可以疑孔子之術，儒烏乎可！高説之謬，又不但「疑」之一字矣。列子黄帝篇「用志不分，乃疑於神」，莊子達生篇作「乃凝於神」，「疑、凝」並當讀爲「擬」。（王叔岷説）列子湯問篇「皓然疑乎雪」，「疑」亦當讀爲「擬」。○雙棣按：王説是，「疑、擬」古多通用，管子君臣篇云：「内有疑妻之妾，此宫亂也；庶有疑適之子，此家亂也；朝有疑相之臣，此國亂也。」韓非子説疑篇云：「孽有擬適之子，配有擬妻之妾，廷有擬相之臣，臣有擬主之寵，此四者，國之所危也。」縱如高讀，聖亦非指孔子之術，而謂上文「聖人呼吸陰陽之氣」云云之「聖人」。此言道，非言儒，故聖人非謂孔子也。高誘以後漢儒者之説釋之，不合淮南之本意。又，「誣」當訓欺，左傳襄公十四年「不可誣也」注曰：「誣，欺也。」廣雅釋詁二云：「誣，欺也。」華誣即以虚華之言行欺，高注「誣」下妄加「聖人」二字，大謬。

〔三五〕【高注】爲以求之。

【箋釋】雙棣按：文子上禮篇「買」作「賈」，莊子天地篇作「賣」。

【用韻】「聖、衆」耕冬合韻，「舞、書、下」魚部。

〔三六〕【版本】王溥本、王鎣本、吴本「積」作「多」。

【用韻】「服、費」職物合韻。

〔三七〕【高注】㒼，讀簫簫無逢際之㒼。鮭，徯徑之徯也。

【版本】藏本注「徯」作「傒」，景宋本、朱本、茅本、汪本、張本、黄本作「徯」，今據改，王溥本、葉本、莊本、集解本同藏本。

【箋釋】蔣超伯云：「㒼鮭」或别爲「滿稽」，管子侈靡篇：「今周公斷指滿稽，斷首滿稽，斷足滿稽，而死民不服，非人性也，敝也。」「滿稽」疑當時方言，「滿、莫」一音，莫可稽考之意。莊子天地篇：「門無鬼與赤張滿稽觀于武王之師。赤張滿稽曰：『不及有虞氏乎！故離此患也。』」莊子多寓言，其爲方言可見也。○李哲明云：注云「簫簫無逢際」，難曉，疑當作「簫簫無邊際之邊」，古音寒桓先仙通用，㒼聲從芇，廣韻在二十六桓，而二仙亦有芇字，與臱、櫋、骪、絻等字類廁，是㒼臱聲相通也。○吴承仕云：近人邵瑞彭曰：「簫乃㒼字之誤，逢猶縫，今字作縫。㒼㒼者，無逢際之狀，今俗語猶然。」承仕按：邵説是也。高讀本作「篾篾無逢際」，形近譌作「簫」。廣雅釋器：「篾篾，節也。」篾、㒼字同。説文：「㒼，平也。」周禮「鼈人掌取互物」，注云：「互物，謂有甲㒼胡龜鼈之屬。」「㒼胡」亦作「鏝胡」、「漫胡」，並密閉無竅隙之稱，或曰「㒼胡」，或曰「㒼㒼」，「㒼㒼」即「曼曼」矣。原道篇「漠睧於勢利」，注云：「睧讀無間孔之睧。」音義並與此近。又按：鮭，徯徑之徯。當云「鮭，讀徯徑之徯。」徯、蹊同字，月令「塞徯徑」是也。圭聲、奚聲同屬支部。○于省吾云：景宋本「傒」作「徯」，是也。説文：「㒼，忘也。」「忘徯」與「離跂」對文。○王叔岷云：「㒼」疑「㦟」之誤。注疑本作「㦟讀㒼㒼無逢際之㦟」。「㦟鮭」、「離跂」並用力之貌。

「惝䠀」與「敝跬」同。莊子駢拇篇「而敝跬譽無用之言，非乎」，釋文：「一云敝跬，分外用力之貌。」天地篇「而楊、墨乃始離跂自以爲得」，成疏：「離跂，用力貌。」

〔三八〕【高注】錯，施也。擇，取也。求，索也。言施其巧僞，索榮顯之名利也。故下句言「曼衍於淫荒之陂」也。

【版本】莊本、集解本注無「句」字，「於」作「于」，景宋本、王溥本、朱本、葉本同藏本。

【箋釋】于鬯云：注先釋「錯、擇」，後釋「求」，與正文倒，疑「錯，施也。擇，取也」六字是許注。○楊樹達云：枘所以入鑿，必合而後能入。求鑿枘於世，謂求合於世也。○于省吾云：注訓錯爲施，非是。楚辭國殤「車錯轂兮短兵接」，注：「錯，交也。」錯擇名利，謂交取名利，既取名又取利也。

〔三九〕【高注】陂，或作野。

〔四〇〕【箋釋】俞樾云：衰乃等衰之衰。上文自伏羲氏而歷數之，以至於周室之衰，每降而愈下，故曰「有衰漸以然」。

〔四一〕【高注】人受天地之中以生。孟子曰：性無不善，而情欲害之。故聖人能返其性於初也。游心於虛，言無欲也。

【版本】汪本、張本、黄本、莊本、集解本「反」作「返」，餘本同藏本。

【箋釋】雙棣按：注引孟子言，不見今本孟子。蓋取其意也。

【用韻】「初、虛」魚部。

〔四二〕【箋釋】于大成云：上文云「是故聖人之學也，欲以反性於初，而游心於虛也」，「反性」與「游心」對文；此處「覺」下當奪一字，上文敘伏羲之道云「而覺視於天地之間」，疑此處亦當作「而覺視於寂漠也」，以與上句相儷。文選孫興宗遊天台山賦「太虛遼廓而無閡」，翰曰：「遼廓，廣遠也。」白虎通號篇云「虛無廖廓與天地通靈也」。此文之「遼廓」，即彼文之「廖廓」；此文之「寂漠」即彼文之「虛無」也。

【用韻】「廓、漠」鐸部。

〔四三〕【高注】擢，取也。捲，縮也。皆不循其理，故愁其思慮也。耳妄聽，目妄視，淫故勞也。

【箋釋】陶方琦云：文選陸雲爲顧彥先贈婦詩注、曹植七啟注、華嚴音義上、大藏音義三十三引許注：「擢，引也。」按：二注文異，說文：「擢，引也。」與注淮南同。○于鬯云：文子上禮篇「捲」作「攓」，同字。（下文「擢拔吾性，攓取吾情」，此書亦作攓。）云：擢德，自見也。攓性，絕生也。此古義。○楊樹達云：高訓捲爲縮，非也。「捲」當爲「搴」。說文手部云：「搴，拔取也。從手，寒聲。」引楚辭曰：「朝搴阰之木蘭。」此文以「搴」與「擢」爲對文，「搴、擢」皆取也。下文云：「萬物之來，擢拔吾性，攓取吾情。」與此文語意同。彼文以「攓取」連文，其明證也。攓亦與搴同。○于省吾云：漢書司馬相如傳「襞積褰縐」，集注引張揖：「褰，縮也。」「捲、褰」字通，故注訓爲縮。然下文「擢拔吾性，攓取吾情」，是「捲」不應訓縮。「攓」同「捲」，列子天瑞「攓蓬而指」，

注：「攓，拔也。」方言十：「攓，取也。楚謂之攓。」廣雅釋詁：「擢，拔也。」注釋「擢」爲「取」，是擢訓拔、訓取，擢與攓義同，互文耳。莊子駢拇作「擢德塞性」，「塞」亦「搴」之譌，應讀爲「攓」。

〔四四〕【用韻】「藏、芒」陽部。

〔四五〕【高注】摇消掉捎仁義禮樂，未之能行也。越，揚也。暴，卒也。越揚其詐譎之智以取聲名也。

【箋釋】楊樹達云：説文手部云：「挑，撓也。」「招蟯」疑即「挑撓」之假。莊子大宗師云：「孰能登天遊霧，撓挑無極。」「撓挑」則「挑撓」之倒文也。○于省吾云：注訓「暴」爲「卒」非是。穀梁隱五年注「暴師經年」，釋文：「暴，露也。」漢書中山靖王勝傳「數奏，暴其過惡」，注：「暴謂披布之。」字亦通「襮」。廣雅釋詁：「襮，表也。」呂氏春秋忠廉「臣請爲襮」，注：「襮，表也。」露也，披布也，表也，義均相仿，布行與揚智對文。○于大成云：楊説是。莊子釋文引李頤云「撓挑，猶宛轉也」（成疏用之），「挑撓」即「招摇」，史記司馬相如傳「招摇乎襄羊」，文選上林賦「招摇」作「消摇」，是「挑撓」即「消摇」也。下句云「摇消掉捎仁義禮樂」，「摇捎」與「掉捎」同訓，（廣雅釋詁「掉捎，動也」，王念孫疏證謂「掉捎」一作「摇消」，並引此文爲證。）以彼例此，「招蟯」亦當即「振纏」，「振纏」即「展轉」也。「振」古音在真部，「展」在元部，二部爲近旁轉；「纏、轉」皆在元部。「振纏」亦猶「纏綣」也。則「招蟯振纏物之豪芒」者，謂宛轉消摇（即今「逍遥」字）於物之微末耳。○雙棣按：于説是也。淮南書多以聯緜字疊用壯其文勢，如上文「儲與扈冶，浩浩瀚瀚，不可隱儀揆度而通光耀者」，「儲與、扈冶」高注：「褒大貌也。」「浩浩瀚瀚」高注：「廣大貌也。」

「嘔符嫗掩萬民百姓」，「嘔符、嫗掩」皆撫養之義。

〔四六〕【用韻】「世、爲」月歌通韻。

〔四七〕【高注】説，樂也。不若有人説樂之也。

【箋釋】馬宗霍云：「説」當通作「税」。儀禮士昏禮「主人説服于房」，鄭注云：「今文説作税。」鄉飲酒禮「説屨」，鄭注云：「今文説爲税。」禮記檀弓「税驂于舊館」，文王世子「不税冠帶」，少儀「車則税綏」，左氏莊公九年傳「及堂阜而税之」，陸德明釋文並云：「税，本作説。」皆「説」與「税」通之證。爾雅釋詁云：「税，舍也。」然則「不若有説也」者，猶言不若有所舍也。有所舍，即舍而不有之意。「説」與「税」又通作「脱」。國語魯語「求説其侮」，韋昭注云：「説，古脱字。」文選陸士衡招隱詩「税駕從所欲」，李善注云：「脱與税古字通。」是舍而不有，亦即脱棄天下之意。易言之，即與其有天下不若無天下也。然有「有無」之見存於心，猶未爲聖達。故下文云：「與其有説也，不若尚羊物之終始而條達有無之際。」高注以爲「不若有人説樂之」，則是莊子所謂「不能使人無汝保，感豫出異，摇而本身」者矣。

〔四八〕【版本】茅本、汪本、張本、吴本、黄本、莊本、集解本「也」字在「始」字下，景宋本、王溥本、王鎣本、朱本、葉本同藏本。

【箋釋】俞樾云：「終始」下衍「也」字。「不若尚羊物之終始，而條達有無之際」，兩句一氣相屬。今衍「也」字，則文義隔絶矣。○王叔岷云：「終始」下「也」字當在「有無之際」下。主術篇「與其譽堯而毀桀也，不如掩聰明而反脩其道也」，與此句法同。○雙棣按：王説亦是，上句「與其有天下也，不若有説也」，此句緊承上句，句法當同，「有無之際」下當有「也」字。藏本「也」字誤在「終始」之間，茅本始移於「始」字之下。

【用韻】「説、際」月部。

〔四九〕【箋釋】馬宗霍云：本文出莊子逍遥遊篇。「譽之」「非之」，義皆與「舉世」二字相屬。兩「而」字亦句中語助。猶言「舉世譽之而不加勸，舉世非之而不加沮」也，屬詞之法稍異於常耳。莊子兼有下兩「而」字，似複，故此從省。成玄英莊子疏云：「假令世皆譽讚，亦不增其勸奬。率土非毀，亦不加其沮喪。」則又訓下兩「而」字爲「亦」，亦通。

〔五〇〕【用韻】「沮、理」魚之合韻。

〔五一〕【高注】芥，草也。

【版本】藏本注「草」作「中」，王溥本、朱本作「草」，今據改，景宋本、葉本、莊本、集解本同藏本。

【箋釋】莊逵吉云：「中」字疑當作「艸」。○陶鴻慶云：「天下」當爲「天地」，涉上文「彌靡於天下」而誤。○劉文典云：「芥」無「中」義，「中」必爲誤字。中，古艸字，淺人加畫爲中。方言：「自淮以西，或曰草，或曰芥。」是芥本有草義。○吴承仕云：莊説近之而未盡也。「中」爲「屮」之形譌，漢書「草」字多爲「屮」。朱本正作「芥，草也」。則校者改從今文耳。○馬宗霍云：諸書無訓「芥」爲「中」者，莊逵吉謂「中字疑當作艸」。余謂「中、屮」形近，「中」蓋「屮」字傳寫之誤。

説文中部云：「中，艸木初生也，象丨出形有枝莖也，古文或以爲艸字。」是「中」即「艸」也。漢高彪碑「狱獄生中」，即以中爲艸之證。尚書禹貢「厥草惟繇，厥木惟條」，漢書地理志作「中繇木條」，顏師古注云：「中，古草字也。」趙充國傳「逐水中」，顏注同，草又「艸」之俗也。（説文訓草斗櫟實，即皁之本字。）莊子逍遥遊篇「覆杯水於坳堂之上則芥爲之舟」，陸德明釋文引李頤云：「芥，小草也。」以芥爲舟，正淮南本文所謂浮芥矣。○于大成云：疑「之間」二字乃傳寫誤入，此承上文「與其有天下也，不若有説也」言之，故曰「視天下猶飛羽浮芥也」。且此若作「天地之間」，則「間」字注不當在下文「天地之間」句下。孟子曰：「舜視棄天下，猶棄敝屣也。」句義與此同。○雙棣按：説皆是，今從王溥本改爲「草」。

【用韻】「然、間、芥」元月通韻。

〔五二〕【高注】分分，猶意念之貌。

【版本】藏本注「分」不疊，茅本、汪本疊，今從之，景宋本、王溥本、朱本、莊本、集解本同藏本。

【箋釋】吴承仕云：「分分」疑當作「介介」，形近而誤。（「分、介」互錯，其例至衆。）後漢書馬援傳：「介介獨惡是耳。」李注：「介介，猶耿耿也。」説山篇：「念慮者不得臥。」注以詩「耿耿不寐」説之。此注當云「介介，猶意念之貌」，始與雅詁相應。今本注文「介」亦誤爲「分」，又奪一「分」字，故不可解。○楊樹達云：孟子滕文公上篇云：「何爲紛紛然與百工交易！」「分分」與彼「紛紛」同。高注未審。○蔣禮鴻云：「分分」猶賓賓、弊弊，「分、賓」音近，「分、賓」與「弊」爲一聲之轉。莊子德充符：「孔丘之於至人其未邪？彼何賓賓以學子爲？」愚嘗聞之先師鍾先生曰：「賓賓猶弊弊。」云然者，逍遥遊曰：「孰弊弊焉以天下爲事？」郭象注：「孰弊弊焉勞神苦思，以事爲事？」釋文引簡文曰：「弊弊，經營之貌。」郭與簡文説皆是也。逍遥遊之言與俶真語例正同。○雙棣按：繆稱篇「禍之生也分分」，王念孫謂「分分」當爲「介介」之誤；李慈銘謂「分分」即「紛紛」之省，與楊説同。

水之性真清，而土汩之；人性安静，而嗜欲亂之〔一〕。夫人之所受於天者，耳目之於聲色也，口鼻之於芳臭也〔二〕，肌膚之於寒燠，其情一也〔三〕。或通於神明，或不免於癡狂者〔四〕，何也？其所爲制者異也。是故神者，智之淵也，淵清則智明矣〔五〕。智者，心之府也，智公則心平矣〔六〕。人莫鑑於流沫而鑑於止水者，以其静也〔七〕。莫窺形於生鐵而窺於明鏡者，以覩其易也〔八〕。夫唯易且静，形物之性也〔九〕。由此觀之，用也必假之於弗用也〔一〇〕。是故虚室生白，吉祥止也〔一一〕。

夫鑑明者，塵垢弗能薶〔一二〕；神清者，嗜欲弗能亂〔一三〕。精神以越於外而事復返之〔一四〕，是失之於本而求之於末也〔一五〕。外内無符而欲與物接，弊其玄光而求知之于耳目〔一六〕，是釋其炤炤而道其冥冥也，是之謂失道。心有所至而神喟然在之〔一七〕，反之於虚則消鑠滅息，此聖人之游也〔一八〕。

故古之治天下也，必達乎性命之情。其舉錯未必同也，其合於道一也。夫夏日之不被裘者，非愛之也，燠有餘於身也〔一九〕。冬日之不用翣者，非簡之也，清有餘於適也〔二〇〕。夫聖人量腹而食，度形而衣，節於己而已，貪污之心奚由生哉〔二一〕！故能有天下者，必無以天下爲也；能有名譽者，必無以趨行求者也〔二二〕。聖人有所于達，達則嗜欲之心外矣〔二三〕。孔、墨之弟子，皆以仁義之術教導於世，然而不免於偏。身猶不能行也，又況所教乎〔二四〕！是何則？其道外也。夫以末求返于本，許由不能行也，又況齊民乎〔二五〕！誠達于性命之情而仁義固附矣，趨捨何足以滑心〔二六〕！

若夫神無所掩，心無所載，通洞條達，恬漠無事，無所凝滯，虛寂以待〔二七〕，勢利不能誘也〔二八〕，辯者不能説也〔二九〕，聲色不能淫也，美者不能濫也〔三〇〕，知者不能動也〔三一〕，勇者不能恐也〔三二〕，此真人之道也〔三三〕。若然者，陶冶萬物，與造化者爲人〔三四〕，天地之間，宇宙之內，莫能夭遏〔三五〕。

校釋

〔一〕【箋釋】王念孫云：「真」字於義無取，疑後人所加。太平御覽方術部一引此，作「夫水之性清而土汩之，人之性安而欲亂之」，於義爲長。　呂氏春秋本生篇云：「夫水之性清，土者抇之，故不得清。人之性壽，物者抇之，故不得壽。」「抇」與「汩」同。○楊樹達云：書洪範云：「汩陳其五行。」僞孔云：「汩，亂也。」華嚴經音義引大傳云：「汩，亂也。」○王叔岷云：王說是也。孔叢子抗志篇：「夫水之性清，而土壤汩之；人之性安，而嗜慾亂之。」劉子新論防慾篇：「水之性清，所以濁者，土渾之也；人之性貞，所以邪者，慾眩之也。」亢倉子全道篇：「水之性清，土者滑之，故不得清；人之性壽，物者滑之，故不得壽。」咸可證此文「真」字爲後人所加。又案：御覽方術部一引此文作「夫水之性清，而沙土汩之；人之性安，而嗜慾亂之」，王氏所見者異，未知何據。○于大成云：雜志謂「真」字後人所加，是也。然所引御覽迺是鈔本，（詳前「牛蹏之涔，無尺之鯉」條雜志校語。）似弗若宋蜀本之佳勝。此文當從王先生所引御覽作「夫水之性清，而沙土汩之；人之性安，而嗜慾亂之」。本書齊俗篇：「河水欲清，沙石濊之；人性欲平，嗜欲害之。」文子道原篇：「水之性欲清，沙石穢之；人之性欲平，嗜慾害之。」又上德篇：「河水欲清，沙土穢之。」「人性欲平，嗜慾害之。」又下德篇：「人性欲平，嗜欲害之。」「清」上並無「真」字，「欲」上並有「嗜」字。沙土或作沙石，與孔叢子之「土壤」，並聯緜名身。此文以清對安，（安亦平也。）沙土對嗜欲，自「安」下誤衍「靜」字，後人遂妄於清上增「真」字以耦之，而「土」上又奪「沙」字，惟御覽尚存其舊也。

【用韻】「清、静」耕部，「汩、亂」月元通韻。

〔二〕【箋釋】王念孫云：下句本作「口鼻之於臭味」，謂口之於味，鼻之於臭也。後人誤讀「臭」爲腐臭之臭，而改「臭味」爲「芳臭」，則與「口」字義不相屬矣。太平御覽引此，正作「鼻口之於臭味」。○王叔岷云：王校是也。劉子新論清神、防慾二篇並作「鼻口之於芳味」，蓋易「臭」爲「芳」耳。○于大成云：宋本御覽引此文仍作「芳臭」，與王氏雜志所引異。唯以上句準之，此當作「鼻口之於臭味」，御覽所引正作「鼻口」，文子九守守清同，與劉子合。今本誤倒。

〔三〕【箋釋】于鬯云：「燠」下例當有「也」字。文子十守篇作「肌膚之於寒温也」，可證。○王叔岷云：「寒燠」下當有「也」字，乃與上文句法一律。御覽七百二十引作「肌膚之於寒煖也」，正有「也」字。

〔四〕【用韻】「色、燠、一」職覺質合韻。

〔五〕【用韻】「明、狂」陽部。

〔六〕【箋釋】王念孫云：以下二句例之，則「淵清」當爲「神清」，此涉上句「淵」字而誤也。太平御覽引此，正作「神清」，文子九守篇同。

〔七〕【箋釋】馬宗霍云：説文八部云：「公，平分也。」吕氏春秋大樂篇云：「平出於公。」古微書引春秋元命苞云：「公者爲言平也。」故曰智公則心平。

【用韻】「神、淵」真部，「智、府」支侯合韻，「明、平」陽耕合韻。

【高注】沫，雨潦上沫起覆甌也，言其濁擾不見人形也。

【箋釋】王念孫云：「流沫」本作「沫雨」，故高注及説山篇俱作「沫雨」。又太平御覽服用部十九、方術部一並引淮南子「人莫鑑於沫雨，而鑑於止水」。今本作「流沫」者，後人以意改之耳。

又案：「沫雨」者，「流雨」之譌也。水動則濁，静則清，故曰「人莫鑑於流雨，而鑑於止水者，以其静也」。動與静相對，流與止相對。「流」隸或作「𣲖」，（見魯相史晨饗孔廟後碑。）形與「沫」相似，因譌爲「沫」。高以爲雨潦上覆甌，非也。據高云「沫雨或作流潦」，（文子九守篇亦作「流潦」，文選江賦注引作「流瀿」，又引許慎注云：「楚人謂水暴溢爲瀿。」）則「沫」爲「𣲖」字之譌明矣。莊子德充符篇「人莫鑑於流水，而鑑於止水」，崔譔本「流」作「沫」，亦是「𣲖」字之譌。○俞樾云：説山篇「人莫鑑於沫雨，而鑑於澄水者，以其休止不蕩也」注曰：「沫雨，雨潦上覆甕也。沫雨或作流潦。」今按此當以「流潦」爲正，流潦即行潦也。詩泂酌篇毛傳曰：「行潦，流潦也。」孟子公孫丑篇趙注曰「行潦，道旁流潦也」，是其義也。「流潦」與「止水」，正相對爲文。莊子德充符篇「人莫鑑於流水，而鑑於止水」，流潦即流水也。文子九守篇亦作「流潦」，可知古本如此矣。高本作「流沫」者，疑「流泉」之誤。隸書「泉」字或作「涼」，楊君石門頌「平阿涼泥」是也。古本作「流潦」，别本作「流泉」，義初不異。「涼」與「沫」相似，因誤爲「沫」矣。高據誤本作注，而以「雨潦上沫起覆甌」説之，蓋謂是水中浮漚耳，其説迂曲。而説山篇之「沫雨」，則又涉高注而誤。因高注「沫雨」二字相連，淺人妄謂是舉正文而釋之，遂改正文「流沫」作「沫雨」，又於注文「雨」下加「雨」字，斯爲謬矣。王氏念孫謂當作「流雨」，「流雨」之文殊不成義，不可從也。文選江賦注引作「流瀿」，「瀿」即説文泉部「䋣」字之異文。許君云「泉水也」，此正可爲别本作「流泉」之證。○陶方琦云：文選江賦注引作「莫鑑於流瀿，而鑑於澄水」，又引許注：「楚人謂水暴溢曰瀿。」是許本作「流瀿」，與高本正文亦異。高本「流沫」當作「流潦」。下文「樹木者灌以瀿水」，注：「瀿或作潦。」御覽七百二十引高注正作「灌以潦水」，是作「瀿」者許氏本，作「潦」者高氏本也。玉篇：「瀿，水暴溢也，波也。」即本許氏淮南注。○劉文典云：御覽十引，「流沫」亦作「沫雨」，「静」作「浄」，又引高注「沫雨，雨潦上沫起覆蓋也」。○劉盼遂云：許注「瀿」字，説文無，泉部有「𩕏」字，云「泉水也」。段注：「瀿，即𩕏字，泉水暴溢曰𩕏也。」盼遂謂説文「瀰，大波也」，朱允倩系「瀿」於「瀰」下，謂即「瀰」之異字，較勝。○雙棣按：俞説是。當以「流潦」爲長。文子上德篇亦作「流潦」。

〔八〕【高注】易，讀河間易縣之易。

【版本】藏本「鐵」作「鐵」，景宋本、王鎣本、朱本、茅本、吴本、張本、汪本、莊本、集解本作「鐵」，今據改。王溥本、葉本同藏本，後藏本作「鐵」者皆改。

【箋釋】王念孫云：「以覩其易也」，「以」下本無「覩」字。「以其静也」，「以其易也」相對爲文，則不當有「覩」字。御覽服用部十九、方術部一引此，並無「覩」字。○俞樾云：御覽服用部、方術部引此文，並無「覩」字，是「覩」爲衍文。「以其易也」與上句「以其静也」正相對，惟「易」字於義無取，疑「明」字之誤。明字從日從月，而易字據説文引秘書説「日月爲易，象陰陽也」，則亦從日從月，故「明」誤爲「易」耳。○陶鴻慶云：俞氏據太平御覽引此文無「覩」字，疑爲衍文。然「覩」字無緣致衍。疑本作「覩其易也」，涉上文「以其静也」而誤衍「以」字耳。易者，變易也。

窺鏡者隨形而變易，止水之静，以體言，故曰「以其静也」，明鏡之易，以用言，故曰「覩其易」。俞氏疑「易」爲「明」字之誤，亦恐未然。◯劉文典云：王説是也。北堂書鈔一百三十六引，亦無「覩」字，足證王説。◯吕傳元云：俞説非也，「易」字不誤。下文云「惟易且静」，即承此而言。且高讀「易」爲「河間易縣之易」，則本作「易」明矣。◯馬宗霍云：王謂「覩」爲衍文，是也。俞樾謂「易字於義無取，疑爲明字之誤」，非也。「易」猶「平」也，「平」猶「清」也，「以其易也」猶言以其清也，鏡明則清，正承上文「明鏡」爲義。爾雅釋詁云：「平，易也。」漢書晁錯傳「若夫平原易地」，顔師古注云：「易亦平也。」是「易」有「平」義之證。吕氏春秋序意篇「蓋聞古之清世」，高誘彼注云：「清，平。」是「平」有「清」義之證。若如俞説作「以其明也」，則與「明鏡」字複，於句亦爲累矣。◯向承周云：「窺於生鐵」與「鑑於流沫」對文，「鑑」下無「形」字，則「窺」下亦不當有「形」字。且下文「而窺於明鏡」，「窺」下亦無「形」字，亦可證。御覽七百二十引不誤。◯王叔岷云：御覽七一七引下「窺」字下有「形」字。◯于大成云：北堂書鈔一百三十六引下「窺」字下亦有「形」字。◯何寧云：向説未必是。玉篇：「鑑，形也。」是鑑有形義，故「鑑」下不必更有「形」字。説文：「窺，小視也。」玉篇同。作「窺於生鐵」，則其義不明，故曰「窺形於生鐵」也。北堂書鈔一百三十六引作「莫窺形於生鐵，而窺形於明鏡者，以其易也」，蓋今本「窺於明鏡」奪「形」。◯雙棣按：王謂「覩」字衍，是。文子上德篇云：「水静則清，清則平，平則易，易則見物之形。」正可釋此「易」字之義。又：「鐡」是「鐵」之俗字，今改。

【用韻】「静、易」耕錫通韻。

〔九〕【高注】形，見。

【版本】茅本、汪本注「形」上有「易平也」三字，「見」下有「也」字。

【箋釋】王念孫云：此語意未明，御覽方術部引，作「夫唯易且静，故能形物之性情也」。（高注：「形，見也。」）較今本爲善，文子作「神清意平，乃能形物之情」也。

【用韻】「静、性」耕部。

〔一〇〕【箋釋】王念孫云：「用也」二字，文不成義。太平御覽方術部引此，作「用者必假之於弗用者」，是也。今本兩「者」字皆作「也」，涉上文而誤耳。文子作「故用之者必假於不用者」，莊子知北遊篇曰「是用之者假不用者也」，皆其證。○馬宗霍云：兩「也」字似不誤。鮑刻本御覽亦作「用也必假之於勿用者也」，與王氏所據御覽異，而與今本淮南同。下「也」字上多一「者」字，疑後人意增，古「也」與「者」通，「也」猶「者」也。王氏經傳釋詞舉例頗多。念孫乃於此文「用也」二字以爲文不成義，失之。

〔一一〕【高注】虚，心也。室，身也。白，道也。能虚其心以生於道。道性無欲，吉祥來止舍也。

【版本】莊本、集解本注「於」作「于」。

【箋釋】楊樹達云：語本莊子人間世篇。○何寧云：高注「虚，心也。室，身也。白，道也。能虚其心，以生於道」云云，義不相承。既曰「虚，心也」，下不得言「能虚其心」，且「室」字無著也。

當作「室，心也。白，道也。能虚其心，以生於道」。淮南文出莊子人間世，釋文司馬云：「室比喻心。心能空虚，則純白獨生。」是其證也。

〔一二〕【高注】薶，污也。薶，讀倭語之倭也。

【箋釋】雙棣按：山海經海内北經：「蓋國，在鉅燕南，倭北。倭屬燕。」漢書地理志下：「樂浪海中有倭人，分爲百餘國。」史記五帝本紀「東長鳥夷」正義：「武后改倭國爲日本國。」

〔一三〕【高注】神清者，精神内守也。情之嗜欲，不能干亂。

【版本】莊本注「干」作「于」。

【用韻】「明、清」陽耕合韻。

〔一四〕【高注】越，散也。事，治也。

【版本】王溥本、王鎣本、朱本、茅本、汪本、張本、吴本、黄本、莊本、集解本「以」作「已」，景宋本、葉本同藏本。

【箋釋】于省吾云：注説非是。金文「事、使」同字，「而事復返之」本應作「而使復返之」，上文「是故事其神者神去之」，「事」亦本應作「使」。○雙棣按：以、已字通。于説「事」當作「使」，非是。高注「事，治也」，不誤。此「事」字乃從事之義。此文「精神以越於外而事復返之，是失之於本而求之於末也」，謂精神已散越於外而致力於使之復返，是失於本而求於末也。「事」字必爲動作行爲動詞，而非無實際行爲之使願動詞。「使」義乃「返」之使動用法所致，非「事」乃「使」也。

〔一五〕【用韻】「亂、返、末」元月通韻。

〔一六〕【高注】玄光，内明也。一曰：玄，天也。

【箋釋】雙棣按：「符」字無注，似當訓法也，則也。説文：「符，信也。」引申之爲依據，再引申之而爲準則。文選陸機辯亡論李善注：「符，猶法也。」「外内無符而欲與物接，弊其玄光而求知之于耳目」，是並列句，皆「是釋其炤炤而道其冥冥也」，皆「失道」之舉。

〔一七〕【箋釋】于省吾云：喟然係歎息之聲，於文義不符。「喟」通「嘳」，應讀作「快」。説文「喟」重文作「嘳」。爾雅釋詁：「㕧，息也。」釋文：「㕧，本作快。又作嘳。」是其證。○馬宗霍云：本文高氏無注，「喟然」之「喟」疑當作「謂」。爾雅釋詁云：「謂，勤也。」劉熙釋名釋書契云：「謂猶謂也，猶得敕不自安謂謂然也。」畢沅釋名疏證亦引釋詁訓「謂」爲「勤」，謂「勤則有不敢自安之義」。然則「謂然」亦猶「謂謂然」，「謂謂然」蓋即勤勤之貌。「在」者，爾雅、説文皆訓「存」，爾雅「在」與「存」又同訓「察」，賈子道術篇「纖微皆審謂之察」，是「察」有注視之意。本文「心有所至而神喟然在之」者，猶言神逐心移，心有所至而神亦勤勤然存注之。爾雅、説文「勤」又訓「勞」。易言之，即勞其神以從心之所至也。後人不知謂有「勤」義，疑「謂然」不可通，乃改「謂」爲「喟」。説文口部云：「喟，大息也。」若從喟之本義詁之，則不成詞矣。○雙棣按：文子九守篇「喟然」作「慨然」。

〔一八〕【高注】反之於虛，則情欲之性消鑠滅息，故曰「聖人之游」。游，行也。

【用韻】「在、息」之職通韻，「道、游」幽部。

〔一九〕【箋釋】劉文典云：藝文類聚六十九引，「㬇」作「煖」。○王叔岷云：呂氏春秋有度篇「㬇」亦作「暖」。「煖、暖」正俗字。○于大成云：御覽六百九十四、七百二引亦作「煖」。天中記四七引作「暖」。

〔二〇〕【高注】翣，扇也。翣，讀鵝鶩食唼喋之唼。簡，賤也。

【箋釋】楊樹達云：「翣」爲棺羽飾字，高釋爲扇，乃讀爲「箑」。說文竹部云：「箑，扇也。」或作「⿱竹妾」，從妾聲。故此以「翣」字通假爲之。「清」當爲「凊」，字之誤也。說文仌部云：「凊，寒也。」○于大成云：楊說是。御覽七百二引此「翣」正作「箑」。精神篇「知冬日之箑」，高注曰「箑，扇也。楚人謂扇爲箑」，說林篇亦曰「中夏用箑，快之」，字亦作「箑」。齊俗篇「葬牆置翣」，氾論篇「周人牆置翣」，二「翣」字皆棺衣飾之誼。說林篇「披裘而以翣翼」，亦假「翣」爲「箑」。○雙棣按：呂氏春秋有度云：「夏不衣裘，非愛裘也，暖有餘也。冬不用⿱竹翣，非愛⿱竹翣也，清有餘也。」此爲淮南所本。呂覽作「⿱竹翣」，蓋「翣、⿱竹翣、箑、⿱竹妾」聲同通用。高彼注云：「⿱竹翣，扇也。清，寒。」范耕研謂「清」應作「凊」，曲禮「冬溫而夏凊」，注：「凊以致其涼。」與楊說同，是也。

〔二一〕【用韻】「身、適」真錫合韻。

〔二二〕【用韻】「食、已、哉」職之通韻。

〔二三〕【高注】以，用也。

【箋釋】俞樾云：「趨」乃「越」字之誤，越之言逸也，躐也。越行，猶言過行也。謂不以過甚之行求名譽也。文子九守篇作「能有名譽者，必不以越行求之」，是其證。○劉文典云：趨行，猶奔走馳騖也。謂聖人無貪污之心，不奔走馳騖以求名譽也。俞氏以「趨」爲「越」，謂不以過甚之行求名譽，其説迂曲難通。名譽安可以過甚之行求之？文子九守篇雖作「越行」，疑字之誤，未可據彼改此也。○王叔岷云：「必無以天下爲也」，「也」上當有「者」字，與下文句法一律。雲笈七籤九一引文子守真篇正有「者」字。又引文子「越行」作「趨行」，與淮南合，可證俞説之誤。○于大成云：寶曆本文子亦有「者」字，劉家立集證於「也」上補「者」字是也。○何寧與劉、王説同。

【用韻】「下、譽」魚部，「爲、求」歌幽合韻。

〔二三〕【高注】外，棄也。

【箋釋】馬宗霍云：「所于」連文，「于」猶「爲」也，言聖人有所爲達也。儀禮士冠禮曰「宜之于假」，鄭注曰：「于猶爲也。」「所于」與「之于」詞例同。○雙棣按：「所于」猶「所以」也。所以達，即通達之方法。吕氏春秋有度云：「有所通則貪污之利外矣。」高誘注：「外，棄也。」與此大同。

【用韻】「達、外」月部。

〔二四〕【高注】儡身，身不見用，儡儡然也。儡讀雷同之雷。

【箋釋】莊逵吉云：説文解字：「儡，相敗也。讀若雷。」道德經「儡儡兮若無所歸」，本或作「乘乘」者是。○王念孫云：高説非也。「傴」字上屬爲句，「不免於傴」，謂躬行仁義而不免於疲也。（傴之言羸也。廣雅曰：「傫傫，疲也。」説文曰：「儽，垂皃。」亦疲儢之意。玉藻「喪容纍纍」，鄭注曰：「纍纍，羸儢貌也。」王褒洞簫賦曰：「桀、跖鬻博，傴以頓顇。」「儽、傴、傫、纍」並字異而義同。）「身」字下屬爲句。呂氏春秋有度篇曰：「孔、墨之弟子徒屬充滿天下，皆以仁義之術教導於天下，然而無所行。教者術猶不能行，又況乎所教？」句法正與此同。○金其源與王説同。

〔二五〕【高注】齊民，凡民，齊於民也。

【版本】莊本、集解本正文「于」作「於」，注「於」作「于」。

【用韻】「本、民」文真合韻。

〔二六〕【版本】莊本、集解本「捨」作「舍」，餘本同藏本。

【箋釋】于大成云：「固」當爲「因」，字之誤也。呂氏春秋盡數篇「因智而明之」注：「因，依也。」是其誼也。「仁義因附」者，仁義依附也。文子九守篇襲此文，字正作「因」。文子上仁篇亦有「仁義因附」之文，咸可證「固」是誤字。

〔二七〕【用韻】「達、滯」月部，「載、事、待」之部。

〔二八〕【高注】誘，感也，進也。

【版本】景宋本、莊本、集解本注「感」作「惑」，王溥本、朱本、葉本同藏本。

【箋釋】雙棣按：「誘」有感、惑二訓，原道篇「好憎成形而知誘於外」，注：「誘，感也。」「感」亦有惑義，吕氏春秋有度篇「物感之也」，高注：「感，惑也。」

〔二九〕【高注】説，釋也。

【版本】藏本「説」下無「也」字，王溥本、王鎣本、朱本、茅本、汪本、張本、黄本、吴本、莊本、集解本有「也」字，今據補，景宋本、葉本同藏本。

〔三〇〕【高注】濫，覦也，或作監。不能使之過濫。

【箋釋】顧廣圻云：正文「濫」疑當作「監」，注疑當作「監，覦也，或作濫」云云。「監」即「闞」也。（左傳闞止，韓策作監止。説文：「闞，望也。」華嚴經音義上引珠叢曰：「覦謂有所冀望也。」闞、覦同義而字通作「監」，故曰「監，覦也」。）注兩解，前「監」後「濫」，誤以後解之字爲正文，而又互改其注也。（覽冥篇「手微忽怳」，注兩解，前「微」後「徵」，而正文作「徵」；又「席羅圖」，注兩解，前「羅」後「蘿」，而正文作「蘿」；本經篇「繳大風於青邱之澤」，注兩解，前「徼」後「繳」，而正文作「繳」；皆以後解之字爲正文，其誤與此同也。）○于鬯云：「美」蓋讀爲「媚」。眉聲、美聲同音同部，小爾雅廣詁云：「媚，美也。」是二字義亦相通。媚可訓美，則美亦可訓媚矣。○雙棣按：莊子田子方：「古之真人，知者不得説，美人不得濫，盜人不得劫。」此當爲淮南所本。于鬯訓「美」爲「媚」，非。「美者」即莊子之「美人」。高誘以「覦」釋「濫」，是「濫」義爲「貪」。説文：「覦，欲也。」「欲，貪欲也。」覦、欲爲同源，古音喻四雙聲，侯屋對轉。吕氏春秋權勳：「虞公濫于寶與馬而欲得之。」高注：「濫，貪也。」高注「不能使之過濫」，是注此句句式爲使動，「不能濫」是

「不能使之濫」之義，甚是。動詞之使動意義，漢儒注解多有闡釋。

【用韻】「淫、濫」侵談合韻。

〔三一〕【版本】莊本、集解本「知」作「智」，餘本同藏本。

〔三二〕【箋釋】俞樾云：「聲色」句移在「辯者」句前，則勢利聲色以類相從，辯者、美者、智者、勇者亦以類相從矣。文子九守篇正如此，可據以訂正。○楊樹達云：俞校是也。此文以第二句之「淫」與第四句之「濫」爲韻，第五、第六二句「動、恐」爲韻，乃錯綜協韻之法。淺人不知，見五、六二句有韻，謂三、四二句亦當有韻，遂妄移「聲色」句於下耳。然爲文既不相類，又果如彼説，三、四兩句有韻，則一、二句亦當有韻也，而「誘、説」二字非韻也，何以解之耶？

【用韻】「動、恐」東部。

〔三三〕【箋釋】王念孫云：「道」本作「遊」，此後人以意改之也。文子九守篇正作「遊」。遊者，行也。言真人之所行如此也。上文曰「心有所至而神喟然在之，反之於虛則消鑠滅息，此聖人之游也」，高注曰：「游，行也。」精神篇「是故真人之所游」，高注亦曰：「游，行也。」莊子天運篇「古之至人，假道於仁，託宿於義，以遊逍遥之虛，食於苟簡之田，立於不貸之圃。古者謂是采真之遊」，並與此「真人之遊」同意。

〔三四〕【高注】爲，治也。

【箋釋】雙棣按：王引之謂「人」當訓爲「偶」。參原道篇九五頁注〔一五〕。

〔三五〕【高注】間，上下之間也。内，四方之内也。

【用韻】「間、遏」元月通韻。

夫化生者不死，而化物者不化〔一〕，神經於驪山、太行而不能難〔二〕，入於四海、九江而不能濡〔三〕，處小隘而不塞，横扃天地之間而不窕〔四〕。不通此者，雖目數千羊之群，耳分八風之調〔五〕，足蹀陽阿之舞，而手會緑水之趨〔六〕，智終天地〔七〕，明照日月，辯解連環〔八〕，澤潤玉石，猶無益於治天下也〔九〕。

静漠恬澹，所以養性也。和愉虚無，所以養德也。外不滑内，則性得其宜；性不動和，則德安其位〔一〇〕。養生以經世，抱德以終年，可謂能體道矣。若然者，血脉無鬱滯，五藏無蔚氣〔一一〕，禍福弗能撓滑，非譽弗能塵垢，故能致其極〔一二〕。非有其世，孰能濟焉？有其人不遇其時，身猶不能脱，又况無道乎〔一三〕？

且人之情，耳目應感動，心志知憂樂，手足之擖疾蟻、辟寒暑，所以與物接也〔一四〕。蜂蠆螫指而神不能憺〔一五〕，蚉蝱噆膚而知不能平〔一六〕。夫憂患之來攖人心也〔一七〕，非直蜂蠆之螫毒而蚉蝱之慘怛也，而欲静漠虚無，柰之何哉〔一八〕！夫目察秋毫之末，耳不聞雷霆之聲；耳調玉石之聲，目不見太山之高〔一九〕，何則？小有所志而大有所忘也。今萬物之來擢拔吾性，攓取吾情〔二〇〕，有若泉源，雖欲勿稟，其可得邪〔二一〕！今夫樹木者，灌以瀿水，疇以肥壤〔二二〕，一人養之，十人拔之，則必無餘桻〔二三〕，有況與一國同伐之哉〔二四〕！雖欲久生，豈可得乎！今盆水在庭，清之終日，未能見眉睫〔二五〕；濁之不過一撓，而不能察方員〔二六〕。人神易濁而難清，猶盆水之類也。況一世而撓滑之，曷得須臾平乎〔二七〕！

校釋

〔一〕【高注】化生者，天也。化物者，德也。

【箋釋】俞樾云：「化生」當作「生生」，涉下句而誤。精神篇曰：「故生生者未嘗死也，其所生則死矣。化物者未嘗化也，其所化則化矣。」是其證也。○向承周云：文子九守篇作「夫生生者不生，化化者不化」，蓋因列子天瑞篇「不生者能生生，不化者能化化」之文而臆定也。列子又云：「生物者不生，化物者不化。」正與此文相合。則本書「化生者」乃「生物者」之譌，俞說誤。（精神篇文亦與文子不同，而與列子他條合。）此文「死」字亦當從列子、文子作「生」。○王叔岷云：俞說是也。文子守真篇「化生」正作「生生」。

【用韻】「死、化」脂歌合韻。

〔二〕【高注】驪山，今在京兆新豐縣南也。太行，今在河內野王縣北也。

〔三〕【高注】四海，四方之海也。九江，江分爲九也。

〔四〕【高注】扃，猶閉也。

【箋釋】俞樾云：高注曰「扃，猶閉也」，則與「横」字之義不貫矣。儀禮士冠禮鄭注曰：「扃，所以扛鼎。」考工記匠人注曰：「大扃，牛鼎之扃，長三尺。小扃，腳鼎之扃，長二尺。」是扃者横木，以扛鼎者也。宣十二年左傳服虔注曰：「扃，横木，校輪閒。一曰：車前横木也。」是凡横木皆謂之扃，故以「横扃」並言。○楊樹達云：莊子田子方篇：「其神經乎大山而無介，入於淵泉而不濡，處卑細而不憊，充滿天地。」（疑下有脱字。）此淮南所本。○馬宗霍云：説文户部云：「扃，外閉之關也。」門部云：「關，以木横持門户也。」據此，是扃乃閉門户所用之横木，其名亦謂之關。關之言貫，閉則引申之義也。本文「横扃」連文，當取義於貫，不當取義於閉。横扃猶言横貫矣。高注訓扃爲閉。俞樾引儀禮士冠禮鄭注、考工記匠人鄭注、左傳宣十二年服注，以訂其失，是也。但謂「凡横木皆謂之扃，故以横扃並言」，其意似以扃之義亦爲横，則微欠諦。又案：説文鼎部云：「鼏，以木横貫鼎耳而舉之。從鼎，冂聲。周禮『廟門容大鼏七箇』。」此所謂周禮，即考工記匠人文。知扛鼎之扃，其本字當作「鼏」。今禮文作「扃」，則假借字也。孔穎達曲禮疏云：「禮有鼎扃，所以關鼎，今關户之木與關鼎相似，亦得稱扃。」此蓋以「扃」爲關鼎正字，亦尚未撢其本。

【用韻】「濡、窕」侯宵合韻。

〔五〕【高注】目視、耳聽也。八風，八卦之風。調，和也。

【箋釋】胡懷琛云：此當爲古語之遺留於漢初者。何也？目數千羊而知其數，乃遊牧時代情形，非淮南時語也。○于大成云：下文「足蹀」、「手會」數句，首字皆爲名詞，次字爲動詞，則此「目數」、「耳分」二句之「目」、「耳」自是名詞，文義謂目可以數千羊之羣，耳可以分八風之調也，明白如話，何煩訓釋！

〔六〕【高注】陽阿，古之名倡也。绿水，舞曲也。一曰：绿水，古詩也。趨，投節也。

【箋釋】陶方琦云：文選南都賦注引許注：「蹀，蹈也。」文選注十六引淮南曰：「足躡陽阿之舞。」高注：「陽阿，古之名倡也。」是高本作「躡」，與許作「蹀」微異。聲類（魏都賦引）：「蹀，躡也。」説文：「躡，蹈也。」廣雅釋詁一：「蹀、蹈，履也。」主術訓「足躡郊兔」，御覽三百八十六引作「足蹀狡兔」，是許本作「蹀」之證。又大藏音義引，「舞」作「儛」，引許注：「蹀，蹈也。」○劉文典云：文選長笛賦注、七命注引高注，「绿」並作「渌」。○胡懷琛云：高解「趨」爲投節，則與上文「舞」字意複，竊以爲「趨」即「曲」也。「曲、趨」爲一聲之轉。淮南言「手會」者，謂彈绿水之調也。庾信春賦：「陽春、渌水之曲。」「渌水」即「绿水」。淮南「绿水之趨」即庾信「渌水之曲」。洛陽伽藍記「魏高陽王姬有雍修容，能爲绿水歌」，歌亦曲也。杜詩：「浩歌渌水曲，清絶聽者愁。」（奉同郭給事湯東靈湫作）亦作渌水曲。又馬融長笛賦：「取度於白雪、绿水。」注云：「二曲名。」○吴承仕云：文選吴都賦注引高注曰：「绿水，古詩也。趣，節也。」（七命注、答東阿王牋注引略同。）舞賦注引高注曰：「陽阿，古之名倡也。」據此，則高注自有一曰，蓋不敢質言，故兼存兩説，以廣異聞耳。且時則篇注中所有一説，每與吕氏十二紀注文相應，其非許、高異義，灼然可知。苟無他證，唯以一曰别異許、高，則近於魯莽矣。○楊樹達云：「趨」讀爲「奏」。禮記樂記云：「要其節奏。」疏云：「奏謂動作。」趨、奏同是古韻侯部字，故得相通。○于大成云：陶氏所引高注，在文選傅武仲舞賦注，於文選爲十七卷，非十六卷也。陶謂選注引高本作「躡」，非是，選注仍作「蹀」。選注引此文者，又有张平子西京賦、孔文舉薦禰衡表，字並作「蹀」。無作「躡」者。

【用韻】「調、趨」幽侯合韻。

〔七〕【箋釋】劉文典云：「智終天地」，義不可通。「終」當爲「絡」字之誤也。莊子天道篇「故古之王天下者，知雖落天地，不自慮也」，即此文所本。「落」與「絡」同。莊子秋水篇「落馬首，穿牛鼻，是謂人」，本書原道篇作「絡馬之口，穿牛之鼻者，人也」，是莊子作「落」，本書作「絡」之證。「知、智」古今字。北堂書鈔帝王部七引莊子作「智洛天地」，「落、絡、洛」並同音通用。御覽四百六十四引此文，正作「智絡天地」，尤其明證矣。○馬宗霍云：「終」猶「周」也。智周天地，謂周知天地之理，猶易繫辭傳上所謂「知周乎萬物」也。左氏昭公二十年傳「以周事子」，杜預注云：「周猶終竟也。」是「終」亦得訓「周」之證。劉文典據御覽謂「終當爲絡」未必是。文子九守篇作「知統天地」，蓋亦意改。○于大成云：劉説是。本經篇云「太一者，牢籠天地」，「牢籠」即「絡」也。脩務篇云「達略天地」，即此「智絡天地」也。文子字既不同，未可據改。○何寧云：劉校是也。漢書揚雄傳下「緜絡天地」，亦可借證。◯許建平云：「『終』當讀爲『充』。爾雅釋詁『崇，充也』，郝懿行義疏：『樂記云：「六成復綴以崇。」鄭注云：「崇，充也。」按充之言重也。爾雅下云：「崇，重也。」重疊與充滿義相成。又言終也，詩「崇朝其雨」、「曾不崇朝」，傳、箋並云：「崇，終也。」終竟義與充盈義亦相成。書云：「其終出於不祥。」釋文：「終，馬本作崇，云充也。」蓋充、崇、終俱聲轉義同，故音訓可通。』」

〔八〕【版本】茅本、汪本、張本、黄本有注曰：「始皇遺齊襄王后玉連環曰：『齊多智，解此環。』后椎破之，謝曰：『已解矣。』」

【用韻】「地、月、環」歌月元通韻。

〔九〕【高注】澤，潤澤也。

【版本】茅本、汪本、張本、黄本、莊本無此注，景宋本、王溥本、朱本、葉本、集解本同藏本。

【箋釋】王念孫云：「『澤潤玉石』，本作『辭潤玉石』，高注『澤，潤澤也』，本作『潤，澤也』。此解『潤』字之義，非解『澤』字之義。『辭潤玉石』，謂其辭潤澤如玉石也。『目數千羊』二句以耳目言之，『足蹀陽阿』二句以手足言之，『辯解連環』二句以口言之，若云『澤潤玉石』，則文不成義矣。今案：正文『澤』字涉注文『潤，澤也』而誤，（太平御覽人事部一百五引此已誤。）後人不達，又於注内加一『澤』字以從已誤之正文耳。文子九守篇正作『辭潤玉石』。」

【用韻】「石、下」鐸魚通韻。

〔一〇〕【用韻】「宜、和」歌部，「内、位」物部。

〔一一〕【高注】蔚，病也。

【箋釋】蔣超伯云：「蔚氣」即「鬱氣」，「蔚鬱𪏆菀」四字古通，荀子富國篇「夏不宛暍，冬不凍寒」，「宛暍」即「鬱暍」也。○金其源云：後漢書仲長統傳「彼之蔚蔚」，注：「蔚與鬱古字通。」爾雅釋詁：「鬱，盛氣也。」恬澹和愉，故五藏無盛氣。

〔一二〕【高注】極，至。

【用韻】「滯、氣、滑、極」月物職合韻。

〔一三〕【高注】道不得行。

【版本】景宋本「無」作「无」，餘本同藏本。

〔一四〕【箋釋】李哲明云：字書無「讚」字，當是「拂」之異文。地形篇「日之所讚」，廣雅作「咈」。此淮南變從弗之字爲從費之證。廣韻：「拂，去也，除也。」是其義。「蝨」即「蛘」之異體，俗作「癢」，非。○于省吾云：「蝨」即「蛘」之異文。説文：「蛘，搔蛘也。」字亦作「痒」、作「癢」、作「養」。「疾蝨」乃古人成語，荀子榮辱：「骨體膚理辨寒暑疾養。」彊國：「疾養緩急之有相先者也。」正名：「疾養滄熱滑鈹輕重以形體異。」均其證也。○楊樹達與李、于説同。

〔一五〕【高注】螌，讀解釋之釋。憯，定也。

〔一六〕【高注】嚼，噬，猶穿。

【箋釋】王念孫云：「知不能平」四字，義不相屬。「知」本作「性」，性猶體也。（吕氏春秋壅塞篇「牛之性不若羊，羊之性不若豚」，高注：「性，猶體也。」少儀曰：「受立授立不坐，性之直者，則有之矣。」楚語曰：「制城邑若體性焉，有首領股肱，至于手拇毛脈。」月令：「安形性。」後漢書陳寵傳作「安形體」。）平，静也。（鬼谷子摩篇：「平者，静也。」）謂體不能静也。莊子天運篇「蚊虻噆膚，則通昔不寐」是也。後人不知「性」之訓爲體，故妄改之耳。太平御覽蟲豸部二引此，正作「性不能平」。○俞樾云：知，猶志也。禮記緇衣篇「爲上可望而知也，爲下可述而志也」，鄭注曰：「志，猶知也。」是「知」與「志」義通。知不能平者，平，定也，謂志不能定也。與上句「蜂蠆螫指而神不能憺」，高注曰「憺，定也」，義正一律。太平御覽蟲豸部引作「性不能平」，恐後人不達「知」字之義而臆改，未足爲據。王氏念孫謂「性猶體也」，此恐不然。神也，志也，皆就在内者而言，故下文曰：「夫憂患之來攖人心也，非直蜂蠆之螫毒而蚉䖟之慘怛也。」言攖人心，不言攖人體，則此不當以體言矣。○王叔岷云：記纂淵海引「知不能平」亦作「性不能平」。○雙棣按：俞説似是。志猶心志，與神相應。

〔一七〕【高注】攖，迫也。

〔一八〕【用韻】「怛、何」月歌通韻。

〔一九〕【版本】景宋本、集解本「雷霆之聲」作「雷霆之音」，餘本同藏本。

【箋釋】劉文典云：「雷霆之聲」與下文「耳調玉石之聲」重複。傳寫宋本及御覽三百六十六引，並作「耳不聞雷霆之音」。○劉家立云：「耳調玉石之音，目不見太山之高」，音有金石，不聞有玉石。此涉上文「辭潤玉石」而誤。「高」應作「形」，與「聲」字爲韻，作「高」則失其韻矣。文子九守篇正作「耳調金石之音，目不見太山之形」。○王叔岷謂「高」應作「形」，與劉説同，又云：劉子專學篇：「季子聽清角之韻，不見嵩岱之形。」○于大成云：藝文類聚十七、萬卷菁華六引此文，「聲」亦並作「音」。劉氏謂文子作「金石」，當據御覽十三引文子爲説，今本文子作「金玉」。「玉」亦誤字。「金、石」皆爲八音之一，古籍習見。○雙棣按：劉文典據景宋本改「雷霆之聲」爲「雷霆之音」，非是。「玉石之聲」，文子「聲」作「音」，是。説文：「聲，音也。」「音，聲生於心，有飾於外謂之音。宮商角徵羽，聲也；絲竹金石匏土革木，音也。」禮記樂記曰：「聲成文謂之音。」又曰：「知聲而不知音者，禽獸也。」「雷霆之聲」，當爲「聲」，不當爲「音」。「玉石之音」，爲「音」義長。

〔二〇〕【版本】藏本「性」作「悟」，除景宋本同藏本外，各本均作「性」，今據改。

【箋釋】劉文典云：御覽七百二十引「攓取吾情」作「撵取吾精」。○王叔岷云：「撵」與「攓」同，正作「攑」。説文：「攑，拔取也。」文子「情」亦作「精」，精、情古通。繆稱篇「情不相與往來也」，御覽九八三引作「精」，「情之至者也」，宋本作「精」，是其比。

【用韻】「性、情」耕部。

〔二一〕【高注】稾，猶動用也。

【箋釋】俞樾云：國語晉語「將稟命焉」，楚語「是無所稟命也」，韋注並曰：「稟，受也。」此言萬物之來，擢拔吾性，攓取吾情，吾雖欲勿受之而不可得也。高注曰「稟，動用也」，於辭意未合，且「稟」字亦無動用之義。○劉文典云：御覽七百二十引，「有若泉源」作「勢若泉原」，「稟」作「廩」。○雙棣按：説文：「稟，賜穀也。」引申爲授，即賜與、給予。授之反即受，故又爲承受、接受。此文俞氏解爲受，似解爲授更爲妥帖。高注「動用」亦謂給予也。

〔三〕【高注】疇，雍。繁或作嘹。

【版本】莊本、集解本注「繁」作「壤」，王溥本、朱本同藏本，景宋本作「瀿」。茅本、汪本、張本、黄本有注「瀿波也瀑溢也」。

【箋釋】莊逵吉云：孫編修星衍云：文選注引許眘淮南子注，有「楚人謂水暴溢爲瀿」云云，當是此下原文。而各本有「瀿波暴溢也」五字，藏本皆無之，附録以俟考。○劉文典云：孫氏所云文選注，即江賦注也。許注之上引有淮南正文「莫鑒於流瀿，而鑑於澄水」，則非此處注可知。至各本「瀿波暴溢也」五字，疑後人據玉篇所加，故藏本無之也。○吴承仕云：注當云「瀿當作潦」。上文「人莫鑑於流沫，而鑑於止水」。文子九守篇作「流潦」。文選江賦注引作「流瀿」。據此是「流沫，流潦，流瀿」，字異而義同，舊文每多通用。此文「灌以瀿水」，別本有作「灌以潦水」者。故注云「瀿或作潦」。朱本僅形近之譌，莊本誤「瀿」爲「壤」，則繆以千里矣。（御覽八百二十三引此文曰：「夫樹林者灌以粱水，疇以肥壤。」並引注云：「粱或作潦。」）案：「粱」疑即

「沫」字之形譌。此亦傳寫失之，非其舊也。○楊樹達云：說文泉部云：「⿱緐泉，泉水也。從泉，緐聲。」「瀿」乃「⿱緐泉」之或字。○馬宗霍云：此注「壤」、「嘹」二字皆誤。太平御覽七百二十方術部一、九百五十二木部一，引正文並作「灌以潦水，疇以肥壤」。又八百二十三資産部三，引正文作「灌以梁水，疇以肥壤」；兼引注云：「疇，壟也。梁或作潦。」雖小有異同，但「嘹」爲「潦」誤無疑。潦指水言，不指土言，與壤無涉。則高注「壤」爲誤字又無疑。既指水言，而瀿、梁、潦三字錯出者，尋說文水部無「瀿」字。俞樾以爲即泉部「⿱緐泉」字之異文。許君訓⿱緐泉爲泉水，（本篇上文云「人莫鑑於流沫」，文選江賦注引作「莫鑑於流瀿」，又引許慎云「楚人謂水暴溢爲瀿」。案泉水自地湧出，與暴溢義近，是亦「瀿、⿱緐泉」同字之證。）則「灌以瀿水」，猶言以泉水灌之也。「梁水」無義，疑傳寫失之。是此字正文當從今本作「瀿」。而別本有作「潦」者，潦爲雨水大皃，義亦可通，故高注及之。御覽方術部、木部引作「潦水」，即據別本也。陶方琦於本注「壤或作嘹」，改正爲「瀿或作潦」，與蜀刊道藏輯要二十八卷本注合，得之矣。（劉家立集證本從陶改，吳承仕說略同。）高注訓「疇」爲「雍」者，「雍」當讀曰「壅」。白虎通辟雍篇云：「雍之爲言壅也。」即其證。「雍以肥壤」者，「壤」爲柔土，謂以肥柔之土壅之也。御覽資産部引注作「壟」，說文土部「壟」訓丘壟，非其義。

〔二三〕【高注】桻，蘖。

【箋釋】王念孫云：一當爲十，十當爲一。此言養之者雖有十人，而一人拔之則木必死也。下文曰：「今盆水在庭，清之終日，未能見眉睫。濁之不過一撓，而不能察方員。」意與此同。魏策亦云：「十人樹楊，一人拔之，則無生楊矣。」今本「十」、「一」二字互誤，則非其指矣。太平御覽資産部三所引與今本同，亦後人依誤本改之。其方術部一引此，正作「十人養人，一人拔之」。○劉文典云：王說是也。御覽九百五十二引作「千人養之，一人拔之」，文雖小異，而作「一人拔之」則同，足爲王說之一證。

〔二四〕【版本】張本、黄本、莊本、集解本「有」作「又」，餘本同藏本。

【箋釋】劉文典云：御覽七百二十引，「又況與一國同伐之哉」作「況以一國同伐之」。

〔二五〕【用韻】「拔、栓、伐」月部。

【箋釋】于大成云：「未」當爲「乃」。此文之意，謂盆水清之終日，始得察見眉睫，於以見其清之不易云爾，非謂其終不能清而見眉睫也。故下文云「人神易濁而難清，猶盆水之類也」。莊子天道篇曰「水静則明燭鬚眉」，荀子解蔽篇曰「人心譬如槃水，正錯而勿動，則湛濁在下，而清明在上，則足以見鬚眉」，金樓子立言篇曰「夫水，澄之半日，必見眉睫」，意胥與此同，可證也。文子九守守静襲此文，正作「乃能見眉睫」，尤其明證矣。

〔二六〕【高注】察，見。

〔二七〕【用韻】「類、滑」物部，「清、平」耕部。

古者至德之世，賈便其肆，農樂其業，大夫安其職〔一〕，而處士脩其道〔二〕。當此之時，風雨不毀折，草木不夭，九鼎重味，珠玉潤澤〔三〕，洛出丹書，河出緑圖〔四〕。故許由、方回、善卷、披衣得達其道〔五〕。何則？世之主有欲利天下之心，是以人得自樂其間〔六〕。四子之才，非能盡善，蓋今之世也〔七〕，然莫能與之同光者，遇唐、虞之時〔八〕。

逮至夏桀、殷紂，燔生人，辜諫者〔九〕，爲炮烙，鑄金柱〔一〇〕，剖賢人之心，析才士之脛〔一一〕，醢鬼侯之女，菹梅伯之骸〔一二〕。當此之時，嶢山崩，三川涸〔一三〕，飛鳥鎩翼，走獸擠脚〔一四〕。當此之間，豈獨無聖人哉〔一五〕？然而不能通其道者，不遇其世〔一六〕。夫鳥飛千仞之上，獸走叢薄之中，禍猶及之，又況編户齊民乎〔一七〕？由此觀之，體道者不專在於我，亦有繫於世矣〔一八〕。

夫歷陽之都，一夕反而爲湖，勇力聖知與罷怯不肖者同命〔一九〕。巫山之上，順風縱火，膏夏紫芝與蕭艾俱死〔二〇〕。故河魚不得明目，稺稼不得育時，其所生者然也〔二一〕。故世治則愚者不得獨亂〔二二〕，世亂則智者不能獨治。身蹈于濁世之中，而責道之不行也〔二三〕，是猶兩絆騏驥，而求其致千里也〔二四〕。置猨檻中，則與豚同，非不巧捷也，無所肆其能也〔二五〕。舜之耕陶也，不能利其里〔二六〕；南面王，則德施乎四海〔二七〕。仁非能益也，處便而勢利也〔二八〕。

古之聖人，其和愉寧静，性也；其志得道行，命也〔二九〕。是故性遭命而後能行，命得性而後能明〔三〇〕。烏號之弓，谿子之弩，不能無弦而射〔三一〕。越舲蜀艇，不能無水而浮〔三二〕。今矰繳機而在上，罡罟張而在下，雖欲翺翔，其勢焉得〔三三〕？故詩云：「采采卷耳，不盈傾筐，嗟我懷人，寘彼周行〔三四〕。」以言慕遠世也〔三五〕。

校釋

〔一〕【高注】職，事。

〔二〕【高注】道，先王之道也。

【箋釋】王念孫云：「賈便其肆，農樂其業，大夫安其職，而處士脩其道」，「脩」當爲「循」，此四者皆謂各因其舊也。文選西都賦注引此正作「循」，太平御覽皇王部二引此亦作「循」。○劉文典與王説同。

【用韻】「世、肆、業、職」月質盍職合韻。

〔三〕【高注】九鼎，九州貢金所鑄也。一曰：象九德，故曰九鼎也。重，厚也。潤澤，有光也。

【箋釋】莊逵吉云：太平御覽作「草木不夭死，九鼎重」，無「味」字。下有注云：「王者之德休明則鼎重，姦回則鼎輕。」○王念孫云：風雨不毁折，草木不夭死，相對爲文，則有「死」字者是也。文子道德篇亦有「死」字。「九鼎重味」，「味」字於義無取，蓋即下文「珠」字之誤而衍也。御覽引此作「九鼎重」，又引注云：「王者之德休明則鼎重。」（此蓋許注。）則無「味」字明矣。○何寧云：王謂「味」字衍文，是也。未校「澤」字。「九鼎重，珠玉潤」對文，不得更有「澤」字，令句法參差矣。此注云：「潤，澤，有光也。」廣韻：「潤，澤也。」當本之高注。高氏釋「潤」不釋「澤」，則正文無「澤」字明矣。若謂以有光釋潤澤，則原道篇「豪毛潤澤」不注，何也？「潤澤」其義已明，故原道篇不注「潤」字。此注後人誤以「潤澤」連讀，故以爲正文「潤」下有「澤」字，又於「九鼎重」下加一「味」字與之相應，而不知其再誤矣。又莊氏引御覽「姦回」下脱「淫亂」二字。

〔四〕【箋釋】于大成云：人間篇「秦皇挾録圖」，即此「録圖」也。陳先生槃庵以爲「録圖」即河圖之別稱。

【用韻】「書、圖」魚部。

〔五〕【高注】許由，陽城人也。堯所聘而不利也。方回、善卷、披衣，皆堯時隱士，姓名不可得知。其人方直回旋，因曰方回。見其善卷。披衣而行，因曰披衣。得達樂其所脩先王之道也。

【版本】莊本注「利」作「到」，餘本同藏本。

【箋釋】吴承仕云：「披衣」，莊子作「蒲衣」，又作「被衣」，皆一聲之轉。「善卷」，吕氏春秋作「善綣」。此注以其姓名不可知，故望文説之。「見其善卷」下，當有「因曰善卷」四字，傳寫誤奪耳。○鄭良樹云：注文「利」字當從劉本、莊本作「到」。利與到，蓋形近而譌也。○于大成云：吕氏春秋當染篇高注：「許由，陽城人，堯聘之不至。」可證鄭説。又：列仙傳云：「方回，堯時隱人也，堯聘以爲閭士，鍊食雲母粉，亦與人民之有病者。隱於五柞山中。夏啟末，爲宮士，爲人所劫，閉之室中，從求道，回化而得去，更以方回印封其户，得回一圓泥塗門户，終不可開。」則非以方直回旋而得名也。

〔六〕【高注】自樂其道於天地之間也。或作文德自樂其間，先王之道也。

【版本】莊本、集解本注「於」作「于」。

〔七〕【箋釋】顧廣圻云：「善」字衍。○向承周云：「善」字疑衍。蓋，掩也，謂四子之才，不能高出於今世之人而盡掩蓋之也。「蓋」字俗作「盖」，與「善」相似，一本誤作「善」，校者旁注「蓋」字，遂誤入正文耳。御覽七十七引作「大」，又因「善」字不可通而肊改之也。○馬宗霍云：劉熙釋名釋言語云：「蓋，加也，加物上也。」本文「蓋」字義同。謂四子之才，其善非能加於世人之上也。又案：國語周語「惡其蓋人也」，楚語「以謀蓋人」，韋昭注並云：「蓋，掩也。」加人之上猶掩也，本文訓「掩」亦通。○何寧云：向疑衍「善」字，恐非。盡善，謂極盡其善。論語八佾「子謂韶盡美矣，又盡善也」，即此盡善之義。謂四子之才，非能極盡其善而高出於今世之人也。

〔八〕【高注】光，譽。

〔九〕【箋釋】李哲明云：周禮「殺王之親者辜之」，鄭注：「辜之言枯也，謂磔之。」即此「辜」字之義。○劉文典云：「辜諫者」不詞，「辜」當爲「皋」，字之誤也。御覽六百四十七引，正作「皋諫者」。「皋」，古罪字，形與「辜」相似。○楊樹達云：李説是也。説文桀部云：「磔，辜也。從桀，石聲。」集解説殊誤。○于省吾云：御覽不可爲據，劉説非是。「辜」謂辜磔也。周禮掌戮「殺王之親者辜之」注：「辜之言枯也，謂磔之。」大宗伯「以疈辜祭四方百物」，鄭司農注：「罷辜披磔牲以祭，若今時磔狗祭以止風。」字亦作「𣨛」。説文：「𣨛，枯也。」「磔，辜也。」字亦作「枯」，荀子正論「斬斷枯磔」，枯磔即辜磔。上言「燔生人」，與「辜諫者」對文，下云「爲炮烙，鑄金柱」，燔之事也；「剖賢人之心，析才士之脛」，辜之事也。説林篇：「紂醢梅伯，文王與諸侯構之；桀辜諫者，湯使人哭之。」「辜」與「醢」對，猶此文「辜」與「燔」對，不得改「辜」爲「罪」矣。○于大成云：道應篇曰「乃爲炮烙，剖比干，剔孕婦，殺諫者」，又本經篇曰「刳諫者，剔孕婦」，彼文殺字、刳字，正當此文辜字，則辜之不當爲罪明矣。劉氏謂御覽引作「辠諫者」，考宋本御覽仍作「辜」，則並其立説之惟一佐證而亦弗存矣。説林篇曰「桀辜諫者，湯使人哭之」，字亦作「辜」，尤可證此文「辜」非誤字。○楊棟云：「生人」當爲「聖人」。阜陽漢簡春秋事語「昔者桀辜諫者，紂炃聖人」，炃即炃之異構，炃同焚，與淮南「燔」同義。上博簡鬼神之明有「桀紂幽厲，焚聖人，殺諫者」的句子，亦可爲證。○雙棣按：李、楊二于説並是，周禮小子「凡沈辜侯禳」，鄭玄注引鄭司農云：「辜，謂磔牲以祭也。」賈疏：「辜，是辜磔牲體之義。」説苑善説云：「朽者揚其灰，未朽者辜其尸。」辜乃分解肢體也。「燔生人，辜諫者」，燔、辜均爲具體行爲動詞，「揚其灰，辜其尸」，揚、辜亦具體行爲動詞，可爲證。辜不得釋爲罪，更非辠之誤字。（説文「辜，辠也」，然非此文之義。）

〔一〇〕【高注】鑄金柱，然火其下，以人置其上，人墮陊火中，而對之笑也。

【版本】茅本、汪本、張本、黄本、莊本、集解本注無下「人」字，餘本同藏本。莊本、集解本「墮」作「墜」，餘本同藏本。

【箋釋】劉文典云：北堂書鈔二十引，作「銅金爲柱」。○于大成云：此文自「燔生人」至此，四句並以三字爲句，句法一律；下文「剖賢人之心」以下四句，並以五字爲句，亦句法一律。高注明出「鑄金柱」三字，可證正文不當作「銅金爲柱」，御覽六四七引此，與今本同，書鈔所引乃肊改。○雙棣按：吕氏春秋順民篇高注作「人墮火而死，觀之以爲娱樂」，「墮」不作「墜」，莊本改「墮」爲「墜」，當非高注之舊。「墮」上當有「人」字，茅本等蓋脱之也。

【用韻】「者、柱」魚侯合韻。

〔二〕【高注】賢人，比干也。析，解也。剥解有才士腳，觀其有奇異。脛，腳也。

【版本】王溥本注「腳」作「髓」。

【箋釋】吴承仕云：「奇異」下疑有「不」字。注文當云：「剥解有才士腳，觀其有奇異不。脛，腳也。」吕氏春秋過理篇：「截涉者脛而視其髓。」注云：「以其涉水能寒也，故視其髓，欲知其與人有異不也。」文義正與此同。今奪「不」字，則語意不完，且莫能句讀矣。○于大成云：書泰誓下「斮朝涉之脛」，韓詩外傳十「斮朝涉」，吕氏春秋過理篇「截涉者脛而視其髓」，韓非子難一篇「崇侯、惡來又曰斮涉者之脛也」，春秋繁露王道篇「斮朝涉之足察其拇」（一作脛），國策宋策亦有「鍥朝涉之脛」之文，皆作「朝涉」，或作「涉者」。書泰誓傳曰：「冬月見朝涉水者，謂其脛耐寒，斮而視之。」疏云：「斮朝涉水之脛，必有所由，知冬月見朝涉水者，謂其脛耐寒，疑其骨髓有異，斮而視之，其事或當有所出也。」考水經淇水注：「老人晨將渡水而沉吟難濟，紂問其故，左右曰：老者髓不實，故晨寒也。紂乃於此斮脛而視髓也。」與書傳違，或向有此傳説，傳聞異辭耳。今云「析才士之脛」，不知所出。吕氏春秋古樂篇「諸侯去紂三淫」，高注曰「三淫，謂剖比干之心，斷才士之股，刳孕婦之胎者」，又先識覽「殺三不辜」，高注亦云「剖比干之心，析才士之股，刳孕婦而視其胞」，是以淮南之文注吕氏也。「析才士之脛」之文，他書未見。○雙棣按：吴説是，不讀爲否。又劉績改注之「腳」爲「髓」，蓋即涉吕覽之文而誤改也。

〔一二〕【高注】鬼侯、梅伯，紂時諸侯。梅伯説鬼侯之女美好，令紂妻之，女至，紂以爲不好，故醢鬼侯之女，葅梅伯之骸也。一曰：紂爲無道，梅伯數諫，故葅其骸也。

【箋釋】何寧云：戰國策趙策三：「鬼侯有子而好，故入之於紂，紂以爲惡，醢鬼侯。」又史記殷本紀作「醢九侯」。（徐廣曰：一作鬼侯。）皆謂非其女也。吕氏春秋過理篇：「刑鬼侯之女而取其環。」注：「聽妲己之譖，殺鬼侯之女以爲脯，而取其所服之環也。」亦與此略異。

【用韻】「女、骸」魚之合韻。

〔一三〕【高注】嶢山，蓋在南陽。三川，涇、渭、汧也。涸，竭也。傳曰：山崩川竭，亡國徵也。

〔一四〕【高注】言紂田獵禽荒，無休止時，故飛鳥折翼，走獸毀腳，無不被害也。

【版本】張本、黄本、莊本、集解本注無「言」字。

【箋釋】陶方琦云：文選注引淮南作「飛鳥鎩羽，走獸廢足」，蜀都賦注、顔延年五君詠注、謝宣城答謝靈運詩注、江淹雜體詩注、一切經音義卷五引許注云：「鎩羽，殘羽也。」按：二注文異，高注以「折」訓「鎩」，義與許亦類。「鎩」或通作「殺」，周禮「放弑其君則殘之」注：「殘，殺也。」此鎩訓殘，義得相通。蜀都賦注引許注作「鎩，殘也」，敓二「羽」字。一切經音義引許注作「鎩羽而飛」，當從辨命論、五君詠注引。

【用韻】「崩、翼」蒸職通韻，「涸、脚」鐸部。

〔一五〕【版本】茅本、汪本、張本、黄本、莊本、集解本「間」作「時」，景宋本、王溥本、王鎣本、朱本、葉本、吴本同藏本。

【箋釋】劉家立云：「當此之時，嶢山崩」至「豈獨無聖人哉」，一氣相注，「豈獨無聖人哉」上不當又有「當此之時」四字，乃涉上句而誤衍也。

〔一六〕【高注】言聖人不能通其道，行其化者，不遭世也。

【版本】藏本注「化」作「仇」，景宋本、朱本、集解本作「化」，今據改，王溥本、葉本、莊本同藏本。

〔一七〕【高注】聚木曰叢，深草曰薄。猶及之，田獵不時也。

【箋釋】陶方琦云：大藏音義七十七引許注：「編猶列也。」按：説文：「編，次簡也。」漢書高帝紀「爲編户齊民」注：「編户者，言列次名籍也。」正與許君訓相合。○易順鼎引許注與陶同，又云：説文册部：「扁，署也，從户册。」户册者，署門户之文也。此以編爲之，蓋通用之。周禮「追師爲副編次追衡笄」注：「編，列髮爲之。」亦解編爲列。

〔一八〕【版本】莊本、集解本兩「於」字皆作「于」，餘本同藏本。

【用韻】「我、世」歌月通韻。

〔一九〕【高注】歷陽，淮南國之縣名，今屬江都。昔有老嫗，常行仁義，有二諸生過之，謂曰：「此國當没爲湖。」謂嫗視東城門閫有血，便走上北山，勿顧也。自此，嫗便往視門閫。閽者問之，嫗對曰如是。其暮，門吏故殺雞。血塗門閫。明旦，老嫗早往視門，見血，便上北山，國没爲湖。與門吏言其事，適一宿耳。一夕，旦而爲湖也。勇怯同命，無遺脱也。

【箋釋】莊逵吉云：「反」，太平御覽作「化」。○趙森甫云：歷陽屬九江郡，今注云屬江都，誤也。漢志：「九江郡，秦置，高帝四年，更名淮南國。武帝元狩元年復故，領縣十五，有歷陽。」文選辨命論注引淮南子注曰：「歷陽，淮南縣名。屬九江郡。」今本傳寫脱去「九」字，而「郡」字又因形似作「都」，遂以爲屬江都矣。○陶方琦云：意林引許注：「歷陽，淮南縣也。有一人告歷陽母曰：『見城門有血，則有走無顧。』此後，門吏故汙血於門限，母便上北山，縣果陷水中。母遂化作石也。」○劉文典云：莊氏逵吉所引御覽當爲六十六，然八百八十八引，又仍作「反」，與今本合。一百六十九引，作「歷陽之都，一夕爲湖」，有注云：「漢明帝時歷陽淪爲湖。」○吴承仕謂「江都」應爲「九江郡」，與趙説同。又云：御覽及寰宇記引淮南子云：「歷陽初淪之時，有一老母，提雞籠上山，乃化爲石。」疑是此注佚文。又引淮南子云：「歷陽淪爲湖，在明帝時。」不獨淮南本文不應有此，即許、高作注，亦非所宜言，蓋别有所出也。要之神怪舊事，傳聞異辭，傅會矯妄，難可保任。故搜神記稱秦時長水縣，陷没爲湖。事狀亦頗相類，並難質言也。○于大成云：此仍當作「反」。藝文類聚九、天中記十、喻林二十五、諸子類語四引並作「反」。又錦繡萬花谷續集卷十和州歷陽有鷄籠山，云：「道家第四十福地。（十下當有三。）淮南子云：『麻（當爲麻）湖初陷時，有一老母提鷄籠以登此山，因化爲石。』今有石狀若鷄籠，故名其山。」此所引乃淮南此文之注，然與今本不同；意林亦有「母遂化作石也」之文，是許注。太平廣記一百六十三引獨異記，與淮南注略同，末云：「明日，嫗見有血，乃攜鷄籠走上山」，與萬花谷合。然究不知其審也。今考水經沔水注引神異傳曰：「由卷縣，秦時長水縣也。始皇時，縣有童謡曰：『城門當有血，城陷没爲湖。』有老嫗聞之，憂懼，旦往窺城門，門侍欲縛之，嫗言其故。嫗去後，門侍殺犬，以血塗門。嫗又往，見血，走去不敢顧。忽有大水長，欲没縣。主簿令幹入白令。令見幹曰：『何忽作魚？』幹又曰：『明府亦作魚。』遂乃淪陷爲谷矣。」太平廣記四百六十八引此文，注云：「出神鬼傳。」鬼當即異字之譌。此事亦見搜神記十三、方輿勝覽亦載之。與淮南注極相似。又注「江都」，御覽八百八十八引此注亦作「九江郡」。○雙棣按：吕氏春秋本味篇記伊尹之母云：「其母居伊水之上，孕，夢有神告之曰：『臼出水而東走，毋顧。』明日，視臼出水，告其鄰，東走十里而顧，其邑盡爲水。」後世「没爲湖」諸説蓋從此脱出。又按：「反」御覽作「化」者，乃後人以意改之，義是而字非。「反」當訓變，變化之義也。王念孫曰：「國語『上帝不考，時反是守』，反猶變也。」列子仲尼「夫回能仁而不能反」，張湛注：「反，變也。」

【用韻】「都、湖」魚部。

賤草，皆諭不肖。

〔二〇〕【高注】巫山，在南郡。膏夏，大木也，其理密白如膏，故曰膏夏。紫、芝，皆諭賢智也。蕭、艾，

【版本】集解本注兩「諭」字作「喻」。

【箋釋】李哲明云：「夏」即「榎」字，說文：「榎，楸也。」爾雅釋木作「榎」，云：「楸小葉曰榎。」又「槄木榎」，郭云：「今之山楸。」玉篇「榎」之重文爲「榎」。此作「夏」，又「榎」之省也。○劉文典云：藝文類聚九十八、御覽九百八十五引，「順風」並作「從風」。○雙棣按：文選陸機歎逝賦注引淮南子曰：「巫山之上，順風縱火，紫芝與蕭艾俱死。」無「膏夏」二字，與今本小異。類聚九十八、事類賦注八、御覽八百六十九、九百八十五引並無「膏夏」二字。

【用韻】「火、死」微脂合韻。

〔二一〕【高注】河水濁，故不得明目。穉稼爲霜所凋，故不得待其自熟時。故曰「其所生者然也」。

【版本】藏本注「生」下無「者」字，葉本、莊本、集解本有，今據補，景宋本、王溥本、朱本、汪本同藏本。

【箋釋】陳昌齊云：「穉稼」，據注當作「秋稼」，形近而訛也。○向承周云：「育」當作「胥」，字之誤也。胥與須同。（史記趙奢傳「胥後令」，索隱：「胥、須古通用。」）士昏禮「敢不敬須」，鄭注：「須，待也。」（說文：「顉，待也。」）此注云「不得待其自熟時」，正以「待」釋「胥」，其所見本必作胥。「胥」俗作「胥」，故誤爲「育」耳。荀子君道篇「狂生者不胥時而落」，本書說林篇「華太早者

不胥時落」，吕氏有胥時篇，皆「胥時」連用之證。○于大成云：喻林一百十八引注文上「故」下有「魚」字。

〔二二〕【版本】莊本、集解本「得」作「能」，餘本均同藏本。

〔二三〕【箋釋】王叔岷云：「蹈」當爲「陷」，字之誤也。原道篇「而蹪蹈于污壑穽陷之中」，「蹈」亦「陷」之誤，（王紹蘭有説。）與此同例。

【用韻】「中、行」冬陽合韻。

〔二四〕【高注】兩者，雙也。

【版本】景宋本、茅本、汪本、張本、黄本、吴本、莊本、集解本「驎」作「驥」，王溥本、王鎣本、朱本、葉本同藏本。

【箋釋】陳昌齊云：文選吴質答東阿王書注引，作「兩絆騏驥」。○于鬯云：「兩」當讀爲「緉」。左宣十二年傳「御下兩馬」，陸德明釋文云：「兩，徐云或作掚。」「掚」蓋即「緉」字。説文有「緉」無「掚」。糸部云：「緉，絞也。」是兩絆者，絞絆也。高注云「兩者，雙也」誤矣。周禮太宰職「九兩」，疑彼「兩」亦讀「緉」，説已見彼校。

〔二五〕【高注】肆，極。

【用韻】「中、同」冬東合韻，「治、里、能」之部。

〔二六〕【高注】所居之里。

〔二七〕【高注】四海，天下。

【箋釋】楊樹達云：尸子明堂篇云：「舜之方陶也，不能利其巷下；南面而君天下，蠻夷戎狄皆被其福。」此淮南文所本。

【用韻】「里、海」之部。

〔二八〕【用韻】「益、利」錫質合韻。

〔二九〕【高注】命，天命也。

【用韻】「静、性、命」耕部。

〔三〇〕【高注】得其本清静之性，故能明。

【用韻】「行、明」陽部。

〔三一〕【高注】烏號，柘桑也。谿子，爲弩所出國名也。或曰：谿，蠻夷也，以柘桑爲弩，因曰谿子之弩也。一曰：谿子陽，鄭國善爲弩匠，因以爲名也。

【版本】莊本、集解本注「名」上無「爲」字，景宋本、王溥本、朱本、葉本同藏本。

【箋釋】陶方琦云：史記集解、史記索隱、文選潘岳閒居賦注、御覽三百四十八引許注：「南方谿子蠻夷柘弩，皆善材也。」高注所云或曰，即是許説。與「敦圉，一曰仙人名」，「騷，一曰市儈」同例。索隱引作「南方谿子蠻，出柘弩及竹弩」，引文小異。古史考（御覽引）：「烏號以柘枝爲之。柘桑，其材堅勁，可爲弩。」○于大成云：玉海一百五十亦引此注，明標「許慎曰」。萬卷精華十亦引之，特與御覽並不云許慎耳。然則此注「谿」下當有「子」字，今本奪去。又北堂書鈔一二五引「爲弩所出國名也」，無「爲」字，無者是。

【用韻】「弩、射」魚鐸通韻。

〔三二〕【高注】舲，小船也。蜀艇，一版之舟，若今豫章是也。雖越人所便習，若無其水，不能獨浮也。

【版本】藏本注「艇」作「船」，茅本、張本、黄本、莊本、集解本作「艇」，今據改，景宋本、朱本、葉本同藏本。

【箋釋】錢繹云：高訓「蜀」爲一，雖本方言，然「蜀」與「越」對文，蓋以地言之，若以蜀爲一，於文不類，非其義也。○陶方琦云：御覽引淮南作「越舼蜀艇」，三百八十四引許注：「舼，小船。艇，大船。皆一木。」按：此因上「南方谿子」注連引，定爲許注。許本作「舼」，與高本作「舲」亦異。廣雅：「舼、艇，船也。」玉篇：「舼，小船也。」即本許義。（方言注樑即長舼也，故御覽引淮南舊音作「舼」，渠容反。）馬總意林引作「越舼蜀艇」，事類賦舟部亦引爲「越舼蜀艇」，傅玄正都賦「越舼汎，吴艕浮」，皆用許本也。御覽七百七十一、後漢書馬融傳李賢注所引並同。方言：「南楚、江、湘之間，小艒艏謂之艇。」釋名：「二百斛以下曰艇。其形徑挺，一二人所乘行也。」小爾雅：「小船謂之艇。」（玉篇：「艇，小船也。」）無訓爲大船者。然高注「一版之舟」與許注一木，義亦相類，是訓蜀爲一也。（方言：「一，南楚謂之蜀。」廣雅：「一、蜀，弌也。」）○劉文典云：北堂書鈔一百三十八引，作「越舲蜀艇，不能無水而行」，御覽七百七十一引，「浮」亦作「行」。意林引，此句在「烏號之弓」句前。

〔三三〕【高注】矰，弋射身短矢也。機，發也。翺翔，鳥之高飛，翼上下曰翺，直刺不動曰翔也。

【箋釋】吴承仕云：「身」字無義，即「射」字形誤而衍。天文篇：「音比無射。」注云：「無有射出見也。」景宋本作「無有身出見也」，「射」譌爲「身」，是其比。○王叔岷云：茅本注「身」作「鳥」，疑是。「身」字涉上「射」字而誤。○于大成云：楚辭九章惜誦曰：「矰弋機而在上兮，罻羅張而在下。」淮南王嘗注楚辭者，二句正用其文。「鳥」字是也。楚辭惜誦補注引此正作「鳥」。呂氏春秋直諫篇高注：「矰，弋射短矢。」亦無「身」字。○雙棣按：高注淮南「矰」字共四處，除此之外，兵略篇「腐荷之矰」注：「矰，猶矢也。」説山篇「先具繳與矰」注：「矰，短矢。」脩務篇「以備矰弋」注：「矰，矢。」注呂氏春秋一處，直諫篇「宛路之矰」注：「矰，弋射短矢。」許氏説文曰：「矰，隿䠶矢也。」綜觀高注及説文，以「身」字爲衍文當是。洪興祖引淮南注有「鳥」字，或爲衍文。（王逸注亦作「矰，繳射矢也」，無身字，亦無鳥字。）

【用韻】「上、下」陽魚通韻。

〔三四〕【用韻】「筐、行」陽部。

〔三五〕【高注】詩周南卷耳篇也。言采采易得之菜，不滿易盈之器，以言君子爲國，執心不精，不能以成其道。采易得之菜，不能盈易滿之器也。「嗟我懷人，寘彼周行」，言我思古君子官賢人，置之列位也。誠古之賢人，各得其行列，故曰慕遠也。

【箋釋】劉文典云：毛傳：「寘，置。行，列也。思君子官賢人，置周之列位。」胡承珙云：「此釋懷人二句，全同傳義。其釋上二句，意當亦本之毛公。」（毛詩後箋）是也。惟荀子解蔽篇：「詩云：『采采卷耳，不盈頃筐，嗟我懷人，寘之周行。』頃筐易滿也，卷耳易得也，然而不可以貳周行。」申公之學出於荀卿，魯詩卷耳之義即本於此。高注所謂「易得之菜」，「易盈之器」，又用魯義爲解。俶真篇爲高本，引詩「寘之」作「寘彼」，復與毛同，然則高誘固不分今古文者也。○馬宗霍云：淮南本文引詩及高注，後之治詩者多采之。陳奐謂「此陳古刺今，或本三家詩」，陳喬樅謂「淮南治魯詩，高注即用魯義爲解」。胡承珙云：「此蓋謂亂世之臣，險阻憂危而不見體恤，故因卷耳之詩而思慕古之賢人，寘之列位，各得其所，義與毛詩序正相應。高注釋懷人二句全同傳義。其釋上二句意當亦本之毛公。」

淮南子校釋卷第三

天文訓〔一〕

天墬未形，馮馮翼翼，洞洞灟灟，故曰太昭〔二〕。道始于虚霩〔三〕，虚霩生宇宙，宇宙生氣。氣有涯垠〔四〕，清陽者薄靡而爲天〔五〕，重濁者凝滯而爲地〔六〕。清妙之合專易〔七〕，重濁之凝竭難〔八〕，故天先成而地後定。天地之襲精爲陰陽〔九〕，陰陽之專精爲四時，四時之散精爲萬物。積陽之熱氣生火，火氣之精者爲日〔一〇〕；積陰之寒氣者爲水，水氣之精者爲月〔一一〕。日月之淫爲精者爲星辰〔一二〕。天受日月星辰，地受水潦塵埃〔一三〕。昔者共工與顓頊争爲帝，怒而觸不周之山〔一四〕，天柱折，地維絶〔一五〕，天傾西北，故日月星辰移焉〔一六〕；地不滿東南，故水潦塵埃歸焉〔一七〕。

天道曰圓，地道曰方。方者主幽，圓者主明〔一八〕。明者，吐氣者也，是故火曰外景。幽者，含氣者也，是故水曰内景〔一九〕。吐氣者施，含氣者化，是故陽施陰化〔二〇〕。天之偏氣，怒者爲風；天地之含氣，和者爲雨〔二一〕。陰陽相薄，感而爲雷〔二二〕，激而爲霆〔二三〕，亂而爲霧〔二四〕。陽氣勝則散而爲雨露〔二五〕，陰氣勝則凝而爲霜雪〔二六〕。

毛羽者，飛行之類也，故屬於陽〔二七〕。介鱗者，蟄伏之類也，故屬於陰〔二八〕。日者，陽之主也，是故春夏則群獸除〔二九〕，日至而麋鹿解〔三〇〕。月者，陰之宗也，是以月虚而魚腦減，月死而蠃蛖膲〔三一〕。火上蕁〔三二〕，水下流，故鳥飛而高，魚動而下〔三三〕，物類相動，本標相應〔三四〕，故陽燧見日則燃而爲火〔三五〕，方諸見月則津而爲水〔三六〕。虎嘯而谷風至，龍舉而景雲屬〔三七〕，麒麟鬬而日月食〔三八〕，鯨魚死而彗星出〔三九〕，蠶珥絲而商弦絶〔四〇〕，賁星墜而勃海決〔四一〕。

人主之情，上通于天，故誅暴則多飄風〔四二〕，枉法令則多蟲螟〔四三〕，殺不辜則國赤地〔四四〕，令不收則多淫雨〔四五〕。

四時者，天之吏也；日月者，天之使也；星辰者，天之期也〔四六〕；虹蜺彗星者，天之忌也〔四七〕。

校釋

〔一〕【高注】文者，象也。天先垂文象，日月五星及彗孛皆謂以譴告一人，故曰天文，因以題篇。

【版本】藏本注「譴」作「⿰言造」，景宋本、王溥本、朱本、茅本、葉本、汪本、莊本、集解本作「譴」，今據改。（蔣刊道藏輯要本亦作「譴」。）

【箋釋】于大成云：「譴」是誤字，各本皆作「讉」，論衡異虛篇云：「説災害之家以爲天有災異者，所以譴告王者。」與高此注義同。説文言部：「讉，謪問也。」是其誼也。

〔二〕【高注】馮翼洞灟，無形之貌。洞，讀挺挏之挏。灟，讀以鐵頭斫地之鐲也。

【版本】藏本「墬」誤作「墜」，除朱本同藏本外，餘本均作「墬」，今據改。藏本注「挏」作「桐」，莊本、集解本作「挏」，今據改，景宋本、王溥本、朱本、葉本同藏本。

【箋釋】錢塘云：墬，籀文「地」。楚辭天問：「馮翼何象？何以識之？」王逸注云：「言天地既分，陰陽運轉，馮馮翼翼，何以識知其形象乎？」○王引之云：書傳無言天地未形名曰太昭者。馮翼洞灟，亦非昭明之貌。「太昭」當作「太始」，字之誤也。易乾鑿度曰：「太始者，形之始也。」太平御覽天部一引張衡玄圖曰：「玄者，無形之類，自然之根，作於太始，莫之與先。」是太始無形，故天地未形，謂之太始也。○吴承仕云：注「鐲」當作「钃」，形近之譌也。「钃」爲田器，説文作「欘」，云：「斫也，齊謂之茲其。」爾雅：「斪斸謂之定。」李巡云：「鉏也。」此言「鐵頭斫地」，正説「钃」之形用耳。氾論訓「洞洞屬屬」注云：「屬讀犂欘之欘。」正與此同意。「鐲」訓鉦，音義俱不相應。○黄侃云：假「鐲」爲「钃」，猶之書「濁」爲「灟」耳。豈必悉如本形！（「燭」亦作「爥」，「躅」亦作「⿰𧾷屬」，「⿰木蜀」亦作「欘」，然則作「钃」者何嫌借「鐲」，況「钃」亦别字哉？）

〔三〕【箋釋】錢塘云：「霩」，古「廓」字。説文：「霩，雨止雲罷貌。」徐鉉曰：「今别作廓，非是。」○王引之云：道始于虚霩，當作「太始生虚霩」，即承上文「太始」而言。王逸注楚辭天問曰：「太始之元，虛廓無形。」（「廓」與「霩」同。）正所謂「太始生虛霩」也。後人以老子言道先天地生，故改「太始生虛霩」爲「道始于虛霩」，而不知與「故曰太始」句文不相承也。御覽引此作「道始生虛霩」，「太」字已誤作「道」，而「生」字尚不誤。○王叔岷云：記纂淵海一引「生」字亦不誤。○于大成云：雜志説是也。太始之名，書傳多有，皆言天地未形之誼。三墳書：「混沌爲太始，太始之者，無胎之萌也。」廣雅釋天：「太始，形之始也。」列子天瑞：「太始者，形之始也。」並與易乾鑿度合。乾鑿度引見周易正義論易之三名。白虎通天地篇引作「形兆之始也」，「兆」字當衍。楚辭天問「遂古之初」，王注：「言往古太始之元，虛廓無形。」即用淮南此文。字作「太始」更其證也。「太始生虛霩」，羣書通要甲集一引，「生」字亦不誤。

〔四〕【高注】宇，四方上下也。宙，往古來今也。將成天地之貌也。涯垠，重安之貌也。

【版本】藏本正文及注「涯」作「漢」，莊本、集解本作「涯」，今據改，餘本同藏本。

【箋釋】錢塘云：御覽卷一引作「涯垠」。○莊逵吉云：御覽作「宇宙生元氣」。涯，俗本作「漢」，誤。○王念孫云：此當爲「宇宙生元氣，元氣有涯垠」。下文「清陽爲天，重濁爲地」，所謂「元氣有涯垠」也。今本脱去兩「元」字，「涯」字又誤爲「漢」。太平御覽天部一「元氣」下引此，正作「宇宙生元氣，元氣有涯垠」。○王叔岷云：記纂淵海引「宇宙生氣」句，「氣」上亦有「元」字。○于大成云：羣書通要引「宇宙生氣」句，「氣」上亦有「元」字。

〔五〕【高注】薄靡者，若塵埃飛揚之貌。

【版本】藏本注無「塵」字，茅本、汪本、張本、莊本、集解本有，今據補，景宋本、王溥本、朱本、葉本同藏本。

〔六〕【版本】景宋本「凝滯」作「滯凝」，餘本同藏本。

【箋釋】錢塘云：黄帝素問陰陽應象大論曰：「積陽爲天，積陰爲地，故清陽爲天，濁陰爲地。」○劉文典云：北堂書鈔一百五十七、御覽三十六引，「凝」並作「淹」。

〔七〕【高注】一作摶。

【版本】藏本注「摶」作「專」，王溥本作「摶」，今據改，景宋本、朱本作「慱」，茅本、汪本、張本、黄本作「慱」，莊本、集解本作「專」，葉本同藏本。

【箋釋】錢塘云：「專」，古通「摶」。易「夫乾其静也專」，陸績作「摶」，是也。史記王翦傳「專委于我」，徐廣曰：「專，亦作摶。」今淮南注别本云「一作專者」，傳寫誤。天言「合專」者，楚辭「乘精氣之摶摶兮」，王逸云：「楚人名員曰摶也。」此其義也。○馬宗霍云：説文女部無「妙」字，目部有「眇」，訓「一目小也」，引申爲凡微小之稱。本文「清妙」猶言清微之氣，其正字當作「眇」。古「眇、妙」二字多通用。老子第一章「故常無欲以觀其妙」，王弼注云：「妙者，微之極也。」吕氏春秋審分篇「所知者妙矣」，高誘彼注云：「妙，微也。」漢書藝文志「樂尤微眇」，顔師古注云：「眇亦讀曰妙。」皆其證。「合專」之「專」通作「摶」，一本作「專」者誤。説文手部云：「摶，圜也。」口部云：「團，圜也。」摶與團同訓，引申之義則爲「聚」。管子霸言篇「不摶不聽」，尹知章注云：「摶，聚也。」又内業篇「摶氣如神」，尹注云：「摶謂結聚也。」本文正謂天氣清微，其合聚爲易也。説文口部又云：「圜，天體也。」「圜」爲「摶」之本訓。此文言天，則作「摶」又其正字也。易繫辭上「其静也專」，陸德明釋文云：「專，陸績作摶。」左氏昭公二十年傳「若琴瑟之專壹」，陸氏釋文云：「專，本作摶。」史記秦始皇本紀「摶心壹志」，司馬貞索隱云：「摶，古專字。」是「專」與「摶」通之證。○雙棣按：錢、馬説是。下文「陰陽之專精爲四時」，「專」與此同，亦猶摶也。

〔八〕【版本】王鎣本「竭」作「結」，餘本同藏本。

【箋釋】馬宗霍云：爾雅釋詁云：「歇，涸竭也。」方言十二云：「歇，涸也。」説文水部云：「涸，渴也。」是「竭、歇、渴」三字皆相通，而義皆爲涸。涸之言固，然則「凝竭」猶言「凝固」，此與上文「清妙之合專易」爲對文，蓋言地氣重濁，其凝固較難也。高氏於本文凝竭無注。時則篇「水始涸」，彼注云：「涸，凝竭。」與本文可互證。

〔九〕【高注】襲，合也。精，氣也。

〔一〇〕【箋釋】陶方琦云：開元占經二十三引許注云：「日者，火也。」按：占經引作「淮南閒詁云」，閒詁乃許注本也，故高本無注。

〔一一〕【版本】王溥本、王鎣本、茅本、汪本、吴本、張本、黄本、莊本、集解本無「寒氣」下「者」字，景宋本、朱本、葉本同藏本。

【箋釋】王引之云：積陽之熱氣生火，積陰之寒氣爲水，本作「積陽之熱氣久者生火，積陰之寒氣久者爲水」，言熱氣積久則生火，寒氣積久則爲水。今本無「久者」二字，後人删之也。初學記天部上、太平御覽天部四並引此云：「積陰之寒氣久者爲水。」隋蕭吉五行大義辨體性篇引此云：「積陽之熱氣反者爲火，積陰之寒氣反者爲水。」藝文類聚天部上引此云：「積陰之寒氣大者爲水。」「反」與「大」皆「久」字之誤，則原有「久者」二字明矣。○鄭良樹云：事文類聚前集二引，亦有「久者」二字。○于大成云：杜預春秋序正義引「積陰之寒氣久者爲水」，亦有「久者」二字。○雙棣按：王説是也。景宋本、道藏本等本「寒氣」下尚存「者」字，爲「久者」脱之未盡者，劉績删「者」字遂使脱誤滅跡矣。

【用韻】「火、水」微部，「日、月」質月合韻。

〔一二〕【箋釋】王引之云：「日月之淫爲」，本作「日月之淫氣」，此因上下文「爲」字而誤。廣韻星字注引此云：「日月之淫氣精者爲星辰。」日月之淫氣，與積陽之熱氣、積陰之寒氣，文正相對；精者爲星辰，與精者爲日、精者爲月，文亦相對。下文「天地之偏氣怒者爲風，天地之合氣和者爲雨」，句法亦相同。○馬宗霍云：王説是也。説文水部云：「淫，浸淫隨理也。一曰久雨爲淫。」引申之，淫有流散之意。素問痺論「淫氣喘息」，王冰注云：「淫氣，謂氣之妄行者。」「妄」之言「放」。禮記哀公問篇「淫德不倦」，鄭玄注云：「淫，放也。」「放」猶「散」也。本文「淫氣」，正謂日月光氣散放流移，其精者則爲星辰也。

〔一三〕【箋釋】馬宗霍云：「受」猶「容」也，此謂天容日月星辰，地容水潦塵埃也。方言三云：「受，盛也，猶秦、晉言容，盛也。」是「受」有容義之證。

〔一四〕【高注】共工，官名。伯於宓羲、神農之間，其後子孫任智刑以强。故與顓頊（黄帝之孫）争位。不周山在西北也。

【版本】莊本、集解本注「宓」作「虙」，景宋本、王溥本、葉本同藏本。

【箋釋】王叔岷云：楚辭天問注引淮南「帝」下有「不得」二字。論衡談天篇有「不勝」二字。○于大成云：古文苑宋玉大言賦章樵注引亦有「不得」二字，柳宗元天對潘緯音義引楚辭注同。原道篇謂與高辛争，補史記三皇本紀又以爲與祝融戰。蓋皆傳聞之異。淮南之書，左右采獲，遂不自覺其前後之自相乖戾也。又云：離騷「路不周以左轉兮」，王逸注曰「不周，山名，在崑崙西北」；吕氏春秋本味篇「不周之粟」高注曰「不周，山名，在西北方，崑崙之西北也」。然則此注「西北」上當有「崑崙」二字。原道篇「昔共工之力，觸不周之山」，高注曰「不周山，在崑崙西北」，正有「崑崙」二字。

〔一五〕【箋釋】于大成云：楚辭天問注（柳宗元天對音義引同）、山海經大荒西經注、文選張平子思玄賦注、古文苑宋玉大言賦注引並作「天維絶，地柱折」，史記龜策傳亦云「地柱折」，與此不同。

【用韻】「折、絶」月部。

〔一六〕【高注】傾，高也。原道言「地東南傾」，傾，下也。此先言傾西北，明其高也。

〔一七〕【箋釋】錢塘云：事見列子湯問篇，古蓋天之説也。祖暅天文録云：「古人言天地之形者有三，一曰渾天，二曰蓋天，三曰宣夜。蓋天之説又有三體：一云天如車蓋，遊乎八極之中；一云天形如笠，中央高而四邊下；一云天如攲車蓋，南高北下。」南高北下，即東南高，西北下也。禹所受地説書曰：「崑崙東南方五千里，名曰神州，帝王居之。」河圖括地象曰：「地部之位，起形高大者有崑崙山，其山中應于天，居最中，八十一域布繞之。中國，東南隅，居其一分。」此亦蓋天之説。然則，中國地，西北高，東南下。蓋天既以天爲東南高，西北下，地又西北高，東南下，於是以天之西北爲傾，地之東南爲不足。楊炯渾天賦曰：「有爲蓋天之説者曰，天則西北既傾而三光北轉，地則東南不足而萬穴東流。」其明證也。古言天雖有三家，太初以後始用渾天，其前皆蓋天也。淮南亦主蓋天，故持載其説。王充作論衡，不信蓋天，其談天篇云：「鄒衍曰：『方今天下，在地東南，名赤縣神州。』天極爲天中，如今天下在地東南，視極當在西北。今正在北，方今天下在極南也。」不知天以辰極爲中，地以崑崙爲中，二中相值，俱當在人西北。人居崑崙東南，視辰極則在正北者，辰極在天，隨人所視，方位皆同，無遠近之殊，處高故也。崑崙在地，去人有遠近，則方位各異，處卑故也。不妨今天下在極南，自在地東南隅矣。案：崑崙所在，其説不一，酈道元以爲是阿耨達大山，劉元鼎以爲即悶摩黎山，蒲蔡都實又謂是亦耳麻莫不剌山，但此諸山本不名崑崙，特中國人名之耳。中國自有崑崙山，山無別名者。是禹貢崑崙屬雍州。漢書地理志金城郡「臨羌西北塞外有西王母石室，西有弱水、崑崙山祠」。續漢書郡國志金城郡「臨羌有崑崙山」。十六國春秋前涼録馬岌傳云：「岌上言酒泉南山即崑崙之體也，周穆王見王母，樂而忘歸，即謂此山。此山上有石室，王母堂珠璣鏤飾，焕若神宫。」禹貢崑崙山在臨羌之西，即此明矣。然則崑崙近在雍州之西北隅，故爾雅言「西北之美者，有崑崙之球琳琅玕焉」，即山海經、穆天子傳所言崑崙，皆謂此山也。太史公曰：「自張騫使大夏之後也，窮河源，惡睹所謂崑崙者乎？」蓋譏武帝捨近求遠，非謂無崑崙也。故曰：「言九州山川，尚書近之矣。」晉鴻臚卿張匡鄴使于闐作行程記云：「玉河在于闐城外，其源出崑崙，西流一千三百里，至于闐界牛頭山。」然則崑崙在于闐東，明即臨羌之崑崙。蓋天家見中國之山唯此最高，用爲地中，以應辰極，故曰天如敧車蓋。周禮説冬至祀天皇大帝，夏至祀崑崙，亦即此意。若神州之神祭于建申之月，猶祭感生之帝于建寅之月，以神州在地東南隅，非大地故也。楚辭天問曰：「幹維焉繫？天極焉加？八柱何當？東南何虧？康回馮怒，地何故以東南傾？南北順橢，其衍幾里？崑崙縣圃，其尻安在？四方之門，其誰從焉？西北啟闢，何氣通焉？」此皆據楚先王廟之所圖而問之，知淮南所説，其備古矣。注以天傾爲高，則天北高南下，傾可言下，亦可言高，唯所命之而已。

〔一八〕【用韻】「移、歸」歌微合韻。

〔一九〕【用韻】「方、明」陽部。

【箋釋】洪頤煊云：大戴禮天圓篇：「明者，吐氣者也，是故外景。幽者，含氣者也，是故内景。故火日外景，而金水内景。」張衡靈憲：「日譬猶火，月譬猶水。火則外光，水則含景。」此本作

「火日外景，水月内景」，兩「曰」字是俗人所改。○顧廣圻云：火曰外景，「曰」疑當作「日」；水曰内景，「水曰」疑當作「金水」。大戴禮曾子天圓篇云「故火日外景，金水内景」，金水内景，即淮南子所本，可證也。高注精神篇云：「金内景。」蓋又據此而言之。○馬宗霍云：説文日部云：「景，光也。」本文兩「景」字義同。荀子解蔽篇「濁明外景，清明内景」，楊倞注云：「景，光色也。」可與本文互參。○于大成云：趙君卿注周髀算經曰：「日者，陽之精，譬猶火光；月者，陰之精，譬猶水光。月含影故月光生於日之所照。」亦以「火日、水月」相喻，則洪説是也。

【用韻】「景、景」陽部。

〔二〇〕【箋釋】錢塘云：以上皆見大戴禮曾子天圓篇，蓋孔氏微言也。天圓地方之義，曾子荅單居離言之，曰：「天之所生者上首，地之所生者下首。上首之謂圓，下首之謂方。如誠天圓而地方，則是四角之不掩也。」此即渾天之理，而蓋天亦然。周髀算經曰：「圓出于方，方出于矩。環矩以爲圓，合矩以爲方。方屬地，圓屬天，天圓地方。」趙君卿注云：「物有方圓，數有奇耦。天動爲圓，其數奇；地静爲方，其數耦。此配陰陽之義，非實天地之體也。」足與曾子相備。火曰外景，水曰内景者，周易離爲火，崔憬曰「取卦陽在外，象火之照也」；坎爲水，宋衷曰「卦陽在中，内光明有似于水」是也。

【用韻】「施、化、化」歌部。

〔二一〕【版本】王溥本、王鎣本、茅本、汪本、張本、吴本、黄本、莊本、集解本「地」上無「天」字，景宋本、朱本、葉本同藏本。

【箋釋】王念孫云：劉(績)本删去下句「天」字，而莊本從之。案：大戴禮曾子天圓篇：「陰陽之氣，偏則風，和則雨。」藝文類聚天部下引曾子曰：「天地之氣，和則雨。」是風雨皆天地之氣，豈得以風屬之天，雨屬之地乎？下句當依道藏本作「天地」，上句當補「地」字。又案：「含氣」當爲「合氣」，「合、含」字相似，又涉上文「含氣」而誤也。「合氣」與「偏氣」正相對，作「含」則非其指矣。○于大成云：羣書通要甲集二引此文，亦作「天地」。○雙棣按：王説是，廣韻「風」字下引河圖曰：「風者，天地之使。」又引元命包曰：「陰陽怒而爲風。」是風屬天地，陰陽也，而不專屬之天或地。雨亦如之。

〔二二〕【高注】薄，迫也。感，動也。

〔二三〕【箋釋】楊樹達云：説文「霆」訓雷餘聲，此文之「霆」乃指電言，不當如説文之訓。左傳襄公十四年云：「畏之如雷霆。」莊子天運篇云：「吾驚之以雷霆。」釋文並云：「霆，電也。」説文云：「電，陰陽激燿也。」此云「激而爲霆」，與説文義合。此文偏言天象雷霧雨露霜雪而獨不及電，以「霆」爲雷餘聲，則與「雷」義複，以是知之。地形篇云：「陰陽相薄爲雷，激揚爲電」，亦此文「霆」當訓「電」之明證也。○于大成云：大戴禮曾子天圓篇「陰陽之氣，俱則靁，交則電」，即此「感而爲雷，激而爲霆」也。以彼觀之，楊説甚確。兵略篇曰「疾雷不及塞耳，疾霆不暇揜目」，「霆」字亦當訓爲「電」。本經篇「天之精，日月星辰雷電風雨也」，文子下德篇「電」作「霆」，知「霆、電」古通用矣。占經一百二引河圖曰「激揚爲電」，又引春秋元命包曰「陰陽激爲電」，亦此「激而爲霆」之「霆」當訓「電」之明證也。

〔二四〕【用韻】「雨、霧」魚侯合韻。

〔二五〕【高注】散，霧散也。

〔二六〕【用韻】「露、雪」鐸月合韻。

〔二七〕【用韻】「羽、陽」魚陽通韻。

〔二八〕【用韻】「鱗、陰」真侵合韻。

〔二九〕【高注】除，冬毛微墮也。

【箋釋】陶方琦云：初學記一引許注「除角」。按，此條乃初學記連正文而引，惟「除角」二字爲許注也。孫氏問經輯本連本文並引爲許説，非也。然「除角」當作「除毛」。○于大成云：御覽三亦連正文引許注「除角」二字。又初學記、御覽三、九百四十一、錦繡萬花谷後集三引此文，「故」並作「以」，例之下文「是以月虚而魚腦減」，作「以」一例。惟御覽十九引此文並高注，字仍作「故」，而初學記、萬花谷明引許注，則高本作「故」，而許本作「以」乎！

〔三〇〕【高注】日冬至麋角解，日夏至鹿角解。

【箋釋】陶方琦云：御覽九百四十一引許注「解角」。按：觀此條許注知初學記引「除角」二字爲許注無疑，許注質而高注詳。（説文麋下云：「麋，冬至而解其角。」）○雙棣按：吕氏春秋仲夏云：「鹿角解」，仲冬云「麋角解」，本書時則篇同，爲高注所本。

【用韻】「主、除」侯魚合韻。

〔三二〕【高注】宗，本也。減，少也。膲，肉不滿。言應陰氣也。膲，讀若物醮少之醮也。

【版本】莊本「減」作「流」，餘本同藏本。藏本「蛖」作「硥」，王溥本、王鎣本、朱本、吴本、莊本、集解本作「蛖」，今據改，餘本同藏本。莊本、集解本注「少」作「炒」，景宋本、王溥本、朱本、葉本同藏本。藏本注「之」作「醮」，景宋本、王溥本、朱本、葉本、莊本、集解本作「之」，今據改。

【箋釋】錢塘云：一本云：「讀若物少之醮也。」語較明。○王念孫云：「虛」當爲「虧」，字之誤也。（「虧」字脱去右半，因誤而爲「虛」。埤雅引此已誤。）月可言盈虧，不可言虛實。太平御覽鱗介部十三，引此正作「月虧」，藝文類聚天部上、御覽天部四引此，並作「月毀」。（蓋許慎本。）毀亦虧也。○劉台拱云：「硥」當作「蛖」。說山訓「月盛衰於上則蠃蛖應於下」，脩務訓「食蠃蛖之肉」。○陶方琦云：御覽九百四十一引，「月死而蠃蛖膲」作「月死而螺蚌瘷」，引許注：「瘷，減蹴也。」按：廣雅：「瘷，縮也。」縮即減蹴義。通俗文：「縮小曰瘷。皺不申曰縮朒。」說文：「縮，一曰蹴也。」則「減蹴」即「減縮」。○劉文典云：白帖一引，「月虛」亦作「月毀」。○吴承仕云：景宋本作「膲，讀若物醮少之醮」是也。說文「潐，盡也。」爾雅：「水醮曰厬。」釋文云：「本或作潐。」「潐、膲、醮」音同，「潐、少」義近。本文作「膲」，高讀作「醮」，並「潐」之假字。「讀若醮少之醮」者，作音兼釋義也。繆稱訓「滿如陷」，注云：「陷，少也。」「陷少，膲少」皆縮朒不滿密之稱。莊本改「少」爲「炒」，文不成義。○于大成云：王説「虚」當爲「虧」是也。謂作「毁」者蓋許慎本，則大謬也。考御覽麟介部十三所引是許慎本，其字作「虧」，則作「毁」者始是高誘本矣。今本天文篇雖系高注，而字作「虚」者，後人據許本改之而缺壞者。本書往往如此，前後屢見，無足異者。御覽九百三十五引此亦作「毁」，御覽四引吕氏春秋同。（今本吕氏春秋無此文。）

【用韻】「宗、滅」冬侵合韻。

〔三二〕【高注】蕁，讀葛覃之覃。

【版本】藏本注在下文「本標相應」下，莊本、集解本在此，今據移，景宋本、王溥本、朱本、葉本同藏本。

【箋釋】錢塘云：「蕁」當爲「燅」。有司徹云：「乃燅尸俎。」注：「燅，温也。古文『燅』皆作『蕁』，記或作燖。春秋傳曰：『若可燖也，亦可寒也。』」案：今春秋傳作「尋」。是「尋、燅」古今字，「蕁」又「尋」之借也。注讀爲「覃」，又即「燂」字。説文云：「燂，火熱也。從火，覃聲。」「覃、燂」聲同，故讀從之。○李哲明云：「蕁」借爲「羙」。詩「憂心如惔」，古本毛詩作「羙」。廣雅：「羙，爇也。」毛傳：「惔，燔也。」釋文：「惔，韓詩作炎。」火上蕁者，猶言火上炎也。「蕁」借爲「羙」，亦猶「尋」借爲「燅」耳。内則「燂湯清浴」釋文：「燂，温也。」「燂」即「燅」，亦即「尋」，或作「燖」者，俗字。「蕁」所以讀「覃」也。○于大成云：御覽八百六十九、九百三十五、萬卷精華十四引「蕁」正作「尋」，當是古本。

〔三三〕【箋釋】王念孫云：「飛」本作「動」，此後人妄改之也。同一動也，而有高下之殊，故曰「鳥動而高，魚動而下」。猶睽象傳言「火動而上，澤動而下」也。若鳥言飛，則魚當言游矣。太平御覽鱗介部七引此，正作「鳥動而高」。

〔三四〕【高注】標，讀刀末之末。

【版本】莊本、集解本注下「末」字作「標」，景宋本、王溥本、朱本、葉本同藏本。

【箋釋】劉家立云：物類相動，「動」字應作「感」，與「本標相應」之「應」字相對，作「動」者涉上句而誤也。〇楊樹達云：說文木部云：「標，木杪末也。」本標即本末。

【用韻】「動、應」東蒸合韻。

〔三五〕【高注】陽燧，金也。取金杯無緣者，熟摩令熱，日中時，以當日下，以艾承之，則燃得火也。

【版本】茅本、汪本、張本、黃本、莊本、集解本此注在下文「津而爲水」下，餘本同藏本。

【箋釋】錢塘云：論衡率性篇：「陽燧取火于天，五月丙午日中之時，銷鍊五石，鑄以爲器，磨礪生光，仰以向日，則火來至。」〇陶方琦云：華嚴音義引，燃作熯。音義上、太平廣記一百六十一引許注：「陽燧，五石之銅精，圓而仰日，則得火。」按：說文作鐆，云「陽鐆也」。周禮考工輈人「謂之鑑燧之齊」，注：「鑑燧，取水火於日月之器也。」唐釋輔行記引鄭注論語：「金鐆，火鏡也。」參同契：「陽燧以取火，非日不生光。」衆經音義引：「鐆，五石之銅精也，圓以仰日，則然，得火。」即許氏淮南注。藝文類聚火部引舊注曰：「日高三四丈，持以向日，燥艾承之寸餘，有頃焦之，吹之則然，得火。」與今高注義同而文異，或是許注。

〔三六〕【高注】方諸，陰遂，大蛤也。熟磨拭令熱，月盛時，以向月下，則水生，以銅盤受之，下水數滴。先師説然也。

【版本】茅本、葉本、汪本、張本、黄本、莊本、集解本注「遂」作「燧」，餘本同藏本。張本、黄本、莊本、集解本注「磨」下無「拭」字，餘本同藏本。莊本注「磨」作「摩」，餘本同藏本。

【箋釋】錢塘云：舊唐書禮儀志引作「下水數石」，出于李敬貞所竄易。方諸下水，不得有數石也。御覽引有許慎注云：「諸，珠也。方，石也。以銅盤受之，下水數升。」高所云「先師説」，殆謂此。周禮秋官：「司烜氏掌以夫遂取明火于日，以鑑取明水于月。」注：「夫遂，陽遂也。鑑，鏡，取水者，世謂之方諸。」考工記：「金錫半，謂之鑑燧之齊。」是二器俱用金也。方諸亦有用石者。萬畢術「方諸取水」，注云「形若杯，合以五石」是也，依本注，陽燧爲鏡，方諸爲蚌。符子曰「鏡以曜明故鑑人，蚌以含珠故内照，曜明故能取火，含珠故能下水」，義可知也。「方諸」一名「蚌鏡」，故古謂之「鑑」。〇陶方琦云：華嚴經音義上、太平廣記一百六十一引許注：「方諸，五石之精，作圓器似杯圬而向月，則得水也。」按：高注云「以銅槃受之，下水數滴」，與御覽所引許注説同。知所云「先師説然」，先師疑即許氏也。蓋古人尊聞之意。（或云：高言先師即盧植，以序中曾云從同縣盧君受其句讀。琦謂當是馬融。後漢馬融傳言融有淮南注，高誘之師爲盧植，植之師即馬融。知高注本中必多承用馬注，所云先師，或即是馬氏也。）説文鑑字下：「一曰鑑諸，可以取明水於月。」（段氏謂當作一曰鑑，方諸也。）周禮司烜鄭注：「鑑，鏡屬，取水者也，世謂之方諸。」御覽五十八引淮南萬畢術「方諸取水」，注曰：「方諸，形若杯，無耳，以五石合治，以十二月夜半作之，以承水即來。」與許説合。○馬宗霍云：此文「津而爲水」，當取津液之義。「津」在句中作動詞用。廣雅釋水云：「津，因也。」然則「津而爲水」者，蓋言方諸見月，因氣化成液而爲水也，素問湯液醪醴論「津液充郭」，王冰注云：「津液者水也。」亦其旁證。王念孫廣雅疏證謂「津因」之「津」字當是「伊」字之譌，未必確。○于大成云：方諸取水，得數石固難，然錢氏謂「數石」爲李敬貞所竄易，亦非是也。藝文類聚一引此注，亦作「數石」，（玉海九十一引同。）知此注本有作「數石」者矣。御覽四、事類賦一、天中記一引許注作「下水數升」，然則下水之爲多爲少，諸説不同，李敬貞未始竄易。

【用韻】「火、水」微部。

〔三七〕【高注】虎，土物也。風，木風也。木生於土，故虎嘯而谷風至。龍，水物也。雲生水，故龍舉而景雲屬。屬，會也。

【版本】景宋本、茅本、汪本上「風」上有「谷」字，王溥本、朱本、葉本、莊本、集解本同藏本。王溥本注「木」下「風」字作「氣」，餘本同藏本（張本、黄本無注）。藏本注「水」下無「物」字，莊本、集解本有，今據補，景宋本、王溥本、朱本、葉本、汪本同藏本。

【箋釋】錢塘云：初學記引高誘注云：「虎，陽獸，與風同類。」與此注異。疑此出許慎也。管輅別傳云：「龍者陽精，以潛爲陰。幽靈上通，和氣感神，二物相扶，故能興雲。夫虎者陰精，而居於陽，依木長嘯，動于巽林，二氣相感，故能運風。」○陶方琦云：文選劉孝標廣絶交論注、御覽九百二十九、事類賦風部引許注：「虎，陰中陽獸，與風同類。」御覽九百二十九引許注：「龍，陽中陰蟲，與雲同類。」按：御覽引春秋元命包：「猛虎嘯，谷風起，類相動也。龍之言萌也，陰中之陽也，故言龍舉而雲興。」論衡寒温篇：「虎嘯而谷風至，龍興而景雲屬。同氣共類，共相招致。」皆與許説合。○劉文典云：白帖二引作「虎嘯而谷風生」。○王叔岷云：文選張平子歸田賦注引作「龍吟而景雲至，虎嘯而谷風轃」。又天中記二引注云：「虎，陽獸也，與風同類。」蓋許注也。○于大成云：「轃」字，説文車部云：「大車簀也。从車，秦聲。讀若臻。」説文至部云：「臻，至也。从至，秦聲。」選注引「轃」字即叚爲「臻」。「至」字古音讀如「質」，與「臻」同部，故「轃」字亦叚爲「至」也。又云：劉本作「風，木氣也」，集證本同，是也。春秋繁露五行五事篇曰「風者，木之氣也」，素問陰陽應象大論「風勝濕」，王冰注曰「風，木氣也」，又五運行大論「風勝濕」，注曰「風，木氣也」，並可證成劉本之是。蓋虎，土物；風，木氣。木生於土，故虎嘯而谷風至也。「氣」字，涉上文而誤爲「風」，後人以爾雅釋天有「東風謂之谷風」之文，而五行東方屬木，遂於「風」上臆加「谷」字，不知此文「谷」字乃山谷字，非「習習谷風」之「谷」字也。藏本無「谷」字，猶未大誤，然遠不若劉本之善也。又云：「虎嘯而谷風至」高注云「虎，土物也」，以此例之，注「龍，水也」當作「龍，水物也」。吕氏春秋召類篇「以龍致雨」，高注云「龍，水物也」，正有

「物」字。周禮考工記畫繢之事「水以龍」，鄭注亦云「龍，水物也」，山海經大荒北經「應龍已殺蚩尤，又殺夸父，乃去南方處之，故南方多雨」，郭注亦云「言龍水物，以類相感故也」。易乾文言「雲從龍」，疏云「龍是水畜」，水畜亦水物也。莊本補「物」字，集解、集證並從之，是也。○雙棣按：時則篇「虎始交」高注：「虎，陽中之陰也。」與初學記引高注「虎，陽獸」不同，初學記引與文選注等引許注同，錢氏疑初學記引高注蓋出許慎，是也。

〔三八〕【箋釋】錢塘云：御覽引許慎注云：「麒麟，獨角之獸，故與日月相符。」○陶方琦云：御覽引淮南作「騏驎鬭則日月蝕」，初學記一、御覽四、事類賦日部引許注作「騏驎，大角之獸，故與日月相動」。（御覽、事類賦引，「相動」作「相符」。事類賦引，「大角」作「一角」。）説文：「麒，仁獸也。麋身牛尾一角。」爾雅：「麐，麋身牛尾一角。」春秋感精符曰：「麟，一角，明海内共一主也。」公羊疏引許君五經異義：「公羊説云：麟者木精，一角赤目，爲火候。」亦或引作「大角」者，作「一角」義是。春秋元命苞：「麒麟鬭，日無光。」宋均曰：「麒麟，少陽之精，鬭于地，則日月亦争于上。」抱朴清鑑：「日月蝕則識騏驎之共鬭。」初學記二十九及張華博物志並引作「騏驎鬭則日月蝕」，皆同許注本。開元占經引許注本亦作「蝕」。○吴承仕云：本作「大角」是也。續漢志劉昭注引靈憲曰：「明堂之房，大角有席，天市有坐。」御覽六引蔡邕月令章句曰：「天官五獸之於五事也，中有大角軒轅，麒麟之信。」據此，則大角者，中宫星名。麒麟上應大角，故與日月相符。「大角」誤作「一角」，衹説獸形，復與日月何涉。爾雅翼引淮南此文而説之曰：「歲星散爲麟。（承仕按：此語出春秋保乾圖。）歲失其序，則麟鬭；麟鬭，則日月蝕矣。」視許注少異，而本之舊義則同。陶氏舍「大」從「一」，致爲疏矣。○于大成云：説文鹿部「麒，麒麟，仁獸也」，馬部「騏，馬青驪文如綦也」，無「驎」字。是知許本必不作「騏驎」，而當如今本作「麒麟」也。（「麟」字説文訓大牡鹿，麒麟字作「麐」。）御覽四「日蝕」下雖引作「騏驎」，但九百三十八亦引許注，而字作「麒麟」，卷四「月蝕」下引同。他如王子年拾遺記一、白孔六帖一、開元占經十七、事類賦注一、又二十九、爾雅翼十八、天中記一、稗史彙編二並同。檢初學記一、二十九、博物志二亦並作「麒麟」，陶氏謂作「騏驎」，非也。又云：开元占經十七、萬花谷引「鬭」並作「門」，是也。經傳多借「鬭」爲之。

〔三九〕【箋釋】錢塘云：初學記引許慎注云：「彗，除舊布新也。」○陶方琦云：一切經音義十九、御覽九百三十八引許注：「鯨，海中魚之王也。」覽冥訓高注與許注文微異。説文作「鱷」，云：「海大魚也。」字或從「京」作「鯨」，一切經音義引注云無「海中」二字，御覽引魏武四時食制曰：「東海有大魚如山，長五六里，謂之鯨鯢。」春秋演孔圖：「海精，鯨魚也。」薛綜西京賦注：「海中大魚名鯨。」當從御覽補「海中」二字。又：白帖一引許注：「彗，除舊布新也。」按左昭十七年傳：「彗，所以除舊更新也。」（五行志引作布新。）劉向洪範五行傳：「彗，除穢布新也。」覽冥訓高注：「彗星爲變異，人之害也。」與許注亦異。

〔四〇〕【高注】蠶老絲成，自中徹外，然視之如金精珥，表裏見，故曰珥絲。一曰：弄絲於口。商音清，弦細而急，故先絶也。

【版本】張本、莊本、集解本注無「然」字，景宋本、王溥本、朱本、葉本同藏本。

【箋釋】于省吾云：春秋考異郵「蠶咡絲」，注文「咡」作「珥」，云：「吐也。」與注説異。○馬宗霍云：説文玉部云：「珥，瑱也。從玉，耳聲。」又云：「瑱，以玉充耳也。從玉，真聲。」又玉下云：「鰓理自外可以知中。」然則珥爲玉器。玉既中外通理，是珥之引申亦有表裏瑩徹之義。高注所謂自中徹外表裏見，正與許説合。高又云如金精者，亦喻其光色如金耳。春秋考異郵注與高所稱一説合。○于大成云：于氏所引春秋考異郵，見御覽九百二十三，然「珥」字正文注文並同，未始作「咡」也。于氏失檢。御覽八百十四引作「餌」，御覽八百二十五、事類賦注十、萬卷精華五、廣韻之韻絲字注引淮南，字並作「餌」。作「餌」是正字。説文鬻部：「鬻，粉餅也。餌，鬻或从食耳。」字亦作「咡」。禮記少儀「則辟咡而對」，注曰「口旁曰咡」。高誘謂「弄絲於口」，即鄭玄所謂「口旁曰咡」也。覽冥篇亦曰「蠶咡絲而商弦絶」，字正作「咡」。淮南此文一作「珥」者，「珥」亦當段爲「餌」。春秋繁露郊語篇「蠶珥絲於室而弦絶於堂」，字作「珥」，與此文同。此注前後兩義，依前一義，字當作「珥」；依後一義，字當作「餌」。然作「珥」之前一義實非。易乾文言正義曰：「其造化之性，陶甄之器非惟同類相感，亦有異類相感者，若磁石引針，琥珀拾芥，蠶吐絲而商弦絶，銅山崩而洛鍾應，其類煩多，難一一言也，皆冥理自然，不知其所以然也。」所謂「銅山崩而洛鍾應」者，劉敬叔異苑卷二載其事，云「魏時，殿前大鐘無故自鳴，人皆異之，以問張華，華曰：『此蜀郡銅山崩，故鐘鳴應之耳。』尋蜀郡上其事，果如華言」。又東方朔別傳所載，與此相類。「漢武帝時，未央宮殿前鐘無故自鳴，三日三夜不止。大怪之，召待詔王朔問之，朔對曰：『有兵氣。』上更問東方朔，朔對曰：『王朔知其一，不知其二。臣聞：銅者，土之子，以陰陽氣類言之，子母相感，山恐有崩弛者，故鐘先鳴。易曰：鳴鶴在陰，其子和之。』上曰：『應在幾日？』朔曰：『在五日內。』居三日，內郡太守上言，山崩延袤二十餘里。上大笑，賜帛三十匹。」（初學記十六。）實則東方所謂「子母相感」，易疏所謂「同類相感」、「異類相感」，其理張華固嘗言之，異苑二又云：「晉中朝有人畜銅澡盤，晨夕恒鳴如人扣，乃問張華。華曰：『此盤與洛鐘宮商相應，宮中朝暮撞鐘，故聲相應耳。可錯令輕，則韻乖，鳴自止也。』如其言，後不復鳴。」然則蠶珥絲而商弦絕者，蠶弄絲於口，其律與商弦之律同，故商弦爲之絕耳。說詳唐鉞同情振動的知識一文。爾雅翼十四引春秋文耀鉤曰「商弦絕，蠶含絲」，含、餌同誼。又御覽、事類賦注、萬卷精華引此文，並有注云「商弦，金聲也。春蠶吐絲，金死，故絕也」，以下文覘之，必是許注。

〔四一〕【高注】賁星，客星也，又作孛星。墜，隕也。勃，大也。決，溢也。

【版本】王溥本、王鎣本（無注）、葉本、吴本（無注）正文及注「勃」作「渤」，餘本同藏本。

【箋釋】陶方琦云：占經七十四引「賁星」作「奔星」，「勃」作「渤」，引許注云：「奔星，流星也。」按，占經引爲許慎説云云，益知二家之本不同也。高注云「又作孛星」，「孛」即「奔」字之誤。知高云又作乃許本也。（「奔、賁」古字通。）○于鬯云：「賁」讀爲「奔」，小戴表記引詩「鶉之賁賁」，今詩作「奔奔」。孟子盡心篇「虎賁」，陸釋云：「丁音奔。先儒言如猛虎之奔。」素問繆刺論王冰注云：「賁，謂氣奔也。」是二字音義俱通。賁星者，奔星也。爾雅釋天云：「奔星爲彴約。」郭璞注云：「流星。」文選上林賦李善注亦云：「奔星，流星也。」是也。高注云：「賁星，客星也，又作孛星。」疑非。○于大成云：御覽八二五引此許注下尚有「勃海，水之勃怒也」七字。

【用韻】「至、屬、食、出、絶、決」質屋職物月合韻。

〔四一〕【高注】暴，虐也。飄風，迅也。

【箋釋】吴承仕云：注當云：「飄風，迅風也。」傳寫誤奪一「風」字。詩卷阿：「飄風自南。」傳云：「飄風，迴風也。」是其比。

〔四二〕【高注】食心曰螟，穀之災也。

【箋釋】陶方琦云：占經一百二十引許注：「穀惡生孽，則蟲食心。」按，食心之訓，皆本雅義。○劉文典云：「枉法令」與上句「誅暴」文不一律。意林引此文，「枉法令」作「法苛」。「誅暴、法苛」正相對成義，當從之。

〔四三〕【高注】赤地，旱也。

【版本】藏本「辜」作「辠」，景宋本、吴本、莊本、集解本作「辜」，今據改，餘本同藏本。

〔四四〕【箋釋】楊樹達云：漢書于定國傳記東海郡枯旱三年，定國以爲冤殺孝婦之咎！知漢代人所信確如此。

〔四五〕【高注】干時之令不收納，則久雨爲災。

【箋釋】劉文典云：意林引「國」作「多」，「收」作「時」。

【用韻】「情、天、螟」耕真合韻，「地、雨」歌魚合韻。

〔四六〕【高注】期，會也。

【版本】茅本、汪本、張本、黄本、莊本、集解本此注在下文「天之忌也」下，餘本同藏本。

【箋釋】馬宗霍云：左氏昭公七年傳士文伯對晉侯曰：「日月之會是謂辰。」杜預注云：「一歲日月十二會謂之辰。」孔穎達疏云：「日月會謂之辰者，辰，時也。言日月聚會有時也。」又：尚書堯典「厤象日月星辰」，孔疏引鄭玄注以星辰爲一。孔氏申之云：「日月所會與四方中星俱是二十八宿。舉其人目所見，以星言之；論其日月所會，以辰言之。其實一物，故星辰共文。」又孟子離婁篇下「星辰之遠也」，趙岐注云：「星辰，日月之會。」凡此皆足證成高注訓「期」爲「會」之義。

〔四七〕【高注】雄爲虹，雌爲蜺也。虹者，雜色也。忌，禁也。

【箋釋】劉文典云：御覽十四引無「彗星」二字。○鄭良樹云：「彗星」二字當無，御覽十四、天中記一並無「彗星」二字，是其明證。蓋涉前文「彗星」而衍耳。○于大成云：劉、鄭説並非。御覽四引無「彗星」者，蓋此條引在「虹蜺」下，故删「彗星」二字耳。天中記三同御覽者，其理同也。

（鄭君謂天中記一，失檢。）開元占經八十八彗孛名狀占二引此，止作「彗星者，天之忌也」，豈可據斯而謂此文本無「虹蜺」二字乎？御覽二、喻林一、廣博物志一、天中記一引並有。又高訓「忌」爲「禁」，非是。「忌」即「誋」字。繆稱篇「目之精者，可以消澤，而不可以昭誋」，許注「誋，誡也」，齊俗篇「日月之所昭誋」，許注「告也」。告誡是其義也。繆稱篇又曰「精之至者，可以形勢接，而不可以照誌」，「誌」亦當爲「誋」。開元占經八十八引黃帝占說彗星曰「見則掃除凶穢，必有滅國，臣弒其君，大兵起，國易政」，是彗星爲天之告誡之事也。

【用韻】「吏、使、期、忌」之部。

天有九野，九千九百九十九隅，去地五億萬里〔一〕，五星，八風，二十八宿〔二〕，五官，六府〔三〕，紫宫，太微，軒轅，咸池，四守，天阿〔四〕。

何謂九野〔五〕？中央曰鈞天，其星角、亢、氐〔六〕。東方曰蒼天，其星房、心、尾〔七〕。東北曰變天〔八〕，其星箕、斗、牽牛〔九〕。北方曰玄天，其星須女、虚、危、營室〔一〇〕。西北方曰幽天〔一一〕，其星東壁、奎、婁〔一二〕。西方曰皓天〔一三〕，其星胃、昴、畢〔一四〕。西南方曰朱天〔一五〕，其星觜巂、參、東井〔一六〕。南方曰炎天〔一七〕，其星輿鬼、柳、七星〔一八〕。東南方曰陽天〔一九〕，其星張、翼、軫〔二〇〕。

何謂五星〔二一〕？東方木也〔二二〕，其帝太皞〔二三〕，其佐句芒〔二四〕，執規而治春〔二五〕，其神爲歲星，其獸蒼龍，其音角，其日甲乙〔二六〕。南方火也，其帝炎帝〔二七〕，其佐朱明〔二八〕，執衡而治夏〔二九〕，其神爲熒惑，其獸朱鳥〔三〇〕，其音徵，其日丙丁〔三一〕。中央土也，其帝黄帝〔三二〕，其佐后土〔三三〕，執繩而制四方〔三四〕，其神爲鎮星，其獸黄龍〔三五〕，其音宫，其日戊己〔三六〕。西方金也，其帝少昊〔三七〕，其佐蓐收〔三八〕，執矩而治秋，其神爲太白，其獸白虎，其音商，其日庚辛〔三九〕。北方水也，其帝顓頊〔四〇〕，其佐玄冥〔四一〕，執權而治冬，其神爲辰星，其獸玄武，其音羽，其日壬癸〔四二〕。

太陰在四仲，則歲星行三宿〔四三〕；太陰在四鉤，則歲星行二宿〔四四〕。二八十六〔四五〕，三四十二〔四六〕，故十二歲而行二十八宿〔四七〕。日行十二分度之一，歲行三十度十六分度之七，十二歲而周〔四八〕。熒惑常以十月入太微，受制而出行列宿，司無道之國〔四九〕，爲亂爲賊，爲疾爲喪，爲饑爲兵，出入無常，辯變其色，時見時匿〔五〇〕。鎮星以甲寅元始建斗，歲鎮行一宿〔五一〕，當居而弗居，其國亡土；未當居而居之，其國益地，歲熟。日行二十八分度之一，歲行十三度百一十二分度之五，二十八歲而周〔五二〕。太白元始以正月甲寅，與熒惑晨出東方〔五三〕，二百四十日而入，入百二十日而夕出西方，二百四十日而入，入三十五日而復出東方〔五四〕。出以辰戌，入以丑未，當出而不出，未當入而入，天下偃兵；當入而不入，當出而不出，天下興兵〔五五〕。辰星正四時〔五六〕，常以二月春分效奎、婁，以五月夏至效東井、輿鬼〔五七〕，以八月秋分効角、亢，以十一月冬至効斗、牽牛〔五八〕。出以辰戌，入以丑未，出二旬而入，晨候之東方，夕候之西方。一時不出，其時不和；四時不出，天下大饑〔五九〕。

何謂八風〔六〇〕？距日冬至四十五日條風至〔六一〕，條風至四十五日明庶風至〔六二〕，明庶風至四十五日清明風至〔六三〕，清明風至四十五日景風至〔六四〕，景風至四十五日涼風至〔六五〕，涼風至四十五日閶闔風至〔六六〕，閶闔風至四十五日不周風至〔六七〕，不周風至四十五日廣莫風至〔六八〕。條風至則出輕繫，去稽留〔六九〕。明庶風至則正封疆，脩田疇〔七〇〕。清明風至則出幣帛，使諸侯〔七一〕。景風至則爵有位，賞有功〔七二〕。涼風至則報地德，祀四郊〔七三〕。閶闔風至則收縣垂，琴瑟不張〔七四〕。不周風至則脩宮室，繕邊城〔七五〕。廣莫風至則閉關梁，決刑罰〔七六〕。

何謂五官？東方爲田，南方爲司馬，西方爲理，北方爲司空，中央爲都〔七七〕。

何謂六府？子午，丑未，寅申，卯酉，辰戌，己亥是也〔七八〕。

太微者，太一之庭也〔七九〕。紫宮者，太一之居也〔八〇〕。軒轅者，帝妃之舍也〔八一〕。咸池者，水魚之囿也〔八二〕。天阿者，群神之闕也〔八三〕。四宮者，所以爲司賞罰〔八四〕。太微者主朱鳥〔八五〕，紫宮執斗而左旋〔八六〕，日行一度，以周於天〔八七〕。日冬至峻狼之山〔八八〕，日移一度，月行百八十二度八分度之五，而夏至牛首之山〔八九〕，反覆三百六十五度四分度之一而成一歲〔九〇〕。

校釋

〔一〕【高注】九野，九天之野也。一野，千一百一十一隅也。

【箋釋】王念孫云：開元占經天占篇引此作「億五萬里」，太平御覽地部一引詩含神霧亦云「天地相去億五萬里」，然則「億五」二字，今本誤倒也。

【用韻】「野、隅、里」魚侯之合韻。

〔二〕【高注】五星，歲星、熒惑、鎮星、太白、辰星也。八風，八卦之風也。二十八宿，東方角、亢、氐、房、心、尾、箕，北方斗、牛、女、虚、危、室、壁，西方奎、婁、胃、昴、畢、觜、參，南方井、鬼、柳、星、張、翼、軫也。

【箋釋】王引之云：「二十八宿」四字，及注「二十八宿」云云，皆後人所加也。下文於九野、五星、八風、五官、六府，皆一一釋之，而不及二十八宿，但於所説九野中，附以其星角亢氐云云。使有「二十八宿」四字，下文不應不爲解釋，且不應以二十八宿併入九野條内，使綱目不相當也。然則此處原文無「二十八宿」四字明矣。注於「牽牛、須女、營室、東壁、觜巂、東井、輿鬼、七星」，皆省一字稱之，文義苟簡，決非漢人所爲。（天文、時則二篇於「牽牛、須女」等名皆不從省，月令、爾雅及吕氏春秋十二紀、有始覽、史記天官書、漢書天文、地理二志，無不皆然，唯此篇所列圖，於「營室、東壁、觜巂」各省一字，而「牽牛、須女、東井、輿鬼、七星」皆不省，漢書律曆志說十二次，於「東井」省「東」字，而「牽牛、婺女、營室」皆不省；說四方星度，於「牽牛、婺女、東壁、觜巂、東井、輿鬼、七星」，各省一字，而「營室」獨不省，此則後人改之而未盡者也。）「七星」但稱「星」，則無以別於他星，「牽牛」謂之「牛」，「營室」謂之「室」，「觜巂」謂之「觜」，皆文不成義。

〔三〕【高注】五官，五行之官。六府，加以穀。

【箋釋】錢塘云：「六府」具下，即時則訓之「六合」也，非左傳所說夏書「六府」。

〔四〕【高注】皆星名，下自解。

【版本】王溥本、王鎣本、朱本、葉本、吴本「守」作「宫」，餘本同藏本。

【箋釋】洪頤煊云：據下文及高注，此「天阿」上不當有「四守」二字，當是衍文，涉下「四宫」而譌。○王引之云：「天阿」本作「天河」，後人以「天河」非星名，故改爲「天阿」也。詳下注〔八三〕。

〔五〕【箋釋】錢塘云：此所說皆引吕氏春秋有始覽之文，因采高誘彼注補之。

〔六〕【高注】韓、鄭之分野也。

【箋釋】錢塘云：高誘云：「鈞，平也。爲四方主，故曰鈞天。角、亢、氐，東方宿，韓、鄭分野。」○洪頤煊云：二十八宿皆隨斗杓所指而言，角、亢、氐離斗杓最近，故古法以此三星爲中央天。○馬宗霍云：說文金部云：「鈞，三十斤也。」高吕覽注訓「鈞」爲平。蓋通作「均」。說文土部云「均，平徧也」是也。莊子齊物論「而休乎天鈞」，陸德明釋文云：「鈞，本作均。」詩小雅節南山

「秉國之均」，漢書律厤志作「秉國之鈞」，即「鈞、均」相通之證。

〔七〕【箋釋】錢塘云：高誘云：「東方，二月建卯，木之中也。木色青，故曰蒼天。房、心、尾，東方宿。房、心，宋分野。尾、箕，燕分野。」○馬宗霍云：爾雅釋天「春爲蒼天」，郭璞注云：「萬物蒼蒼然生。」詩王風黍離孔穎達疏引李巡云：「春萬物始生，其色蒼蒼，故曰蒼天。」知郭注蓋本李巡爲義。又釋名釋天云：「春曰蒼天，陽氣始發，色蒼蒼也。」皆可與本文相參。

〔八〕【高注】陽氣始作，萬物萌芽，故曰變天。

【版本】莊本、集解本此注在下文注「越分野」後，景宋本、王溥本、朱本、葉本同藏本。

【箋釋】錢塘云：彼注云：「東北，水之季，陰氣所盡，陽氣所始，萬物向生，故曰變天。」○俞樾云：周易説卦傳：「艮，東北之卦也，萬物之所成終而所成始也。」正義曰：「東北在寅丑之間，丑爲前歲之末，寅爲後歲之初，則是萬物之所成終而所成始也。」東北變天之義亦取諸此，以其居終始之交，故以變名。高注以萬物萌芽説之，尚未盡變字之義。○王叔岷云：「東北」下當有一「方」字，下文西北方、西南方、東南方，均有「方」字，句法一律。○雙棣按：呂覽於單字方位下有「方」字，雙字方位下無「方」字，亦一律。

〔九〕【高注】尾，箕，一名析木，燕之分野。斗，吴之分野。牽牛，一名星紀，越分野。

【版本】莊本、集解本注「越」下有「之」字，景宋本、王溥本、朱本、葉本同藏本。

〔一〇〕【高注】虚，危，一名玄枵，齊之分野。

【箋釋】錢塘云：彼注云：「北方，十一月建子，水之中也，水色黑，故曰玄天。婺女，亦越之分野。虚、危，齊分野。營室，衛分野。」○馬宗霍云：説文玄部云：「玄，幽遠也，黑而有赤色者爲玄。象幽而入覆之也。」可補「玄」字之義。

〔一二〕【高注】幽，陰也，西方季秋將即於陰，故曰幽天也。

【版本】茅本、汪本、張本、黄本、莊本、集解本此注在下文「奎婁」下，餘本同藏本。

【箋釋】錢塘云：彼注云：「西北，金之季也，將即大陰，故曰幽天。」○陳奇猷云：注「於陰」誤，當爲「太陰」。西方爲太陰，此西北，將即於西方，故曰「將即太陰」。○雙棣按：注「西方」各本同，似當作「西北」，始與正文相合。天文訓補注引及吕覽注均作「西北」。

〔一三〕【高注】營室、東壁，一名豕韋，衛之分野。奎、婁，一名降婁，魯之分野。

【版本】藏本正文及注「壁」作「璧」，景宋本、王溥本（黄焯本作璧）、王鎣本、朱本（塗改）、莊本、集解本作「壁」，今據改，餘本同藏本。藏本注「豕韋」作「承委」，王溥本作「豕韋」，今據改，餘本同藏本。

【箋釋】錢塘云：彼注云：「東壁，北方宿，一名豕韋，衛之分野。奎、婁，西方宿，一名降婁，魯之分野。」○吴承仕云：吕覽注作「豕韋」，是也。劉昭注補郡國志引帝王世紀曰：「自危十七度，至奎四度，曰豕韋之次，今衛分野。」與高誘説同，蓋舊義也。今作「承委」者，形聲相近而誤，應據吕氏高注正。○雙棣按：吴説是，王溥本亦作「豕韋」，今改。

〔一三〕【高注】皓，白也。西方金，色白，故曰皓天。或作昊。

【版本】景宋本、茅本、汪本、張本、吴本、黄本正文及注「皓」作「昊」，莊本、集解本作「顥」，王溥本、王鎣本、朱本、葉本同藏本。

【箋釋】錢塘云：彼注云：「西方，八月建酉，金之中也，金色白，故曰顥天。」○莊逵吉云：俗本皆作「昊」，惟藏本作「顥」。○于大成云：疑作「皓」者許，作「昊」者高也。「皓、昊」並隸古韻幽部，得通叚爲之。○雙棣按：莊謂藏本作「顥」，不知何據，實失考。

〔一四〕【高注】昴、畢，一名大梁，趙之分野。

【箋釋】錢塘云：彼注云：「昴、畢，西方宿，一名大梁，趙之分野。」○雙棣按：本篇下文云：「星部地名，胃、昴、畢，魏；觜巂、參，趙。」此注未及「胃」，而謂「昴、畢」爲「趙之分野」，與淮南正文不合。考高注二十八宿之分野，實以淮南爲本。下文注「觜巂、參，晉之分野」，淮南正文無「晉」。既已言及「韓、趙」，何又出現「晉」，殊不類。此當以淮南文爲準，「昴」上補「胃」字，「趙之分野」改「魏之分野」，下注「晉之分野」改「趙之分野」。吕覽注誤與此同。

〔一五〕【高注】朱，陽也。西南爲少陽，故曰朱天。

【版本】莊本、集解本此注在下句「晉之分野」下，景宋本、王溥本、朱本、葉本同藏本。

【箋釋】錢塘云：彼注云：「西南，火之季也，爲少陽，故曰朱天。」

〔一六〕【高注】觜巂、參，一名實沈，晉之分野。

【箋釋】錢塘云：彼注云：「觜巂、參，一名實沈，晉之分野。東井，南方宿，一名鶉首，秦之分野。」

〔一七〕【箋釋】錢塘云：彼注云：「南方，五月建午，火之中也，火曰炎上，故曰炎天。」○劉文典云：文選顏延年夏夜呈從兄散騎車長沙詩注引高注「南方，五月建午，火之中也，火曰炎上，故曰炎天」，今本敓，當據補。○馬宗霍云：文選顏延年夏夜呈從兄散騎車長沙詩李善注引高氏淮南子注正與吕覽注同。惟「火曰炎上」作「火性炎上」，曰、性二字爲小異耳。以李氏所引推之，則淮南上文「鈞天、蒼天、玄天」疑舊皆有注，校淮南者以其與吕覽注同，二注又同出高氏，或從而删之也。○于大成云：文選李善注乃引吕氏春秋有始覽高注也。凡云「某月建某」者，皆彼注文，錢塘援以補注此文則可，謂此注奪則不可。

〔一八〕【高注】柳、七星、張，周之分野，一名鶉火。

【版本】莊本注無「張」字，景宋本、王溥本、朱本、茅本、葉本、汪本、集解本同藏本。

【箋釋】錢塘云：彼注云：「輿鬼，南方宿，秦之分野。柳、七星，南方宿，一名鶉火，周之分野。」○吴承仕云：錢塘天文訓補注曰：注文「七星」下有「張」字，莊刻本無。張宿在下東南方，此是衍字，今删。案：各本並誤衍「張」字，莊、錢删之，是也。有始覽：「南方曰炎天，其星輿鬼、柳、七星。」注云：「柳、七星、南方宿，一名鶉火。」文義正同。劉文典集解沿莊本之誤者衆矣，此獨用誤本，不從莊、錢之説，失之。○雙棣按：吴説大誤。吴謂錢氏天文訓補注删注文「張」字，甚爲失考。錢氏之書始刻于道光八年，刻本前有安化陶澍之序，序云：「是書向無刻本，適余門人淡君（春台）作宰是邑，因囑令表章之。淡君因與毛君嶽生、陸君珣，以莊本校字句之同異，而付之梓。」書後有淡春台之跋，跋云：「云汀中丞夫子得其稿本，以春台適宰是邑，命爲校刻。因與邑人陸君子劭、寶山毛君生甫，互勤參考。二君皆嗜古好學，生甫尤精步算，通漢儒術數之學，既以莊本考其異同，復正其傳寫舛誤。」由上序、跋之語可知，據莊本校錢氏稿本者，乃淡春台等，淡氏校意，刻本中以小字案語出之。吴氏引天文訓補注云云，實淡氏之小字案語，非錢氏補注也。劉文典集解以錢氏補注爲附録，收有淡氏校語，而不録陶氏之序，淡氏之跋，遂使人難曉案語爲何人之意也。又按：「張」字非衍，莊本誤脱，淡氏之删補注及吴氏辯説，均非。高氏於二十八宿分野之注，多有前後歸併以簡其文之處，如北方玄天之營室下注未言及，而於西北方幽天奎、婁下，與東壁連言之曰：「營室，東壁，一名豕韋，衛之分野。」豈可謂西北方無營室，注文之營室爲衍文耶？若是，莊、淡如何不删？吴氏如何不辯之耶？此類吕覽注亦有，如東方蒼天，其星房、心、尾，注云：「尾、箕，燕分野。」箕亦是下文東北方之宿，豈能謂爲衍文？吕覽注與淮南注不同者，惟下文重出「尾、箕，燕之分野。」淮南下文云：「柳、七星、張，周。」爲高注所本。此注有「張」字，下注則不復爲「張」作注，不得謂爲衍文也。

〔一九〕【高注】東南純乾用事，故曰陽天。

【版本】茅本、汪本、張本、黄本、莊本、集解本此注在下文「翼軫」下，餘本同藏本。

【箋釋】錢塘云：彼注云：「東南，木之季也，將即太陽，純乾用事，故曰陽天。」

〔二〇〕【高注】翼、軫，一名鶉尾，楚之分野。

【箋釋】錢塘云：彼注云：「張、翼、軫，南方宿。張，周之分野。翼、軫，一名鶉尾，楚之分野。」

〔二一〕【箋釋】錢塘云：春秋運斗樞云：「太微宮中有五帝座。」星河圖云：「蒼帝神名靈威仰，赤帝神名赤熛怒，黄帝神名含樞紐，白帝神名白招拒，黑帝神名汁光紀。」春秋文曜鉤云：「赤熛怒之神爲熒惑，位南方，禮失則罰出塡。黄帝含樞紐之精，其體璇璣中宿之分也。」尚書考靈曜云：「歲星木精，熒惑火精，鎭星土精，太白金精，辰星水精也。」然則五緯即是五帝，常居太微則曰帝，運行周天則曰緯耳。文曜鉤又云：「東宫蒼帝，其精蒼龍；南宫赤帝，其精朱鳥；西宫白帝，其精白虎；北宫黑帝，其精玄武。」則五帝布精四方，又爲二十八宿矣。淮南言五星有五方、五帝、五佐、五神、五獸，其五帝、五佐乃人神之配天神者，則五方當謂五行，五獸即二十八宿及軒轅。知獸有軒轅者，以史記言「軒轅，黄龍體」故也。

〔二二〕【箋釋】陶方琦云：占經二十三引許注：「木冒地而生也。」按：説文木字下云：「冒地而生，東方之行。」與注淮南説同。

〔二三〕【高注】太皡，伏犧氏有天下號也，死託祀於東方之帝也。

【箋釋】錢塘云：周禮小宗伯「兆五帝于四郊」，康成云：「五帝，蒼曰靈威仰，太昊食焉。」月令注云：「此蒼精之君。」○陶方琦云：占經二十三引許注：「天神五帝，太皡主東方。」按：時則訓

「盛德在木」，高注：「太皞之神治東方也。」亦與許説合。○劉文典云：御覽十九引「皞」作「昊」。○于大成云：御覽所引注文，即是高注，而「昊」字不見説文，知作「昊」者是高本。開元占經二十三引許慎本作「皞」，則今本作「皞」者，乃許本也。然「皞」字亦是俗字，字當作「暤」，説文日部「暤，暤旰也」，段注：「暤旰，謂絜白光明之皃。古者大暤、少暤，蓋皆以德之明得偁。俗作大昊、少昊。」知許本必作「太暤」。漢書魏相上書「太昊乘震，執規司春」，即是高誘所據之本。下文「暤」、「昊」之辯同。

〔二四〕【箋釋】錢塘云：高誘吕氏春秋正月紀注云：「句芒，少昊氏之裔子，曰重，佐木德之帝，死爲木官之神。」然重亦託祀也。墨子明鬼篇曰：「昔者，鄭穆公當晝日中處于廟，有神人入門而左，鳥身，素服三絶，面狀正方。鄭穆公再拜稽首曰：『敢問何神？』曰：『予爲句芒。』」山海經：「東方句芒，鳥身人面，乘兩龍。」郭璞注：「木神也，方面素服。」知天神自有句芒，重爲木正，故亦曰句芒。月令注云：「木官之臣。」

〔二五〕【版本】藏本「規」作「圭」，景宋本、茅本、汪本、張本、吴本、黄本、莊本、集解本作「規」，今據改，餘本同藏本。

【箋釋】陶方琦云：占經二十三引許注：「規者，圓也。」按：説文圜字下云：「規也。」與淮南注説同。○鄭良樹云：「圭」當是「規」之假借。○于大成云：開元占經二十三引許本作「規」，御覽十九、事類賦注四引高本亦作「規」，魏相上書同，則「圭」是誤字，合依御覽改。（錢塘云：「圭」

當爲「規」，時則訓言「陰陽大制有六度，春爲規」。錢校刻本無，余自抄本轉録。）

〔二六〕【高注】木色蒼，蒼龍，順其色也。角，木也。甲乙，皆木也。

【版本】莊本、集解本注「龍」上脱「蒼」字，景宋本、王溥本、朱本、葉本、茅本、汪本同藏本。

【箋釋】錢塘云：史記律書：「九九八十一以爲宫。三分去一，五十四以爲徵。三分益一，七十二以爲商。三分去一，四十八以爲羽。三分益一，六十四以爲角。」即黄鐘爲宫，林鐘爲徵，太蔟爲商，南吕爲羽，姑洗爲角也。以之分屬五時，則春姑洗應，夏林鐘應，長夏黄鐘應，秋太蔟應，冬南吕應。此止就黄鐘一宫言之也。十二月各用其律，則太蔟爲無射之角，夾鐘爲應鐘之角，姑洗爲黄鐘之角，以春三月應。中吕爲無射之徵，蕤賓爲應鐘之徵，林鐘爲黄鐘之徵，以夏三月應。夷則爲蕤賓之商，南吕爲林鐘之商，無射爲夷則之商，以秋三月應。應鐘爲太蔟之羽，黄鐘爲夾鐘之羽，大吕爲姑洗之羽，以冬三月應。而黄鐘之宫，獨應于長夏。其義可知。至以十日配四時，亦有二義，一由日行所在。尚書考靈曜云：「萬世不失九道謀。」康成注引河圖帝覽嬉曰：「黄道一，青道二，出黄道東；赤道二，出黄道南；白道二，出黄道西；黑道二，出黄道北。日春東從青道，夏南從赤道，秋西從白道，冬北從黑道也。」隋志云：「晉侍中劉智云，昔者聖王正曆明時，作圓蓋以圖列宿，極在其中，迴之以觀天象。分三百六十五度四分度之一，以定日數。日行于星紀，轉迴右行，故規圓之，以爲日行道。欲明其四時所在，故于春也，則以爲青道；于夏也，則以爲赤道；于秋也，則以爲白道；于冬也，則以爲黑道。四季之末，各十八日，則以爲黄道。」此一義也。一由月體所象。虞翻周易注云：「甲乾乙坤相得合木，謂天地定位也；丙艮丁兑相得合火，山澤通氣也；戊坎己離相得合土，水火相逮也；庚震辛巽相得合金，雷風相薄也；天壬地癸相得合水，陰陽相薄而戰乎乾，故曰五位相得而各有合。」參同契云：「三日出爲爽，震庚受西方。八日兑受丁，上弦平如繩。十五乾體就，盛滿甲東方。十六轉就緒，巽辛見平明。艮直于丙南，下弦二十三。坤乙三十日，東方喪其朋。壬癸配甲乙，乾坤括始終。」又一義也。乾坤即青道，艮兑即赤道，坎離即黄道，震巽即白道，天地即黑道。既日從青道，而甲乙在東方，則其日甲乙矣。此二義固相因也。其餘倣此。日名甲乙者，月令注云：「乙之言軋也。日之行，春東從青道，發生萬物，月爲之佐，時萬物皆解孚甲，自抽軋而出，因以爲日名焉。」

【用韻】「芒、星、龍」陽耕東合韻。

〔二七〕【高注】炎帝，少典之子也。以火德王天下，號曰神農，死託祀於南方之帝。

【版本】莊本、集解本注「子」上無「之」字，景宋本、王溥本、朱本、葉本、茅本、汪本同藏本。

【箋釋】錢塘云：小宗伯注云：「赤曰赤熛怒，炎帝食焉。」月令注云：「此赤精之君神也。」

〔二八〕【高注】舊説云祝融。

【箋釋】錢塘云：爾雅釋天云：「夏爲朱明。」故淮南以爲南方之帝佐。山海經曰：「南方祝融，獸身人面，乘兩龍。」郭璞注：「火神也。」楚辭九歎云：「絶廣都以直指兮，歷祝融于朱冥。」「冥、明」聲相近，是「朱明」即「祝融」也。月令注云：「火官之臣。」○陶方琦云：占經三十引許注作「祝融」。按：高云舊説，即許本也。占經引淮南天文閒詁作「其佐祝融」，確是許本。○于大成云：宋本初學記二十五、御覽八百六十九、萬卷菁華十四引許本並同，知許本塙如此。

〔二九〕【箋釋】陶方琦云：占經三十引許注：「衡，平也。」按：衡義同准。説文：「准，平也。」○劉文典云：御覽八百六十九引注「衡，平」，必是許本。

〔三〇〕【高注】熒惑，五星之一也。朱鳥，朱雀也。

【版本】莊本、集解本注「熒惑五星之一也」在上文「熒惑」下，景宋本、王溥本、朱本、茅本、葉本、汪本同藏本。

〔三一〕【高注】徵，火也。丙丁，皆火也。

【箋釋】錢塘云：月令注云：「丙之言炳也，日之行，夏南從赤道，長育萬物，月爲之佐，時萬物皆炳然著見而强大，又因以爲日名焉。」

【用韻】「惑、徵」職之通韻。

〔三二〕【高注】黄帝，少典之子也。以土德王天下，號曰軒轅氏，死託祀於中央之帝。

【箋釋】錢塘云：小宗伯注云：「黄曰含樞紐，黄帝食焉。」月令注云：「此黄精之君。」

〔三三〕【箋釋】錢塘云：月令注云：「土官之臣。」

〔三四〕【箋釋】陶方琦云：占經三十八引許注：「繩，直也。」按：下文子午、卯酉爲二繩，高注：「繩，直。」亦同許説。

〔三五〕【高注】土色黄也。

〔三六〕【高注】宫，土。戊己，土也。

【箋釋】錢塘云：史記天官書黄鐘宫案六十律始于戊子，則己丑爲林鐘徵，丑衝未，故林鐘爲六月律。林鐘徵也，其宫黄鐘。算律宫生徵，亦徵生宫，六倍黄鐘，即九倍林鐘是也。宫徵相生，律吕之要盡矣。律中黄鐘之徵者唯六月，故兼中黄鐘之宫。由此推之，十二月律各自爲徵，即各有其宫。不言者，非宫徵之始也。五行土寄王于未申，故坤爲土而位西南。宫，土音也，六月中之，必矣。日名戊己者，月令注云：「戊之言茂也。己之言起也。日之行，四時之間從黄道，月爲之佐，至此萬物皆枝葉茂盛，其含秀者屈抑而起，故因以爲日名焉。」○于大成云：御覽引注上「土」字下有「也」字，是也。上文注「角，木也」，「徵，火也」，下文注「商，金也」，「羽，水也」，文例並同，當據御覽補「也」字。下「土」字上當有「皆」字，上注「甲乙皆木也」，「丙丁皆火也」，下注「庚辛皆金也」，「壬癸皆水也」，諸注並有「皆」字。

【用韻】「方、星、龍、宫」陽耕東冬合韻。

〔三七〕【高注】少昊，黄帝之子青陽也，以金德王，號曰金天氏，死託祀於西方之帝。

【箋釋】錢塘云：小宗伯注云：「白曰白招拒，少昊食焉。」月令注云：「此白精之君。」

〔三八〕【箋釋】錢塘云：高誘吕氏春秋七月紀注云：「少昊氏裔子，曰該，皆有金德，死託祀爲金神。」然晉語云：「虢公夢在廟，有神人面白毛虎爪，執鉞立于西阿。公懼而走。覺，召史嚚而占之，曰：『如君之言，則蓐收也。』」山海經云：「西方蓐收，左耳有蛇，乘兩龍。」郭璞注：「金神也。」明蓐收本天神，該爲金正，故亦名蓐收。月令注云：「金官之臣。」

〔三九〕【高注】商，金也。庚辛，皆金也。

【箋釋】錢塘云：月令注云：「庚之言更也，辛之言新也。日之行，秋西從白道，成孰萬物，月爲之佐，萬物皆肅然改更，秀實新成，人因以爲日名焉。」

【用韻】「收、秋」幽部，「白、虎、商」鐸魚陽通韻。

〔四〇〕【高注】顓頊，黄帝之孫，以水德王天下，號曰高陽氏，死託祀於北方之帝也。

【箋釋】錢塘云：小宗伯注云：「黑曰汁光紀，顓頊食焉。」月令注云：「此黑精之君。」

〔四一〕【箋釋】錢塘云：高誘注十月紀云：「玄冥，水官也。少昊氏之子曰循，爲玄冥師，死祀爲水神。」然山海經云：「北方禺强，人面鳥身，珥兩青蛇，踐兩青蛇。」郭璞注云：「玄冥，水神也。」莊周曰：「禺疆立于北極。」則玄冥本天神，循爲水正，因得是名。月令注云：「水官之臣。」

〔四二〕【高注】羽，水也。壬癸，皆水也。

【箋釋】錢塘云：月令注云：「壬之言任也，癸之言揆也。日之行，冬北從黑道，閉藏萬物，月爲之佐，時萬物懷任于下，揆然萌芽，又因以爲日名焉。」

【用韻】「冥、冬、星」耕冬合韻，「武、羽」魚部。

〔四三〕【高注】仲，中也。四中，謂太陰在卯、酉、子、午四面之中也。

【箋釋】錢塘云：楊泉物理論曰：「歲行一次，謂之歲星。」○陶方琦云：占經二十三引許注：「太陰謂太歲也。四仲，子、午、卯、酉也。」又：「假令歲星在卯，星守須女、虚、危，故曰三宿。」按：下文「太陰在寅爲攝提格」，爾雅作「太歲在寅曰攝提格」，知太陰即太歲。廣雅：「太陰，太歲也。」本許義。

〔四四〕【高注】丑鉤辰，申鉤巳，寅鉤亥，未鉤戌，謂太陰在四角。

【箋釋】錢大昕云：四仲，謂子、午、卯、酉也。四鉤，謂丑寅、辰巳、未申、戌亥也。太陰在卯，歲星舍須女、虚、危；太陰在午，歲星舍胃、昴、畢；太陰在酉，歲星舍柳、七星、張；太陰在子，歲星舍氐、房、心。是爲四仲行三宿。太陰在寅，歲星舍斗、牽牛；太陰在辰，歲星舍營室、東壁；太陰在巳，歲星舍奎、婁；太陰在未，歲星舍觜巂、參；太陰在申，歲星舍東井、輿鬼；太陰在戌，歲星舍翼、軫；太陰在亥，歲星舍角、亢；太陰在丑，歲星舍尾、箕。是爲四鉤行二宿。此在淮南書，信而有徵者也，漢書天文志晉灼注云：「太歲在四仲，則歲星行三宿；太歲在四孟、四季，則歲星行二宿。」（史記正義引晉灼説亦同。）本據淮南之文，而改「太陰」爲「太歲」，則失淮南之旨。蓋古法太陰與太歲不同，太歲與歲星左右行不同，而常相應。如歲星在星紀，則太歲必在子；歲星在玄枵，則太歲必在丑，推之十二辰皆然也。今云歲星舍斗、牽牛，是星紀之次也。太歲當在子，而却云在寅。歲星舍須女、虚、危，是玄枵之次也。太歲當在丑，而却云在卯。是淮南所云太陰，非即太歲矣。如果太歲在寅，則歲星當舍營室、東壁，不當在斗、牽牛；果太歲在卯，則歲星當舍奎、婁，不當在須女、虛、危也。淮南雖不言太歲，而即歲星以見太歲，此古人舉一反三之例也。太史公天官書多承淮南之文，唯改「太陰」爲「歲陰」，其説歲星晨出之月，與淮南常差兩月，一舉夏正，一用天正，似異而實同。太史公亦以歲陰紀年，如太初元年閼逢攝提格，其明證矣。自太初改憲以後，劉子駿三統術但有推太歲所在法，别無言「太陰」者，蓋疇人子弟失其傳已非一日。班氏天文志雖承史公之文，而改「歲陰」爲「太歲」，不復言「太陰」，是東漢人已不知「太陰、太歲」之有别矣。晉灼晉人，宜其仞「太陰」爲「太歲」也。○錢塘云：此以四辰成一鉤也。本或作「亥鉤戌」者非。此太陰謂歲陰。周禮保章氏注：「歲星爲陽，右行於天；太歲爲陰，左行於地，十二而小周。」鄭所謂陰，據太歲對歲星言之，尚非謂歲陰。此歲陰則歲雌也。既太歲、歲星行有左右，則與斗建日躔無異，故樂説云：「歲星與日常應太歲月建以見。」謂歲星與日同次之月，其斗所建之辰常有太歲也。古人視歲星以知太歲，因以太歲名年。爾雅「太歲在甲曰閼逢，太歲在寅曰攝提格」是也。至西漢時，復因太歲而知歲陰，命其時所用顓頊曆上元爲太歲甲寅，推前三百三十八算而得太陰甲寅，于六十干支後三十八算，于十二辰則後二算。必三百三十八算者，略以五星通率推得之。其氣朔則正月朔旦啟蟄也，故天官書曰：「攝提格歲，歲陰左行在寅，歲星右轉居丑。」丑爲星紀，日月五星于是始，故治曆者必用此爲十二次之首，即以爲歲陰在攝提格之歲，其太歲則在子，是以孝武太初元年太歲在丙子，而詔以爲復得焉逢攝提格之歲，蓋用歲陰名也。小司馬不知其義，遂謂史、漢曆法不同，誤矣。歲星在丑，歲陰在寅，則歲星在子，歲陰在卯；歲星在酉，歲陰在午。可知由是一左一右，周行十二辰，歲星居四仲，歲陰亦必居四仲；歲星居四鉤，歲陰亦必居四鉤，但視歲星，可知歲陰。淮南由太陰以推歲星，義正同也。必仲有三宿，鉤止二宿者，左傳言：「婺女，玄枵之維首。」又言：「玄枵，虚中也。」則危爲玄枵之次末。玄枵之次三宿，則大梁、鶉火、大火亦必三宿，其餘八次僅得二宿。可知此宿次傳自周、秦之代，故淮南以爲言也。後漢鄭康成説周易爻辰亦用之。○陶方琦云：占經二十三引許注：「四鉤，謂丑寅爲一鉤，辰巳爲一鉤，未申爲一鉤，戌亥爲一鉤。」又：「假令歲陰在寅，歲星在斗、牛，故曰二宿也。」按：即本下文丑寅、辰巳、未申、戌亥爲四鉤説也。

【用韻】「宿、宿」覺部。

〔四五〕【箋釋】錢塘云：歲星在四鉤，積八歲行十六宿。

〔四六〕【箋釋】錢塘云：歲星在四仲，凡四歲行十二宿。

〔四七〕【箋釋】錢塘云：即一周也。康成依三統法謂之小周。小周者，漢志云木金相乘爲十二，是謂小周。小周乘巛策，爲一千七百二十八，是爲大周。木三金四乘爲十二，即仲三鉤二之義也。十二周天而超一辰，其積百四十四，即巛策。十二超辰而爲一終，其積千七百二十八，故以小周乘巛策而爲大周也。三統之法，分一次爲百四十五分，歲星歲行一次又剩行一分，積百四十四歲而剩行分竟，故有超辰。大衍曆議謂，昔僖公六年，歲陰在卯，星在析木；昭公三十二年，亦歲陰在卯，而星在星紀，故三統曆因以爲超辰之率是也。星有超辰，則太歲、歲陰隨之俱超，故太歲、歲陰皆當以歲星爲宗，不當遽以六十年周定其歲名。東京順帝時，妄謂歲無超辰，遂以滿六十甲子爲青龍一周，且置太陰不講矣。康成云：「然則今厤太歲非此也。」謂太歲不應歲星。

〔四八〕【高注】周，徧。

【版本】藏本「日」下有「月」字，王溥本、王鎣本、朱本、茅本、汪本、張本、黄本、莊本、集解本無，今據删，景宋本、葉本同藏本。

【箋釋】錢塘云：古歲星無超辰，故以十二歲爲通率。星有見伏留逆則略之矣。歲星見月爲太歲所在，則一見伏必十三中氣有奇，而十二歲有十一見伏。法以十二歲之積日剖爲十一分，即得一見伏之日數，一見盡一歲，於是伏日内減去一歲日，餘即伏日也。依此推之，十二歲積四千三百八十三日，每見伏有三百九十八日十一分日之五，其伏日則三十三日二十刻又十一分之五也。其見伏行度亦以周天分爲十一分，得每分三十三度二千分又十一分之五，以一次三十度四千三百七十五分減之，餘二度七千六百七十五分，即伏行度也。欲知歲行分者，古曆度分母四，是乘爲十六，以通周天三百六十五度四分一，得五千八百四十四爲實，以十二次爲法除之，得四百八十七。又用爲實，以十六爲法除之，得三十度不盡七，即一歲歲星所行度分也。

然則一次有四百八十七分，故歲有餘分七，積十二次而五千八百四十四分盡，故十二歲而周天也。欲知度行日者，以五千八百四十四爲一度之積分，四百八十七爲一日之行分，以日分除度分，得十二無餘分，是十二日行一度也。如是計之，歲星一見行盡一次，見後伏三十日十六分日之七而復見，積十二歲而有十一見則周天也。〇雙棣按：天官書云：「歲行三十度十六分度之七，率日行十二分度之一，十二歲而周天。」亦無「月」字，「月」字爲衍文無疑。

〔四九〕【箋釋】馬宗霍云：史記天官書司馬貞索隱引宋均曰：「太微，天帝南宮也。」「制」猶「命」也，「行」猶「巡」也，「司」猶「主」也，「察」也。列宿之下爲各國分野，此言熒惑常以十月入太微之庭，受天帝之命，出巡列宿，察無道之國而主其象。蔡邕獨斷上云：「制書者，制度之命也。」是「制」得訓「命」之證。説文辵部云：「巡，延行皃。」是「行」有「巡」義之證。廣雅釋詁三、小爾雅廣言並云：「司，主也。」周禮地官師氏鄭玄注云：「司猶察也。」是「司」得訓「主」，又得訓「察」之證。

〔五〇〕【高注】此皆所以譴告人君。

【版本】景宋本、王溥本、吴本「辯」作「辨」，餘本同藏本。

【箋釋】錢塘云：熒惑亦以五千八百四十四爲實，計十四終，有十六周天，即以實爲積度，如十四而一，得一終行四百十七度十四分度之六。欲知星行與歲日俱終者，則三十二歲有十五終也，因倍實以爲積日，如十五而一，得七百七十九日十五分日之三也。其一見六百三十二日行三百度，餘即伏行日度。通率二十八日行十五度。十月入太微受制者，熒惑在陬訾，太微在鶉尾，一歲可行百九十二度，則近太微矣。○陶方琦云：占經七十四引許注：「衆星，庶民之象，與列宿俱亡中國。微，滅也。」按：許注即洪範「庶民惟星」之意。○馬宗霍云：「辯」猶「變」也，「辯變」連文，其義不異，蓋爲複語。易坤卦文言「由辯之不早辯也」，陸德明釋文云：「辯，荀爽作變。」是其證。○許建平云：馬説是也。然其徵引僅釋文一例異文，今補之。廣雅釋言：「辯，變也。」楚辭王逸九辯敘：「辯者，變也。」莊子逍遥遊「若夫乘天地之正，而御六氣之辯」，成疏：「辯者，變也。」

【用韻】「國、賊」職部，「喪、兵、常」陽部，「色、匿」職部。

〔五一〕【箋釋】錢塘云：此太歲在甲寅，非太陰也。時用顓頊曆人正月，五星會陬訾之次，太歲正在甲寅，若太陰在甲寅，歲星必在星紀矣。○王念孫云：「行」字因上下文而衍。既云歲鎮一宿，則無庸更言行。開元占經填星占引此無「行」字，史記天官書亦無。○陶方琦云：占經三十八引許注：「甲寅元始，曆起之年也。建斗，填星起於斗也。」按：今高本作「鎮星」。○雙棣按：天官書、天文志並作「填星」，與許本同。古「鎮、填」通。書、志注晉灼曰「甲寅」均作「甲辰」。

〔五二〕【高注】鎮星一徧。

【版本】王溥本、王鎣本「十三度」作「十二度」，餘本同藏本。藏本「二十八歲」無「二」字，景宋本、莊本、集解本有「二」字，今據補，茅本、汪本、張本、黄本「二」作「一」，王溥本、王鎣本、朱本、葉本、吴本同藏本。藏本注「偏」作「偏」，景宋本、茅本、葉本、汪本、莊本、集解本作「偏」，今據改，王溥本、朱本同藏本。

【箋釋】錢塘云：鎮星亦以五千八百四十四爲實，十六乘二十八爲法，得歲行十三度四百四十八分度之二十分，各四除之，即百十二分之五也。鎮星歲一見伏，見三百三十日，行八度；伏三十五日四分日之一，行五度百十二分之五也。

【用韻】「熟、周」覺幽通韻。

〔五三〕【版本】莊本、集解本「甲寅」作「建寅」，餘本同藏本。

【箋釋】錢塘云：正月甲寅者，甲寅歲人正月之名也。古歲、月俱首甲寅，爲建首人正之定法，紀年用太陰、太歲皆同。太初元年月名畢聚，用太陰紀年之甲寅月也。顓頊曆元首月名畢陬，用太歲紀年之甲寅月也。自用天正爲首月，而歲、月俱始甲子矣。又甲寅爲正月朔旦立春之日，即顓頊曆去千一百四十算，其冬至則己巳也。○王引之云：此本作「太白元始，以甲寅正月，與營室晨出東方」。甲寅正月者，甲寅年之正月也。下文「太陰元始建於甲寅」，開元占經填星占篇引舊注曰：「甲寅元始，曆起之年也。」大衍厤議引洪範傳曰：「厤記始於顓頊上元太始閼蒙攝提格之歲，畢陬之月，朔月己巳立春，七曜俱在營室五度。」閼蒙與閼逢同。太歲在甲曰閼逢，在寅曰攝提格。「閼逢攝提格之歲」者，甲寅之歲也。正月爲陬。「畢陬之月」者，正月也。七曜者，日、月及太白、歲星、辰星、熒惑、鎮星也。上元太始閼逢攝提格之歲，畢陬之月，太白在營室，故曰「太白元始，以甲寅正月，與營室晨出東方」也。天官書説太白曰：「其紀上元，以攝提格之歲，與營室晨出東方。」開元占經太白占篇引甘氏亦曰：「太白以攝提格之歲正月，與營室晨出於東方。」皆其明證。後人不審其義，遂改「甲寅正月」爲「正月甲寅」，又改「營室」爲「熒惑」。不知「甲寅」者，甲寅年也；若云「正月甲寅」，則是甲寅日矣。顓頊厤元所起之日爲己巳，非甲寅也。其謬一也。甲寅正月，先年而後月；若云正月甲寅，則不知在何年矣。其謬二也。（莊本改「甲寅」爲「建寅」，尤非。）「太白與營室晨出東方」，猶下文「歲星與營室、東壁晨出東方」，皆以所在之宿言之，若云「與熒惑晨出東方」，則不知在何宿矣。其謬三也。（漢書天文志晉灼注「太白常以正月甲寅，與熒惑晨出東方」，亦後人依誤本淮南改之。）

〔五四〕【箋釋】錢塘云：太白八歲而出入東西各五，則一歲十六分歲之六，而晨夕各一見伏。此以五百八十四日四十刻爲兩見伏日數也。兩見四百八十日，餘爲兩伏日，晨伏不足九十日，夕伏十六日，云「入百二十日，入三十五日」者，皆誤。

〔五五〕【箋釋】錢塘云：當出而不出，天官書作「未當出而出」，宜從之。○王念孫與錢説同，並云：漢書天文志及開元占經太白占引石氏星經並作「未當出而出」，是其證。

〔五六〕【箋釋】錢塘云：宋均元命包注云：「辰星正四時之法，得與北辰同名也。」

〔五七〕【版本】莊本、集解本「效奎婁」下衍「以五月下」四字，餘本同藏本。

【箋釋】吕傳元云：「以五月下」四字當衍。○于大成云：開元占經五十三引亦無此四字。

〔五八〕【高注】効，見。

【箋釋】陶方琦云：占經五十三引許注：「効，見也。」按：此許注羼入高注中者，故同。説文効作效，象也。（占經又引春秋緯云：「辰星春分立卯之月夕効于奎、婁。」宋均注：「見于奎、婁也。」亦以見訓効。）○雙棣按：漢書天文志晉灼注引四「効」字均作「見」。

〔五九〕【高注】穀不熟爲饑也。

【版本】藏本正文及注「饑」作「飢」，王鎣本、茅本、汪本、張本、吴本、黄本作「饑」，（蔣刊道藏輯要本亦作「饑」。）今據改，餘本同藏本。

【箋釋】錢塘云：辰星百六十年有五百十二終，以五千八百四十四日十倍之爲實，三十二乘十六爲法，法除實得百十四日五百十二分日之七十二，爲晨夕兩見伏之日數。兩見八十日，餘即兩伏日，皆伏十七日有奇，而歲有六見伏有奇，則四仲月俱得有辰星，故可以正四時。○莊逵吉云：「飢」，依高義應作「饑」，本或作「饑」。飢，餓也。饑，穀不熟也。兩字訓異。○雙棣按：「饑、飢」義異，古籍音近有相通者。然多以「饑」通「飢」，以「飢」爲「饑」者少。高有注云「穀不熟」，字自當作「饑」，若作「飢」，高不得如此爲訓。「飢」蓋後人傳寫而改。

【用韻】「和、饑」歌微合韻。

〔六〇〕【箋釋】馬宗霍云：八風亦見吕氏春秋有始覽與本書地形篇，而立名不同。彼並主方位言，此文則主時節言。三注皆出高氏，皆以卦氣定之。太平御覽九引易緯云：「八節之風，謂之八風。」

即本文之八風也。又引禮緯云：「風，萌也。養物成功，所以八風象八卦也。」又高氏以卦定風之所本也。白虎通八風篇與本文合，御覽引春秋考異郵亦然。史記律書則名稱同淮南，而方位同呂覽。

〔六一〕【高注】艮卦之風，一名融。爲笙也。

【箋釋】錢塘云：史記律書云：「條風居東北，主出萬物。條之言條治萬物而出之，故曰條風。」呂氏春秋有始覽云：「東北曰炎風。」高誘曰：「炎風，艮氣所生，一曰融風。」是條風即炎風。融與炎聲相轉，條者調也，調即融矣。周語云：「先立春五日，瞽告有協風至。」亦即此風也。易通卦驗云：「立春，條風至。」宋均注云：「條風者，條建萬物之風是也。」樂説云：「艮主立春，樂用塤。」此云笙者，服虔左氏傳注『艮音匏，其風融』，匏即笙。八風于遁甲爲八門，條風當生門。」○馬宗霍云：白虎通云：「條者，生也。」春秋考異郵云：「條者，條生也。」宋均注云：「自冬至後四十五日而立春，此風應其方而來生萬物。」

〔六二〕【高注】震卦之風也，爲管也。

【箋釋】錢塘云：律書云：「明庶風居東方。明庶者，明衆物之盡出也。」易通卦驗云：「春分，明庶風至。」有始覽云：「東方曰滔風。」高誘曰：「震氣所生，一曰明庶風。」是古名明庶風曰滔風也。樂説云：「震主春分，樂用鼓。此云管者，服虔云『震音竹，其風明庶』，竹即管。明庶風當傷門。」○馬宗霍云：白虎通云：「明庶者，迎衆也。」春秋考異郵與白虎通同。宋均注云：「春分之候，言庶衆也，陽以施惠之恩德迎衆物而生之。」

〔六三〕【高注】巽卦之風也，爲柷也。

【箋釋】錢塘云：律書云：「清明風居東南維，主風吹萬物而西之軫。」通卦驗云：「立夏，清明風至。」有始覽云：「東南曰熏風。」高誘云「熏風或作景風，巽氣所生，一曰清明風」是也。樂説：「巽主立夏，樂用笙。此云柷者，服虔云『巽音木，其風清明』，木即柷。清明風當杜門。」〇馬宗霍云：白虎通云：「清明者，青芒也。」春秋考異郵云：「清明者，芒也，精芒挫敗。」宋均注云：「立夏之候也，挫猶止也，時薺麥之屬秀出已備，故挫止其鋒芒收之使成實。」

〔六四〕【高注】離卦之風也，爲絃也。

【箋釋】錢塘云：律書云：「景風居南方。景者，言陽氣道竟，故曰景風。」通卦驗云：「夏至景風至。」有始覽曰：「南方曰巨風。」高誘注：「離氣所生，一曰凱風。詩曰『凱風自南』。」然巨，大也；景，亦大也。故巨風爲景風也。樂説云：「離主夏至，樂用絃。服虔云『離音絲，其風景』，絃即絲也。八音唯離兑無異説。景風當景門。」〇馬宗霍云：白虎通云：「景者，大也，言陽氣長養也。」春秋考異郵云：「景者，强也，强以成之。」宋均注云：「夏至之候也。强，言萬物强盛也。」

〔六五〕【高注】坤卦之風也，爲塤也。

【箋釋】錢塘云：律書云：「涼風居西南維，主地。地者，沈奪萬物氣也。」通卦驗云：「立秋，涼風至。」有始覽云：「西南曰淒風。」高誘注「坤氣所生，一曰涼風」是也。樂說：「坤主立秋，樂用磬。此爲塤者，服虔云『坤音土，其風涼』，土即塤。涼風當死門。」○馬宗霍云：白虎通云：「涼，寒也。陰氣行也。」春秋考異郵云：「涼風者，寒以閉也。」宋均注云：「立秋之候也。閉，收也，言陰寒收成萬物也。」

〔六六〕【高注】兑卦之風也，爲鍾也。

【箋釋】錢塘云：律書云：「閶闔風居西方，閶者，倡也；闔者，藏也。言陽氣導萬物，闔黃泉也。」通卦驗云：「秋分，閶闔風至。」有始覽云：「西方曰飂風。」高誘云「兑氣所生，一曰閶闔風」是也。樂說：「兑主秋分，樂用鐘。服虔云『兑音金，其風閶闔』，金即鐘。閶闔風當驚門。」○馬宗霍云：白虎通閶闔作昌盍，云：「昌盍者，戒收藏也。」春秋考異郵云：「閶闔者，當寒天收也。」宋均注云：「秋分之候也。閶闔，盛也，時盛收物蓋藏之。」

〔六七〕【高注】乾卦之風也，爲磬也。

【箋釋】錢塘云：律書云：「不周風居西北，主殺生。」考異郵云：「不周者，不交也，陽陰未合化也。」通卦驗云：「立冬，不周風至。」有始覽曰：「西方曰厲風。」高誘云「乾氣所生，一曰不周風」是也。樂說：「乾主立冬，樂用柷敔。此云磬者，服虔云『乾音石，其風不周』，石即磬也。不周風當開門。」○馬宗霍云：白虎通云：「不周者，不交也。言陰陽未合化也。」春秋考異郵與白虎通同。宋均注云：「立冬之候也。未合化，言消息純坤無陽也。」

〔六八〕【高注】坎卦之風也，爲鼓也。

【箋釋】錢塘云：易緯云：「八節之風謂之八風。立春條風至，春分明庶風至，立夏清明風至，夏至景風至，立秋涼風至，秋分閶闔風至，立冬不周風至，冬至廣莫風至。」律書云：「廣莫風居北方。廣莫者，言陽氣在下，陰莫陽廣大也，故曰廣莫。」通卦驗云：「冬至，廣莫風至。」有始覽曰：「北方曰寒風。」高誘云「坎氣所生，一曰廣莫風」是也。樂説：「坎主冬至，樂用管。此云鼓者，服虔云『坎音革，其風廣莫』，革即鼓也。所以有此四十五日之距者，考異郵云：『陽立于五，極于九。』五九四十五，且變以陰合陽，故八卦八風距同，各四十五日也。廣莫風當休門。」○馬宗霍云：白虎通云：「廣莫者，大莫也，開陽氣也。」春秋考異郵云：「廣莫者，精大滿也。」宋均注云：「冬至之候也。言冬物無見者，風精大滿美無偏。」

〔六九〕【高注】立春，故出輕繫。

【箋釋】蔣超伯云：古本作「督逋留」。（今藏經本尚然。）山海經南山經「有谷焉曰中谷，條風自是出」，郭璞注：「東北風爲條風。」記曰：「條風至，出輕繫，督捕留。」「捕」蓋「逋」字之訛，然足見舊本是「逋」字也。○馬宗霍云：白虎通作「出輕刑，解稽留」。通卦驗作「赦小罪，出稽留」。○雙棣按：呂氏春秋孟夏高誘注：「輕繫，不及於刑者解出之。」可補此注。

〔七〇〕【高注】春分播穀，故正封疆，治田疇也。

【版本】藏本注「疆」作「彊」，景宋本、王溥本、朱本、茅本、葉本、汪本、莊本、集解本作「疆」，（蔣刊道藏輯要本亦作「疆」。）今據改。莊本、集解本注「封疆」作「疆界」，景宋本、王溥本、朱本、茅本、葉本、汪本同藏本。

【箋釋】馬宗霍云：白虎通作「修封疆，理田疇」。通卦驗與本文同。

【用韻】「留、疇」幽部。

〔七一〕【高注】立夏長養，布恩惠，故幣帛聘問諸侯也。

【版本】藏本注「養」作「善」，景宋本、茅本、汪本、張本、黄本、莊本、集解本作「養」，今據改，王溥本、朱本、葉本同藏本。

〔七二〕【高注】夏至陰氣在下，陽盛於上，象陽布施，故賞有功，封建侯也。

【版本】朱本注「建」作「諸」，汪本「封建侯」作「建諸侯」，景宋本、王溥本、茅本、葉本同藏本。

【箋釋】王念孫云：有位則有爵，此言「爵有位」，於義不可通。太平御覽時序部八，引作「施爵位」，文選任昉王文憲集序注引，作「施爵禄」。○俞樾云：既云「有位」，又何爵焉？「爵有位」之文殊不可通。「位」疑「德」字之誤。「有德、有功」相對爲文。草書「德」字作「𢔶」與「位」相似，故「德」誤爲「位」耳。白虎通義八風篇正作「爵有德，封有功」，可據以訂正。○劉文典云：注「封建侯」不詞，「侯」上當有「諸」字。御覽二十三引注正作「封建諸侯」，是其證。○馬宗霍云：初學記歲時部上引京房易占與白虎通同。通卦驗作「辨大將，封有功」。

【用韻】「侯、功」侯東通韻。

〔七三〕【高注】立秋節，農乃登穀常祭，故報地德，祀四方神也。

【版本】張本、黄本、莊本、集解本注「常」作「嘗」，餘本同藏本。

【箋釋】王念孫云：「祀四郊」，本作「祀四鄉」。四鄉，四方也。越語「皇天后土四鄉地主正之」，韋注曰：「鄉，方也。」故高注云「祀四方神」，即月令所謂「命主祠祭禽于四方」也。易通卦驗曰：「涼風至，報土功，祀四鄉。」白虎通義曰：「涼風至，報地德，祀四鄉。」皆其明證也。若作「四郊」，則失其義也。且「鄉」與「功、張」爲韻。（功字合韻，讀若光。月令「神農將持功」，與「昌、殃」爲韻；老子「不自伐故有功」，與「明、彰、長」爲韻；「自伐者無功」，與「行、明、彰、長、行」爲韻；韓非子主道篇「去賢而有功」，與「明、强、常」爲韻；楚辭惜誓「惜傷身之無功」，與「狂、長」爲韻。）若作「郊」，則失其韻矣。○馬宗霍云：詩小雅甫田篇「以社以方」，毛傳云：「社，后土也。方，迎四方氣于郊也。」鄭箋云：「秋祭社與四方，以報其功也。」可爲本文之證。

○雙棣按：「常、嘗」古字通。

〔七四〕【高注】秋分殺氣，國君憯愴，故去鍾磬縣垂之樂也。

【箋釋】蔣超伯云：「縣垂」謂瓜蓏之屬。王延壽王孫賦：「𠃉瓜縣而瓠垂。」王充論衡：「處顛者危，勢豐者虧，頹墜之類，常若縣垂。」若是樂縣，豈得云頹墜耶？高注非是。○馬宗霍云：白虎通作「中象刑，飾困倉」，與本文全異。通卦驗上句「收」字作「解」。○雙棣按：高注是，蔣説非。前後各句，某風至下皆言同類事物，此處言樂，正前後一致。豈可獨此一言瓜蓏，一言琴瑟？

蔣引論衡，與此無涉。

【用韻】「鄉、張」陽部。

〔七五〕【高注】立冬節，土工其始，故治宫室，繕脩邊城，備寇難也。

【箋釋】馬宗霍云：白虎通作「築宫室，修城郭」，通卦驗「繕」字作「完」。

〔七六〕【高注】象冬閉藏，不通關梁也。罰刑疑者，於是順時而決之。

【版本】莊本、集解本注「於」作「于」。

【箋釋】錢塘云：通卦驗作「誅有罪，斷大刑」。○王念孫云：「決刑罰」本作「決罰刑」，故高注云「罰刑疑者，於是順時而決之」。下文曰「斷罰刑」，時則篇曰「休罰刑」，又曰「斷罰刑」，皆其證也。太平御覽時序部十二引此亦作「斷罰刑」。「刑」與「城」爲韻，若作「刑罰」，則失其韻矣。○雙棣按：王説是。淮南「刑罰」十見，「罰刑」四見，同素異序，此類復音結構多依四聲爲序。然此處當入韻，以作「罰刑」爲長。今采以入韻。

【用韻】「城、刑」耕部。

〔七七〕【高注】田主農，司馬主兵，理主獄，司空主土，都爲四方最也。

【箋釋】錢塘云：春秋繁露云：「木者司農也，火者司馬也，金者司徒也，水者司寇也。」又云：「東方者木，農之本。司農尚仁。南方者火，本朝。司馬尚智。中央者土，君官也。司營尚信。西主者金，大理司徒也。司徒尚義。北方者水，執法司寇也。司寇尚禮。」彼所説，即此五官。

此司空即彼之司寇，故彼又云：「百工惟時，以成器械。」然則水土同官。○俞樾云：「都」上疑脱「官」字。「官都」者，官之都總也，蓋以二字爲官名。管子問篇曰：「問五官有度制，官都其有常斷，今事之稽也何待？」此五官有都官之塙證。又揆度篇云：「自言能爲司馬，不能爲司馬者，殺其身以釁其鼓。自言能治田土，不能治田土者，殺其身以釁其社。自言能爲官，不能爲官者，劓以爲門父。故無敢姦能誣禄至於君者矣，故相任寅爲官都。」按：司馬及治田土，即此東方、南方之官也。然則官都亦即此五官之一矣。

〔七八〕【箋釋】錢塘云：時則訓「孟春與孟秋爲合，仲春與仲秋爲合，季春與季秋爲合，孟夏與孟冬爲合，仲夏與仲冬爲合，季夏與季冬爲合」，即六府也。

〔七九〕【高注】太微，星名也。太一，天神也。

【箋釋】劉績云：上元太微垣十星，在軫翼北，天子之宫庭也，五帝之座也，十二諸侯之府也。太微爲衡，衡主平也。太一星在天一星南，當紫微宫門，天帝神也。主使十六神，知風雨、水旱、兵革、饑饉、疾疫、災害所在之國也。○錢塘云：春秋元命包云：「太微爲天庭，五帝合明。」天官書云：「南宫朱鳥，權、衡。衡，太微，三光之庭。」集解孟康曰：「軒轅爲權，太微爲衡。」索隱宋均曰：「太微，天帝南宫也。」然太微主式法，故爲衡。辰在巳，王者象之，立明堂于其地也。○王引之云：「太一之庭」當作「五帝之庭」。天官書曰：「太微匡衛十二星，藩臣，其内五星，五帝坐。」太平御覽引天官星占曰：「紫宫，太一坐也。太微之宫，天子之庭，五帝之座也。」即此所云太微五帝之庭，紫宫太一之居也。續漢書天文志注引張衡靈憲曰「紫宫爲皇極之居，太微爲五帝之庭」，又其一證也。注内「太一，天神也」，亦當爲「五帝，天神也」。蓋正文既誤爲「太一」，後人又改注以從之耳。○俞樾云：下文曰：「紫宫者，太一之居也。」然則太一自在紫宫，不在太微。此「太一」乃「天子」二字之誤。太平御覽引天官星占曰：「紫宫，太一坐也。太微之宫，天子之庭，五帝之坐也。」是其明證。○劉文典云：俞説是也。此蓋涉上「太微」而誤。文選江文通雜體詩注引「太一」作「天一」，「天」字尚不誤，足考「天子」二字誤爲「太一」之跡。○于大成云：俞説甚塙。晉書、隋書天文志並曰「太微，天子庭也，五帝之坐也」，禮月令孟春紀疏曰「太微爲天庭，中有五帝座」，開元占經六十六引郄萌曰「太微之宫，天子之庭，上帝之治，五帝之座也」，御覽六引大象列星圖曰「太微宫垣十星，主天子之宫庭，五帝之佐」，易林乾之豐「太徽帝室，黄帝所宜」，注曰「徽當作微。太微，帝座星也」，並可證「太一」二字之誤。

【箋釋】錢塘云：天官書云：「中宫，天極星，其一明者，太一常居也。環之匡衛十二星，藩臣，皆曰紫宫。」索隱曰：「春秋合誠圖云：『紫宫，大帝室，太一之精也。』」元命包云：『紫之言此也，宫之言中也，言天神運動，陰陽開閉，皆在此中也。』」又晉書天文志云：鉤陳口中一星曰天皇大帝，其神曰耀魄寶，主御羣神，執萬神圖。天一星在紫宫門右星南，天帝之神也，主戰鬭，知人吉凶者也。太一星在天一南，相近，亦天地之神也，主使十六神，知風雨、水旱、兵革、饑饉、疾疫、災害之國也。」然「紫宫太一」即「耀魄寶」，故隋志云「北極大星，太一之座也」，義與史記合。

〔八一〕【箋釋】劉績云：軒轅十七星在星宿上，柳宿東，黃帝之神，黃龍之體也；后妃之主，士女之職也。一曰權星。○錢塘云：天官書云：「權，軒轅。軒轅，黃龍體。前大星，女主象；旁小星，御者後宮屬。」索隱曰：「援神契云：『軒轅十二星，後宮所居。』石氏星贊以軒轅龍體，主后妃也。」文選謝玄暉齊敬皇后哀册文注引高誘淮南子注「軒轅，星也」，當在此。○劉文典云：文選月賦注引高注：「軒轅，星名。」當據補。

【用韻】「居、舍」魚部。

〔八二〕【高注】咸池，星名。水魚，天神。

【箋釋】劉績云：咸池星在畢北五車星中。五車者，五帝車舍也。咸池者，魚囿也。北有天潢五星，主星河梁津渡之處，故曰水魚之囿。○錢塘云：隋書天文志云：「五車五星，在畢北。中有五星曰天潢。天潢南三星曰咸池，魚囿也。」○劉文典云：北堂書鈔百五十引「魚」作「衡」。疑此文「魚」本作「奐」，即古「衡」字，形與「魚」近，傳寫遂譌爲「魚」矣。若本爲「魚」字，無緣誤爲「衡」也。○蔣禮鴻云：晉書天文志：「天潢南三星曰咸池，魚囿也。」隋書天文志同。史記天官書正義曰：「咸池三星，在五車中，天潢南，魚鳥之所託也。」説亦與二志合。若是「水衡」，則二志不得僅言「魚囿」，是其本作「魚」字甚明。二志皆李淳風所修。李氏之説諸星，則本諸三國時吳太史令陳卓總甘、石、巫咸三家所著星圖，其來古矣。李氏與虞監同時，又爲星曆專家，若爲「水衡」之誤，不容不知。此恐書鈔傳寫之誤，劉氏以改淮南，未爲塙據。

〔八三〕【高注】闕，猶門也。

【箋釋】錢塘云：御覽卷六引有注「天河，星名也」句，正文「阿」亦作「河」。案：韓非子「天河」，何犿注「吉星」，即謂此「天阿」，蓋古「阿、河」通也。隋志云：「坐旗西四星曰天高。天高西一星曰天河，主察山林妖變。一曰天高，天之闕門。」○王引之云：「天阿」本作「天河」，後人以「天河」非星名，故改爲「天阿」也。案：開元占經甘氏中官占引甘氏曰：「天阿一星在昴西，以察山林之妖變也。」與門闕之義無涉。且天阿非黄道所經，不得言「羣神之闕」也。北堂書鈔、太平御覽引此並作「天河」，又引高注曰：「天河，星名。闕猶門也。」（各本脱「天河星名」四字。）又初學記、太平御覽引許注以「天河」爲「四守」之一，是許本亦作「天河」。「天河」蓋即北河、南河也。夾河之南北，故總謂之天河。天官書曰：「鉞北，北河；南，南河；兩河、天闕間爲關梁。」開元占經石氏中官占引郗萌曰：「兩河，戍與戉（即鉞字），俱爲帝闕。」又占曰：「兩戍間爲天門，日月五星常出其門中，故曰天河者，羣神之闕也。」高注訓闕爲門，正合郗萌之説。羣神即日月五星之神也。韓子飾邪篇曰：「豐隆、五行、太一、王相、攝提、六神、五括、天河、殷槍、歲星。」所謂天河，蓋即指此。○俞樾云：北堂書鈔、太平御覽引此並作「天河」，然「天河」非星也。徧考書傳，無以「天河」爲星名者。今按：「天河」當作「兩河」。史記天官書云：「鉞北，北河；南，南河；兩河、天闕。」是其證也。「天」字篆文作「天」，與「兩」字相似，故「兩」誤爲「天」矣。

〔八四〕【高注】四宫，紫宫、軒轅、咸池、天阿。

【版本】莊本「爲」作「守」，餘本同藏本。

【箋釋】錢塘云：四宮，御覽卷六引作「四守」，「守」爲是也。四方之宿，古謂四宮，非此四星。彼引許慎注與此同，而「宮」亦爲「守」，知前云「四宮天阿」，當爲「四守天河」也。○王引之云：「宮」當作「守」，涉「紫宮」而誤。北堂書鈔天部二、初學記天部上、太平御覽天部六所引並作「守」。又「爲」字衍，舊本北堂書鈔、初學記、太平御覽所引均無「爲」字。按：據前注則「四守」亦星名，據此注則「四守」乃總括四星之稱，非星名也。前後注意迥殊，今細繹原文，前注是也。紫宮、太微、軒轅、咸池、四守、天阿，列其名也；太一之庭、太一之居、帝妃之舍、水魚之囿、羣神之闕及所以司賞罰，則明其職也。故前注曰「皆星名，下自解」，此注以「四守」爲「紫宮、軒轅、咸池、天阿」，其不可通有三：「太微、紫宮」並舉，何以數「紫宮」而不數「太微」，其不可通一也。「四守」若爲「紫宮、軒轅、咸池、天阿」之總稱，則上文「四守」二字當列於「紫宮」前，爲統下之詞，或列於「天阿」後，爲統上之詞，其義乃通，何以雜廁諸星之間，而云「紫宮、太微、軒轅、咸池、四守、天阿」邪？其不可通二也。「軒轅，帝妃之舍；咸池，水魚之囿」，皆與賞罰之事無涉，其不可通三也。初學記、太平御覽並引許慎注曰：「四守，紫宮、軒轅、咸池、天河也。」然則此乃許注，後人移入高本，而前後遂相矛盾矣。○陶方琦與王説同。

【用韻】「闕、罰」月部。

〔八五〕【高注】主猶典也。

【版本】茅本、葉本、汪本、張本、黄本、莊本、集解本「鳥」作「雀」，餘本同藏本。

【箋釋】劉績云：天官書「南宫朱鳥，權、衡」是也。○陶方琦云：占經六十六引淮南作「太微主朱鳥也」，引許注：「朱鳥，太微之鄉。」按：上文「其獸朱鳥」，高注：「朱鳥，朱雀也。」似本文當作「朱鳥」。

〔八六〕【箋釋】劉績云：北斗爲帝車，運於中央，臨制四海，以建四時，均五行，移節度，定諸紀，乃七政之樞機，陰陽之元本也。○錢塘云：春秋運斗樞云：「北斗七星，第一天樞，第二旋，第三機，第四權，第五衡，第六開陽，第七摇光。第一至第四爲魁，第五至第七爲杓，合而爲斗。居陰布施，故稱北斗。」

〔八七〕【箋釋】錢塘云：謂北斗也。北斗左旋，即天之行，日行一度，故一歲而周。或以爲説日之行，則下不應重有「日」文矣。○鄭良樹云：開元占經六七引「旋」作「還」。○于大成云：「還」當讀爲「旋」。

【用韻】「旋、天」元真合韻。

〔八八〕【高注】南極之山。

【箋釋】陶方琦云：占經六十七引許注：「駿狼之山，冬至所止也。」按：玉篇引作「日冬至入駿狼之山」，蓋許本也。○于大成云：晉書郭璞傳引客傲云「駿狼之長暉，玄陸之短景」，亦用許本也。玉篇「峎」字注作「冬至日所入峻峎之山」，乃高本，非許本也。陶説失之。

〔八九〕【高注】牛首，北極之山。

【版本】莊本、集解本「月」作「凡」，餘本同藏本。

【箋釋】錢塘云：此六月所行度分也。日移一度，故半歲而有此行數。「月」上疑脱「六」字。○陶方琦云：占經六十七引許注：「牛首之山，夏至所止也。」按：中山經「又北三十里曰牛首之山」，郭注：「今長安西南有牛首山。」（太平寰宇記：「神山縣黑山一名牛首。」）

〔九〇〕【箋釋】劉績云：日右行每晝夜一度，自冬至起，集一百八十二度又半度强爲二時而夏至；又自夏至起，集一百八十二度又半度强爲二時復冬至。四時共三百六十五度四分度之一也而成一歲。「月」字疑誤。八分度之五即半度强也。○錢塘云：四乘周天爲千四百六十一，欲半之者倍其法，故以八除之，而得百八十二度八分度之五也，反覆之即成一歲。凡此分母俱生於四分也。周髀算經曰：「何以知天三百六十五度四分度之一？古者庖犧、神農製作爲曆，度元之始，見三光未如其則，日月列星未有分度。日主晝，月主夜，晝夜爲一日，日月俱起建星，月度疾，日度遲，日月相逐於二十九日、三十日間，而日行天二十九度餘，未有定分，於是三百六十五日南極景長，明日反短。以歲終日景反長，故知之，三百六十五日者三，三百六十六日者一，故知三百六十五日四分日之一，歲終也。」

【用韻】「山、山、歲」元月通韻。

天一元始〔一〕，正月建寅，日月俱入營室五度〔二〕。天一以始建七十六歲，日月復以正月入營室五度，無餘分，名曰一紀〔三〕。凡二十紀，一千五百二十歲大終，日月星辰復始甲寅元〔四〕。日行一度，而歲有奇四分度之一〔五〕，故四歲而積千四百六十一日而復合故舍，八十歲而復故日〔六〕。

子午、卯酉爲二繩〔七〕，丑寅、辰巳、未申、戌亥爲四鉤〔八〕。東北爲報德之維也〔九〕，西南爲背陽之維〔一〇〕，東南爲常羊之維〔一一〕，西北爲蹏通之維〔一二〕。日冬至則斗北中繩〔一三〕，陰氣極，陽氣萌〔一四〕，故曰冬至爲德〔一五〕。日夏至則斗南中繩，陽氣極，陰氣萌〔一六〕，故曰夏至爲刑〔一七〕。陰氣極則北至北極，下至黄泉〔一八〕，故不可以鑿地穿井〔一九〕。萬物閉藏〔二〇〕，蟄蟲首穴，故曰德在室〔二一〕。陽氣極則南至南極，上至朱天，故不可以夷丘上屋〔二二〕。萬物蕃息，五穀兆長〔二三〕，故曰德在野。日冬至則水從之，日夏至則火從之，故五月火正而水漏〔二四〕，十一月水正而陰勝〔二五〕。陽氣爲火，陰氣爲水〔二六〕。水勝故夏至溼，火勝故冬至燥。燥故炭輕，溼故炭重〔二七〕。日冬至井水盛，盆水溢，羊脱毛，麋角解，鵲始巢〔二八〕；八尺之脩，日中而景丈三尺〔二九〕。日夏至而流黄澤，石精出〔三〇〕，蟬始鳴，半夏生〔三一〕，蟁蝱不食駒犢，鷙鳥不搏黄口〔三二〕；八尺之景，脩徑尺五寸〔三三〕。景脩則陰氣勝，景短則陽氣勝。陰氣勝則爲水，陽氣勝則爲旱〔三四〕。陰陽刑德有七舍〔三五〕。何謂七舍？室、堂、庭、門、巷、術、野〔三六〕。十二月德居室三十日〔三七〕，先日至十五日，後日至十五日而徙，所居各三十日。德在室則刑在野，德在堂則刑在術，德在庭則刑在巷，陰陽相德則刑德合門〔三八〕。八月、二月，陰陽氣均，日夜分平，故曰刑德合門〔三九〕。德南則生，刑南則殺，故曰二月會而萬物生，八月會而草木死〔四〇〕。

兩維之間，九十一度〔四一〕十六分度之五，而升日行一度，十五日爲一節，以生二十四時之變〔四二〕。斗指子則冬至，音比黄鍾〔四三〕；加十五日指癸則小寒，音比應鍾〔四四〕；加十五日指丑則大寒，音比無射〔四五〕；加十五日指報德之維，則越陰在地，故曰距日冬至四十六日而立春，陽氣凍解，音比南吕〔四六〕；加十五日指寅則雨水，音比夷則〔四七〕；加十五日指甲則雷驚蟄，音比林鍾〔四八〕；加十五日指卯中繩，故曰春分則雷行，音比蕤賓〔四九〕；加十五日指乙則清明風至，音比仲吕〔五〇〕；加十五日指辰則穀雨，音比姑洗〔五一〕；加十五日指常羊之維，則春分盡，故曰有四十六日而立夏〔五二〕，大風濟〔五三〕，音比夾鍾〔五四〕；加十五日指巳則小滿〔五五〕，音比太蔟〔五六〕；加十五日指丙則芒種，音比大吕〔五七〕；加十五日指午則陽氣極，故曰有四十六日而夏至，音比黄鍾；加十五日指丁則小暑，音比大吕；加十五日指未則大暑，音比太蔟；加十五日指背陽之維，則夏分盡，故曰有四十六日而立秋，涼風至，音比夾鍾；加十五日指申則處暑，音比姑洗；加十五日指庚則白露降，音比仲吕；加十五日指酉中繩，故曰秋分雷戒，蟄蟲北鄉〔五八〕，音比蕤賓；加十五日指辛則寒露，音比林鍾；加十五日指戌則霜降，音比夷則；加十五日指蹏通之維，則秋分盡，故曰有四十六日而立冬，草木畢死，音比南呂；加十五日指亥則小雪，音比無射；加十五日指壬則大雪，音比應鍾〔五九〕；加十五日指子〔六〇〕。故曰陽生於子，陰生於午〔六一〕。陽生於子，故十一月日冬至，鵲始加巢〔六二〕，人氣鍾首。陰生於午，故五月爲小刑，薺麥亭歷枯，冬生草木必死〔六三〕。

斗杓爲小歲〔六四〕，正月建寅，月從左行十二辰〔六五〕。咸池爲太歲〔六六〕，二月建卯，月從右行四仲，終而復始〔六七〕。太歲迎者辱，背者强，左者衰，右者昌〔六八〕。小歲東南則生，西北則殺，不可迎也，而可背也，不可左也，而可右也〔六九〕，其此之謂也。大時者，咸池也；小時者，月建也〔七〇〕。

校釋

〔一〕【箋釋】錢塘云：「天一」當爲「太一」，字之譌也。「太一」即前所云以太微爲庭、紫宫爲居之「耀魄寶」，曆家謂之「太歲」者也。「天一」則直斗口之陰德，曆家謂之「太陰」矣。天一、太歲紀歲，人正俱建寅。知非「天一」者，顓頊曆上元太歲甲寅正月，七曜俱在營室，如下所言也。若太陰甲寅，太歲實在丙子，歲星尚在星紀，何由得至營室？○陶方琦云：占經五引許注：「天一元始，初有日月五星之時也。」

〔二〕【箋釋】錢塘云：漢書張蒼傳贊謂「專遵用秦之顓頊曆」，蔡邕命論云「顓頊曆術曰天元正月己巳朔旦立春」，俱以日月起于天廟營室五度。今月令孟春之月，日在營室，其言宿度與淮南合，明淮南所用即顓頊曆也。而大衍曆議云：「顓頊曆上元甲寅歲正月甲寅晨初合朔立春，七曜俱在艮維之首，其後呂不韋得之以爲秦法，更考中星，斷取近距，以乙卯歲正月己巳合朔立春。」洪範傳曰「曆記于顓頊上元太始閼蒙攝提格之歲畢陬之月朔日己巳立春，七曜俱在營室五度」是也。案：一行謂秦用顓頊曆，是已。謂古顓頊曆本太歲甲寅，秦時斷取近距用乙卯，則非是。蔡邕所謂「正月朔旦己巳立春」，春者，乙卯元也；而洪範所言氣朔與邕同，其太歲則是甲寅，蓋本是一曆，止緣歲星有超辰，則太歲與之俱超。高帝元年，歲星在鶉首，則太歲在甲午，因謂之甲寅元。孝武太始二年，歲星超一辰，至世祖建武元年，歲星在壽星，太歲在乙酉，因名乙卯元。自此以後，紀歲不考歲星，於是乙卯元之名遂定。古人必考歲星，則上元太歲隨時改易，所恃入部積年氣朔不誤耳。不然者，秦時已用此曆，而呂氏春秋謂「維秦八年，歲在涒灘」，高誘注謂：「始皇即位八年。涒灘，申也。」則上元不在癸丑乎？蓋始皇元年，積千二百六十算，加四十算爲高帝元年，再加二百三十算爲世祖元年。如元有定名，即不得有是三者之異矣。若求甲寅歲甲寅晨初合朔立春之顓頊曆，不過去千一百四十年耳，如是而任加數十百元，俱可名上元也。何者？顓頊曆己巳立春，則甲申冬至。試從甲申始列二十部名，至第十六部而己巳爲冬至部名。己巳冬至，則立春甲寅也。一紀千五百二十年，十五部千一百四十年，去十五部，則始皇元年止百二十算，高祖元年止百六十算，各以其時所定太歲命之可矣。然則上元甲寅仍從西漢人説，依東漢，則又名乙卯耳。超辰之法，創自劉歆，歆之前後皆無此術。然觀其命曆上元及考歲星行度，則其理固具於中矣。○陶方琦云：占經五引許注：「日月如連璧，五星若貫珠，皆右行。」按：尚書中候云：「日月若連璧，五星如編珠。」許注本此。

〔三〕【箋釋】錢塘云：「天一」亦宜作「太一」。古曆至朔同日謂之章，同在日首謂之部。章十九歲，積餘日九十九日有餘分四之三。七十六歲爲部，積餘日三百九十九無餘分。紀即部。○陶方琦云：占經五引許注：「餘分，小分也。」按：或引占經引淮南許注作「餘分，小餘也」，當作「小分」是。

〔四〕【箋釋】劉績云：天一，天神之貴者，本星名，在紫微宫門是也。日行四歲而復故舍，與天方會無餘度。閏法十九歲七閏，氣朔分齊無餘分。二者合而言之，必七十六歲方齊。蓋四數閏法之十九，而十九之數日法之四也。○錢塘云：古曆部周六旬謂之紀，歲朔又復謂之元年。七十六歲，積餘日三百九十九，無小餘，有大餘。至千五百二十歲，積餘日七千九百八十日，大小餘俱盡，故爲大終。元即紀，此云元者，以大終爲一元也。古人命歲，必視歲星所在，不限六十年一周之例，故不以四千五百六十歲爲一元。甲寅元，即前所云己巳立春，去千一百四十算所得之甲寅朔旦立春也，在周顯王三年。此爲近距，益知一行之説非矣。○王引之云：「大終」下當有「三終」二字，下文曰「一終而建甲戌，二終而建甲午，三終而復得甲寅之元」。蓋一終而建甲戌，積千五百二十歲；二終而建甲午，積三千四十歲；三終而復得甲寅之元，積四千五百六十歲。故曰「千五百二十歲大終。三終，日月星辰復始甲寅之元」也。千五百二十歲一終，但至甲戌，不得復始甲寅之元，故知脱「三終」二字也。日月五星起於營室，乃顓頊曆元。（見太歲考）開元占經古今曆積篇曰：「黄帝曆元法四千五百六十，顓頊曆同。」則顓頊曆以四千五百六十歲爲一元。若非三終，不得有此數矣。漢書律曆志曰：「三終而與元終。」續漢志曰：「三終歲復，復青龍爲元。」是其例也。開元占經日占篇引此，已脱「三終」二字。〇于大成云：開元占經五引許本「元」上有「之」字。

〔五〕【箋釋】王引之云：日行一度，本作「日行危一度」，後人删去「危」字耳。日行危一度，而歲有奇四分度之一者，言每歲日行至危之一度而有四分一之奇零也。蓋四分度之一，微茫難辨，其所在本無定處，推步者視周天之度起於何宿，則附餘數於度所止之宿，如殷厤以冬至日躔起度，則度起牽牛，而以四分度之一附於斗。開元占經北方七宿占篇引石氏曰「斗二十六度四分度之一」是也。斗、牽牛爲星紀，度起星紀，則以四分度之一附於析木，下文曰「星分度：箕十一四分一」是也。（尾、箕，析木也。）顓頊厤以立春日躔起度，則度起營室，而以四分度之一附於危，即此所云「日行危一度，而歲有奇四分度之一」是也。廣雅説七燿行道曰：「日月五星行黄道，始營室、東壁。」又曰：「行須女、虚、危，復至營室。」是度起營室而止於危。月令所謂「日窮于次」也。故以四分度之一附於危焉。危不止一度，而獨附於一度者，是度多少，古今不同，唯第一度不異，故附於此耳。開元占經日占篇引此正作「日行危一度」，又引注曰：「危，北方宿也。」則有「危」字明矣。若如今本作「日行一度」，則所謂四分度之一者，不知附於何宿矣。甚矣，其不可通也。○陶方琦與王説同。

〔六〕【箋釋】劉績云：漢曆如今年甲寅冬至子時日月合牽牛無餘分，天左旋晝夜三百六十五度四分度之一，日右行晝夜一度，積一歲，三百六十五日零三時。雖與天會而零度不成日，又時不同，必集四歲成一度，十二時爲一日，一千四百六十一日夜半復與天合同行之次舍也。以甲子計之，四歲一千四百六十一日爲二十四甲子仍不盡二十一日，四十歲爲甲子二百四十三零三十日，必八十歲得二萬九千二百二十日，爲四百八十七甲子無餘分，皆盡。故八十歲復甲寅冬至日也。○錢塘云：一歲三百六十五日四分一，四歲冬至歷子、卯、午、酉四正時已周，第五歲復得子正冬至爲復合，故處一歲有大餘五、小餘一，四歲成二十一日，八十歲積四百二十日，六十去之恰盡，爲復故日。「日」一作「曰」，誤。千五百二十歲，以十九歲一章計之，得八十章，以八十歲一復計之，有十九復，理正相通。○黃楨云：「曰」當作「日」。一歲凡三百六十五日四分日之一，八十歲計有四百八十七甲子，而餘分皆盡，仍復故日干支也。

【用韻】「一、日」質部。

〔七〕【高注】繩，直。

【版本】茅本、汪本、張本、黃本、莊本、集解本注「直」下有「也」字。

【箋釋】錢塘云：南北爲經，東西爲緯，故曰二繩。

〔八〕【箋釋】錢塘云：丑寅鉤、辰巳鉤、未申鉤、戌亥鉤。

〔九〕【高注】報，復也。陰氣極於北方，陽氣發於東方，自陰復陽，故曰報德之維。四角爲維也。

【箋釋】鄭良樹云：「也」字不當有，乃與下文「西南爲背陽之維」，「東南爲常羊之維」，「西北爲蹏通之維」，句法一律。開元占經五引此正無「也」字。○于大成云：鄭説是。楚辭天問補注、廣博物志五引此亦並無「也」字。○雙棣按：唐本玉篇殘卷糸部維字下引淮南「東北爲報德之維」上有「天有四維」四字，下無「也」字。

〔一〇〕【高注】西南已過陽，將復陰，故曰背陽之維。

〔一一〕【高注】常羊，不進不退之貌。東南純陽用事，不盛不衰，常如此，故曰常羊之維。

【版本】張本、黄本、莊本注無「東南」二字，餘本同藏本。

【箋釋】莊逵吉云：「常羊」即「相羊」，亦即「徜徉」，漢書吴王濞傳又作「方洋」，司馬相如上林賦又作「襄羊」，皆是也，亦古字通用。

〔一二〕【高注】西北純陰，陽氣閉結。陽氣將萌，蹏始通之。故曰蹏通之維。

【版本】王溥本、王鎣本、朱本、汪本、張本、黄本、吴本正文及注「蹏」作「號」，景宋本、莊本、集解本作「蹏」，茅本、葉本同藏本。下文「加十五日指蹏通之維，則秋分盡」，「蹏」字版本情況與此同。

【箋釋】莊逵吉云：各本皆作「蹏」，疑藏本誤。○錢塘云：東北，艮也，始萬物，終萬物，德莫大焉，故曰報德。西南，坤也，純陰無陽，故曰背陽。東南，巽也，爲進退，故曰常羊。漢書禮樂志云：「周流常羊。」師古曰：「常羊，猶逍遥也。」西北，乾也，天門在焉，呼號則通，故曰號通。四維之卦，周髀有之。漢書禮樂志云：「祠太一於甘泉，就乾位也。」則以四卦置於四維，其來古矣。○于大成云：占經五引許本「號」作「謕」，説文不收，必是誤字。許本當作「遞」。説文辵部：「遞，更易也。通，達也。」二篆相連，許君正用淮南此文也。「謕」即「遞」之誤文，「號」又「謕」之譌誤。

〔一三〕【箋釋】馬宗霍云：本文所謂「繩」，即周髀算經立表測日「以繩繫表顛引繩致地而識之」之「繩」也。「中」讀陟仲切，義與「當」同。「中繩」謂與繩適相當。又即周髀算經所謂「相直」也，「直」亦「當」也。

〔一四〕【箋釋】錢塘云：太玄經云：「陰不極則陽不萌。」注：「陽萌於十一月。」

〔一五〕【高注】德，始生也。

【箋釋】錢塘云：京氏易積算傳云「龍德十一月，子在坎，左行」是也。

【用韻】「繩、萌」蒸陽合韻，「極、德」職部。

〔一六〕【箋釋】錢塘云：太玄經云：「陽不極則陰不芽。」注：「陰芽於六月。」○雙棣按：太玄玄攡：「陽不極則陰不萌，陰不極則陽不牙。」注云：「陰萌於五月，陽牙於十一月。」錢氏所引有誤。

〔一七〕【高注】刑，始殺也。

【箋釋】錢塘云：京氏易積算傳曰「虎刑五月，午在離，右行」是也。

【用韻】「繩、萌、刑」蒸陽耕合韻。

〔一八〕【版本】藏本「北至北極」四字在「下至黄泉」下，除景宋本同藏本外，餘本「北至北極」均在「下至黄泉」上，今據乙。

【箋釋】劉績云：舊本「北至北極」四字在「黄泉」之下，非。○錢塘云：蓋天之法，天旁遊四表，地升降于天之中。冬至，天南遊之極，地亦升降極上，故北至北極，下至黄泉。夏至，天北遊之極，地亦升降極下，故南至南極，上至朱天。春分，天西遊之極；秋分，天東遊之極，地皆升降正中。義具鄭注考靈曜及周髀算經。以渾天論之，冬至，日行赤道南二十四度，而晝漏極短；夏至，日行赤道北二十四度，而晝漏極長；二分，日正行赤道上，而晝漏適均，即其理也。○于大成云：開元占經五、廣博物志四引此並作「北至北極，下至黄泉」。

〔一九〕【箋釋】王念孫云：太平御覽地部三十二池下引此作「鑿池穿井」，於義爲長。○于大成云：廣博物志四引，「地」亦作「池」。

〔二〇〕【箋釋】馬宗霍云：此猶周髀算經所謂「陽絶陰彰，故不生萬物」也。

〔二一〕【用韻】「穴、室」質部。

〔二二〕【箋釋】陶方琦云：占經五引許注：「夷，平也。」按：説文：「夷，平也。」與注淮南同。○雙棣按：玉燭寶典四引許注亦作「夷，平也」。

〔二三〕【箋釋】馬宗霍云：此猶周髀算經所謂「陽彰陰微，故萬物不死，五穀一歲再熟」也。

〔二四〕【高注】火正，火王也，故水滲漏。一說：火星正中也，漏，淫也。

【版本】藏本注「中」下「也」字作「地」，王溥本、朱本作「也」，今據改，景宋本、葉本、莊本、集解本同藏本。（錢塘天文訓補注「地」亦作「也」。）

【箋釋】劉績云：地氣淫蒸，水不凝冰，皆漏也。○鄭良樹云：注「地」當是「也」字之誤，劉本、朱本不誤，當从之。○于大成云：鄭說是，御覽二十三引「地」亦作「也」，集證本同。

〔二五〕【高注】水正，水王也，故陰勝也。一說：營室正中於南方。

【版本】莊本、集解本注「於」作「于」。

【箋釋】劉績云：「陰勝」二字與上句不蒙，疑誤。○錢塘云：古曆夏至昏中星去日百十八度，秦曆立春日在營室五度，則夏至日在鬼三度，心二度正中也。冬至昏中星去日八十二度，秦曆日在牽牛五度，則奎十六度正中，其前月營室已中也。月令云：「中冬之月，昏東壁中。中夏之月，昏亢中。」謂月本也。○俞樾云：此文有錯誤。冬至水王，夏至火王，豈得但曰「水從之」，「火從之」？一也。「火正」與「水漏」有二義，「水正」與「陰勝」則止一義耳，兩文不稱，二也。且連下文讀之，曰「陽氣爲火，陰氣爲水，水勝故夏至溼，火勝故冬至燥」，夫冬至水從之，夏至火從之，則夏至何以溼，冬至何以燥乎？前後不相應，三也。今按：「日冬至則水從之，日夏至則火從之」，「水、火」二字當互易。冬至一陽生，故日冬至而火從之；夏至一陰生，故日夏至而水從之也。「五月火正而水漏」，正說夏至水從之之義。言五月火方用事，而水氣已滲漏也。「十一月水正而陰勝」，「陰」乃「火」字之誤，「勝」字當讀爲「升」，「勝、升」古通用。謂十一月水方用事，而火氣已上升也，正説冬至火從之之義。如此，則與下文一貫矣。

〔二六〕【用韻】「火、水」微部。

〔二七〕【箋釋】錢塘云：前漢書天文志云：「冬至短極，縣土炭。」孟康曰：「先冬至三日，縣土炭於衡兩端，輕重適均，冬至而陽氣至則炭重，夏至陰氣至則土重。」晉灼曰：「蔡邕曆律記『候鍾律權土炭，冬至陽氣應黄鍾通，土炭輕而衡仰，夏至陰氣應蕤賓通，土炭重而衡低。進退先後，五日之中』。」案：續漢志「炭」作「灰」，恐傳寫之誤。○于鬯云：此即今人言炭氣之炭，始見於此。○劉文典云：白帖十六引作：「水勝故夏至濕，火勝則冬至燥。燥則輕，濕則重。故先冬至、夏至，縣鐵炭於衡，各一端，令適停，冬至陽氣至則炭仰而鐵低，夏至則炭低而鐵仰也。」「故先冬至、夏至」以下疑是注語，而今本脱之也。

【用韻】「輕、重」耕東合韻。

〔二八〕【箋釋】葉德輝云：玉燭寶典十一引許本作「冬至則井水盛」。○吕傳元云：玉燭寶典引作「鵲始架巢」，是也。下文「日冬至鵲始加巢」，與此文同。加、架一義。○于大成云：御覽七百五十八引此亦有「則」字。下文「日夏至而流黄澤」，「而」猶「則」也。○雙棣按：葉、于説是。此「日冬至」與「日夏至」爲對文，不當下有而上無。

【用韻】「溢、解」錫支通韻，「毛、巢」宵部。

〔二九〕【箋釋】陶鴻慶云：「脩、景」二字當互易，其文云：「八尺之景，日中而脩丈三尺。」下文云：「八尺之景，脩徑尺五寸。」是其證。○何寧云：八尺之修，文義不明，疑當作「八尺之表，日中而影修丈三尺」。下文「八尺之景，修徑尺五寸」，藝文類聚三引作「八尺之表，影修尺五寸」，則此「之」下沾「表」字是也。本經訓：「可以矩表識也。」高注：「表，影表。」無表安得有影乎？「修」字疑在「影」字下。「影修丈三尺」，與下文「影修徑尺五寸」正同一句式。○雙棣按：八尺之景、八尺之脩均不成義。玉燭寶典十一引作「八尺之柱，脩日中而景長丈三尺」，「脩」字從「景」下譌於「日」上，故而後人又加「長」字。然此有「柱」字，足以補今本之脱。

〔三〇〕【高注】流黄，土之精也。陰氣作於下，故流澤而出也。石精，五色之精也。

【版本】藏本注「而」誤作「面」，各本均作「而」，（蔣刊道藏輯要本亦作「而」。）今據改。

【箋釋】吴承仕云：玉燭寶典引注云「石精，五石之精」是也。五石，謂五色之石。論衡率性篇云：「道人消礫五石，作五色之玉。」太平廣記百六十一引淮南注云：「陽燧方諸，皆五石之精。」（玄應一切經音義八引略同，然有誤字。）五石，蓋漢人常語也。各本誤「石」爲「色」，義不可通。（御覽二十三引亦作「五色」，誤同。）○雙棣按：本經篇「流黄出而朱草生」，高注：「流黄，玉也。」澤，高注「流澤而出」，似讀澤爲釋。

〔三一〕【高注】半夏，藥草。

〔三二〕【高注】五月微陰在下，駒犢、黄口肌血脆弱未成，故蝨蝱、鷙鳥應陰不食不摶也。

【版本】藏本注「下」下有「未成」二字，汪本、張本、黄本、莊本、集解本無，今據删，餘本同藏本。藏本注「脆」作「跪」，各本均作「脆」，今據改。藏本注脱「蝱」字，景宋本、朱本、汪本、張本、黄本、莊本、集解本有，今據補。

【用韻】「鳴、生」耕部，「犢、口」屋侯通韻。

〔三三〕【箋釋】錢塘云：周禮馮相氏「冬夏致日，春秋致月」，鄭注云：「冬至日在牽牛，景丈三尺。夏至日在東井，景尺五寸。此長短之極，極則氣至，冬無僭陽，夏無伏陰。春分日在婁，秋分日在角，而月弦于牽牛、東井，亦以其景知氣之至否。春秋冬夏氣皆至，則是四時之序正矣。」此所説二至景長，即其事也。表用八尺者，周禮土圭之長尺五寸，夏至日景爲測驗之始，長必與土圭等，唯八尺始合也。此在地中爲然。風土記云：「鄭仲師曰，夏至之日，立八尺之表，景尺有五寸，謂之地中，一云陽城，一云洛陽，古亦即此知日去人遠近。」考靈曜云：「四遊升降于三萬里中，則半之爲萬五千里，而當夏至之景。」此千里差一寸之率，大司徒所用以測土深、求地中者。而冬至日去人一十三萬里，夏至日去人萬五千里，則發斂之極也，皆憑八尺之脩測而得之。周髀測天之高離地八萬里，亦以千里爲寸也。淮南後術用一丈之表，故以爲天高十萬里，其理正同。○劉文典云：藝文類聚三引作「八尺之表，景修尺五寸」。○于大成云：御覽二十三引「之」下亦有「表」字，「脩」下亦無「徑」字。○雙棣按：類聚、御覽所引當是。

〔三四〕【箋釋】錢塘云：漢書天文志云：「晷景者，所以知日之南北也。日，陽也。陽用事則日進而北，晝進而長，陽勝，故爲温暑；陰用事則日退而南，晝退而短，陰勝，故爲寒凉也。若日之南北失節，晷過而長爲常寒，退而短爲常燠。一曰，晷長爲潦，短爲旱。」易通卦驗云：「冬至之日，置八神，樹八尺之表，日中視其晷，晷進則水，晷退則旱。」鄭玄注云：「晷進，謂長于度。日之行黄道外則晷長，晷長者則陰勝，故水。晷短于度者，日之行入進黄道内，故晷短，晷短者陽勝，是以旱。」

〔三五〕【箋釋】錢塘云：即周髀之「七衡」。管子四時篇曰：「日掌陽，月掌陰，陽爲德，陰爲刑。」此陰陽刑德之義也。淮南以爲北斗雌雄之神，日即日躔，月爲厭對，舍謂刑德所居，自子至午有七辰，故七舍。

〔三六〕【箋釋】錢塘云：室爲子，堂爲丑亥，庭爲寅戌，門爲卯酉，巷爲辰申，術爲巳未，野爲午。此七舍以門爲中，在門内者庭、堂、室也，在門外者巷、術、野也。

【用韻】「舍、野」魚部。

〔三七〕【箋釋】王念孫云：「十二月」當爲「十一月」，上文云「冬至德在室」是。○錢塘、黄楨與王説同。

〔三八〕【箋釋】錢塘云：日至，冬至也。冬至日躔星紀之中，先十五日爲十一月之始，後十五日爲十一月之終，合三十日也。十一月斗建子，日在丑，丑居子爲德；厭亦在子，子對午爲刑，故德在室，刑在野。十二月斗建丑，日在子，子居丑爲德；厭在亥，亥對巳爲刑，故德在堂，刑在術。正月斗建寅，日在亥，亥居寅爲德；厭在戌，戌對辰爲刑，故德在庭，刑在巷。二月斗建卯，日在戌，戌居卯爲德；厭在酉，酉對卯爲刑，故刑德合門。由此推之，三月德在巷則刑在庭，四月德在術則刑在堂，五月德在野則刑在室，而六月如四月，七月如三月，八月如二月，九月如正月，十月如十二月，刑德周矣。○馬宗霍云：「陰陽相德」之「德」，通作「得」，言陰陽二氣相得也。禮記樂記篇云：「德者得也。」又鄉飲酒禮篇云：「德也者，得於身也。」皆「德」義爲「得」之證。詩魏風碩鼠篇「莫我肯德」，呂氏春秋舉難篇作「莫我肯得」；易升卦象辭「君子以順德」，陸德明釋文云：「姚本德作得。」又「德」可通「得」之證也。錢塘淮南天文訓補注逕改「相德」爲「相得」，其意雖是，其改字非也。

【用韻】「術、門」物文通韻。

〔三九〕【箋釋】劉家立云：「八月二月」十八字，莊本作正文，道藏本無之。按：此乃「刑德合門」之注也。○雙棣按：劉謂「八月二月」十八字爲「刑德合門」之注，當是。然其謂道藏本無之，則非，各本均有此十八字爲正文，蓋竄入正文久矣。

【用韻】「均、門」真文合韻。

〔四〇〕【箋釋】劉績云：刑德合於南北，上下一開一合。冬至德在室，自北而南，歷堂、庭，在門；刑在野，自南而北，歷術、巷，在門。故二月相合而萬物生也。自此德益南，歷巷、術在野，而夏至復自南而北，歷術、巷而在門；刑則益北，歷庭、堂在室，而夏至復自北而南，復歷堂、庭而在門。故八月相合而草木死也。○錢塘云：二月後，德出而刑入，故生。八月後，德入而刑出，故死。

漢書五行志：「劉向以爲，于易，雷以二月出，其卦曰豫，言萬物隨雷出地，皆逸豫也。以八月入，其卦曰歸妹，言雷復歸。入地，則孕毓根核，保藏蟄蟲，避盛陰之害。」此六日七分法理亦同也。

〔四一〕【高注】自東北至東南爲兩維，匝四維三百六十五度。一度者，二千九百三十二里。

【版本】藏本「度」下有「也」字，王溥本、王鎣本、茅本、汪本、張本、吴本、黄本、莊本、集解本無，今據刪，餘本同藏本。王溥本、茅本、汪本、莊本、集解本此注在下文「而升」二字下，景宋本、朱本、葉本同藏本。莊本、集解本注「六十五度」下有「四分度之一」五字，「三十二里」下有「千四百六十一分里之三百四十八」十四字，景宋本、朱本、葉本同藏本。

【箋釋】錢塘云：四乘度分母爲十六，四分周天爲九十一度不盡一度四分度之一，故以十六通之爲二十，復四分之，而成整數五也。○吴承仕云：朱本、景宋本注文，説度里皆無奇零之數。洪興祖楚辭補注引此注，亦與朱本、景宋本同。疑舊本僅舉大數，不言分數。○于大成云：吴説甚是。此奇零之數，劉績本亦無之。江聲校劉本，謂是誤脱，並謂道藏本有之，知白沙亦未見真藏本也。所據者道藏輯要本耳。錢塘補注本有，孫星衍校爲之刪去，惜刻本未據孫校本也。又「一度」下，楚辭補注無「也」字。

〔四二〕【箋釋】錢塘云：四乘周天爲一千四百六十一，以二十四氣分之，得六十不盡二十一，置所得如四而一爲十五日，即一節之日也。其餘分二十一，滿氣法從小餘，小餘滿四，方從大餘也。周易乾鑿度云：「天氣三微而成一著。」鄭注：「五日爲一餘，十五日爲一著，故五日爲一候，十五日成一氣也。」○王念孫云：「九十一度十六分度之五」作一句讀。其高注「自東北至東南」云云本在「十六分度之五」下，道藏本誤入「九十一度」下，「度」下又衍「也」字，遂致隔斷上下文義。劉績本删去「也」字，是也。乃又移高注於下文「而升」二字之下，而莊本從之，則其謬益甚矣。「升」當爲「斗」，字之誤也。（隸書「斗」字作「升」，形與「升」相似，傳寫往往譌溷。）「而斗日行一度」作一句讀，言斗柄左旋，日行一度，而以十五日爲一節也。上文云「紫宫執斗而左旋，日行一度，以周於天」，下文云「斗指子則冬至」，「加十五日指癸則小寒」，皆其明證也。齊俗篇「炮格生乎熱升」，兵略篇「章華之台燒，以升勺沃而救之」，「升」皆爲「斗」之誤。各詳該條。○于大成云：王説是也。楚辭遠遊補注引此，正無「也」字。

〔四三〕【高注】黄鍾，十一月也。鍾者，聚也。陽氣聚於黄泉之下也。

【箋釋】雙棣按：高注「黄鍾，十一月也」當作「黄鍾，十一月律也」，各本均脱「律」字，下文「應鍾，十月也」至「夾鍾，二月也」，「月」下皆當有「律」字，「太蔟，正月律也」，「大吕，十二月律也」，有「律」字，可證前文誤脱。莊本等又删此「律」字，更誤。吕氏春秋音律篇高誘注「黄鍾，十一月律」，「林鍾，六月律」等「月」下皆有「律」字，亦可爲證。

〔四四〕【高注】應鍾，十月也。言陰應於陽，轉成其功，萬物應時聚藏，故曰應鍾。

【版本】莊本、集解本注無「言」字。

〔四五〕【高注】無射，九月也。陰氣上升，陽氣下降，萬物隨陽而藏，無有射出見也，故曰無射。

【箋釋】于省吾云：注讀「射」如字非是。詩思齊「無射亦保」，箋訓「無射」爲「無射才」，其誤正同。「射」乃「斁」之同音假字，毛公鼎：「肆皇天亡斁。」静𣪘：「静學無斁。」「斁」與「斁」均「斁」之古文。此應言萬物隨陽而藏，無厭斁也。下文云「無射入無厭也」，是其證。

〔四六〕【高注】南吕，八月也。南，任也，言陽氣内藏，陰吕於陽，任成其功，故曰南吕也。

【版本】景宋本、朱本、茅本、汪本、張本、黄本、莊本、集解本注「陰」下「吕」作「侶」，王溥本、葉本同藏本。

【箋釋】王引之云：「陽氣凍解」，文不成義。當作「陽凍解」。陽凍，地上之凍也。陰凍，地中之凍也。立春之日，地上之凍先解，故曰「陽凍解」。管子臣乘馬篇曰「日至六十日而陽凍解，七十日而陰凍解」是也。今本「陽」下有「氣」字，因注内「陽氣」而衍。〇雙棣按：畢校本吕氏春秋仲秋紀注「陰吕於陽」作「陰旅於陽」，元本、李本等舊刻本作「吕」。「吕、旅」音同而通。季冬紀高誘注：「吕，旅也。」漢書律曆志云：「吕，旅也。」風俗通云：「旅，拒也，言陽氣欲出，陰不許也。」白虎通云：「吕者，拒也，言陽氣欲出，陰不許也。」「侶、吕」亦同聲相通。

〔四七〕【高注】夷則，七月也。夷，傷；則，法也。言陽衰陰發，萬物彫傷，應法成性，故曰夷則也。

【版本】張本、黄本、莊本、集解本注無「言」字，餘本同藏本。

〔四八〕【高注】林鍾，六月也。林，衆；鍾，聚也。陽極陰生，萬物衆聚而盛，故曰林鍾。

【版本】藏本注「聚」上「鍾」字作「中」，景宋本、王溥本、朱本、茅本、汪本、張本、黄本作「鍾」，今據改，莊本、集解本作「鐘」，葉本同藏本。

〔四九〕【高注】蕤賓，五月也。陰氣萎蕤在下，似主人；陽在上，似賓客，故曰蕤賓也。

【箋釋】雙棣按：注「陽」字下當有「氣」字，「陽氣」與「陰氣」相對。呂氏春秋仲夏紀高注云：「是月陰氣萎蕤在下，象主人；陽氣在上，象賓客。」「陽」下有「氣」字，是其證。今各本脱，當補。

〔五〇〕【高注】仲呂，四月也。陽在外，陰在中，所以呂中於陽，助成功也。故曰仲呂也。

【版本】藏本注「呂」下「中」字作「申」，各本均作「中」，（蔣刊道藏輯要本亦作「中」。）今據改。

【箋釋】于鬯云：「風至」二字當衍。上文言八風，故曰清明風至；此言二十四時，不必著「風至」二字。（又案：以下文「白露」下著「降」字例之，此「風至」二字亦可有。）

〔五一〕【高注】姑洗，三月也。姑，故也；洗，新也。陽氣養生，去故就新，故曰姑洗也。

【版本】藏本注「就」作「故」，景宋本、茅本、汪本、張本、黄本、莊本、集解本作「就」，（蔣刊道藏輯要本亦作「就」。）今據改，王溥本、朱本作「致」，葉本同藏本。

【箋釋】王引之云：驚蟄本在雨水前，穀雨本在清明前。今本「驚蟄」在「雨水」後，「穀雨」在「清明」後者，後人以今之節氣改之也。漢書律曆志曰：「諏訾中驚蟄，今曰雨水；降婁初雨水，今曰驚蟄；大梁初穀雨，今曰清明，中清明，今曰穀雨。」是漢初驚蟄在雨水前，穀雨在清明前也。桓五年左傳正義引釋例曰：「漢太初以後更改氣名，以雨水爲正月中，驚蟄爲二月節。」月令正義引劉歆三統曆：「雨水正月中，驚蟄二月節。」又引易通卦驗：「清明三月節，穀雨三月中。」藝文類聚歲時部上引孝經緯曰：「斗指寅爲雨水，指甲爲驚蟄，指乙爲清明，指辰爲穀雨。」三書皆出太初以後，故氣名更改，（三統曆與緯書皆出西漢末。）不應淮南王書先已如是，其爲後人所改明矣。（逸周書周月篇「春三月中氣驚蟄、春分、清明」，今本作「雨水、春分、穀雨」，時則篇「驚蟄、雨水、穀雨、清明」，今本「雨水」在「驚蟄」前，「清明」在「穀雨」前，皆後人所改。辯見盧氏紹弓校定本。）日知録謂淮南子已先「雨水」後「驚蟄」，失之。○于省吾云：余所藏周代石磬，「姑洗」作「古先」。○雙棣按：吕氏春秋季春紀注云：「是月陽氣養生，去故就新。」亦作「就」字。

〔五二〕【版本】莊本「六」作「五」，餘本同藏本。

【箋釋】黄楨云：凡言四十六日，舉成數言之，其實四十五日又三十二分日之二十一。

〔五三〕【高注】濟，止。

【箋釋】于大成云：御覽二十三引注文「止」下有「也」字。

〔五四〕【高注】夾鍾，二月也。夾，夾也。萬物去陰，夾陽地而生，故曰夾鍾也。

【箋釋】劉文典云：注下「夾」字當作「莢」。下文「夾鍾者，種始莢也」，是其證也。又：御覽二十三引無「地」字。○于省吾云：余所藏周代石磬，「夾鍾」作「介鍾」。「夾、介」音近，又均有輔佐之義，是二字音義並相通。○吕傳元云：劉説非也。下文「夾鐘者，種始莢也」，五行大義引作

「夾鐘者，種始家也」，此訓詁字之互訓也。○于大成云：吕説是也。御覽十六引下文作「夾鍾者，鍾始夾也」，亦以「夾」字訓「夾」，是古本如此。○雙棣按：吕氏春秋仲春紀高誘注：「是月也，萬物去陰，夾陽而生。」無「地」字。本書時則篇高注：「是月萬物去陰，夾陽聚地而生。」「地」上有「聚」字。

〔五五〕【高注】小滿，四月也。

【版本】張本、黄本、莊本、集解本無此注，餘本同藏本。

【箋釋】劉文典云：御覽二十三引注：「滿，冒也。」○雙棣按：依上下文例，節氣未有注明月份者，此注似不當有。

〔五六〕【高注】太蔟，正月律也。蔟，蔟也。言陰衰陽發，萬物蔟地而生，故曰太蔟。

【版本】王溥本、葉本、莊本、集解本注無「律」字，景宋本、朱本、茅本、汪本同藏本。莊本、集解本注無「言」字。景宋本注「太蔟」下有「也」字。

【箋釋】劉文典云：御覽二十三引注，「正月」下有「律」字。

〔五七〕【高注】大吕，十二月律也。吕，侣也。萬物萌動於下，未能達見，故曰大吕。所以配黄鍾，助陽宣功也。

【版本】莊本、集解本注無「律」字，景宋本、王溥本、茅本、葉本、汪本同藏本。

〔五八〕【箋釋】王念孫云：「戒」當爲「臧」，字之誤也。「臧」，古「藏」字。秋分雷藏，與上文「春分雷行」

相應。時則篇云「八月雷不藏」，是其證也。且「臧」與「鄉」爲韻，若作「戒」，則失其韻矣。「藏」字古皆作「臧」，故説文無「藏」字。今書傳中作「藏」者多，作「臧」者少，大抵皆後人所改也。此「臧」字若不誤爲「戒」，則後人亦必改爲「藏」矣。

〔五九〕【箋釋】王引之云：冬至音比黄鍾，當爲「音比應鍾」，下當云「小寒音比無射，大寒音比南呂，立春音比夷則，雨水音比林鍾，驚蟄音比蕤賓，春分音比仲呂，清明音比姑洗，穀雨音比夾鍾，立夏音比太蔟，小滿音比大呂，芒種音比黄鍾」。下文「日冬至音比林鍾」，亦當爲「音比應鍾」。蓋音以數少者爲清，數多者爲濁。冬至以後，逆推十二律，由清而濁。夏至以後，順推十二律，由濁而清。冬至應鍾，其數四十二，爲最清。小寒無射，其數四十五，則濁於應鍾矣。大寒南呂，其數四十八，則又濁於無射矣。立春夷則，其數五十一，則又濁於南呂矣。雨水林鍾，其數五十四，則又濁於夷則矣。驚蟄蕤賓，其數五十七，則又濁於林鍾矣。春分仲呂，其數六十，則又濁於蕤賓矣。清明姑洗，其數六十四，則又濁於仲呂矣。穀雨夾鍾，其數六十八，則又濁於姑洗矣。立夏太蔟，其數七十二，則又濁於夾鍾矣。小滿大呂，其數七十六，則又濁於太蔟矣。芒種黄鍾，其數八十一，則最濁矣。故曰「日冬至音比應鍾，浸以濁」也。夏至以後，與此相反，故曰「日夏至音比黄鍾，浸以清」也。夏至音比黄鍾，爲音之最濁者，則冬至之音當爲最清者。最清者非應鍾而何？後人但知月令「仲冬律中黄鍾」之文，遂改「冬至音比應鍾」爲「音比黄鍾」，而移「應鍾」於「小寒」，且並「無射」以下遞移其次。（高注亦遞移。）而不知月令所言者十二月之律，此所言者二十四時之律，本不相同也。至改「日冬至音比應鍾」爲「音比林鍾」，則謬益甚矣。（宋書律志引此已誤。）

〔六〇〕【箋釋】錢塘云：此分十二辰爲二十四，古堪輿法也，亦見史記律書，此爲詳明矣。八節中有四十六日者五，舉整日三百六十五日言之，故不及四分日之一。以數推之，冬至至立春凡三節，有小分六十三，不滿一日。至立夏九節，有小分一百八十九，得一日九十六分日之九十三。至夏至十二節，有小分二百五十二，得二日九十六分日之六十。至立秋十五節，有小分三百一十五，得三日九十六分日之二十七。至立冬二十一節，有小分四百四十一，得四日九十六分日之五十三，亦舉整日，故即得五日。至來歲冬至，則有小分五百四，始得五日九十六分日之二十四，而此不言明，以不離五日故也。注所言十二月之律，自是隨月律之正法，非即淮南所云。何以明之？應鍾，十月律也，而小寒之音比焉。小寒，十二月節，以後月之節屬前月之中，亦在十一月，不得比十月律也。此自以二十四氣比十二律，故冬至比黄鍾，小寒比應鍾。自冬至以後，逆比十二律；夏至以後，順比十二律，所謂二十四時之變，明其用變法也。

〔六一〕【箋釋】錢塘云：子，乾初九復也；午，坤初六姤也。周易集解荀爽曰：「乾起坎而終於離，坤起離而終於坎。坎離者，乾坤之家，而陰陽之府，大明終始也。」

〔六二〕【箋釋】馬宗霍云：「加」猶架也，謂鵲始架巢也。本書時則篇「鵲加巢」義同。詩召南鵲巢篇「維鵲有巢」，鄭箋云：「鵲之作巢，冬至加之，至春乃成。」與淮南本文正合。劉昌宗、周續讀鄭箋之「加」爲架，亦取構架之義。陸德明釋文本「加之」作「架之」，云「架音嫁」，是其證也。「加」，古通作「架」，不煩改字。且「架」字説文所無，陸氏逕改作「架」，亦失鄭箋之舊。

〔六三〕【箋釋】王叔岷云：玉燭寶典五引「必」作「畢」。「必、畢」古通。氾論篇「木生畢方」，御覽九五二引尸子作「必方」，人間篇「而戰武必其死」，御覽七四一引作「畢」，與此同例。○雙棣按：上文「故曰有四十六日而立冬，草木畢死」，作「畢」字，義與此同而字異。

【用韻】「午、枯」魚部。

〔六四〕【高注】斗第一星至第四爲魁，第五至第七爲杓也。

【箋釋】錢塘云：説文云：「杓，斗柄也。」司馬貞云：「即招摇也。」

〔六五〕【箋釋】陶方琦云：文選謝莊月賦注引許注：「歷十二辰而行。」占經六十七引作「越歷十二辰而行」。按：説文歲字下「越歷二十八宿」，「越」字應增。

【用韻】「寅、辰」真文合韻。

〔六六〕【箋釋】錢大昕云：淮南書云「斗杓爲小歲，咸池爲大歲」，「大時者咸池也，小時者月建也」，皆以大小相對，初未嘗指咸池爲太歲。其作太歲者，乃後人轉寫之譌。吴斗南兩漢刊誤謂淮南不名天一爲太歲，又自以咸池名之，則南宋本已誤矣。又洪氏隸釋引作「太歲」，亦誤也。○王念孫云：錢説是也。

〔六七〕【箋釋】劉績云：今術家亦以子午卯酉爲咸池。○錢塘云：咸池直參，參主斬伐，咸池在其上，故不可向。太史公曰「西宮咸池」，猶言西宮白虎也。東方朔七諫云「哀人事之不幸兮，屬天命而委之咸池」，亦以咸池爲凶神。咸池所建，當以日所在定之。正月日在亥加時酉則咸池在午，二月日在戌加時巳則咸池在卯，三月日在酉加時丑則咸池在子，四月日在申加時酉則咸池在酉。以此差次，夏三月加時如春三月，秋冬亦然。而寅午戌之月咸池常在午，亥卯未之月咸池常在卯，巳酉丑之月咸池常在酉，申子辰之月咸池常在子。所以然者，咸神屬金，巳酉丑三時亦金也，故必以其時居於四正，而其月自以木火金水爲類，不相淩越也。○裘錫圭云：斗杓正月建寅，咸池建卯不言正月而言二月，頗爲可疑。有一條敦煌簡說：「正月大時在東方舍卯，小時並在東方舍寅。」斗杓所指之辰即月建，所以簡文與天文篇講的是一件事。簡文說正月大時舍卯，可證天文篇「二月建卯」確爲「正月建卯」之誤。大概是後人不明大時小時之說，以爲正月建寅與正月建卯矛盾，所以把第二個「正月」改作「二月」。

〔六八〕【用韻】「强、昌」陽部。

〔六九〕【用韻】「背、右」之部。

〔七〇〕【用韻】「池、建」歌元通韻。

天維建元，常以寅始起，右徙一歲而移，十二歲而大周天，終而復始〔一〕。淮南元年冬，太一在丙子，冬至甲午，立春丙子〔二〕。二陰一陽成氣二，二陽一陰成氣三〔三〕，合氣而爲音，合陰而爲陽，合陽而爲律，故曰五音六律。音自倍而爲日，律自倍而爲辰，故日十而辰十二〔四〕。月日行十三度七十六分度之二十六〔五〕，二十九日九百四十分日之四百九十九而爲月，而以十二月爲歲〔六〕。歲有餘十日九百四十分日之八百二十七，故十九歲而七閏〔七〕。

日冬至子午，夏至卯酉，冬至加三日，則夏至之日也〔八〕。歲遷六日，終而復始〔九〕。壬午冬至〔一〇〕，甲子受制〔一一〕，木用事，火煙青〔一二〕。七十二日丙子受制，火用事，火煙赤〔一三〕。七十二日戊子受制，土用事，火煙黄〔一四〕。七十二日庚子受制，金用事，火煙白〔一五〕。七十二日壬子受制，水用事，火煙黑〔一六〕。七十二日而歲終，庚子受制〔一七〕。歲遷六日，以數推之，七十歲而復至甲子〔一八〕。甲子受制則行柔惠，挺群禁，開闔扇，通障塞，毋伐木〔一九〕。丙子受制則舉賢良，賞有功，立封侯，出貨財〔二〇〕。戊子受制則養老鰥寡，行粰鬻，施恩澤〔二一〕。庚子受制則繕牆垣，脩城郭，審群禁，飾兵甲〔二二〕，儆百官，誅不法〔二三〕。壬子受制則閉門閭，大搜客〔二四〕，斷罰刑〔二五〕，殺當罪，息關梁，禁外徙〔二六〕。

甲子氣燥濁，丙子氣燥陽，戊子氣溼濁，庚子氣燥寒，壬子氣清寒〔二七〕。丙子干甲子，蟄蟲早出〔二八〕，故雷早行。戊子干甲子，胎夭卵毈〔二九〕，鳥蟲多傷。庚子干甲子，有兵。壬子干甲子，春有霜〔三〇〕。戊子干丙子，霆。庚子干丙子，夷〔三一〕。壬子干丙子，雹。甲子干丙子，地動〔三二〕。庚子干戊子，五穀有殃。壬子干戊子，夏寒雨霜〔三三〕。甲子干戊子，介蟲不爲〔三四〕。丙子干戊子，大旱，苽封熯〔三五〕。壬子干庚子，大剛，魚不爲〔三六〕。甲子干庚子，草木再死再生。丙子干庚子，草木復榮〔三七〕。戊子干庚子，歲或存或亡〔三八〕。甲子干壬子，冬乃不藏〔三九〕。丙子干壬子，星墜〔四〇〕。戊子干壬子，蟄蟲冬出其鄉。庚子干壬子，冬雷其鄉〔四一〕。

季春三月，豐隆乃出，以將其雨〔四二〕。至秋三月〔四三〕，地氣下藏，乃收其殺，百蟲蟄伏，靜居閉户〔四四〕，青女乃出，以降霜雪〔四五〕。行十二時之氣，以至于仲春二月之夕，乃收其藏而閉其寒〔四六〕，女夷鼓歌，以司天和〔四七〕，以長百穀禽鳥草木〔四八〕。孟夏之月，以熟穀禾，雄鳩長鳴，爲帝候歲〔四九〕。是故天不發其陰，則萬物不生；地不發其陽，則萬物不成〔五〇〕。天圓地方，道在中央〔五一〕。日爲德，月爲刑〔五二〕。月歸而萬物死，日至而萬物生〔五三〕。遠山則山氣藏，遠水則水蟲蟄，遠木則木葉槁，日五日不見，失其位也，聖人不與也〔五四〕。

日出于暘谷〔五五〕，浴于咸池，拂于扶桑，是謂晨明〔五六〕。登于扶桑〔五七〕，爰始將行，是謂朏明〔五八〕。至于曲阿，是謂旦明〔五九〕。至于曾泉，是謂蚤食〔六〇〕。至于桑野，是謂晏食〔六一〕。至于衡陽，是謂隅中〔六二〕。至于昆吾，是謂正中〔六三〕。至于鳥次，是謂小還〔六四〕。至于悲谷，是謂餔時〔六五〕。至于女紀，是謂大還〔六六〕。至于淵虞，是謂高舂〔六七〕。至于連石，是謂下舂〔六八〕。至于悲泉，爰止其女，爰息其馬，是謂縣車〔六九〕。至于虞淵，是謂黃昏〔七〇〕。至于蒙谷，是謂定昏〔七一〕。日入于虞淵之汜，曙於蒙谷之浦〔七二〕，行九州七舍，有五億萬七千三百九里〔七三〕，禹以爲朝、晝、昏、夜〔七四〕。

夏日至則陰乘陽，是以萬物就而死〔七五〕，冬日至則陽乘陰，是以萬物仰而生〔七六〕。晝者陽之分，夜者陰之分，是以陽氣勝則日脩而夜短，陰氣勝則日短而夜脩。

校釋

〔一〕【版本】藏本「移」上「而」字作「不」，景宋本、茅本、汪本、張本、黃本、吴本、莊本、集解本作「而」，今據改，餘本同藏本。

【箋釋】錢塘云：「而移」之「而」，舊作「不」，誤。通占大象曆經云：「天維三星在尾北斗杓後。」然則入析木之次，太陰在攝提格之歲，正月日在陬訾加時亥，即天維在寅，星辰復位時也。自後加時，歲退一辰，故右徙一歲而移。云十二歲而大周天者，十二月加時，每退一辰即一月，而移十二月而周天也。月爲小周天，則歲爲大周天，言大，明有小矣。〇王引之云：「起」字上當有脱文，蓋言甲寅之年歲星在娵訾之次，（營室、東壁也。詳見下條。）是歲星所起也。「起」與二「始」字、二「子」字韻也。（二「子」字見下文。）必言歲星所起者，太歲與歲星相應而行，故言太歲建元必以歲星也。漢書律曆志曰：「木金相乘爲十二，是爲歲星小周。小周乘巛策爲一千七百二十八，是爲歲星歲數。」鄭注周官保章氏曰：「歲星爲陽，右行於天；太歲爲陰，左行於地。十二歲而小周。」馮相氏疏曰：「太歲在地，與天上歲星相應而行。歲星爲陽，右行於天，一歲移一辰。又分前辰爲一百四十四分而侵一分，則一百四十四年跳一辰。十二辰帀，則總有千七百二十八年，十二跳辰帀。以此而計之，十二歲一小周，謂一年移一辰故也。千七百二十八年一大周，十二跳帀故也。歲左行於地，一與歲星跳辰年數同。」（以上賈疏。）然則「右徙」、「周天」皆謂歲星，若建寅之太歲，左行於地，不得謂之「右徙」、「周天」矣。「起」字之上有脱文無疑。「周天」上本無「大」字，後人加之也。歲星十二歲而小周天，不得謂之大周。淮南王時未有歲星超辰之説，亦無大周、小周之分，上文曰「歲星歲行三十度十六分度之七，十二歲而周」，無「大」字。

【用韻】「起、始」之部。

〔二〕【高注】淮南王作書之元年也。一曰：淮南王長，孝文皇帝異母弟也。僭號自稱東帝，以徙嚴道，道死於雍。其四子皆爲列侯。時人歌之曰：「一尺繒，好童童。一升粟，飽蓬蓬，兄弟二人不能相容。」文帝聞之曰：「以我爲利其土邪？」皆召四侯而王之。是則淮南王安即位之元年，以紀時也。

【版本】集解本此注在上文「太一在丙子」下，景宋本、王溥本、朱本、葉本、莊本同藏本。莊本、集解本注「雍」作「雝」，「升」作「斗」，景宋本、王溥本、朱本、葉本同藏本。

【箋釋】顧炎武云：漢時諸侯王得自稱元年。漢書諸侯王表「楚王戊二十一年，孝景三年」，「楚王延壽三十二年，地節元年」之類是也。淮南天文訓：「淮南元年冬，太一在丙子。」謂淮南王安始立之年也。注者不達，乃曰淮南王作書之元年，又曰淮南王僭號，此爲未讀史記、漢書者矣。○錢大昕云：「冬至甲午，立春丙子」，必有譌。蓋冬至與立春相去四十五日有奇，古今不易。自甲午訖丙子僅四十三日，此理之所必無者。以術推之，是年冬至蓋己酉日，立春則甲午日耳。○錢塘云：注後説是也。「丙子」二字亦宜在注下。武帝太初元年，太歲在丙子。淮南王安以文帝十六年自阜陵侯進封，是年下距太初元年六十算，則太歲亦在丙子矣。以術推之，顓頊曆入紀一千三百四十二算，不用超辰，以六十除去之，不盈二十二，數從甲寅起，亦太歲在丙子。淮南以太歲爲太一者，春秋文耀鉤云：「中宫大帝，其北極星下，明者爲太一之光，含元氣，以斗布常。」春秋合誠圖云：「天皇大帝，北辰星也，含元秉陽，舒精吐光，居紫宫中，制御四方，冠有五采文。」初學記引五經通義曰：「天神之大者曰昊天上帝。」注：「即耀魄寶也。亦曰皇天大帝，亦曰太一。」然則太一入玄枵之次，歲星在星紀而加丑，則太一在子，歲星在玄枵而加丑，則太一亦在丑。（淡氏案：當作太一亦在子。歲星在玄枵而加丑，是歲行一周，仍在星紀。歲星在星紀，則太歲仍在子矣。歲星與太歲左右行不同，故推合如此。作丑者，當是傳寫之誤。）自後十二歲而周。丑爲星紀，故歲星必加之，而見太一之所在，以此紀歲，因亦名太一爲太歲也。淮南從其本名，故曰太一。太一在丙子，即閼逢攝提格之歲。推其冬至，顓頊曆少周曆百十八算，入癸卯部四十二算，周曆此年積千四百六十算，入乙酉部十六算，天正氣大餘二十四，無小餘。冬至己酉加四十五日三十二分之二十一得甲午立春。然則此云「甲午」，本立春之日，「冬至」上脱其日名耳。重文「丙子」，自言太一，下釋其義。○洪頤煊云：漢書淮南王傳：「文帝十六年，乃徙阜陵侯安爲淮南王。」是年歲在丁丑，而云「太一在丙子」者，據冬至在年前，立算從冬至甲午，距立春四十三日而得丙子，以節氣盈縮，故下文云「日冬至子午，夏至卯酉」，「壬午冬至，甲子受制，木用事」，亦四十三日而得立春也。○王引之云：太一乃北極之神，與紀歲無涉。「太一」當作「天一」。此因「天」字脱去上畫，後人又加點於下耳。廣雅曰：「天一，太歲也。」漢元封七年，太歲在丙子，上推至文帝十六年，（下距元封七年凡六十年。）爲淮南王安始封之年，太歲亦當在丙子，故曰「天一在丙子」也。古者天一、太歲、太陰，名異而實同，詳見太歲考。○黄楨云：「甲午」字有誤。依顓頊壬申蔀推之，當得庚寅日酉初冬至，丙子日辰末立春。篇首以顓頊原起。案：漢書言漢興襲用秦正朔，以北平侯張蒼言用顓頊曆，史記又言張蒼爲淮南厲王相，則此用顓頊曆可知也。

【用韻】「子、子」之部。

〔三〕【高注】陰粗觕，故得氣少；陽精微，故得氣多。一説：上得二，下得三，合爲五，故曰「合氣而爲音」，音數五也。

【版本】藏本注「觕」作「捔」，莊本、集解本作「觕」，今據改，王溥本、葉本同藏本。茅本、張本、汪本注「陰粗觕」作「陰精粗」。藏本注上「得」字作「時」，王溥本、茅本、汪本、張本、黄本、莊本、集解本作「得」，（蔣刊道藏輯要本亦作「得」。）今據改，餘本同藏本。

【箋釋】劉績云：陽實陰虛，即奇用其全，偶用其半也。○錢塘云：此釋太一始於丙子之義也。二陰一陽謂坎子之位也，二陽一陰謂離丙之位也。坎陰不中，故二陰成一氣；離陰得中，故一陰成一氣。離三坎二，合之爲五，即五行之氣也。坎爲水，離爲火。坎之所生者一，木也；離之所生者二，土也、金也。太一居子，其衝爲丙，故太一始于丙子。不然，太歲在甲曰閼逢，太歲在寅曰攝提格，何不竟首甲寅，而必别屬之太陰乎？○王引之云：「二陰」當作「一陰」。一陰一陽，所以成氣二也。高注曰：陰麤觕，故得氣少；陽精微，故得氣多。正以一陰與一陽爲二，一陰與二陽爲三，陰數少而陽數多也。續漢書天文志引律術曰「陽性動，陰性静，動者數三，静者數二」是也。二陰而分言之，則各爲一陰矣。○俞樾云：陽之數以三而奇，陰之數以二而偶，所謂「參天兩地」也。周書武順篇曰：「男生而成三，女生而成兩。」是其義也。二陰一陽，則二二如四，一三如三，其數七。除五生數，則得成數二。所謂「二陰一陽成氣二」也。二陽一陰，則二三如六，一二如二，其數八。除五生數，則得成數三。所謂「二陽一陰成氣三」也。高注未得其解。此陰陽之數，即易少陽、少陰之數，説詳羣經平議。○于大成云：「捔」字説文不收，廛見集韻，他本多作「觕」，「觕」字説文亦不收，説文有「⿰爿角」云：「⿰爿角，角長皃。讀如粗⿰爿角。」即此字也。段注曰：「此字見於經史者，皆譌爲觕。」氾論篇「風聲者，陰陽粗捔者也」，「捔」亦當爲「⿰爿角」。又注文「氣少」上「時」字當爲「得」，形近而譌。

〔四〕【箋釋】錢塘云：合氣爲音者，以土火金水木爲宫徵商羽角也。素問天元紀大論云：「甲己之歲土運統之，乙庚之歲金運統之，丙辛之歲水運統之，丁壬之歲木運統之，戊癸之歲火運統之。」此以相生爲次也。而六十律戊癸爲宫，甲己爲徵，則戊癸土，而甲己火。所以者，宫能生徵，徵不能生宫，故以火爲土，以土爲火。然則五運火生土，五音土生火，禮家説火土同宫，黎爲祝融，亦爲后土，非無義矣。土生火，故火生金，而自金以下，無不與五運合，故五音始于宫而終于角也。合陰爲陽者，坎二離三，約六爲五也。論卦畫，則坎離各有三，以陰之數當陽之數，即合陰爲陽。合陽爲律者，坎有重坎，離有重離，則陰陽各六，先取六陽以爲六律，故曰合陽爲律。一律而有五者，因而重之，則音有十，在陽律者爲宫、商、角、徵、羽，在陰律者爲變宫、變商、變角、變徵、變羽，故地形訓云「宫生變徵，徵生變商，商生變羽，羽生變角，角生變宫」也。以當十日，則始于戊而終于丁，是爲音自倍而爲日。陽律生陰律，陰律亦生陽律，一律而生十二律，以當十二辰，則始于黄鐘子，終於中吕亥，是爲「律自倍而爲辰」。劉歆亦曰：「六律六吕而十二辰立矣，五聲清濁而十日行矣。」蓋皆謂音生日，律生辰也。揚雄則云：「聲生於日，律生于辰。」

〔五〕【高注】六或作八。

【用韻】「日、二」質脂通韻。

【箋釋】錢塘云：一紀日周七十六，月周千一十六，以日周除月周，得十三度七十六分度之二十八，是以月周比每日之月行得此數，故定爲一日之月行也。三統、四分月十九分度之七，此七十六分度之二十八，即子母各四乘之數。「六」當作「八」，傳寫之誤。○黄楨與錢説同，謂「六」當爲「八」之誤。

〔六〕【用韻】「月、歲」月部。

〔七〕【箋釋】劉績云：周天三百六十五度四分度之一，一度爲一日，乃九百四十分也。月每日行十三度又十九分度之七，謂之七十六分度之二十八者，乃四其法也。集二十九日又四百九十九分而與日會爲一月，十二會得全日三百四十八日，餘分之積，又五千九百八十八分，如一日九百四十分，得六日，尚餘二百四十八分，共計三百五十四日零三百四十八分也。以一歲三百六十五日四分日之一計之，尚多十日零八百二十七分。以此集而成閏，三年一閏多二千九百二十二分，五年再閏少四千三百八十三分，至十九歲而七閏，方無餘分也。○錢塘云：四乘周天爲千四百六十一，四分九百四十爲三百三十五，相乘得三十四萬三千三百三十五，爲周天分，一月積分二萬七千七百五十九，以十二乘之，得三十三萬三千一百八，爲朔積分，兩數相減，餘一萬二百二十七，以九百四十除之，得十日又九百四十分日之八百二十七也。又以十九乘餘日，得百九十日；乘餘分，得一萬五千七百三十二。如九百四十而一，得十六日，併之得二百六日，即大月三，小月四，爲一章之閏月也。

【用韻】「七、閏」質真通韻。

〔八〕【高注】冬至後三日，則明年夏至之日。

【箋釋】劉績云：元年甲午冬至，則明年丁酉夏至。○錢塘云：冬至距夏至有百八十二日十六分日之十，去百八十日，餘二日過半，舉整數言三日。大抵算上算外相間命之。注以爲明年者，用人正也。從天正，則在一歲。

〔九〕【高注】遷六日，今年以子冬至，後年以午冬至也。

【箋釋】劉績云：元年甲午冬至，至次年冬至三百六十六日得己亥，應用天數，若前後有餘分積方得庚子。凡算曆不過此二日，故槩言。○錢塘云：亦舉整數言之，實五日四分日之一，積四年方成二十一日無餘分。

〔一〇〕【箋釋】錢塘云：此淮南改定顓頊曆上元冬至也。劉向謂己巳立春，則甲申冬至也。入殷曆甲子部六十一算，天正朔大餘六，庚午朔氣大餘二十，十五日甲申冬至，加殷曆五十七算爲周曆。顓頊曆入癸卯部四十二算，天正朔大餘二十六，己巳朔氣大餘四十，十五日癸未冬至，再加五十七算爲四分曆。顓頊曆入壬午部二十三算，天正朔大餘四十六，戊辰朔氣大餘盡十五日，壬午冬至。顓頊曆元如故，而日至不同者，由入部各別耳。遞加五十七算則遞先一日，此合天之善術也。推己酉冬至，甲午立春，必用周曆，餘二曆俱不合。此又改入四分部内，殆以歲實漸消，豫爲後世法歟？四分，東漢始用之，其元早見于此。

〔一一〕【箋釋】劉績云：管子所謂「日至睹甲子木行御」是也。下皆倣此。蓋二十四氣，必十五日零五刻方交一氣。冬至至立春三氣，應四十五日零一時六刻，故管子又云「以冬至日始，數四十六日，冬盡而春始建」也。壬午至甲子四十三日，欲舉子午，故不必備其數如前元年年甲午丙子類也。○雙棣按：劉前文引管子見五行篇，後文引管子見輕重己篇，今本輕重己篇「冬盡而春始」，無「建」字。

〔一二〕【高注】木色青也，東方。

〔一三〕【高注】火色赤也，南方。

〔一四〕【高注】土，中央，其色黄。

〔一五〕【高注】西方金，其色白。

〔一六〕【高注】北方水，其色黑。

〔一七〕【箋釋】錢塘云：置一歲日，以五氣分之，則七十二日爲一節，而得其用事之日。藝文志有古五子十八篇，師古云：「自甲子至壬子，説易陰陽。」始即淮南所云也。易稽覽圖曰：「甲子卦氣起中孚，復生坎七日。」是冬至常爲甲子受制，而淮南云「壬午冬至，甲子受制」，至歲終而「庚子受制」，則冬至受制，歲易一子，計五運周環，亦當然也。由是推之，秦曆首年甲子，二年庚子，三年丙子，四年壬子，五年戊子，至六年而復得甲子，故七十歲而與日周也。五子以五行受制用事，而五色獨用火煙，古記二十四氣，于五音用徵不用宮故也。五子受制，與二十四氣同法。

○雙棣按：錢氏所謂師古云，非顔師古注，乃班固自注。

〔一八〕【箋釋】錢塘云：以五子分一歲日，尚餘六日，亦據壬午冬至歲言也。其他歲，餘日尚不盈六日。淮南子「甲子受制」之明年，云「庚子受制」，庚子在甲子後三十六日，是五子受制，歲遷三十六也。七十歲積二千五百二十日，適盈四十二旬周，故復至甲子，至是五子已五十四周矣。○王引之云：上文言「壬午冬至，甲子受制」，由甲子受制，以歲遷六日推之，一日乙丑，二日丙寅，三日丁卯，四日戊辰，五日己巳，六日庚午，則當作「庚午受制」。今本作「庚子」，涉上文「庚子」而誤也。由甲子受制每歲以遷六日推之，至十歲而六十甲子終而復始，則當作「十歲而復至甲子」。今本「十」上有「七」字，涉上文「七十二日」而衍也。

〔一九〕【高注】甲，木也。木王東方，故施柔惠，蟄伏之類出由户，故開闔扇，通障塞。春木王，故毋伐木也。

【版本】藏本注「柔」作「并」，除葉本作「木」外，餘本均作「柔」，（蔣刊道藏輯要本亦作「柔」。）今據改。藏本「春」下「木」字作「水」，各本均作「木」，（蔣刊道藏輯要本亦作「木」。）今據改。

【箋釋】于鬯云：時則訓「挺重囚」，高注云：「挺，緩也。」此當同義。又：此文上下高皆説之，獨不及此句，而於時則始出緩訓，疑高本無此句。○馬宗霍云：禮記月令「挺重囚」，鄭玄注云：「挺猶寬也。」本文「挺」義同，言寬群禁也。○雙棣按：吕氏春秋仲夏紀「挺重囚」高注：「挺，緩也。」與注時則同。緩、寬亦同義。

〔二〇〕【高注】火用事，象陽明，識功勞，故封建侯，出貨財。

〔二一〕【高注】土用事，象土長養，故施恩澤也。

【箋釋】劉績云：粰，扶牛切，煡粥也。○王念孫云：「養老鰥寡」當作「養長老，存鰥寡」。今本脱「長、存」二字，則句法與上下文不協。時則篇曰：「季夏存視長老，行粰鬻。」「仲秋養長老，行粰鬻飲食。」春秋繁露治水五行篇曰：「土用事則養長老，存幼孤，矜寡獨，施恩澤。」開元占經填星占篇引巫咸曰：「填星受制則養老，（蓋脱長字。）存鰥寡，行饘粥，施恩澤。」皆其證。○馬宗霍云：説文無「粰」字，玉篇米部有之，云：「粰，扶牛切，煡也。」廣雅釋器云：「粰，饘也。」曹憲音「粰」爲「浮」。「煡」即「饘」之別體，是「粰鬻」即「饘鬻」也。

【用韻】「鬻、澤」覺鐸合韻。

〔二二〕【箋釋】馬宗霍云：「飾」通作「飭」，讀與「勑」同。飭猶整也，治也。飾甲兵，謂整治甲兵也。禮記樂記篇「合情飭貌者」，陸德明釋文云：「飭，本作飾。」莊子漁父篇「飾禮樂」，陸氏釋文云：「飾，本作飭。」是二字相通之證。國語吴語「周軍飭壘」，韋昭注云：「飭，治也。」漢書高后紀「匡飭天下」，顔師古注云：「飭，整也。」是飭有整治之義也。匡謬正俗卷八飭字條乃謂：「飭字從食從力。其脩飾之字從巾，曲學之士不能詳別，遂使書寫訛謬，飾飭兩字，混而爲一。」似偶昧古字通假之理矣。

〔二三〕【高注】金用事，象金斷割，故誅不如法度也。

【用韻】「甲、法」盍部。

〔二四〕【高注】禁舊客，出新客。

【版本】藏本注「舊」作「捜」，王溥本、朱本作「舊」，（蔣刊道藏輯要本亦作「舊」。）今據改，餘本同藏本。

【箋釋】吴承仕云：朱本「禁捜客」作「禁舊客」。案：「舊客」是也。左氏昭十八年傳：「使司寇出新客，禁舊客，勿出於宫。」時則篇「大捜客」注云：「傳曰：『禁舊客，爲露情也。有新客捜出之，爲覩釁也。』」注正用左氏説。莊本「舊」誤作「捜」，失之。

【用韻】「閭、客」魚鐸通韻。

〔二五〕【版本】茅本、汪本、張本、黄本、莊本、集解本「罰刑」作「刑罰」，餘本同藏本。

〔二六〕【高注】水用事，象冬閉固，故禁外徙也。

【用韻】「刑、梁」耕陽合韻。

〔二七〕【箋釋】錢塘云：春秋繁露治水五行篇云：「日冬至，七十二日木用事，其氣燥濁而青。七十二日火用事，其氣慘陽而赤。七十二日土用事，其氣溼濁而黄。七十二日金用事，其氣慘淡而白。七十二日水用事，其氣清寒而黑。七十二日復得木。」其説「木用事」有「至于立春」，「火用事」有「至于立夏」之文，以冬至木即用事，立春在其後四十五日，驚蟄前三日火即用事，立夏在後六十三日故也。其小滿前六日火用事，立秋前九日金用事，霜降前九日水用事，各當王時，故不言至于夏至及立秋、立冬也。是甲子明起冬至。而素問陰陽論類篇云：「孟春始至，黄帝燕坐，臨觀八極，正八風之氣，而問雷公。雷公對曰：『春甲乙青，中主肝，治七十二日。』」王冰謂：「孟月春始至，謂立春之日也。」則甲子又起立春。故管子五行篇云：「日至，睹甲子木行御，天子出令，七十二日而畢。睹丙子火行御，天子出令，七十二日而畢。睹戊子土行御，天子出令，七十二日而畢。睹庚子金行御，天子出令，七十二日而畢。睹壬子水行御，天子出令，七十二日而畢。」尹知章以日至爲春日氣至也。文耀鉤云：「蒼帝受制，其名靈威仰；赤帝受制，其名赤熛怒；黄帝受制，王四季，其名含紐樞；白帝受制，其名白招拒；黑帝受制，其名汁光紀。」依此，則甲子起立春爲是。而淮南則五子更迭受制，蓋既有冬至、立春二法，即不妨更爲變通耳。又有從七十二日受制之術，推爲求五德日名者。乾鑿度云：「孔子曰：『至德之數，先立木金水火土德，合三百四歲，五德備，凡一千百日，二十歲大終復初。』」其求金木水火土德日名之法，道一紀七十六歲，因而四之，爲三百四歲。以一歲三百六十五日四分一乘之，凡爲十一萬一千三十六。以甲爲法除之，餘三十六。以三十六甲子始數元立算皆爲甲，旁算亦爲甲。以日次次之毋算者，乃木金火水土德之日也。德益三十六，五德而止六日名。甲子木德，主春；春生三百四歲；庚子金德，主秋，成收三百四歲；丙子火德，主夏，長三百四歲；壬子水德，主冬，藏三百四歲；戊子土德，主季夏，致養三百四歲。六子德四正，四正，子午卯酉也，而期四時，凡一千五百二十歲終一紀。是淮南亦德益三十六，故冬至不常甲子受制也。五歲受制，與一紀無異理耳。

〔二八〕【高注】木氣温，故早出。

【箋釋】錢塘云：注「木」當爲「火」。

〔二九〕【箋釋】錢塘云：説文云：「鰕，卵不孚也。」○雙棣按：原道篇「鳥卵不鰕」，高注云：「卵不成鳥曰鰕。」

〔三〇〕【箋釋】劉績云：此論甲子七十二日。○錢塘與劉説同。

【用韻】「行、傷、兵、霜」陽部。

〔三一〕【高注】夷，傷也。夷或作電。

【版本】藏本注無「作」字，王溥本有，今據補，朱本、汪本「或」作「作」，莊本、集解本「作」作「爲」，景宋本、茅本、葉本同藏本。

【箋釋】馬宗霍云：上文云「戊子干丙子，霆」，下文云「壬子干丙子，雹」，則本文當以作「電」爲長。説文虫部「虹」之籀文作「𧉍」，從申。申，電也。是「電」之籀文作「申」，與「夷」之篆文作「夷」，二形相涉，故致掍耳。

〔三二〕【箋釋】劉績云：此論丙子七十二日。○錢塘與劉説同。

〔三三〕【用韻】「殃、霜」陽部。

〔三四〕【高注】不成爲介蟲也。

【箋釋】錢塘云：漢書天文志云：「戎菽爲。」孟康曰：「爲，成也。」○莊逵吉云：「爲」，讀如「譌」。書「平秩南譌」，譌，化也，亦古字通用。高義未晰。○馬宗霍云：莊説非也。廣雅釋詁三云：「爲，成也。」是「爲」本有「成」義。「介蟲不爲」，猶言介蟲不成也。故高注以「成」字足之。下文「魚不爲」義同。又本經篇「五穀不爲」，高氏彼注云：「不爲，不成也。」與本文詞例正同，又其切證。

〔三五〕【高注】苽，蔣草也。生水上，相連持，大如薄者也，名曰封。旱燥，故熯也。

【版本】藏本注「上」作「土」，王溥本、朱本、張本、黄本、莊本、集解本作「上」，今據改，餘本同藏本。景宋本、茅本、汪本、張本、黄本、莊本、集解本「持」作「特」，王溥本、朱本、葉本同藏本。

【箋釋】劉績云：此論戊子七十二日。○錢塘與劉説同。○于大成云：説文「薄，一曰蠶薄」，是其誼也。「封」即「葑」字。爾雅翼一「其生兩浙下澤者，根既相結，歲久則并上浮於水上，土人謂之葑田。大抵葑是其根，苽是其葉耳」。苽一名蔣，故此注云「蔣草」；其米雕胡亦曰苽。故原道篇「浸潭苽蔣」，高注曰「苽者，蔣實也」。

〔三六〕【高注】不成爲魚。

【箋釋】王引之云：「大剛」二字，義不可通。「大」字蓋因上文「大旱」而衍。「剛」當爲「則」，字之誤也。「則魚不爲」四字連讀。春秋繁露治亂五行篇曰「水干金則魚不爲」，是其證。

【用韻】「爲、熯、爲」歌元通韻。

〔三七〕【高注】今八月、九月時，李柰復榮生實是也。

【版本】王溥本注「柰」作「桃」，餘本均同藏本。

【用韻】「生、榮」耕部。

〔三八〕【箋釋】劉績云：此論庚子七十二日。○錢塘與劉說同。○馬宗霍云：歲不可言存亡。本文「存」字疑當作「有」。「亡」與「無」同。歲或有或亡，猶言或有歲或無歲也，亦即歲或豐或歉之意。詩魯頌有駜篇「自今以始，歲其有」，毛傳云：「歲其有，豐年也。」周禮地官均人「豐年、中年、無年」並言，鄭玄注以「無歲」注「無年」，云：「歲無贏儲也。」無贏儲即歲歉也。「有」與「存」形近，「存、亡」對言，人所習知。「有無」之「無」通作「亡」，人所尠見，傳寫遂誤以「有」爲「存」矣。

〔三九〕【高注】不藏，地氣發也。

【版本】張本、黄本、莊本、集解本注無「不藏」二字，餘本同藏本。

【箋釋】錢塘云：木氣温。

【用韻】「亡、藏」陽部。

〔四〇〕【高注】墜，隕。

【版本】莊本、集解本正文及注「墜」作「隊」，餘本同藏本。

〔四一〕【箋釋】劉績云：此論壬子七十二日。○錢塘與劉説同。○于鬯云：「其鄉」二字涉上文衍。

【用韻】「鄉、鄉」陽部。

〔四二〕【高注】豐隆，雷也。

【箋釋】馬宗霍云：楚辭離騷云：「吾令豐隆乘雲兮。」王逸注云：「豐隆，雲師，一曰雷師。」是「豐隆」之解有兩説，或以爲雲師，或以爲雷師。高氏此注亦訓豐隆爲雷，與王逸所稱一説合。但下句「以將其雨」，將猶行也，謂以行其雨也。孟子云：「油然作雲，沛然作雨。」則就行雨而言，似以豐隆爲雲師，於義爲長。開元占經石氏中官占引石氏云：「五車東南星名曰司空，其神名曰雷公；西南星名曰卿，其神名曰豐隆。」據此，則豐隆、雷公非一神。廣雅釋天亦云：「雲師謂之豐隆。」是又豐隆爲雲不爲雷之證也。○王叔岷云：玉燭寶典三引許注亦云：「豐隆，雷神。」

〔四三〕【高注】季秋之月。

〔四四〕【高注】殺氣。

【版本】藏本「下」作「不」，王溥本、王鎣本、葉本、吴本作「下」，今據改，餘本同藏本。

【箋釋】劉績云：夏正二月雷發聲，八月雷收聲。○吴承仕云：御覽十九引此注作「殺氣安静」。案：注文「殺氣」二字，當在「乃收其殺」下，蓋以「殺氣」訓「殺」，猶以「和氣」訓「和」矣。注文「安静」二字，當在「静居閉户」下，蓋以「安静」通釋「百蟲蟄伏，静居閉户」二語也。各本並譌亂不可讀。

〔四五〕【高注】青女，天神，青玉女，主霜雪也。

【版本】景宋本、茅本注「玉」上有「妖」字，莊本、集解本有「霄」字，朱本、汪本、張本、黄本注「玉」作「皇」，王溥本、葉本同藏本。

【箋釋】吴承仕云：青霄之「霄」，初學記卷三兩引作「要」，御覽十四、十六引作「夭」，二十四引作「霄」。案：初學記引作「青要」，是也。漢書司馬相如傳「載玉女而與之歸」，張揖曰：「玉女，青要，乘弋等也。」此注文當爲「青要」之證。能改齋漫録、緯略、歲時廣記引淮南此注並作「青要玉女」。（邵説同。）〇王叔岷云：玉燭寶典七引作「要」，與初學記引同。又玉燭寶典引「主」作「司」。

【用韻】「月、殺」月部，「雨、藏、户」魚陽通韻，「出、雪」物月合韻。

〔四六〕【高注】收斂其所藏而閉之。

【版本】景宋本、茅本、莊本、集解本注「斂」作「歛」，王溥本、朱本同藏本。

【箋釋】王念孫云：太平御覽時序部四引此本作「乃布收其藏而閉其寒」，引高注本作「收斂其所藏而出布之，閉其陰寒，令不得發洩」。後人既不解「布收」二字之義，而削去「布」字，又删改高注以滅其跡，甚矣，其妄也。又案：布收其藏者，「布」讀爲「敷」。（「敷」與「布」古字通，皋陶謨「敷同日奏罔功」，禹貢「篠簜既敷」，史記夏本紀「敷」並作「布」。顧命「敷重蔑席」，説文引作「布」。商頌長發篇「敷政優優」，成二年左傳引作「布」。聘禮「管人布幕于寢門外」，今文「布」

作「敷」。）周頌賚篇箋云：「敷猶徧也。」（堯典「敷奏以言」，史記五帝紀作「徧告以言」。）言徧收其藏而閉其寒也。上文云：「至秋三月，地氣下藏，百蟲蟄伏。」故此言仲春之夕，乃布收其藏而閉其寒，「布」字在「收其藏」之上，本謂徧收其藏，非謂收其所藏而出布之也。高氏誤解「布」字，後人求其説而不得，遂以「布」爲衍文而削之矣。○俞樾云：高注曰「收斂其所藏而閉之」，然二月非收斂之時，義不可通。太平御覽時序部引作「乃布收其藏而閉其寒」，引高注作「收斂其所藏而出布之」，是今本脱「布」字。然「布收」連文，義亦未安。「收」疑「攽」字之誤。尚書洛誥篇「乃惟孺子頒」，説文攴部作「乃惟孺子攽」，是「布攽」即「布頒」，猶言「頒佈」也。上文云「至秋三月，地氣下藏」，故至二月乃布頒之也。高氏據誤本作注，後人以「布收」異義，不得連文，遂以「布」爲衍字而削之矣。

〔四七〕【箋釋】鄭良樹云：「鼓歌」下天中記四五引此下有注曰：「女夷，天帝之女，下司時和，春陽喜樂鼓歌也。」疑是許注。○于大成云：此注御覽八三七亦引之，天中記即據以轉引。合是許注也。

【用韻】「寒、歌、和」元歌通韻。

〔四八〕【高注】女夷，主春夏長養之神也。

【箋釋】王念孫云：「禽鳥」當爲「禽獸」，藝文類聚歲時部上，引作「以養百穀禽獸草木」，太平御覽時序部四、百穀部一，並引作「以長百穀禽獸草木」，是其證。○鄭良樹云：王説是也。天中記四引「禽鳥」亦作「禽獸」。〇于大成云：事類賦注四引亦作「禽獸」。〇雙棣按：玉燭寶典引亦作「禽獸」。

〔四九〕【高注】雄鳩，蓋布穀也。

【版本】藏本「候」作「侯」，景宋本、汪本、張本、黄本、莊本、集解本作「候」，今據改，餘本同藏本。張本、黄本、莊本、集解本注無「蓋」字，餘本同藏本。

【箋釋】劉文典云：御覽九百二十一引注「雄鳩」下有蓋字。〇吴承仕云：玉燭寶典引此注亦有「蓋」字，是也。吕氏春秋仲春紀「鷹化爲鳩」，注云：「鳩，蓋布穀鳥。」與此同意。不質言之，故稱「蓋」也。（注有「蓋」字，而莊本誤奪者，不止一事，疑淺人妄删之。）〇馬宗霍云：爲帝候歲，帝謂天也。下文「帝張四維」之「帝」義同。書洪範篇「帝乃震怒」鄭玄注、又詩大雅皇矣篇「既受帝祉」鄭箋，並云：「帝，天也。」禮記孔子閒居篇「帝命不違」，鄭注云：「帝，天帝也。」皆帝得爲天之證。〇于大成云：「以熟穀禾」下御覽九二一有注云「熟亦長也」。觀其下句之注，知即高注，今本誤奪。又「候歲」下御覽八三七有注云「雄鳩，養長穀之鳥也」，與今本高注異，當是許注。

【用韻】「禾、歲」歌月通韻。

〔五〇〕【箋釋】錢塘云：周禮大宗伯云：「以天産作陰德，以地産作陽德。」莊周亦言：「至陰肅肅出乎天，至陽赫赫出乎地。」

〔五一〕【用韻】「生、成」耕部。「方、央」陽部。

〔五二〕【箋釋】錢塘云：天文志引星備云：「日者德也，月者刑也，故曰日食修德，月食修刑。」

〔五三〕【箋釋】錢塘云：太玄云：「日一南而萬物死，日一北而萬物生。」

【用韻】「刑、生」耕部。

〔五四〕【高注】與，猶説也。

【箋釋】馬宗霍云：本文「與」蓋通作「豫」，故高注以「説」釋之，「説」謂「説樂」也。儀禮鄉飲酒禮「賓介不與」，鄭玄注云：「古文與爲豫。」漢書淮南王安傳「猶與十餘日」，顔師古注云：「與讀曰豫。」玄應一切經音義十八雜阿毗曇心論第二卷猶豫條云：「豫，古文與同。弋庶反。」皆「與、豫」相通之證。易豫卦陸德明釋文引馬融云：「豫，樂。」李鼎祚集解引鄭玄云：「豫，喜豫説樂之貌也。」是「與」亦得訓「説」之證也。

〔五五〕【箋釋】錢塘云：王逸引作「湯」，御覽作「陽」。○顧廣圻云：「暘」是「湯」字之譌。小司馬、李崇賢所引可證。主術訓「東至湯谷」，注云「日所出也」，説林訓「日出湯谷」，宋本皆不譌，地形注亦不譌。○劉文典云：文選潘安仁西征賦注、張景陽雜詩十首注引，並作「湯谷」。又史記五帝本紀索隱引，亦作「湯谷」，云史記「舊本作『湯谷』，今並依尚書字」。○吴承仕云：作「湯谷」者，許慎注本也。史記司馬相如傳「右以湯谷爲界」，張守節正義引許慎云：「熱如湯。」此許注逸文也，各家並失引。○王叔岷云：楚辭離騷注、遠遊注、九歎注、九歌補注、文選左太沖蜀都賦注、吴都賦注、謝希逸月賦注、繆熙伯挽歌詩注引「暘谷」並作「湯谷」。○于大成云：諸説之中，吴説最是。蓋「湯」之與「暘」，乃許、高之異同，不關乎是與非也。説文「叒，叒木，榑桑也。日初出東方湯谷所登也」，（从段校改如此。）是許本作「湯」之證。離騷集傳引此亦作「湯」。吴氏所引「熱如湯也」之注，又見於漢書司馬相如傳注，更早於張守節矣。諸書所引淮南此文者，多作「暘」，文選離騷王逸注、張平子西京賦注、又東京賦注、又思玄賦注（兩引）、謝宣遠九日從宋公戲馬臺集送孔令詩注，北堂書鈔百四十九（兩引），藝文類聚一，初學記一，六帖一，歲華紀麗四，事類賦注一（兩引），説文繫傳「榑」字注，楚辭天問補注，杜甫幽人詩黄鶴注，廣博物之一，天中記一引皆作「暘」。呂氏春秋求人篇高注、御覽三引作「陽」，當是「暘」字也。觀初學記及御覽所引下文注，即是高誘注，則高氏自作「暘」，與許異矣。楚辭天問「出自湯谷」，山海經海外東經「黑齒國，下有湯谷」，郭璞注「谷中水熱也」，字作「湯」，許本所據也。郭注云云，又本於許君也。尚書堯典「宅嵎夷，曰暘谷」，字作「暘」，高本所據也。顧氏廣圻引地形篇注，乃「扶木在陽州」之注，其「暘谷、榑桑在東方」，注「暘谷，日之所入也」，正文、注文並作「暘」。楚辭遠遊「朝濯髮於湯谷兮」，補注「湯音暘」，又天問「出自湯谷」，集注「一作暘」，山海經「下有湯谷」，文選張平子思玄賦、木玄虚海賦、謝希逸月賦引作「暘」，文選左太沖吴都賦「包湯谷之滂沛」，五臣本作「暘」，張景陽雜詩「丹氣臨湯谷」，五臣本作「暘」，並其比。○雙棣按：文選月賦注引淮南子曰「日出於湯谷」云云，其下又引高誘注云云。若「湯谷」必是許本，李善引許本淮南正文，再去引高誘注，何其不憚煩！説文云：「暘，日出也。虞書曰：『曰暘谷。』」吕氏春秋求人篇高誘注引淮南記曰：「日出陽谷。」蓋「暘、陽、湯」古字通，不必拘泥許、高之别矣。

〔五六〕【高注】拂，猶過，一曰至。

【箋釋】錢塘云：扶，説文作榑。○于大成云：説文「榑，榑桑，神木，日所出也」，又「叒，叒木，榑桑也，日初出東方湯谷所登也」，（从段校改如此。）是許本當作「榑桑」也。地形篇「立登保之山，暘谷、榑桑在東方」，高注曰「榑桑在登保之山東北方也」；又覽冥篇「朝發榑桑」，高注曰「榑桑，日所出也」，疑高本當亦作「榑桑」。山海經東山經「無皋之山，南望幼海，東望榑木」，「榑木」即「榑桑」也。又海外東經「湯谷上有扶桑」，郝懿行以爲「扶當爲榑」。「榑、扶」古音固同也。

〔五七〕【箋釋】錢塘云：藝文類聚引有「之上」二字，初學記引有注，云：「扶桑，東方之野。」○劉文典云：藝文類聚一、初學記天部上、御覽三引，並作「登于扶桑之野」。初學記、御覽並引注云：「扶桑，東方之野。」

〔五八〕【高注】朏明，將明也。朏，讀若朏諾皋之朏也。

〔五九〕【高注】平旦。

【箋釋】錢塘云：初學記引有注云：「曲阿，山名。」○莊逵吉云：太平御覽有注云：「曲阿，山名。」〇劉文典云：藝文類聚、初學記、御覽引，「旦」並作「朝」。北堂書鈔百四十九引注云：「旦明，平旦也。曲阿，所由明也。」〇于大成云：事類賦注一、羣書通要甲集一、稗史彙編二引，「旦」亦作「朝」。疑此亦當是許、高之異。初學記、御覽、事類賦注是高本，（以注文知之。）高本作「朝明」也。北堂書鈔是許本，其「平旦」之注雖與高同，而「曲阿」與高異，則許本作「旦明」也。（楚辭九歌少司命補注、天問補注、廣博物志一、天中記一引同。）今本作「旦」者，二本相溷之故也。說文「旦，朝也」，（从段校改。）又「朝，旦也」，朝、旦互訓。

【用韻】「桑、明、桑、行、明、明」陽部。

〔六〇〕【箋釋】錢塘云：諸家引「至」俱作「臨」。初學記引有注云：「曾，重也。早食時在東方多水之地，故曰曾泉。」〇莊逵吉云：太平御覽引注與初學記引同。〇劉文典云：藝文類聚、初學記、御覽引，並作「臨于曾泉」。書鈔引注云：「曾，源也。」〇于大成云：事類賦注、羣書通要、稗史彙編「至」亦作「臨」，「臨」是高本。事類賦注亦有此注，是高注也。書鈔、楚辭天問補注、韻府羣玉七「陽桑」字注、廣博物志、天中記引仍作「至」，「至」是許本。書鈔引注，亦當是許注也。惟「曾，源也」之訓，亦不見說文。〇雙棣按：于氏謂下文作「至」者皆許本，羣書所引異文皆高本也。不俱引。

〔六一〕【箋釋】劉文典云：藝文類聚、初學記、御覽引，並作「次于桑野」。

〔六二〕【箋釋】劉文典云：藝文類聚、初學記、御覽引，「至」並作「臻」，「隅」並作「禺」。

〔六三〕【高注】昆吾丘，在南方。

【箋釋】莊逵吉云：太平御覽引作「對于昆吾」。○劉文典云：藝文類聚、初學記引亦作「對于昆吾」。

〔六四〕【高注】鳥次，西南之山名也。鳥所宿止。

【箋釋】莊逵吉云：太平御覽作「靡于鳥次」，「還」作「遷」。○劉文典云：藝文類聚、初學記引亦作「靡于鳥次」。○于大成云：初學記、御覽、事類賦注、稗史彙編引注「西南」下並有「方」字。

〔六五〕【高注】悲谷，西南方之大壑，言其深峻，臨其上令人悲思，故曰悲谷也。

【箋釋】陶方琦云：大藏音義三十四引許注：「日行至申爲晡時。悲谷，日入處也。」按：說文：「餔，日加申時食也。從食，甫聲。」與淮南注義亦合。玄應經引淮南子曰「行至於悲谷爲晡時」，謂加申時也。此亦許君注義。○易順鼎云：「悲谷」疑即「昧谷」，「悲、昧」音相近。○劉文典云：藝文類聚、初學記、御覽引，「餔」並作「晡」。○楊樹達云：「餔」，桓公五年公羊疏引作「晡」。

〔六六〕【高注】女紀，西北陰地。

【箋釋】王念孫云：「小還、大還」，當爲「小遷、大遷」，字之誤也。遷之爲言西也。日至昆吾，謂之正中，至鳥次則小西矣，故謂之小遷。至女紀則大西矣，故謂之大遷。漢書律曆志云：「少陰者西方，西，遷也。陰氣遷落物。」白虎通義曰：「西方者，遷方也，萬物遷落也。」是遷與西同義。若作小還、大還，則義不可通矣。舊本北堂書鈔天部一及藝文類聚、初學記天部上、太平御覽天部三引此，並作「小遷，大遷」。（陳禹謨依俗本改爲「小還、大還」。）○劉文典云：藝文類聚、初學記、御覽引，並作「迴于女紀」。○于大成云：王說是也。事類賦注一、海録碎事一、書敘指南十三、羣書通要甲集一、稗史彙編二引「還」字亦並作「遷」。

〔六七〕【高注】淵虞，地名。高春，時加戌，民碓春時也。

【版本】景宋本注「虞」作「隅」，餘本同藏本。茅本、葉本、張本、黄本、莊本、集解本「戌」誤作「戍」。

【箋釋】錢塘云：「至」舊作「經」，「虞」舊作「隅」，初學記引有注云：「言尚未冥，上蒙先春，曰高春。」○王念孫云：「淵虞」當作「淵隅」。「隅、虞」聲相亂，又涉下文「虞淵」而誤也。桓五年公羊疏、舊本北堂書鈔及藝文類聚、初學記、太平御覽引此，並作「淵隅」。（陳禹謨改爲「虞淵」，大謬。）楚辭天問補注引此，亦作「淵隅」，則南宋本尚不誤。○劉文典云：藝文類聚、初學記、御覽引，「至于」並作「經于」。○王叔岷云：事文類聚前集二引此亦作「淵隅」。○鄭良樹云：錦繡萬花谷集一引「淵虞」作「隅泉」，蓋本作「淵隅」，承唐人諱「淵」爲「泉」，又誤倒爲「隅泉」耳。○于大成云：柳宗元柳州寄丈人周韶州詩潘緯音義、韻府羣玉二冬春字注引亦作「淵隅」。李石續博物志一、能改齋漫録六、羣書通要、稗史彙編引作「泉隅」，與藝文類聚、初學記同。紺珠集引作「東隅」，「東」乃「泉」字之誤。事類賦注引作「隅泉」，與御覽、萬花谷同誤倒。景宋本正文雖誤「虞」，而注文作「隅」，尚存其舊也。

〔六八〕【高注】連石，西北山名也。言將欲冥，下象息舂，故曰下舂。連，讀腐爛之爛也。

【版本】張本、黄本、莊本、集解本注無「名也」二字，景宋本、王溥本、朱本、葉本同藏本。藏本注「息」作「悉」，葉本、莊本、集解本作「息」，今據改，餘本同藏本。莊本、集解本注末無「也」字。

【箋釋】莊逵吉云：太平御覽作「頓于連石」。○劉文典云：藝文類聚、初學記引，亦作「頓于連石」。○吳承仕云：朱本、景宋本並作「西北山名也」。案：初學記一引亦作「西北山名」。尋上下文，鳥次、蒙谷並云山名。莊本誤奪「名」字，應據補。○王叔岷云：錦繡萬花谷前集引「至」作「頓」。○于大成云：書鈔、御覽引亦有「名」字。

〔六九〕【箋釋】莊逵吉云：太平御覽此四句引作「爰止羲和，爰息六螭，是謂縣車」。○錢塘云：洪興祖云：「虞世南引云：『爰止羲和，爰息六螭，是謂縣車。』」案：徐堅引注云：「日乘車，駕以六龍，羲和御之，日至此而薄于虞淵，羲和至此而迴。六螭即六龍也。」虞引無末六字。山海經云：「東南海外有羲和之國，有女子名曰羲和，是生十日，常浴于甘泉。」故日至悲谷，云「爰止其女」也。○劉文典云：初學記、御覽引此四句引作「爰止羲和，爰息六螭，是謂縣車」。初學記引注云：「日乘車，駕以六龍，羲和御之。日至此而薄于虞泉，羲和至此而迴六螭。」御覽引注多「即六龍也」四字。書鈔「馬」作「武」。○王叔岷云：初學記、御覽蓋引「爰止其女」三句作「爰止羲和」三句，劉說四句非。楚辭離騷補注、天中記一引此三句亦作「爰止羲和，爰息六螭，是謂縣車」。〇于大成云：「至于悲泉」一句不可無。北堂書鈔引正有此一句。事類賦注、離騷集傳、海録碎事、羣書通要、稗史彙編引與初學記、御覽同，乃是高本。其文選繆熙伯挽歌詩注、藝文類聚、公羊疏、楚辭九歌東君補注、天問補注、廣博物志、天中記引如今本者，乃許本也。楚辭離騷補注、天中記一未嘗引淮南作「爰止羲和，爰息六螭，是謂懸車」，所引此三句，前者明標「虞世南引淮南子云」，後者明標「虞世南、徐堅引淮南子云」，蓋皆轉引者，非所見之本然也。故楚辭補注於九歌、天問兩引，天中記一引並同今本。然由此二書轉引虞世南覘之，書鈔原本實與初學記、御覽、事類賦注等所引同，而與今本異。今本書鈔引如今本者，乃後人以今本相竄亂，非虞書原皃矣。又許、高二本，文字雖異，意實無兩。山海經大荒南經曰「東南海之外，甘水之間，有羲和之國，有女子，名曰羲和」，高作「爰止羲和」，而許作「爰止其女」，一也；「六螭」即「馬」也，猶原道篇之「六雲蜺」耳，離騷上言「駟玉虬以乘鷖兮」，下言「飲余馬於咸池兮」，玉虬即馬也。高作「爰息六螭」，而許作「爰息其馬」，亦一也。又白虎通致仕篇「臣七十懸車致仕者，臣以執事趨走爲職，七十陽道極，耳目不聰明，跂踦之屬，是以退去避賢者，所以長廉耻也。懸車，示不用也」，日至于悲泉，莫矣，亦猶人臣七十而懸車致仕，故名懸車耳。又陸心源校宋本初學記亦有「即六龍也」四字，與御覽所引合，海外碎事、錦繡萬花谷前集一、羣書通要一引亦有「六龍」之注。

【用韻】「女、馬、車」魚部。

〔七〇〕【箋釋】錢塘云：文選琴賦注「至」作「入」，又引高誘注云：「視物黄也。」○劉文典云：藝文類聚、初學記、御覽引，並作「薄於虞泉」。○王叔岷云：楚辭遠遊注、九歎注、六帖一引「至」並作「入」，説林篇同。楚辭天問補注、九章補注、事文類聚前集二、合璧事類前集一、錦繡萬花谷前集一、天中記一引「至」作「薄」。

〔七一〕【高注】蒙谷，北方之山名也。盧敖所見若士之所也。

【版本】藏本注「士」作「上」，景宋本、王溥本、朱本、莊本、集解本作「士」，今據改。

【箋釋】莊逵吉云：御覽作「淪于蒙谷」，「蒙谷」即尚書「昧谷」，「蒙、昧」聲相通。○王念孫云：「至」本作「淪」，此涉上文諸「至」字而誤也。淪，入也，没也。「淪於蒙谷」與上「出於扶桑」相對。舊本北堂書鈔及藝文類聚、初學記、太平御覽引此，並作「淪」，（陳禹謨依俗本改「淪」爲「至」。）楚辭補注同。○劉文典云：北堂書鈔引注作「蒙谷，北極山之名也」。○王叔岷云：事文類聚前集二、合璧事類前集一、天中記一引，「至」亦並作「淪」。○于大成云：事類賦注、續博物志、柳宗元天對潘緯音義、羣書通要引，「至」亦作「淪」。許、高二家，當無異也。又云：書鈔引注「之山」二字誤倒，當作「北極之山名也」。今本「極」誤「方」。

【用韻】「淵、昏、昏」真文合韻。

〔七二〕【高注】曙，明。浦，涯。

【箋釋】莊逵吉云：太平御覽此二句引作「日入崦嵫，經細柳，入虞泉之地，曙于蒙谷之浦」，有注云：「崦嵫，落嘗山口。細柳，西方之野。蒙谷，蒙汜之水。」又有「日西垂，景在樹端，謂之桑虞」，注云：「言其光在桑榆樹上。」○劉文典謂初學記引略同。

〔七三〕【高注】自暘谷至虞淵，凡十六所，爲九州七舍也。

【版本】景宋本、茅本、汪本、張本、黄本、莊本、集解本注「暘」作「陽」，餘本同藏本。

【用韻】「汜、浦、舍、里」之魚合韻。

〔七四〕【箋釋】錢塘云：論衡説日篇云：「五月之時，晝十一分，夜五分。六月，晝十分，夜六分。從六月往至十一月，月減一分。歲日行天十六道也。」王充所説「十六道」，與此「十六所」合，然則此即漏刻矣。日有百刻，以十六約之，積六刻百分刻之二十五而爲一所。二分晝夜平，各行八所。二至晝夜短長極，則或十一與五。而分、至之間，以此爲率而損益焉。尚書正義馬融云：「古制刻漏，晝夜百刻，晝長六十刻，夜短四十刻；晝短四十刻，夜長六十刻；晝中五十刻，夜亦五十刻。」今置二分之漏五十刻十之，如六刻百分刻之二十五而一，適得八所，夏至則多八刻百分刻之七十五，冬至則少八刻百分刻之七十五。所以然者，夏至晝六十刻，謂日出寅末，入戌初，而此出寅中，入戌中；冬至晝四十刻，謂日出辰初，入申末，而此出辰中，入申中，各較三十度故也。蓋蒙谷子也，暘谷癸丑間也，咸池艮也，扶桑寅甲間也，曲阿卯也，曾泉乙辰間也，桑野巽也，衡陽巳丙間也，昆吾午也，鳥次丁未間也，悲谷坤也，女紀申庚間也，淵虞酉也，連石辛戌間也，悲泉乾也，虞淵亥壬間也。其命名之義，因此可想。虞淵、蒙汜諸名，見於楚詞，而尚書言暘谷，洵乎，其傳古矣。○王念孫云：「禹」字義不可通，「禹」當爲「離」，俗書「離」字作「離」，（漢北海相景君碑陰「當離墓側」、魯相韓勑造孔廟禮器碑「離敗聖輿」，字並作「離」。其左畔與「禹」相似，因誤爲「禹」。顔氏家訓書證篇論俗書云「離則配禹」，正謂此也。）脱去右畔而爲「禹」耳。離者，分也。言分爲朝、晝、昏、夜也。精神篇「别爲陰陽，離爲八極」，文義與此同。○于省吾云：王謂當爲「離」，是也。惟「離」古文省作「离」，非脱去右畔也。古文「離石」之「離」作「离」。古文四聲韻引王存乂切韻有「离」字，是其證。

〔七五〕【箋釋】馬宗霍云：小爾雅廣詁云：「就，因也。」本文「萬物就而死」，言萬物因之而死也。

〔七六〕【箋釋】馬宗霍云：廣雅釋詁四云：「卬，嚮也。」「卬」與「仰」同。本文「萬物仰而生」，言萬物嚮之而生也。

帝張四維〔一〕，運之以斗〔二〕，月徙一辰，復反其所〔三〕。正月指寅，十二月指丑，一歲而匝，終而復始〔四〕。指寅，則萬物螾〔五〕，律受太蔟。太蔟者，蔟而未出也〔六〕。指卯，卯則茂茂然〔七〕，律受夾鍾。夾鍾者，種始莢也〔八〕。指辰，辰則振之也〔九〕，律受姑洗。姑洗者，陳去而新來也〔一〇〕。指巳，巳則生已定也〔一一〕，律受仲吕。仲吕者，中充大也〔一二〕。指午，午者，忤也〔一三〕，律受蕤賓。蕤賓者，安而服也〔一四〕。指未，未，昧也〔一五〕，律受林鍾。林鍾者，引而止也〔一六〕。指申，申者，呻之也〔一七〕，律受夷則。夷則者，易其則也，德以去矣〔一八〕。指酉，酉者，飽也〔一九〕，律受南吕。南吕者，任包大也〔二〇〕。指戌，戌者，滅也〔二一〕，律受無射。無射者，入無猒也〔二二〕。指亥，亥者，閡也〔二三〕，律受應鍾。應鍾者，應其鍾也〔二四〕。指子，子者，茲也〔二五〕，律受黄鍾。黄鍾者，鍾已黄也〔二六〕。指丑，丑者，紐也〔二七〕，律受大吕。大吕者，旅旅而去也〔二八〕。其加卯酉，則陰陽分，日夜平矣〔二九〕。故曰規生矩殺，衡長權藏，繩居中央，爲四時根〔三〇〕。

道曰規，始於一〔三一〕，一而不生，故分而爲陰陽，陰陽合和而萬物生，故曰「一生二，二生三，三生萬物」。天地三月而爲一時，故祭祀三飯以爲禮，喪紀三踊以爲節，兵重三罕以爲制〔三二〕。以三參物，三三如九，故黄鍾之律九寸而宫音調〔三三〕。因而九之，九九八十一，故黄鍾之數立焉〔三四〕。黄者，土德之色；鍾者，氣之所種也。日冬至，德氣爲土，土色黄，故曰黄鍾〔三五〕。律之數六，分爲雌雄，故曰十二鍾，以副十二月〔三六〕。十二各以三成，故置一而十一三之，爲積分十七萬七千一百四十七，黄鍾大數立焉〔三七〕。凡十二律，黄鍾爲宫，太蔟爲商，姑洗爲角，林鍾爲徵，南吕爲羽〔三八〕。物以三成，音以五立，三與五如八〔三九〕，故卵生者八竅。律之初生也，寫鳳之音，故音以八生〔四〇〕。黄鍾爲宫，宫者，音之君也。故黄鍾位子，其數八十一〔四一〕，主十一月，下生林鍾。林鍾之數五十四〔四二〕，主六月，上生太蔟。太蔟之數七十二〔四三〕，主正月，下生南吕。南吕之數四十八〔四四〕，主八月，上生姑洗。姑洗之數六十四〔四五〕，主三月，下生應鍾。應鍾之數四十二〔四六〕，主十月，上生蕤賓。蕤賓之數五十七〔四七〕，主五月，上生大呂。大呂之數七十六〔四八〕，主十二月，下生夷則。夷則之數五十一〔四九〕，主七月，上生夾鍾。夾鍾之數六十八〔五〇〕，主二月，下生無射。無射之數四十五〔五一〕，主九月，上生仲呂。仲呂之數六十〔五二〕，主四月〔五三〕，極不生〔五四〕。徵生宮，宮生商〔五五〕，商生羽，羽生角，角生姑洗，姑洗生應鍾，比於正音，故爲和〔五六〕。應鍾生蕤賓，不比正音，故爲繆〔五七〕。日冬至，音比林鍾，浸以濁。日夏至，音比黄鍾，浸以清〔五八〕。以十二律應二十四時之變〔五九〕，甲子，仲呂之徵也；丙子，夾鍾之羽也；戊子，黄鍾之宮也；庚子，無射之商也；壬子，夷則之角也〔六〇〕。

古之爲度量輕重，生乎天道〔六一〕。黄鍾之律脩九寸，物以三生，三九二十七，故幅廣二尺七寸〔六二〕。音以八相生，故人脩八尺，尋自倍，故八尺而爲尋〔六三〕。有形則有聲，音之數五，以五乘八，五八四十，故四丈而爲匹〔六四〕。匹者，中人之度也。一匹而爲制〔六五〕。秋分蔈定，蔈定而禾熟〔六六〕。律之數十二，故十二蔈而當一粟〔六七〕，十二粟而當一寸。律以當辰，音以當日，日之數十〔六八〕，故十寸而爲尺，十尺而爲丈〔六九〕。其以爲量，十二粟而當一分〔七〇〕，十二分而當一銖，十二銖而當半兩。衡有左右，因倍之，故二十四銖爲一兩。天有四時，以成一歲，因而四之，四四十六，故十六兩而爲一斤〔七一〕。三月而爲一時，三十日爲一月，故三十斤爲一鈞。四時而爲一歲，故四鈞爲一石〔七二〕。其以爲音也〔七三〕，一律而生五音，十二律而爲六十音〔七四〕，因而六之，六六三十六，故三百六十音以當一歲之日〔七五〕。故律歷之數，天地之道也〔七六〕。下生者倍，以三除之，上生者四，以三除之〔七七〕。

校釋

〔一〕【版本】王溥本、王鎣本自此至「爲四時根」一段，在下文「有其歲司也」下，餘本同藏本。

〔二〕【箋釋】莊逵吉云：御覽有注云：「帝，天帝也。」

〔三〕【高注】運，旋也。

〔四〕【用韻】「斗、所」侯魚合韻。

〔五〕【版本】景宋本「丑」作「子」，餘本同藏本。

【箋釋】王引之云：「十二月指丑」，本作「十一月指子」，後人改之也。指寅、指子，皆厤元所起，故以二者言之。晉書律厤志引董巴議曰：「顓頊厤以今之孟春正月爲元，其時正月朔旦立春，五星會于天廟，營室也。湯作殷厤，更以十一月朔旦冬至爲元首。下至周、魯及漢，皆從其節。」是顓頊厤起寅月，殷厤起子月也。故下文「指寅，寅則萬物螾螾然也」，先言指寅，顓頊厤之遺法也。上文「斗指子則冬至」，先言指子，殷厤之遺法也。指寅、指子，皆言其始。一歲而帀，乃言其終。蓋起於寅者至丑而帀，起於子者至亥而帀也。後人不知古厤有二法，而改爲

「十二月指丑」，非也。指丑則一歲已帀，不須更言一歲而帀矣。且「子」與「始」爲韻，若作「丑」則失其韻矣。太平御覽時序部一引此，正作「十一月指子」。○雙棣按：王説是，景宋本作「十二月指子」，「子」未誤爲「丑」，僅「一」誤作「二」，尚存古本痕跡。

【用韻】「丑、始」幽之合韻。

〔五〕【高注】螾，動生貌。

【版本】莊本、集解本「螾」下有「螾也」二字，餘本同藏本。莊本、集解本注無「螾」字，餘本皆有「螾」字。

【箋釋】莊逵吉云：本皆作「萬物螾」，藏本同，惟太平御覽作「螾螾」也。依義，御覽是。○錢塘云：律書云：「寅，言萬物始生螾然也。」漢志云：「引達于寅。」説文：「螾，側行者。」螾，或從引。」則螾有引義。○王念孫云：此當作「指寅（句），寅（句），則萬物螾螾然也」。「寅則萬物螾螾然」者，猶云：寅者，言萬物螾螾然。故高注曰「動生貌」。史記律書亦曰：「寅者，言萬物始生螾然也。」今本寅下脱一「寅」字，螾下又脱「螾然也」三字，則文不成義。且句法與下文不協矣。太平御覽時序部一引此，正作「寅則萬物螾螾然也」。○馬宗霍云：史記律書云：「寅，言萬物始生螾然也。」與淮南本文合，高注「動生」之訓，又本律書「始生」爲義也。説文寅部云：「寅，髕也，正月陽氣動，去黄泉，欲上出。」段玉裁注謂：「髕當作濥，水部曰：『濥，水衇行地中濥濥也。』以濥釋寅者，正月陽氣欲上出，如水泉欲上行也。律書、天文訓以螾釋寅，螾之爲物，詰詘於黄泉而能上出，故其字從寅。」段氏此説，足補高注所未逮。又案白虎通云：「少陽見於寅，寅者演也。」釋名釋天云：「寅，演也，演生物也。」廣雅釋言云：「寅，演也。」如段説，則「演」字亦當作「濥」。説文「演」訓「長流」，諸書蓋借「演」爲「濥」耳。又案：漢書律曆志云：「引達于寅。」五行大義引三禮義宗云：「寅者引也。」説文虫部「螾」之或體從引作「蚓」，則以「引」釋「寅」，猶以螾釋寅也。○王叔岷云：注文「螾」字，本爲正文，「動生貌」三字，即正文「螾螾」之注。御覽十六引正文疊「螾」字可證。

【用韻】「寅、螾」真部。

〔六〕【箋釋】錢塘云：漢志云：「族，奏也。」周語云「所以金奏贊陽出滯也」，注賈、唐云：「太蔟正聲爲商，故爲金奏。」白虎通云：「族，湊也，聚也。」是「簇、蔟、族」同義，謂奏聚而欲上出也。「奏」又即「湊」矣。○莊逵吉云：御覽作「湊而未出也」，下有注云：「太蔟，正月律。」○于大成云：「蔟」亦湊也。天中記四引白虎通曰「正月律謂之太蔟何？太亦大也。蔟者，湊也。言萬物大湊地而出也」，惟五行大義論律吕篇引此仍作「蔟」。

〔七〕【箋釋】錢塘云：律書云：「卯之言茂也。」漢志云：「冒茆於卯。」説文：「卯，冒也。二月萬物冒地而出，象開門之形。」白虎通云：「卯，茂也。」

【用韻】「卯、茂」幽部。

〔八〕【箋釋】錢塘云：白虎通云：「夾，孚甲也。言萬物孚甲，種類分也。」釋名云：「甲孚也，萬物解乎甲而生也。」是夾即甲。○莊逵吉云：御覽下有注云：「夾鍾，二月律。」

〔九〕【箋釋】錢塘云：漢志云：「振美于辰。」說文：「辰，震也。三月陽氣動，雷電振，民農時也，物皆生。」○馬宗霍云：三禮義宗云：「此月之時，物盡震動而長。」震、振古通用，震猶振也。又：史記律書云：「辰者，言萬物之蜄也。」司馬貞索隱云：「蜄音振，或作娠。同音。」蓋即借「蜄」爲「振」。或本作「娠」者，說文女部云：「娠，女妊身動也。」則引申之義亦與「震」同。

【用韻】「辰、振」文部。

〔一〇〕【箋釋】錢塘云：白虎通云：「姑，故也。」是姑爲陳，洗即灑。古「先、西」通。趙世家「先俞于趙」，徐廣曰：「爾雅西俞，雁門是也。」西，滌也，故新來。灑又通禋，潔祀也，故周語云：「故洗所以修潔百物，考神納賓也。」即陳去新來之義。○莊逵吉云：御覽下有注云：「姑洗，三月律。」

〔一一〕【箋釋】錢塘云：漢志云：「已盛于已。」釋名云：「已，已也，陽氣畢布已也。」律書云：「已者，言陽氣之已盡也。」詩斯干「似續妣祖」，箋云：「似，讀如巳午之巳。巳續妣祖者，言已成其宮廟也。」則古讀巳午字若「目」，「佀」亦目聲，故鄭讀「佀」爲巳午之巳。「已」又語詞，故古俱訓爲語詞之「已」也。○馬宗霍云：說文巳部云：「巳，已也，四月陽氣已出，陰氣已藏，萬物見，成文章。」段玉裁謂「辰巳之巳，既久用爲已然、已止之已，故即以已然之已釋之。自古訓故有此例，即用本字，不叚異字也」，是也。

〔一二〕【箋釋】錢塘云：白虎通云：「言陽氣將極，中充大也。」周語云：「宣中氣也。」說文云：「仲，中也。」○莊逵吉云：御覽下有注云：「仲呂，四月律也。」

〔一三〕【箋釋】錢塘云：律書云：「午者，陰陽交。」大射儀云：「若丹若墨，度尺而午。」注謂「一從一橫曰午」，即陰陽交也。說文云：「五，五行也，從二，陰陽在天地間交午也。此古文五省。」是午即五，故五月謂午。說文又云：「午，啎也。」屈原傳「重華不可啎兮」，集解王逸云：「啎，逢也。」索隱曰：「楚辭作遻。」漢志云：「遻布于午。」「遻」即「啎」矣。此「忤」字亦當爲「啎」，作「忤」者，流俗傳寫使然。「遻」之言遇，易曰「遘，遇也。天地相遇，品物咸章」是也。○馬宗霍云：說文心部無「忤」字，釋名釋天云：「午，仵也。陰氣從下上與陽相仵逆也。」說文人部亦無「仵」字，玉篇皆有之，心部云：「忤，逆也。」人部云：「仵，偶敵也。」「逆」與「偶敵」義相近。說文午部云：「午，啎也。五月陰氣午逆陽，冒地而出也。」又云：「啎，逆也。」據此，則淮南本文之「忤」，釋名之「仵」，皆「啎」之別體。又案史記律書云：「午者，陰陽交，故曰午。」交亦逆義之引申也。

【用韻】「午、忤」魚部。

〔一四〕【版本】景宋本「也」作「之」，餘本同藏本。

【箋釋】錢塘云：周語云：「所以安靖神人，獻酬交錯也。」律書云：「言陰氣幼少，故曰蕤。痿陽不用事，故曰賓。」案：釋名云：「委，萎也，萎蕤就之也。」萎蕤猶甤痿矣。說文云：「甤，草木實甤甤也。讀若綏。」「蕤，草木華垂貌。從艸甤聲。」是蕤即綏。樛木傳：「綏，安也。」故蕤爲安。

○莊逵吉云：御覽下有注云：「蕤賓，五月律。」○于省吾云：奠井叔鐘：「用妥賓。」妥，古綏字。「綏、蕤」音近字通。文選甘泉賦「鸞鳳紛其銜蕤」，注引晉灼：「蕤，綏也。」周語：「四曰蕤賓，所以安靖神人，獻酬交酢也。」綏有安訓，故曰「綏賓者，安而服也」。○王叔岷云：此文本作「安而服之也」，宋本脱「也」字，他本脱「之」字。記纂淵海三引正作「安而服之也」。

〔一五〕【箋釋】錢塘云：漢志云：「昧薆于未。」釋名云：「昧也，日中則昃向幽昧也。」（淡氏案：御覽「昧」作「味」，與此義異。）○王念孫云：「未」下脱「者」字，（自「午者，忤也」至「丑者，紐也」，皆有「者」字。）「昧」本作「味」，後人以漢書律麻志云「昧薆于未」，故改「味」爲「昧」，不知淮南自訓「未」爲「味」，與漢書不同也。五行大義論支榦名篇及太平御覽引淮南，並云：「未者，味也。」白虎通義及廣雅並云：「未，味也。」説文：「未，味也，六月滋味也。」（六月下有脱文。）史記律書：「未者，味也。言萬物皆成，有滋味也。」義並與淮南同。○馬宗霍云：漢志及釋名之文，並與淮南本文合。五行大義云：「未者，味也。陰氣已長，萬物稍衰，體薆昧也。」即本漢志爲説。玉燭寶典引詩汜歷樞云：「未者，味也。味者，盛也。」此以「盛」釋「味」，蓋物理無常，薆極則盛，又義之相反而相成者也。又案史記律書、説文説與淮南説異。然説文又云：「五行，木老於未。」「老」亦有「昧薆」之意。白虎通禮樂篇云：「味之爲言昧也。」知味、昧又通訓也。王念孫據五行大義及太平御覽引淮南，證以史記、説文，謂本文「昧」本作「味」，未必是。○于大成云：晉書樂志上亦云：「未者，味也。言時萬物向成，有滋味也。」竊以爲史記、晉書之文，不獨可正淮南之誤，抑亦可補説文之闕奪。

【用韻】「未、昧」物部。

〔一六〕【箋釋】錢塘云：説文云：「綝，止也。從糸，林聲。」是林即綝。○莊逵吉云：御覽下有注云：「林鍾，六月律。」

〔一七〕【箋釋】錢塘云：律書云：「言陰用事，申賊萬物。」説文云：「呻，吟也。」釋名云：「吟，嚴也，其聲本出於憂愁，故其聲嚴肅，使人聽之淒歎也。」然則呻之者，謂陰氣賊物，物呻吟也。申，申束之，安世房中歌「敕身齋戒，施教申申」是也。○王念孫云：「之」字當在上文「引而止」下，今本誤在「呻」字下，則文不成義。（自「午者，忤也」至「丑者，紐也」，「也」上皆無「之」字。）五行大義論律呂篇、論支榦名篇及太平御覽引此，並云：「林鍾者，引而止之也。申者，呻也。」是其證。○馬宗霍云：王説是也。但何以釋申爲呻，王氏未之言。錢氏可備一説。又案：説文申部云：「申，神也。七月陰氣成，體自申束。從臼，自持也。」示部云：「神，天神引出萬物者也。從示，申聲。」據此，則申有約束之義，又有引伸之義。史記律書「申賊萬物」，集解引徐廣曰：「賊一作則。」則者法也，法則與約束義近，是「申則」猶「申束」。余疑申之訓呻，蓋謂物因約束求伸，故發爲呻吟耳。○雙棣按：晉書樂書云：「申者，身也，言時萬物身體皆成就也。」以身釋申，與淮南不同。

【用韻】「申、呻」真部。

〔一八〕【箋釋】錢塘云：律書云：「夷則者，言陰氣之賊萬物也。」徐廣曰：「一作則。」漢志云：「則，法也，言陽氣正法度，而使陰氣夷當傷之物也。」然左傳言「毁則爲賊」，故陰氣賊物爲夷則。陰氣賊物，易其則之謂也。德已去矣者，管子四時篇云：「德始於春，長於夏；刑始於秋，流於冬。」然則七月刑之始，故德去也。○莊逵吉云：御覽下有注云：「夷則，七月律。德以去，生氣盡也。」

〔一九〕【箋釋】錢塘云：律書云：「酉者，萬物之老也。」漢志云：「留孰于酉。」説文云：「酉，就也。八月黍成，可爲酎酒。」是即飽之義也。

【用韻】「酉、飽」幽部。

〔二〇〕【箋釋】錢塘云：漢志云：「南，任也，言陰氣旅助夷則，任成萬物也。」尚書大傳云：「南方者，任方也。」説文云：「南，草木至南方有枝任也。」方言：「戴鵟一名戴南。」是南即任。○莊逵吉云：御覽下有注云：「南吕，八月律。」

〔二一〕【箋釋】錢塘云：律書云：「戌者，言萬物盡滅。」漢志云：「畢入于戌。」説文云：「戌，滅也。九月陽氣微，萬物畢成，陽下入地也。五行土生於戌，盛於戌，從戊含一。」「威，滅也。從火，戌聲。火死于戌，陽氣至戌而盡滅也。」故戌言滅。○馬宗霍云：白虎通云：「戌者，滅也。」五行大義云：「戌者，滅也，殺也。九月殺極，物皆滅也。」又引三禮義宗云：「此時物衰滅也。」並與淮南本文合。

【用韻】「戌、滅」物月合韻。

〔二二〕【版本】藏本下「無射」下無「者」字，王溥本、王鎣本、葉本、吴本有，今據補，餘本同藏本。景宋本、王溥本、茅本、莊本、集解本「猒」作「厭」，朱本同藏本。

【箋釋】錢塘云：漢志云：「射，厭也，言陽氣究物，而使陰氣畢剥落之，終而復始，亡厭已也。」爾雅釋詁：「射、豫，厭也。」故無射言無厭。○莊逵吉云：御覽作「入之無厭也」，下有注云：「無射，九月律。」○王叔岷云：「無射」下當有「者」字，乃與上下文句法一律。御覽十六、記纂淵海三引此並有「者」字。

〔二三〕【箋釋】錢塘云：律書云：「亥者，該也，言陽氣藏于下，故該也。」漢志云：「該閡于亥。」説文云：「亥，荄也。」「荄，草根也。」「閡，外閉也。」然則萬物歸根兼晐而外閉之，故曰閡也。「該」與「晐」通矣。○馬宗霍云：説文：「閡，外閉也。」引申之，凡閉藏謂之閡。本文以「閡」釋「亥」，蓋取閉藏之義。律書所云「該」，猶「閡」也。

【用韻】「亥、閡」之部。

〔二四〕【箋釋】錢塘云：周語云：「均用利器，俾應復也。」律書云：「陽氣之應，不用事也。」漢志云：「言陰氣應亡射，該藏萬物，而雜陽閡種也。」○莊逵吉云：御覽下有注云：「應鍾，十月律。」

〔二五〕【箋釋】錢塘云：律書云：「子者，滋也。滋者，萬物滋於下也。」漢志云：「孳萌于子。」説文云：「子，十一月陽氣動，萬物滋入以爲偁。𢀈，籀文子。」「孳，汲汲生也。[illegible]，籀文孳。」「滋，益也。」「茲，草木益多。」是「滋、茲」同義，皆謂孳也。孳從子，故子言孳。○馬宗霍云：白虎通云：「子者，孳也。」釋名釋天云：「子，孳也。陽氣始萌，孳生於下也。」五行大義云：「子者，孳也，陽氣既動，萬物孳萌。」又引三禮義宗云：「陽氣至，孳養生。」諸說大同，並與淮南本文合。

【用韻】「子、茲」之部。

〔二六〕【箋釋】錢塘云：律書云：「言陽氣踵黃泉而出也。」周語云：「夫六，中之色也，故命之曰黃鍾。」韋昭云：「六者，天地之中。天有六氣，降生五味。天有六甲，地有五子。十一而天地畢矣，而六爲中。黃，中之色也。鍾，言陽氣鍾聚於下也。」說文云：「黃，地之色也。從田，從炗。炗，古文光。」然則六亦地也，陽氣鍾於地中，故黃。坤六五「黃裳」。○莊逵吉云：御覽下有注云：「黃鍾，十一月律。」

〔二七〕【箋釋】錢塘云：律書云：「言陽氣在上未降，萬物厄紐未敢出。」漢志云：「紐牙于丑。」說文云：「十二月萬物動用事，象手之形。時加丑，亦舉手時也。」「紐，系也。一曰結而可解。」則「厄紐、紐牙」同義。

【用韻】「丑、紐」幽部。

〔二八〕【箋釋】錢塘云：周語云：「助宣物也。」漢志云：「呂，旅也，言陰大，旅助黃鍾宣氣而牙物也。」說文云：「呂，脊骨也。昔太岳爲禹心呂之臣，故封呂侯。膂，篆文呂。」是呂即膂，膂省爲旅也。旅旅而去，猶言進旅退旅矣。旅，徒旅也。○莊逵吉云：御覽下有注云：「大呂，十二月律。」

【用韻】「呂、去」魚部。

〔二九〕【箋釋】王引之云：此三句不與上文相承，尋繹文義，當在前「日短而夜修」之下，云「其加卯酉」者，（王弼注老子曰：「加，當也。」）承「夏日至」、「冬日至」言之，彼言冬夏至，此言春秋分也。言「陰陽分、日夜平」者，承陽勝陰勝、日夜脩短言之，言至春秋分則陰陽無偏勝，日夜無脩短也。寫者錯亂在此，今更定其文如左：「夏日至則陰乘陽，是以萬物就而死；冬日至則陽乘陰，是以萬物仰而生。晝者陽之分，夜者陰之分，是以陽氣勝則日脩而夜短，陰氣勝則日短而夜脩，其加卯酉，則陰陽分，日夜平矣。」

〔三〇〕【箋釋】錢塘云：漢志云：「權與物鈞而生衡，衡運生規，規圜生矩，矩方生繩，繩直生準，準正則平衡而鈞權矣。是爲五則。以陰陽言之，太陰者，北方。北，伏也，陽氣伏于下，于時爲冬。冬，終也，物終藏，乃可稱。水潤下。知者謀，謀者重，故爲權也。太陽者，南方。南，任也，陽氣任養物，于時爲夏。夏，假也，物假大，乃宣平。火炎上。禮者齊，齊者平，故爲衡也。少陰者，西方。西，遷也，陰氣遷落物，于時爲秋。秋，𩐨也，物𩐨斂，乃成孰。金從革，改更也。義者成，成者方，故爲矩也。少陽者，東方。東，動也，陽氣動物，于時爲春。春，蠢也，物蠢生，乃動運。木曲直。仁者生，生者圜，故爲規也。中央者，陰陽之内，四方之中，經緯通達，乃能端直，于時爲四季。土稼穡蕃息。信者誠，誠者直，故爲繩也。」

【用韻】「藏、央」陽部。

〔三一〕【箋釋】王念孫云：「曰規」二字，與上下文義不相屬，此因上文「故曰規生矩殺」而誤衍也。宋書律志作「道始於一」，無「曰規」二字。○馬宗霍云：宋書曆志雖有「道始於一」之語，不言出本文，尚非切證。五行大義論律呂引淮南子云：「數始於一，一而不能生，故分爲陰陽。陰陽合而生萬物。」此正引本文也。亦無「曰規」二字，而又作「數始於一」。易道爲數，可以備參。○于大成云：五行大義論律呂篇引此作「數始於一」。

〔三二〕【箋釋】王念孫云：「重罕」二字，義不可通。「重」當爲「革」，祭祀、喪紀、兵革，皆相對爲文。「革」字古文作「革」，隸省作「单」，與「重」相似而誤。「罕」當爲「軍」。言兵革之事以三軍爲制也。「軍」字草書作「军」，與「罕」相似而誤。○馬宗霍云：本文「重」字似不誤。「罕」字與「單」形近，疑當作「單」。「兵重三單」者，猶詩大雅公劉篇「其軍三單」也。毛傳云：「三單，相襲也。」本文「重」讀直容切，義爲重複，正與毛傳之「襲」合。孔穎達疏申傳云：「重衣謂之襲，三單相襲者，謂三行皆單而相重爲軍也。此謂發部在道及初至之時，以未得安居，慮有寇鈔，故三重爲軍。使强壯在外，所以備禦之也。」孔氏此說，可藉以釋本文。蓋古者行軍有此制，故曰兵重三單以爲制耳。又案：五行大義論律呂引淮南子云：「所以祭有三飯，喪有三踊，兵有三令，皆以三爲節。」此所引即本文之略加删節者。而又作「兵有三令」，「令」字義亦可通。史記孫武傳「約束既布，乃設鈇鉞，即三令五申之」，是三令亦軍中約束之所重。惟若作「兵重三令」，則「重」字當讀「輕重」之「重」。○鄭良樹云：王説極是，喻林九七引「罕」正作「軍」。○于大成云：王校「革」是而「軍」非。兵革之事而以三軍爲制，義不可通，且與上「三飯」、「三踊」不同類，「罕」當爲「令」，「三令」即史記孫武列傳之「三令五申」也。五行大義引此正作「三令」。

【用韻】「節、制」質月合韻。

〔三三〕【高注】調，和也。

【用韻】「九、調」幽部。

〔三四〕【箋釋】錢塘云：管子地員篇云：「凡將起五音凡首，先主一而三之，四開以合九九，以是生黄鍾小素之首以成宫。」主一而三之者，置一而三之也。四開以合九九者，置一而四三之也。三爲一開，九爲二開，二十七爲三開，八十一爲四開，故曰以合九九，則黄鍾之積也。其長爲百分尺之九十分，故漢志云九十分黄鍾之長。一爲一分，十分爲寸，十寸爲尺。而唐都、落下閎造太初曆，亦曰律容一籥，積八十一寸，則一日之分也。史記言黄鍾八寸十分一，則約九十分爲八十一分，使外體中積相應，以便布算，而後人言史記用十分寸，漢志用九分寸，誤矣。淮南寸法與史記、漢志同。

〔三五〕【箋釋】錢塘云：漢志云：「黄者，中之色，君之服也。鐘者，種也。天之中數五，五爲聲，聲上宫，五聲莫大焉。地之中數六，六爲律，律有形有色，色上黄，五色莫盛焉。故陽氣施種于黄泉，孳萌萬物，爲六氣元也。以黄色名元氣律者，著宫聲也。」是冬至爲元氣之始，黄鍾宫應焉，故以爲名。而季夏亦中黄鐘之宫者，此則七十二日五子受制之術，當是吹律聽聲而得之，故曰律中。蓋立春甲子受制，則穀雨前三日丙子受制，小暑前六日戊子受制，白露後六日庚子受制，小雪後三日壬子受制，合之月令所云其日甲乙，其日丙丁者，無不相應，則季夏自中黄鐘之宫也。若以冬至爲黄鍾之宫，則出於候氣，謂之隨月律，律管最長，十二宫聲中亦最尊，故與元氣相應。然二法雖異，理實相通。何者？冬至時候氣既效，即吹律亦無不中，可知。而季夏候氣，則用林鐘耳。樂聲儀云：「作樂制禮時，五音使于上元戊辰夜半冬至北方子。」鄭玄注云：「戊辰，土位，土爲宫，宫爲君，故作樂尚之，以爲君也。夜半子，以天時之始，稽命徵起于太素十一月閼逢之月，歲在攝提格之紀。」是云作樂制禮，蓋作樂則有禮通其反耳。東漢時所云攝提格之歲，未必太歲即在丙子，要是黄鐘起于冬至，則正有其本耳。

〔三六〕【箋釋】錢塘云：吕氏春秋五月紀曰：「黄帝又命伶倫與榮將鑄十二鐘，以和五音。」隋志以爲即鎛鐘，每鐘垂一簨虡，各應律吕之音，徐景安謂之律鐘。大司樂注：「國語曰：『律所以立均出度也。古之神瞽，考中聲而量之，以制度律均鐘。』言以中聲定律，以律立鐘之均。」是謂律鐘。唐志：「鎛鐘十二，在十二辰之位。」而尚書大傳云：「天子左五鐘，右五鐘。」鄭注謂天子宫縣黄鐘蕤賓在南北，其餘則在東西。賈公彦以爲十二零鐘，非鎛鐘也。淮南十二鐘，知即律鐘。賈誼新書六術篇曰「一歲十二月，分而陰陽各六月，是以聲音之器十二鐘，鐘當一月，其六鐘陰聲，六鐘陽聲」，是也。

〔三七〕【版本】藏本「十七」作「七十」，王溥本、朱本、茅本、汪本、張本、黄本、莊本、集解本作「十七」，今據乙，餘本同藏本。

【箋釋】劉績云：置一謂安一於此也，十一三之謂循序分爲十一而以三之數行乎中也。蓋黄鍾歷十二辰，子一即置一也，丑三即一三也，寅九即二三也，卯二十七即三三，辰八十一即四三也，巳二百四十三即五三也，午七百二十九即六三也，未二千一百八十七即七三也，申六千五百六十一即八三也，酉一萬九千六百八十三即九三也，戌五萬九千四十九即十三也，至亥得十七萬七千一百四十七，故曰十一三之。黄鍾爲諸律之本，諸律皆從其數生，故以十二律相生之次，配其歷十二辰之數。黄鍾即子一也，林鍾丑三分二，爲數十一萬八千九十八；太蔟寅九分八，爲數十五萬七千四百六十四；南呂卯二十七分十八，爲數一萬四千九百七十六；姑洗辰八十一分六十四，爲數十三萬九千九百六十八；應鍾巳二百四十三分一百一十八，爲數九萬三千三百一十二；蕤賓午七百二十九分五百一十二，爲數十二萬四千四百一十六；大呂未二千一百八十七分一千二十四，爲數十二萬五千八百八十八；夷則申六千五百六十一分四千九十六，爲數十一萬五百九十二；夾鍾酉一萬九千六百八十三分八千一百九十二，爲數十四萬七千四百五十六；無射戌五萬九千四十九分三萬二千七百六十八，爲數九萬七千三百零四；仲呂亥一十七萬七千一百四十七分六萬五千五百三十六，爲數十三萬一千七十二。再以其數相生，三分之不盡，一算而數不行。此律所以止十二，亦自然之理也。○錢塘云：前漢志云：「太極元氣，函三爲一。極，中也。元，始也。行于十二辰，始動于子。參之于丑，得三。又參之于寅，得九。又參之于卯，得二十七。又參之于辰，得八十一。又參之于巳，得二百四十三。又參之于午，得七百二十九。又參之于未，得二千一百八十七。又參之于申，得六千五百六十一。又參之于酉，得萬九千六百八十三。又參之于戌，得五萬九千四十九。又參之于亥，得十七萬七千一百四十七。」

〔三八〕【箋釋】錢塘云：五音配五行，正五方，而律之長短，聲之清濁，實爲五音之序。宫最長而濁，商次長亦次濁，角長短清濁半，徵次短亦次清，羽最短而清，十二均皆然。

〔三九〕【版本】王溥本「如」作「入」，餘本同藏本。

【箋釋】劉文典云：北堂書鈔百十二引，「如」作「而」。○馬宗霍云：「如」字猶「爲」也，言三與五爲八也。古「爲、如」二字多通用。

〔四〇〕【箋釋】錢塘云：吕氏春秋五月紀曰：「昔黄帝令伶倫作爲律，伶倫自大夏之西，乃之阮隃之陰，取竹于嶰谿之谷，以生空竅厚鈞者，斷兩節間，其長三寸九分，而吹之，以爲黄鐘之宫。吹曰『舍少』。次制十二筒，以之阮隃之下，聽鳳皇之鳴，以别十二律。其雄鳴爲六，雌鳴亦六，以比黄鐘之宫，適合。黄鐘之宫，皆可以生之，故曰黄鐘之宫，律吕之本。」前漢志云：「陰陽相生，自黄鐘始而左旋，八八爲伍。」孟康曰：「從子數辰至未得八，下生林鐘。數未至寅得八，上生太蔟。律上下相生，皆以此爲率。」按十二律之次，黄鐘子，林鐘丑，太蔟寅，南吕卯，姑洗辰，應鐘巳，蕤賓午，大吕未，夷則申，夾鐘酉，無射戌，中吕亥，是隔一相生也。故六十律，黄鐘宫後，即以應鐘、無射爲宫。無射之商，黄鐘也，則用半律。何則？十二律長短相間，至中宫而窮，黄鐘半律在無射、中吕之次，故以爲商。若以十二律直十二月，則林鐘、南吕、應鐘、大吕、夾鐘、中吕各居其衝，而得隔八相生之次，其律則自長而短，至應鐘而窮矣。前法是陽下生，陰上生。後法則蕤賓、夷則、無射陽，上生；大吕、夾鐘、中吕陰，下生。故林鐘、南吕、應鐘退居西北，而大吕、夾鐘、中吕進居東南也。○馬宗霍云：本書本經篇「可以鐘鼓寫也」，高氏彼注云：「寫猶放斆也。」本文之「寫」義同。言初制律時，放斆鳳皇之鳴也。

〔四一〕【箋釋】錢塘云：黄鐘體中之積也。漢志横黍九十分爲長，用以除積，則九分爲圓冪，依密術求方冪得十一分四十五釐九十豪，開方得三分三釐八豪五絲一忽爲徑，更以密術求圓周得十分零六釐三豪四絲六忽。十二律皆用此圍徑而遞減其長，故算術必先定黄鐘之圍徑也。以此律圍乘九寸之長，實得九十五寸七分一釐一豪四絲爲體周，而能容千二百黍。孟康以九分爲圍，以圍乘長，得積八十一寸，則體周過小。晉、宋、隋、唐間，依以制律，皆不能容千二百黍，其明驗也。

〔四二〕【箋釋】錢塘云：林鐘體中之積也。置黄鐘之數二，因而三除之，得此數。以術推之，一寸之積實有九寸，則林鐘六寸積五十四寸也。以九約六寸，則長亦五十四分。律書云：「五寸十分四。」

〔四三〕【箋釋】錢塘云：太蔟體中之積也。置林鐘之數四，因而三除之，得此數。以上三律，十分爲寸，則數爲積寸，九分爲寸，則數爲積分，皆得相應，故古人以當天地人三才。其餘則不能密合矣。要之，數兼分寸則俱同也。淮南獨言數者，以此。律書云：「七寸十分二。」

〔四四〕【箋釋】錢塘云：置太蔟之數二，因而三除之，得此數。續志：「南呂律五寸三分小分三强。」今以九乘之，得四十八微弱，以强補弱，即得整數。九除四十八，亦得彼數。律書云：「四寸十分八。」

〔四五〕【箋釋】錢塘云：置南呂之數四，因而三除之，得此數。續志：「姑洗律七寸一分小分一微强。」今以九乘之，得六十四寸微弱，以强補弱，亦得整數。九除六十四，亦得彼數。此二律强弱相補，數猶適合，于黄鐘宫則羽角也。餘唯無射一律適合陽律之終，其他則否矣。律書云：「六寸十分四。」

〔四六〕【箋釋】錢塘云：置姑洗之數二，因而三除之，得此數。續志：「應鐘律四寸七分小分四微强。」今以九乘之，除四十二寸六分六釐。九除四十二，得四寸六分六釐，尚有三之二。是彼之積寸較多，此之積分較少也。彼是實數，此則不能無所棄，法使之然也。律書云：「四寸二分三分二。」

〔四七〕【箋釋】錢塘云：置應鐘之數四，因而三除之，當爲五十六，以前有所棄，故此益其一也。續志：「蕤賓律六寸三分小分二微强。」今以九乘之，得積五十六寸九分弱，此收九分弱爲一寸，所謂半法以上亦得一也。積寸如此，積分可知。九除五十七，得六寸三分小分三，尚有三分一，則益一，整數之故。律書云：「五寸六分三分一。」

〔四八〕【箋釋】錢塘云：漢志作「下生大吕」，生半律也。此云「上生」，生正律也。大吕、夾鐘、中吕，以陰律而主夏至以前之月，故必上生。大吕之數七十六者，置蕤賓之數四，因而三除之，得此數。續志：「大吕律八寸四分小分三弱。」今以九乘之，得積七十五寸八分半强。九除七十六，得長八寸四分小分四半弱，皆以蕤賓所收稍多之故。古人只取整數，不得不然。律書云：「七寸五分三分一。」

〔四九〕【箋釋】錢塘云：漢志作「上生夷則」，亦生正律也。夷則、無射雖陽律，而主夏至後之月，故此從下生。夷則之數五十一者，置大吕之數二，因而三除之，當爲五十又三分之二，在半法以上，故收爲一也。續志：「夷則律五寸六分小分二弱。」今以九乘之，得積五十寸六分弱。九除五十一，得長五寸六分小分六又三分二也。律書云：「五寸四分三分二。」（淡氏案：「亦生正律也」，「正」當作「倍」，作「正」者，傳寫誤也。漢志：「上生六而倍之，下生六而損之，皆以九爲法。」依術推之，正得一尺一寸二分有奇，倍律。若作正律，是用下生法，非漢志所云上生矣。）

〔五〇〕【箋釋】錢塘云：漢志云「下生夾鐘」，亦生半律。夾鐘之數六十八者，置夷則之數四，因而三除之，得此數。續志：「夾鐘律七寸四分小分九微强。」今以九乘之，得積六十七寸四分小分一强。九除六十八，得長七寸五分小分五，尚有九之五也。律書云：「六寸七分三分二。」

〔五一〕【箋釋】錢塘云：漢志作「上生」。無射之數四十五者，置夾鐘之數二，因而三除之，得此數，尚有三之一，則棄之。續志：「無射律四寸九分小分九強。」今以九乘之，當爲四十五弱，以强補弱，故得積四十五，其一分不容不棄矣。九除四十五，得長五寸，亦與續志近。律書云：「四寸四分三分二。」

〔五二〕【箋釋】錢塘云：漢志云「下生仲吕」。仲吕之數六十者，置無射之數四，因而三除之，得此數。以九乘之，得積五十九寸七分半强。此收其餘分，故六十也。前有所棄，後必收之，與蕤賓同。九除六十，得長六寸六分小分六又三之二，則所收過多也。以上十二律，用九分十分二寸法互算，有合有否。十分寸爲實，九分寸爲變法，故九分爲寸，有棄有收。而淮南用九不用十者，有故焉。十二律自長至短，以次而殺。九分爲寸，黄鐘長于蕤賓二十四，是每月減四也。應鐘短于中吕十八，是每月減三也，以此爲通率，則不妨有棄有收。十分爲寸，則所減無通率矣。此淮南之所以用九不用十也。律書云：「五寸九分三分二。」

〔五三〕【箋釋】錢塘云：十二律主十二月，由于候氣。律者，述陽氣之管也，故所候皆爲陽氣。十一月，陽氣動于黄泉，入地中八寸十分一，故以黄鐘候之。十月，陽氣窮于地，上迫地面四寸十分二，故以應鐘候之。應鐘短于黄鐘三寸十分九，盈月得冬至，則當以三寸十分九減本律三分，爲黄鐘氣應之限，中間四寸十分二，即陽氣從下而上之處也。而五月陰生之始，蕤賓短于黄鐘二寸十分四，長于應鐘減過之數一寸十分八。是陽氣之長其數二十四，陽氣之消其數一十八，中間四十二，又即消長之總數也。陰氣消長之數如陽。其初陰上陽下，與黄鐘應。經六月而陽長二十四，則陰至黄鐘之分，是時陽上陰下，與蕤賓應。經六月而陽消一十八，則陰至蕤賓之分矣。蓋陽氣初長時，陰氣適滿二十四，至消爲一十八，則陽滿二十四矣。陰氣初長時，陽氣適滿二十四，至消爲一十八，則陰滿二十四矣。應鐘氣應逾月而後黄鐘氣應，此應鐘之所以爲應鐘也。以十二律論之，黄鐘減五爲大吕，此陽氣之驟長也。自後每月減四，至中吕則減三，爲蕤賓，所長微矣。自蕤賓以後，月減三分，五月至應鐘盈月又減三，而陽氣復萌矣。蓋陰陽二氣，初長時皆驟長五分，未消時已暗消一分，故二至之月，俱至黄鐘、蕤賓之分也。應鐘倍律長于黄鐘三分，減之即得黄鐘，猶減中吕三分而爲蕤賓，皆氣應盈月之驗也。吕覽黄鐘長三寸九分，即減應鐘正律所得，其義亦然。而自古無悟及者，何歟？或説黄鐘以後，六律候陽氣；蕤賓以後，六律候陰氣，此殊不然。周易卦氣自下而上，律氣亦然。蕤賓之月，陽氣自黄鐘而進，正滿二十四分，而可謂之陰氣乎？律之用減不用增，皆由陽氣之自下而上爲之也，故曰述陽氣之管。且陽動陰静，灰之飛也，非其證乎？然則何以律有陰陽？曰：律之陰陽，從十二辰名之，在陽曰陽律，在陰曰陰律而已。

〔五四〕【箋釋】劉績云：常數用十，律吕之數用九。九絲爲毫，九毫爲釐，九釐爲分，九分爲寸。黄鐘之數歷十二辰，至亥得十七萬七千一百四十七，以丑三約之，爲絲者五萬九千四十九，戌之數也。以卯二十七約之，爲毫者六千五百六十一，申之數也。以巳二百四十三約之，爲釐者七百二十九，午之數也。以未二千一百八十七約之，爲分者八十一，辰之數也。以酉一萬九千六百八十三約之，爲寸者九，寅之數也。蓋在陽辰順而左行，爲寸分釐毫絲之數；在陰神逆而右行，爲起寸分釐毫絲之法。故長九寸，以常數計之，九九八十一分也。以黄鐘數三寸，以四分二十七，下生林鐘，爲數五十四。蓋林鐘律長六寸，以常數計之，六九五十四分也。以林鐘數三分益一分一十八，上生太蔟，爲數七十二。益太蔟律長八寸，以常數計之，八九七十二分也。太蔟損一分二十四，下生南吕，爲數四十八。其實南吕律止長五寸三分，以常數計之，五九四十五，二分二十七釐，共四寸七分七釐，言四十八，舉成數也，餘倣此。南吕蓋一分一十六於四十八，上生姑洗，爲數六十四。其實姑洗律止長七寸一分，以常數計之，六十三分九釐也。姑洗損一分，二十一分六釐六毫六絲强，其實應鐘律長四寸六分六釐，以常數計之，止四寸一分九釐四毫也。應鐘益一分，一十四於四十二，上生蕤賓，爲數五十六，前不盡六釐六毫六絲，又加二釐二毫二絲，其成數五十七。其實蕤賓律止長六寸二分八釐，以常數計之，五寸六分五釐三毫也。蕤賓益一分，一十九分於五十七，上生大吕，爲數七十六。其實大吕律長八寸三分七釐六毫，以常數計之，該七寸六分三釐八毫四絲也。大吕損一分，二十分三釐一毫三絲强，下生夷則，爲數五十分六釐六毫六絲强，成數五十一。其實律長五寸五分五釐一毫，以常數計之，止四寸九分九釐六毫也。夷則益一分，一十七於五十一，上生夾鐘，爲數六十八。其實夾鐘律長七寸四分三釐七毫三絲，以常數計之，止六寸六分九釐三毫五絲强也。夾鐘損一分，二十二分七釐弱，下生無射，爲數四寸五分四釐弱，成數四十五。其實無射律長四寸八分八釐四毫八絲，以常數計之，止四寸三分九釐六毫三絲强也。無射益一分，十五分於四十五，上生仲呂，爲數六十。其實仲呂律長六寸五分八釐三毫四絲六忽，以常數計之，止五寸七分二釐七絲也。黄鐘、太蔟、姑洗、蕤賓、夷則、無射爲陽律，大呂、應鐘、南呂、林鐘、仲呂、夾鐘爲陰律，陽左旋，陰右轉也。陽律下生陰律，陰主減，故三分去一；陰律上生陽律，陽主進，故三分益一。此與史記論律呂同，先儒以此爲專言數，非也。○錢塘云：宋書注云：「極不生，鐘律不復能相生。」疑采元注。然極不生者，不生黄鐘全律也，黄鐘之半律則生之矣。何者？旋宮之法，黄鐘爲商、角、徵、羽，爲變宮、變徵，必用半律，非中呂生之而誰生之乎？置中呂之數二，因而四除之，止積四十，未盈八十一之半，然應鐘益一而生蕤賓，則中呂不可益之而生黄鐘乎？益四分分之三則能生矣。由是黄鐘自相生而半律備，則旋宮之用不窮。依續漢志十分寸，則倍中呂之實，爲二十六萬二千一百四十四分一，以三除之，止八萬七千三百八十一又三分一，半黄鐘之實，有八萬八千五百七十三又十之五，少一千一百九十二有奇，則誠不足以生黄鐘，因而上生執始。此二法之所以始通而終判也。淮南用六十律，唯以正半相參，與京房異，則中呂必生黄鐘。○雙棣按：呂氏春秋音律篇云：「黄鐘生林鐘，林鐘生太蔟，太蔟生南呂，南呂生姑洗，姑洗生應鐘，應鐘生蕤賓，蕤賓生大呂，大呂生夷則，夷則生夾鐘，夾鐘生無射，無射生仲呂。三分所生，益之一分以上生；三分所生，去其一分以下生。黄鐘、大呂、太蔟、夾鐘、姑洗、仲呂、蕤賓爲上，林鐘、夷則、南呂、無射、應鐘爲下。大聖至理之世，天地之氣，合而生風，日至則月鐘其風，以生十二律。仲冬日短至則生黄鐘，季冬生大吕，孟春生太蔟，仲春生夾鐘，季春生姑洗，孟夏生仲吕，仲夏日長至則生蕤賓，季夏生林鐘，孟秋生夷則，仲秋生南吕，季秋生無射，孟冬生應鐘。天地之風氣正，則十二律定矣。」淮南十二律相生及所副十二月，蓋本之吕覽。鄭玄注太師職與吕覽、淮南同。惟漢志蕤賓不重上生，而依次爲下生，與諸説不合。許宗彦云：「惟晉書志謂後代之音律多宗吕覽，而又言算術無重上生之法，以淮南爲非。梁武帝鐘律緯則謂京、馬、鄭、蔡至蕤賓並從上生大吕，而班志仍以次下生，班義爲乖。」許説是。

〔五五〕【箋釋】劉績云：當作「宫生徵，徵生商」。○錢塘謂晉志引作「宫生徵，徵生商」。○王念孫云：劉説是也。上文曰黄鍾爲宫，太蔟爲商，林鍾爲徵，又曰黄鍾下生林鍾，林鍾上生太蔟，所謂「宫生徵，徵生商」也。宋書律志、晉書律曆志並作「宫生徵，徵生商」，地形篇亦曰「變宫生徵，變徵生商」。（高注「變猶化也」。）

〔五六〕【高注】應鍾，十月也。與正音比，故爲和。和，從聲也。一曰和也。

【箋釋】錢塘云：「角生姑洗，姑洗生應鍾」，晉志引作「角生應鍾」，是，今本誤也。○王引之云：音律相生，皆非同位者。上文曰「姑洗爲角」，則角與姑洗爲一，不得云「角生姑洗」也。「生」當作「主」。「角主姑洗」猶言「姑洗爲角」耳。「主」與「生」相似，又因上下文「生」字而誤。宋書律志亦誤作「生」。

〔五七〕【箋釋】劉績云：黄鍾、大吕、太蔟、夾鍾、姑洗、仲吕、蕤賓、林鍾、夷則、南吕、無射、應鍾，此十二律之序也。如黃鍾爲宮，律長九寸，即前九九八十一，故宮聲八十一。黃鍾三分損一，下生林鍾爲徵，律長六寸，即前六九五十四，故徵聲五十四。林鍾三分益一，上生太蔟爲商，律長八寸，即前八九七十二，故商聲七十二。太蔟三分損一，下生南呂爲羽，律長五寸三分，即前所謂舉成數四十八，故羽聲四十八。南呂三分益一，上生姑洗爲角，律長七寸一分，即前所謂舉成數六十四，故角聲六十四。復以三分之不盡一算數不行，此聲之數所以止於五也。然此乃黃鍾一均之數，而十一律於此取法焉。則又各以本律之實，九九因之，三分損益以爲五聲，再以本律之實約之也。黃鍾宮與太蔟商，太蔟商與姑洗角，林鍾徵與南呂羽，相去各一律，則音節和。至姑洗角與林鍾徵，南呂羽與黃鍾宮，相去各二律，音節遠。姑洗角六十四既不可行，當有以通之，故再以九因之，得五百七十六，三分損一，下生應鍾爲變宮，律長四寸六分六厘，即前所謂舉成數四十二，故變宮聲四十二，應鍾數三百八十四。三分益一，上生蕤賓爲變徵，律長六寸二分八厘，即前所謂舉成數五十七，故變徵聲五十七，蕤賓數五百一十二。以三分之，又不盡，二算其數又不行，此變聲所以止於二也。變宮比宮少高，變徵比徵少下，近宮徵而齊和所不及，以序論之，黃鍾爲宮，以次而商、角、徵、羽，姑洗生應鍾變宮在南呂羽之後，故曰比於正音爲和，應鍾生蕤賓變徵閒入正音角羽之間，故曰不比正音爲繆。餘十一律爲宮，雖皆有一變爲七音，但不以起調耳。○錢塘云：宋書采元注云：「繆，音相干也。周律故有繆、和，爲武王伐紂之七音也。」案：應鐘，黃鐘之變宮；蕤賓，黃鐘之變徵。謂之變宮、變徵者，六十律旋宮，則黄鐘宮，姑洗角，下生應鐘宮。應鐘爲宮，復下生蕤賓徵。今八十四聲旋宮，以應鐘宮二律歸入黄鐘宮，應鐘比黄鐘半律稍下，蕤賓比林鐘正律稍下，故云變也。云和、繆者，五音宮最長，商角徵羽以次而殺，律長則聲濁，律短則聲清，故月令注云：「宮最濁，商次濁，角清濁半，徵次清，羽最清。」此變宮從角下生，是清于羽也。順次而降，故爲和。變徵從變宮上生，是濁于徵也。逆抗而升，故爲繆。是以祖孝孫八十四調之法，一宮，二商，三角，四變徵，五徵，六羽，七變宮，而以變宮爲清宮，變徵爲正徵。云「清宮」是也。「正徵」當云濁徵。十二律皆有二變，此特舉其一耳。○王引之云：劉説非也。七音之序，周回相次，變宮在羽之後、宮之前，變徵在角之後、徵之前。（唐武后樂書要録説七聲次第曰：假令十一月黄鍾爲宮，隔一月以正月太蔟爲商，又隔一月以三月姑洗爲角，又隔一月以五月蕤賓爲變徵，即以其次之月六月林鍾爲徵，又隔一月以八月南吕爲羽，又隔一月以十月應鍾爲變宮，周迴還與十一月相比也。）其道相同，豈有順逆之分乎？比，讀如易比卦之比。比，入也，合也。閔元年左傳曰「屯固比入」，又曰「合而能固」是也。（説林篇「黄鍾比宮，太蔟比商」，與此比字同義。）「比於正音，故爲和」，本作「不比於正音，故爲和」，注内「與正音比」本作「不與正音比」。「不比於正音」者，不入於正音也。言應鍾是宮之變音，故不入於正音；不入於正音則命名當有以別之，故謂之曰和。和者，言其調和正音也。蕤賓是徵之變音，故亦不入於正音，不入於正音則命名當有以別之，故謂之曰繆。（音目。）繆之言穆，穆亦和也。（大雅烝民箋曰：「穆，和也。」穆、繆古字通。）言其調和正音也。（周語：「以七同其數，而以律和其聲，於是乎有七律。」昭二十年左傳正義釋其義曰：「變宫，變徵，舊樂無之，聲或不會，而以律調和其聲，使與五音諧會。」是應鍾、蕤賓二律，皆所以調和其聲也。）漢書楊雄傳甘泉賦説風聲曰：「陰陽清濁，穆羽相和兮，若夔、牙之調琴。」穆與繆同，穆在變音之末，言穆而和可知矣。羽在正音之末，言羽而宫商角徵可知矣。變聲與正聲相調和，故曰穆羽相和。（張晏曰「穆然相合」，殆未達「穆」字之義。）以律管言之，則變宫爲和，變徵爲穆；以琴弦言之，則當以少宫爲和，少商爲穆。琴亦有和穆二音，故曰「穆羽相和，若夔、牙之調琴」也。然則變音之「繆」，本與「穆」同。而穆之命名，正取相和之義，明矣。後人誤讀「繆」爲「紕繆之繆」，以爲「和」與「繆」相反，（宋書引舊注曰：「繆，音相干也。」亦誤解「繆」字。）遂於應鍾不比於正音句删去「不」字，以别於蕤賓，並注中「不」字而亦删之。古訓之不通，其勢必至於妄改矣。宋書律志正作「姑洗生應鍾，不比於正音，故爲和」，載注文正作「不與正音比」。晉書律曆志引淮南王安曰：「應鍾不比正音，故爲和。」足證今本之謬。〇于大成云：孟子離婁上正義亦引淮南王安云：「應鍾不比正音，故爲和。」（當是轉引晉志之文。）

〔五八〕【箋釋】錢塘云：周語韋昭注云：「十一月，黄鐘，乾初九也。十二月，大吕，坤六四也。正月，太蔟，乾九二也。二月，夾鐘，坤六五也。三月，姑洗，乾九三也。四月，中吕，坤上六也。五月，蕤賓，乾九四也。六月，林鐘，坤初六也。七月，夷則，乾九五也。八月，南吕，坤六二也。九月，無射，乾上九也。十月，應鐘，坤六三也。」乾鑿度云：「乾貞于十一月子，左行陽時六。坤貞于六月未，右行陰時六。」注謂陰則退一辰者，謂左右交錯相避，此所云即其義也。而又反用之，何則？冬至本在子，今從坤初之例，退居于未。自後一氣歷一辰，則六中氣當坤六爻矣。夏至本在午，今從乾初之例，進居于子。自後一氣歷一辰，則六中氣當乾六爻矣。冬至後欲察陰，故轉比坤六律；夏至後欲察陽，故轉比乾六律。自林鐘至應鐘用正律，黄鐘至蕤賓用半律，則音漸清。因清知濁，故曰音漸濁，陽長故也。若十二辰俱用正律，亦音漸清。就清知清，故直曰音漸清，陰長故也。此必合前二十四時所比之音論之，其理方明。蓋前冬至比黄鐘，小寒比應鐘，黄鐘用半律，則音漸濁，即此比林鐘後所知也。前夏至亦比黄鐘，小暑比大吕，黄鐘用正律，亦音漸清，即此比黄鐘後所知也。冬至何以用半律？夏至何以用正律？以夏至戊子受制，律中黄鐘之宫也。○王引之説參見本篇四五〇頁注〔五九〕。

〔五九〕【箋釋】錢塘云：「時」當作「氣」，一律當一氣，前二法俱非月律之正，故曰變。

〔六〇〕【箋釋】錢塘云：五子，皆謂黄鐘各居其宫，則各應其聲。以律配日，則黄鐘適配五子，始于戊子，卒于丁亥，而六十律成矣。甲子爲中吕之徵者，中吕爲亥，十月也，大雪之末日也，下生黄鐘半律。甲子冬至，黄鐘應，中吕爲宫，則黄鐘爲徵矣。丙子爲夾鐘之羽者，丙子在甲子後第十三日，其前三日，律直夾鐘，夾鐘爲宫，則黄鐘爲羽。戊子爲黄鐘之宫者，戊子在甲子後第二十五日，黄鐘自爲宫。庚子爲無射之商者，庚子在甲子後第三十七日，其前二日，律直無射，無射爲宫，則黄鐘爲商。壬子爲夷則之角者，壬子在甲子後第四十九日，其前五日，律直夷則，夷則爲宮，則黄鐘爲角。甲有六而子惟五，故止有五子。五子中，惟戊子用全律，餘具半律。全律尊，不爲商、角、徵、羽也。六十律一周，則雨水矣。又十二日而得丙子，故丙子起驚蟄前三日。又一周，則將穀雨矣。又十二日而得戊子，故戊子起小滿前六日。又一周，則將小暑矣。又十二日而得庚子，故庚子起大暑後六日。又一周，則過白露矣。又十二日而得壬子，故壬子起寒露後三日。此七十二日，五子受制之律也。而冬至爲徵，則其餘皆爲徵。是故丙子後三日爲驚蟄，太蔟之南吕也。戊子後六日爲小滿，則應鐘之蕤賓也。庚子後六日爲大暑，亦應鐘之蕤賓也。壬子前三日爲寒露，則夷則之夾鐘也。至復于甲子，則歲周矣。甲子起于冬至，易稽覽圖云「甲子，卦氣起中孚」是也。戊子亦在大暑前六日，是爲季夏，故月令云：「中央土，其日戊己，其音宫，律中黄鐘之宫。」蓋六十日旬周，與七十二日受制，均得通也。乾鑿度云：「日十干者，五音也。」注謂：「甲乙角也，丙丁徵也，戊己土也，庚辛商也，壬癸羽也。」此論其正法。旋宫則以甲己爲徵，乙庚爲商，丙辛爲羽，丁壬爲角，戊癸爲土。柔日從剛，則惟宫商不變，此其所以爲宫商也。太玄云：「甲己之數九，乙庚八，丙辛七，丁壬六，戊癸五。」律書云：「上九，商八，羽七，角六，宫五，徵九。」皆謂是也。注者不知，故别釋之。

〔六一〕【用韻】「重、道」東幽合韻。

〔六二〕【高注】古者幅比皆然也。

【箋釋】錢塘云：説文云：「幅，布帛廣也。」食貨志：「布帛廣二尺二寸爲幅。」鄭志：「二尺四寸爲幅。」與此異。○王引之云：「物以三生」下，本有「三三九」一句，後人以上文已言「三三如九」，故删去此句，不知上文「三三如九，九九八十一」，與此文「三三九，三九二十七」，皆上下相承爲義。物以三生，故必先以三自乘而得九，然後以三乘九而得二十七。且上文與此相離甚遠，不得因彼而省此也。宋書正作「三三九，三九二十七」。「幅廣二尺七寸」下，本有「古之制也」四字，故高注曰「古者幅皆然也」，（各本「皆」上衍「比」字。）脱去此句，則注文爲贅設矣。宋書正作「故幅廣二尺七寸，古之制也」。

〔六三〕【箋釋】錢塘云：説文云：「周制以八寸爲尺，十尺爲丈。人長八尺，故曰丈夫。」又曰：「周制寸、尺、咫、尋、常、仞諸度，皆以人之體爲法。」然則尋即周之丈也。人布指知寸，布手知尺，舒肘知尋。人脩一尋，故曰丈夫。周禮典瑞「璧羨以起度」，玉人「璧羨度尺，好三尺以爲度」，康成云：「徑廣八寸，袤一尺。」是八寸爲尺，起於璧廣；十寸之尺，則其羨也。獨斷曰：「夏以十三月爲正，十寸爲尺；殷以十二月爲正，九寸爲尺；周以十一月爲正，八寸爲尺。」

〔六四〕【箋釋】錢塘云：説文云：「匹，四丈也。八揲一匹。」然「八，别也」，匹，往相辟耦也。是判八爲四，合四成八。匹從匸，匸讀若俠，藏也。匹藏八義，故又從八。揲，取也。取物以五數，故四丈爲匹耳。

〔六五〕【箋釋】錢塘云：杜子春云：「制謂匹長，然制匹爲衣，故匹言制。」左傳云：「晳幘而衣貍製。」又云：「陳子衣製。」皆謂衣。「製」與「制」通，故説文同訓裁也。○王引之云：此文多不可通。人修八尺，尋自倍，則丈六尺矣，而云「人修八尺，尋自倍，故八尺而爲尋」，其不可通一也。音以八相生，音即聲也，何須更云「有形則有聲」，其不可通二也。匹長四丈，人之長安得有此，而云「匹者，中人之度」，其不可通三也。蓋寫者譌舛失次，兼有脱文，宋書已與今本同，則後人以誤本淮南改之也。今更定其文而釋之如左：「有形則有聲，音以八相生，故人臂脩四尺，尋自倍，故八尺而爲尋。尋者，中人之度也。音之數五，以五乘八，五八四十，故四丈而爲匹。一匹而爲制。」云「有形則有聲」者，有形謂上文「黄鍾之律修九寸」也，有聲謂「音以八相生」也。云「人臂脩四尺」者，一切經音義卷十七引淮南云「人臂四尺，尋自倍，故八尺曰尋」是也。云「尋者中人之度也」者，考工記曰「人長八尺」是也。○陶鴻慶云：「故人脩八尺」王氏雜志據一切經音義當爲「故人臂脩四尺」是也。惟未及「尋」字之義，尋猶求也。以兩臂相求，則得倍數，此「尋」名之所由立也。○雙棣按：王説是也。説文云：「度人之兩臂爲尋，八尺也。」故一臂爲四尺。

〔六六〕【高注】藁，禾穗粟孚甲之芒也。定者，成也，故禾熟。藁，讀如詩「有貓有虎」之貓。古文作秒也。

【版本】藏本注「讀」上無「藁」字，莊本、集解本有，今據補，景宋本、王溥本、朱本、葉本同藏本。（天文訓補注本注「故」下有「曰」字，「讀」上有「藁」字。）

【箋釋】錢塘云：宋志作「禾標」，注云：「標，禾穗芒也。」説文云：「藁，苕之黄華也。一曰末也。」「秒，禾芒也。」是「藁、秒」通。説文「稱」下注云：「春分而禾生，日夏至晷景可度禾有秒。

秋分而秒定，律數十二秒而當一分，十分而寸。其以爲重，十二粟爲一分，十二分爲一銖，故諸程品皆從禾。」○王念孫云：隋書律麻志引此，作「秋分而禾蔈定，蔈定而禾熟」，是也。宋書律志同。今本脱「而禾」二字，則文義不明。○陶方琦云：説文引「秋分而秒定」，是許本淮南作「秒」也。説文：「秒，禾芒也。」宋書及隋書律曆志引淮南舊注云：「標，禾穗芒也。」字作「標」，義正與許氏説文合，其爲許注無疑。高注云「古文作秒」，蓋古本也。疑即指許氏之本。（主術訓「寸生於標」，高注：「標，禾穗標孚榆頭芒也。」與此注説正合。）○于大成云：王校是。説文禾部「稱」字下云：「禾有秒，秋分而秒定。」即用淮南此文。彼上句言「禾有秒」，故而字下不復出禾字。劉家立不明斯理，但於「蔈」上補「而」字，而不補「禾」字，非是。

〔六七〕【版本】藏本「十二蔈」「二」作「三」，各本均作「二」，今據改。

〔六八〕【高注】十，從甲至癸也。

【版本】藏本注「也」作「日」，景宋本、茅本、汪本作「也」，今據改，王溥本、朱本、葉本、莊本、集解本同藏本。

【箋釋】吴承仕云：景宋本作「也」，是也。地形篇云：「日數十。」注云：「十，從甲至癸也。」是其證。

〔六九〕【箋釋】王引之云：十二蔈當一粟，十二粟當一寸，則百四十四蔈而當一寸也。主術篇「寸生於標」，高注曰：「十二標爲分，（今本脱二字。）十分爲一寸，十寸爲一尺，十尺爲一丈。」説文亦曰：「律數十二秒而當一分，十分而寸。」則是百二十藁而當一寸，與此不同也。許、高二家之說，俱本於此篇，使原文作「十二藁而當一粟，十二粟而當一寸」，則二家之說何以並言「十二藁爲分，十分爲寸」乎？且主術篇明言「寸生於標」，不得又以粟參之也。然則今本爲後人所改明矣。宋書律志與今本同。則今誤已久。今依主術篇及許、高二家之說而更定之如左：「律之數十二，故十二藁而當一分，律以當辰，音以當日，日之數十，故十分而爲寸，十寸而爲尺，十尺而爲丈。」

〔七〇〕【高注】分，言其輕重分銖也。

【箋釋】錢塘云：說文云：「量，稱輕重也。從重省。」故淮南以輕重爲量。○王念孫云：「量」當爲「重」。「重、量」字相近，又因上文「度量」而誤也。自十二粟以下，皆言其重之數，非言其量之數。說文禾部注及宋書律志並作「其以爲重」。○陶方琦云：大藏音義引淮南作「十二粟而重一分，十二分而重一銖」，引許注：「銖，十黍之重。」按：說文「銖，權十分黍之重也。」訓正同。或曰：「黍字當作絫。」以十黍之重爲絫也。然荀子富國注亦云：「十黍之重爲銖。」○陶鴻慶云：王氏訂此句「量」爲「重」字之誤，然上文云「古之爲度量輕重，生乎天道」，度也，量也，輕重也，並以總目下文，自「物以三生」以下，言度之數，「十二粟而當一分」以下，言重之數。不應獨缺量數不言。疑「其以爲重」之前，本有「其以爲量」一節，詳舉龠、合、升、斗、斛之制，而今本脱之耳。

〔七一〕【版本】莊本、集解本「斤」作「觔」，餘本同藏本。

〔七二〕【箋釋】錢塘云：漢志云：「度者，分、寸、尺、丈、引也。本起黄鍾之長。以子穀秬黍中者，一黍之廣，度之九十分，黄鍾之長。一爲一分。」「權者，銖、兩、斤、鈞、石也。本起於黄鍾之重。一龠容千二百黍，重十二銖，兩之爲兩。」「量者，龠、合、升、斗、斛也。本起於黄鍾之龠，合龠爲合。」則一黍爲分，十黍爲寸，百黍爲尺，千黍爲丈，萬黍爲引，此五度之積也。百黍爲銖，二千四百黍爲兩，三萬八千四百黍爲斤，百一十五萬二千黍爲鈞，四百六十萬八千黍爲石，此五權之積也。千二百黍爲龠，二千四百黍爲合，二萬四千黍爲升，二十四萬黍爲斗，二百四十萬黍爲斛，此五量之積也。淮南以權爲量，即是以權準量。半兩爲龠，一兩爲合，十兩爲升，六斤四兩爲斗，六十二斤八兩爲斛，而數起於十二藁，則百四十四而當漢志之十也。此寸有十二粟，彼寸有十黍，蓋是粟小於黍耳。

〔七三〕【箋釋】錢塘云：晉志所引「爲」上無「以」字，當從之。

〔七四〕【箋釋】錢塘云：續漢志載京房六十律相生之法曰：「陽下生陰，陰上生陽，終於中吕，而十二律畢矣。中吕上生執始，執始下生去滅，上下相生，終於南事，六十律畢矣。」其法近淮南所言而實異。何者？淮南云中吕「極不生」，又云「甲子，中吕之徵也」，謂不生正律，生半律。黄鍾短于中吕也。房則中吕生執始，中吕爲宫，執始爲徵，執始律長，反過中吕。一也。姑洗之依行，當下生應鍾宫律，黄鍾之色育，當自中吕上生，而房則依行上生色育，非隔八相生之法。二也。

六十律當終於中呂宮中，而房則終於蕤賓之南事。三也。又六十律各主一日，而房則參差不齊。四也。在房自有義例，不得云誤，然實非古旋宮之法。

〔七五〕【箋釋】錢塘云：隋志云：「宋錢樂之因京房南事之餘，更生三百律。至梁博士沈重，依淮南本數，用京房之術求之，得三百六十律。各因月之本律，以爲一部。以一部律數爲母，以一中氣所有日爲子，以母命子，隋所多少，各一律所建日辰分數也。以之分配七音。」案：重雖據淮南，其法亦異。淮南三百六十律，即用六十律，而六十律又即十二律，兼正半亦止二十四，無三百六十也。何者？有二十四律，即可旋宮爲六十律，無待他律也。且律以當日，六十日之外，寧有他日乎？其所以不爲他律者，亦以應鐘生蕤賓，中呂一半生黃鐘，至於中呂之半，則其數窮矣。房術中呂不能生黃鐘，因生執始，至於南事，而其數不窮，則雖爲三百六十律，猶不窮也，特以當一歲之日，則不復相生耳矣。

〔七六〕【版本】葉本、莊本、集解本「歷」作「曆」，餘本同藏本。

【用韻】「數、道」侯幽合韻。

〔七七〕【高注】鍾律上下相生，誘不敏也。

【箋釋】劉績云：如黃鍾九寸，下生林鍾，倍則二九一十八寸，以三除之，三六一十八，林鐘止六寸是也。上生者，如林鐘上生太蔟。四則四六二十四，以三除之，三八二十四，太蔟止八寸是也。餘並倣此。○錢塘云：誘，河東高氏名也，注出其手，故云耳。上下相生之法，即律書所云「以下生者，倍其實，三其法。以上生者，四其實，三其法」也。是先乘後除法。太師職鄭注云：「下生者三分去一，上生者三分益一。」乃是先除後除法。漢志又言：「上生六而倍之，下生六而損之，皆以九爲法。」又是加二倍法矣。管子地員篇是其所本也。○劉文典云：「不敏也。」高氏於其所不知，皆直謝不敏。吕氏春秋上農篇「皆知其末，莫知其本真」下亦有注云：「不敏也。」正與此一例。惟吕氏春秋古樂篇注：「法鳳之雌雄，故律有陰陽，上下相生，故曰黄鍾之宫，皆可以生之。」音律篇注：「律吕相生，上者上生，下者下生。」疑高氏注淮南在前，當時猶未明鍾律上下相生之理，及注吕氏春秋，已通其義。故此直言不敏，而彼注則爲之解也。

太陰元始，建于甲寅〔一〕，一終而建甲戌，二終而建甲午，三終而復得甲寅之元〔二〕。歲徙一辰，立春之後，得其辰而遷其所順〔三〕，前三後五，百事可舉〔四〕。太陰所建，蟄蟲首穴而處，鵲巢鄉而爲户〔五〕。太陰在寅，朱鳥在卯，勾陳在子，玄武在戌，白虎在酉，蒼龍在辰〔六〕。寅爲建，卯爲除，辰爲滿，巳爲平，主生〔七〕；午爲定，未爲執，主陷；申爲破，主衡；酉爲危〔八〕，主杓；戌爲成，主少德；亥爲收，主大德；子爲開，主太歲；丑爲閉，主〔九〕。

太陰在寅，歲名曰攝提格〔一〇〕，其雄爲歲星〔一一〕，舍斗、牽牛〔一二〕，以十一月與之晨出東方，東井、輿鬼爲對〔一三〕。太陰在卯，歲名曰單閼〔一四〕，歲星舍須女、虚、危，以十二月與之晨出東方，柳、七星、張爲對。太陰在辰，歲名曰執徐，歲星舍營室、東壁，以正月與之晨出東方，翼、軫爲對〔一五〕。太陰在巳，歲名曰大荒落，歲星舍奎、婁，以二月與之晨出東方，角、亢爲對。太陰在午，歲名曰敦牂，歲星舍胃、昴、畢，以三月與之晨出東方，氐、房、心爲對。太陰在未，歲名曰協洽，歲星舍觜巂、參，以四月與之晨出東方，尾、箕爲對〔一六〕。太陰在申，歲名曰涒灘，歲星舍東井、輿鬼，以五月與之晨出東方，斗、牽牛爲對。太陰在酉，歲名曰作鄂〔一七〕，歲星舍柳、七星、張，以六月與之晨出東方，須女、虛、危爲對。太陰在戌，歲名曰閹茂，歲星舍翼、軫，以七月與之晨出東方，營室、東壁爲對。太陰在亥，歲名曰大淵獻，歲星舍角、亢，以八月與之晨出東方，奎、婁爲對。太陰在子，歲名曰困敦〔一八〕，歲星舍氐、房、心，以九月與之晨出東方，胃、昴、畢爲對。太陰在丑，歲名曰赤奮若，歲星舍尾、箕，以十月與之晨出東方，觜巂、參爲對〔一九〕。

太陰在甲子〔二〇〕，刑德合東方宮，常徙所不勝，合四歲而離，離十六歲而復合。所以離者，刑不得入中宮，而徙於木〔二一〕。太陰所居，日[爲]德〔二二〕，辰爲刑〔二三〕。德，綱日自倍因，柔日徙所不勝〔二四〕。刑，水辰之木，木辰之水，金、火立其處〔二五〕。凡徙諸神，朱鳥在太陰前一，鉤陳在後三，玄武在前五，白虎在後六，虛星乘鉤陳而天地襲矣〔二六〕。

凡日，甲剛乙柔，丙剛丁柔，以至於癸〔二七〕。木生於亥，壯於卯，死於未，三辰皆木也。火生於寅，壯於午，死於戌，三辰皆火也。土生於午，壯於戌，死於寅，三辰皆土也。金生於巳，壯於酉，死於丑，三辰皆金也。水生於申，壯於子，死於辰，三辰皆水也〔二八〕。故五勝生一，壯五，終九〔二九〕，五九四十五，故神四十五日而一徙；以三應五，故八徙而歲終〔三〇〕。凡用太陰，左前刑，右背德〔三一〕，擊鉤陳之衝辰，以戰必勝，以攻必尅〔三二〕。欲知天道，以日爲主，六月當心，左周而行，分而爲十二月，與日相當，天地重襲，後必無殃〔三三〕。

星正月建營室，二月建奎、婁，三月建胃〔三四〕，四月建畢，五月建東井，六月建張，七月建翼，八月建亢，九月建房，十月建尾，十一月建牽牛，十二月建虛〔三五〕。

校釋

〔一〕【箋釋】錢塘云：此太陰在閼蒙攝提格之歲，非太歲也。天官書曰：「前列直斗口三星，隋北端兑，若見若否，曰陰德，或曰天一。」淮南本篇以天一爲太陰，是太陰即陰德矣。于辰直卯，歲星居丑，太歲在子。以丑加子，則太陰在寅，歲星居子，太歲在丑。以子加子，則太陰在卯。由是歲徙一辰，歲星常加子矣。此太陰紀年之義也。○淡春臺云：錢氏補注「于辰直卯」至「歲星常加子矣」，當作「于辰直卯，歲星居子，太歲在丑。以丑加子，則太陰在寅，歲星居丑，太歲在子。以子加丑，則太陰在卯」云云。所由知其然者，太陰在卯則歲行三宿，正在玄枵。太歲正在星紀。以丑加子，則太陰在寅。太陰在寅，則歲行二宿，正在星紀，太歲正在玄枵，以子加丑，則太陰復在卯矣。歲徙一辰，至十二歲而一周，其明年則歲星仍在玄枵，故曰常加子矣。太陰與太歲左行，歲星右行，故推合如是。此當是傳寫誤也。

〔二〕【箋釋】劉績云：每終二十年，三終共六十年。○錢塘云：千五百二十歲爲大終，其餘數二十。凡言終者，皆舉餘數也。三終則餘數六十，故復得甲寅之元。韓非子言「四千五百六十歲爲一元」是也。

〔三〕【箋釋】錢塘云：此推太陰以合日辰也，由是建除之法生焉。

〔四〕【高注】前後，太陰之前後也。

【用韻】「後、五、舉」侯魚合韻。

〔五〕【版本】莊本「穴」作「定」，餘本均同藏本。

【箋釋】姚廣文云：「定」疑「穴」字之誤，上文云「蟄蟲首穴」。○劉文典云：御覽九百四十四引，亦作「蟄蟲首穴」。○于大成云：埤雅六、喻林百一十六引皆與藏本同。氾論篇「夫蟄蟲鵲巢，皆嚮天一者，至和在焉爾」，可爲此文駐脚。「天一」即太一所建也。説文「焉」字云：「焉者知大歲之所在。」段注曰：「博物志曰：『鵲背太歲』。然則鵲巢開户向天一而背歲。」

【用韻】「處、户」魚部。

〔六〕【箋釋】錢塘云：晉志云：「句陳，後宫屬也，大帝之常居也。句陳口中一星曰天皇大帝，其神曰耀魄寶。」説苑辨物篇：「書曰：『在璿璣玉衡，以齊七政。』璿璣謂北辰句陳星樞也。」○王引之云：下文「天神之貴者，莫貴於青龍，或曰天一，或曰太陰」，是太陰即蒼龍也。既云「太陰在寅」，不當復云「蒼龍在辰」矣。下文「凡徙諸神，朱鳥在太陰前一，鉤陳在後三，玄武在前五，白虎在後六」，而不言蒼龍所在，正以太陰即蒼龍也。「蒼龍在辰」四字，蓋淺人所加。

〔七〕【用韻】「卯、酉」幽部，「戌、辰」物文通韻。

〔八〕【用韻】「建、滿」元部，「平、生」耕部。

〔九〕【用韻】「破、危」歌部。

【版本】景宋本「收」作「牧」，餘本同藏本。王溥本、王鎣本、茅本、汪本、張本、吴本、黄本、莊本、集解本「主」下有「太陰」二字，景宋本、朱本、葉本同藏本。

【箋釋】錢塘云：此建除法也。史記日者傳有建除家。太公六韜云：「開牙門當背建向破。」越絶書云：「黄帝之元，執辰破巳，霸王之氣見于地户。」漢書王莽傳云：「十一月，壬子直建，戊辰直定。」論衡偶會篇云：「正月建寅，斗魁破申。」是也。案：建除有二法，越絶書從歲數，淮南書及漢書從月數，後人惟用月也。○王引之云：「太陰」二字，乃下屬爲句，與下文「太陰在卯」之屬相同。「主」下當别有所主之事，而今脱去。王應麟小學紺珠始誤讀「主太陰」爲句，劉本遂重「太陰」二字，而各本及莊本從之，非也。上文云「太陰在寅」，何得又言「主太陰」乎？且下文曰「天神之貴者，莫貴於青龍，或曰天一，或曰太陰」，而無太歲之名，天一元始、太陰元始之屬，皆太歲也，而謂之天一、太陰，不謂之太歲。「咸池爲太歲」，則又「大歲」之譌，（説見上。）然則天文篇無稱「太歲」者也。此「太歲」亦當作「大歲」，寫者誤加點耳。斗杓爲小歲，咸池爲大歲。

（見上文。）上文「酉爲危，主杓」，杓，小歲也。此文「子爲開，主大歲」，大歲，咸池也。太歲月從右行四仲，與歲從左行之太陰迴殊。若作「太歲」，則與「太陰」無異。上言太陰在寅，下言子主太歲，是太陰主太陰矣，義不可通。開元占經歲星占篇引此篇舊注曰：「太陰，謂太歲也。」（蓋許慎注。廣雅「太陰，太歲也」本此。）使篇内太歲、太陰分爲二，注者必不爲此注矣。可見「太歲」乃「大歲」之譌，而太歲、太陰之未嘗分也。偏考諸書，亦無分太歲、太陰爲二者。或據淮南譌脱之文，以爲太歲、太陰不同之證，非也。○雙棣按：錢大昕謂淮南「太陰」非「太歲」，參見本篇四○五頁注〔四四〕。

〔一○〕【箋釋】錢塘云：攝提格，星名也。天官書云：「大角者，天皇帝庭。其兩旁各有三星，鼎足句之，曰攝提。攝提者，直斗柄所指，以建時節，故曰攝提格。」晉志云：「攝提六星，直斗杓之南，主建時節。」然則斗杓所建攝提同也。十二歲斗杓所建星見其方，首年用本名，其下十一名即其別稱也。天官書言「歲星一名攝提格」爲此。知太陰即知太歲矣，如太陰在攝提格，太歲必在子也。○陶方琦云：占經二十三引許注：「太陰，在天爲雄歲星，在地爲太陰。」按：雄字衍。周禮保章氏鄭注：「歲星爲陽，右行於天；太歲爲陰，左行於地。」太陰即太歲，故曰「在天爲歲星，在地爲太陰」，説正同也。

〔一一〕【箋釋】錢塘云：太玄云：「倉靈之雌不同宿而離失，則歲功之乖。」注以歲星爲倉靈，失度爲不同宿，然則雌謂太陰也。太陰爲雌，明歲星爲雄。太歲所在之辰，星以其月出，此歲星之所以爲雄也。太陰所在之辰，斗以其月建，此太陰之所以爲雌也。歲星必與太陰相應而行，有盈縮則有失次，失次非即超辰，故太陰不移是謂不同宿，失次有應見於衡辰。占具天官書。

〔一二〕【箋釋】錢塘云：天官書云：「以攝提格歲，歲陰左行在寅，歲星右轉居丑。」天文志云：「太歲在子曰困敦。」太初曆歲星在建星、牽牛本是同歲，而太陰、太歲異其名耳。劉歆云：「漢曆太初元年，歲星在星紀婺女六度。」故漢志曰歲名困敦，正月歲星出婺女是也。曆書載武帝詔曰「年名焉逢攝提格」，歲名、年名，即是太歲、太陰之辨。歲星自在星紀耳。星云正月出，殆是天正。

〔一三〕【箋釋】劉績云：史記作「正月」，其名監德。蓋漢初仍秦尚用周正，史記乃紀事之書，故用當時正紀。其實淮南以夏正得天，故取以發其義。後武帝太初元年初用夏正，以正月爲歲首。記事者，追改史記月，幸此存尚未改，觀之可以知秦、漢之正，實而秦紀書十月，先儒以爲不改月，不足爲據矣。○錢塘云：天官書云「正月」，天文志作「十一月」，史記用周正，淮南、漢書用夏正。○陶方琦云：占經二十三引許注：「東井、輿鬼在未，斗、牽牛在丑，故爲對。」按：「十一月」應作「正月」，淮南建寅，非太初曆也。

〔一四〕【高注】單，讀明楊之明。

【版本】各本注「楊」作「揚」。

【箋釋】張文虎云：「單」字斷無「明」音，蓋本作「闡揚之闡」，誤寫耳。然「單」雖有齒善一切，讀爲嘽緩之嘽，而據下文「單閼之歲」注云：「單，盡。」明本讀爲「殫」，此讀闡之音，蓋後人旁增，非高注也。○吴承仕云：章先生曰：「明揚之明當爲丹楊之丹，『丹』誤爲『明』，『楊』隸書多作『揚』。」按：爾雅釋文：「單閼音丹。」章說近之。然丹、明二文形不比近，無緣致譌，未聞其審。

〔一五〕【版本】景宋本、王溥本、王鎣本、茅本、張本、吴本、黄本、集解本「徐」作「除」，餘本同藏本。

【箋釋】雙棣按：天官書云：「執徐歲，歲陰在辰。」天文志云：「在辰曰執徐。」史、漢及本書下文皆作「徐」，當以作「徐」爲是。

〔一六〕【版本】藏本「未」誤作「朱」，各本皆作「未」，今據改。

〔一七〕【高注】作，讀昨。

〔一八〕【版本】莊本、集解本注在「作」字下。

【高注】困，讀群。

〔一九〕【版本】藏本無「曰」字，茅本、吴本、黄本、莊本、集解本有，今據補，景宋本、王溥本、朱本同藏本。

【箋釋】王引之云：「十一月」當爲「正月」、「十二月」當爲「二月」，「正月」當爲「三月」，「二月」當爲「四月」，「三月」當爲「五月」，「四月」當爲「六月」，「五月」當爲「七月」，「六月」當爲「八月」，「七月」當爲「九月」，「八月」當爲「十月」，「九月」當爲「十一月」，「十月」當爲「十二月」，史記天官書曰：「歲陰左行在寅，歲星右轉居丑，以正月與斗、牽牛晨出東方。歲陽在卯，星居子，以二月與婺女、虛、危晨出。歲陰在辰，星居亥，以三月與營室、東壁晨出。歲陰在巳，星居戌，以四月與奎、婁晨出。歲陰在午，星居酉，以五月與胃、昴、畢晨出。歲陰在未，星居申，以六月與觜巂、參晨出。歲陰在申，星居未，以七月與東井、輿鬼晨出。歲陰在酉，星居午，以八月與柳、七星、張晨出。歲陰在戌，星居巳，以九月與翼、軫晨出。歲陰在亥，星居辰，以十月與角、亢晨出。歲陰在子，星居卯，以十一月與氐、房、心晨出。歲陰在丑，星居寅，以十二月與尾、箕晨出。」漢書天文志曰：「太歲在寅，歲星正月晨出東方。在卯，二月出。在辰，三月出。在巳，四月出。在午，五月出。在未，六月出。在申，七月出。在酉，八月出。在戌，九月出。在亥，十月出。在子，十一月出。在丑，十二月出。」開元占經歲星占篇引甘氏曰：「攝提在寅，（此攝提謂太陰。）歲星在丑，以正月與建星、牽牛、婺女晨出於東方。」皆其證也。後人以太初曆「太歲在子，歲星十一月出，在建星、牽牛」，（見天文志。）故改「正月」爲「十一月」以合太初之法，而自此以下，皆遞改其所出之月。不知太陰在寅，則歲星亦以寅月出，樂動聲儀所謂歲星常應太歲月建以見也。（見前「太一在丙子」下。）若以十一月出，則是子而非寅，與太陰所在不相應矣。太初曆之太歲始建於子，故以歲星與日同次之十一月定之，所謂子年應子月也。淮南之太歲始建於寅，故以歲星晨出之正月定之，所謂寅年應寅月也。豈得以建子之法，雜入於建寅之法乎？況太陰建寅以下，俱本於石氏。（天文志：「太歲在寅，歲星正月晨出東方，石氏在斗、牽牛。」天官書索隱亦云：「歲星正月晨見東方以下，皆出石氏星經文。」）又豈有用其説而改其月者乎？開元占經引淮南已與今本同，則其誤改在唐以前矣。錢氏曉徵謂史記歲星正月晨出以天正言之，其實與淮南無別。（見潛研堂文集。）今案：天官書曰：「歲陰左行在寅，歲星右轉居丑，以正月與斗、牽牛晨出，色蒼蒼有光。歲陰在子，星居卯，以十一月與氐、房、心晨出，玄色甚明。」正月德在木，故星色蒼。（天官書凡言正月者七，皆謂建寅之月。）十一月德在水，故星色玄。若以正月爲天正，則是夏正之十一月矣，何以不云色玄，而云色蒼乎？且寅年正月日在娵訾，歲星在星紀，中隔玄枵一次，故歲星晨見有光。若十一月，則與日同次，其光不能見矣，安得云「蒼蒼有光」乎？此由不知淮南之「十一月」爲後人所改，故曲爲之説，而終不可通也。○于大成云：此文自「太陰在寅，歲名曰攝提格，其雄爲歲星，舍斗、牽牛，以十一月與之晨出東方」已下至「太陰在丑，歲名曰赤奮若，歲星舍尾、箕，以十月與之晨出東方」，王引之以爲月數差誤，「十一月」當爲「正月」，「十二月」當爲「二月」，已下至「十月」當爲「十二月」，其説甚是。又謂占經引此文，已與今本同，則其誤改在唐已前。今考占經二十三引此文雖十九皆誤，而此七月與下大淵獻之八月，獨作九月、十月，是尚有改而未盡者，益足證王説之精塙也。○雙棣按：天官書曰：「赤奮若歲，歲陰在丑，星居寅，以十二月與尾、箕晨出，曰天皓。」天文志云：「在丑曰赤奮若，十二月出，石氏曰名天昊，在尾、箕。」又按：漢初仍秦用顓頊曆，馬王堆帛書五星占出土已提供實物證據，參見陳久金、陳美東從元光曆譜及馬王堆帛書五星占的出土再探顓頊曆問題（載中國天文學史文集，科學出版社，一九七八年）。

〔二〇〕【箋釋】錢塘云：太一在丙戌之歲也。

〔二一〕【箋釋】錢塘云：淮南說刑德有二，一是一歲之刑德，前言陰陽七舍是也；一是二十歲之刑德，此所說也。此刑德從太陰支幹生。甲子之歲，德在甲，刑在卯，子刑卯，故刑德合東方宮。徙所不勝，則自東而西，謂乙丑之歲，德在庚，刑在戌，丑刑戌，故合西方宮。又徙所不勝，則自西而南，謂丙寅之歲，德在丙，刑在巳，寅刑巳，故合南方宮。又徙所不勝，則自南而北，謂丁卯之歲，德在壬，刑在子，卯刑子，故合北方宮。此四歲是刑德合也。自此而離，則戊辰之歲，德在戊，刑在辰，戊爲中，辰爲木，故曰刑不得入中宮，而徙于木也。二十年之中，德以東西南北中爲序，刑以東西南北爲序，周而復始，故唯有四年之合。一合一離爲一小終，一終而得甲申，二終而得甲辰，三終而復于甲子。積七十六小終而爲一大終，三大終而復于甲子之元。古曆上元本起甲寅，刑德獨始甲子者，據始合言之也。

〔二二〕【版本】藏本「日」作「曰」，集解本作「日」，（天文訓補注本亦作「日」。）今據改，餘本同藏本。藏本「德」上無「爲」字，據錢塘、王引之說補，各本同藏本。

【箋釋】錢塘云：「日德」二字當作「日爲德」。○王引之與錢說同。

〔二三〕【箋釋】錢塘云：太陰所居，謂十幹也。辰即十二枝。幹從日，故曰德；枝從月，故曰刑。開元占經云：「幹德甲、丙、戊、庚、壬爲陽，陽德自處。甲德在甲，丙德在丙，戊德在戊，庚德在庚，壬德在壬，此謂自處。乙、丁、己、辛、癸爲陰，陰德在陽。乙德在庚，丁德在壬，己德在甲，辛德在丙，癸德在戊，此謂在陽。取合爲德也。三刑：子刑卯，卯爲刑下，子爲刑上；丑刑戌，戌爲刑下，未爲刑上；寅刑巳，巳爲刑下，申爲刑上；卯刑子，子爲刑下，卯爲刑上；辰刑辰；巳刑申，申爲刑下，寅爲刑上；午刑午；未刑丑，丑爲刑下，戌爲刑上；申刑寅，寅爲刑下，巳爲刑上；酉刑酉；戌刑未，未爲刑下，丑爲刑上；亥刑亥。謂之三刑，刑上、刑下、自刑也。」此即淮南之刑德。考其原，則幹德本之律曆，三刑生于風角。何者？曆此年中節在甲者，後年則在己；此年在丙者，後年則在辛。六十律則戊、癸爲宫，甲、己爲徵，五日一周，終而復始，故甲己合，乙庚合，丙辛合，丁壬合，戊癸合也。日有剛柔，聲有陰陽，以剛統柔，以陽唱陰，則陽德自處，而陰德從陽矣。翼氏風角占曰：「木落歸本，水流歸末，故木刑在亥，水刑在辰。金剛火强，各立其鄉，故火刑于午，金刑於酉。」此皆謂自刑也。十二辰分爲孟仲季，四孟亥自刑，則寅巳申相刑；四仲午酉自刑，則子卯相刑；四季辰自刑，則丑未戌相刑。相刑者，互爲上下，故有刑上刑下也。王莽傳云：「今年刑在東方。」張晏曰：「是歲在壬申，刑在東方。」莽傳又曰：「倉龍癸酉，德在中宫。」張晏曰：「太歲起于甲寅爲龍，東方倉，癸德在中宫也。」

〔二四〕【版本】藏本兩「日」字作「曰」，王溥本、集解本作「日」，（王氏雜志引亦作「日」。）今據改，餘本同藏本。王鎣本、茅本、汪本、張本、莊本「自」作「日」，餘本同藏本。

【箋釋】錢塘云：申在東，丙在南，戊在中，庚在西，壬在北，爲自倍因。乙從庚，丁從壬，己從甲，辛從丙，癸從戊，爲徙所不勝。綱即剛，古通。○王引之云：「綱」當爲「剛」，剛日，柔日，甲剛乙柔是也。

〔二五〕【箋釋】錢塘云：子辰申，水也，刑在卯辰，寅爲水辰之木。卯未亥，木也，刑在子丑，亥爲木辰之水。丑巳酉，金也，刑在戌申，酉爲金立其處。寅午戌，火也，刑在巳未，午爲火立其處。水、木、金、火，一從三合，一從四時。後漢書朱穆傳云：「丁亥之歲，刑德合於乾位。」注謂「太歲在丁壬歲，德在北宫；太歲在亥卯未歲，刑亦在北宫；故曰合於乾位」是也。然淮南則用「太陰」。

〔二六〕【高注】襲，和也。

【箋釋】錢塘云：太陰在寅，諸神分居四正方，則鉤陳在子，子爲玄枵，玄枵虚中，是謂虚星乘鉤陳。歷十二歲，而鉤陳仍在子，于是天地襲矣。此言六神歲徙之法，特附刑德而見。何以明之？太陰元始，乃德木刑火之歲，非始合東方之歲也。

〔二七〕【版本】莊本、集解本「於」作「于」。

【箋釋】王引之云：「癸」上當有「壬」字，此以「剛、柔」對言，不當但言「癸」也。

〔二八〕【版本】莊本、集解本上十五「於」字均作「于」。

【箋釋】錢塘云：二十歲而一終，六十歲而三終，則甲有寅戌午，乙有卯亥未，丙有辰子申，丁有巳酉丑。自戌以下，周而復始，故以三辰爲合，從其壯者命之，而五行定矣。漢書翼奉傳注孟康曰：「北方水，生于申，盛于子。東方木，生于亥，盛于卯。南方火，生于寅，盛于午。西方金，生于巳，盛于酉。辰，窮水也。未，窮木也。戌，窮火也。丑，窮金也。」京房易積算傳云「寅中有生火，亥中有生木，巳中有生金，申中有生水，丑中有死金，戌中有死火，未中有死木，辰中有死水，土兼乎中」，是也。然其原起於曆。素問六微旨大論云：「寅午戌歲氣同會，卯未亥歲氣同會。辰申子歲氣同會，巳酉丑歲氣同會，終而復始。」王砯注：「陰陽法以爲三合，緣其氣會同也。」案：其法分一歲爲六氣。甲子之歲，初之氣始于水下一刻寅初也，六之氣終于二十五刻辰末也，謂之初六。乙丑之歲，初之氣始于二十六刻巳初也，六之氣終于五十刻未末也，謂之六二。丙寅之歲，初之氣始于五十一刻申初也，六之氣終于七十五刻戌末也，謂之六三。丁卯之歲，初之氣始于七十六刻亥初也，六之氣終于水下百刻丑末也，謂之六四。四歲爲一節。戊辰之歲，初之氣復起于水下一刻。常如是無已，周而復始，故謂之三合。古曆俱同四分，則四歲之後，中節刻漏俱同，術家以推五行，醫經以分六氣，莫不由此。

〔二九〕【箋釋】錢塘云：五勝，五得相勝也。生于一，壯于五，終于九，各以其辰命之。

〔三〇〕【版本】藏本「八」上無「故」字，景宋本、茅本、汪本、張本、黄本、莊本、集解本有，今據補，餘本同藏本。

〔三一〕【箋釋】錢塘云：靈樞九宫八風篇云：「太一常以冬至之日居叶蟄之宫四十六日，明日居天留四十六日，明日居倉門四十六日，明日居陰洛四十五日，明日居天宫四十六日，明日居元委四十六日，明日居倉果四十六日，明日居新洛四十五日，明日復居叶蟄之宫，冬至矣。」

〔三二〕【箋釋】王引之云：此當爲「右背刑，左前德」，寫者顛倒耳。五行大義論配支幹篇曰：「從甲至癸爲陽，從寅至丑爲陰，陽則爲前爲左爲德，陰則爲後爲右爲刑。右背刑，左前德者，所以順陰陽也。」史記天官書曰：「太白出東爲德，舉事左之迎之吉。出西爲刑，舉事右之背之吉。」是其例矣。○曾國藩云：背即後也。孫子曰：「右背山陵，前左水澤。」亦以背與前爲對。

〔三一〕【箋釋】錢塘云：漢書藝文志兵書陰陽十六家：「陰陽者，順時而發，推刑德，隨斗擊，因五勝，假鬼神而爲助者也。」其術即淮南所云。又志陰陽家有天一兵法三十五篇，五行家有天一六卷、刑德七卷，殆亦説其事。

〔三二〕【用韻】「德、勝、尅」職蒸通韻。

〔三三〕【用韻】「行、當、殃」陽部。

〔三四〕【高注】星，宜言「日」。明堂月令孟春之月日在營室，仲春之月在奎、婁，季春之月在胃。此言「星正月建營室」，字之誤也。

【箋釋】錢塘云：皆謂日所在星也。大衍曆議云：「秦曆十二次，立春在營室五度。」

〔三五〕【箋釋】錢塘云：宋書志云：「祖沖之曰：『漢代之初，即用秦曆，冬至日在牽牛六度。』」○王引之云：「二月建奎、婁」，備舉是月日所在之星也。由此推之，則正月當云「建營室、東壁」，三月當云「建胃、昴」，四月當云「建畢、觜嶲、參」，五月當云「建東井、輿鬼」，六月當云「建柳、七星、張」，七月當云「建翼、軫」，八月當云「建角、亢、氐」，九月當云「建房、心」，十月當云「建尾、箕」，十一月當云「建斗、牽牛」，十二月當云「建須女、虚、危」。蓋月令日在某星，但舉一月之首言之，而此則舉其全也。後人妄加删節，每月但存一星之名，獨「二月建奎、婁」，尚仍其舊，學者可以考見原文矣。不然，豈有月令季夏日在柳，而此言建張；仲秋日在角，而此言建亢；仲冬日在斗，而此言建牽牛；季冬日在婺女，（即須女。）而此言建虛者乎？

【用韻】「室、胃、畢」質物合韻，「張、亢、房」陽部，「牛、虛」之魚合韻。

星分度〔一〕：角十二，亢九，氐十五，房五，心五，尾十八，箕十一四分一〔二〕，斗二十六，牽牛八，須女十二，虛十，危十七，營室十六，東壁九〔三〕，奎十六，婁十二，胃十四，昴十一，畢十六，觜巂二，參九〔四〕，東井三十三〔五〕，輿鬼四，柳十五，星七〔六〕，張、翼各十八，軫十七〔七〕，凡二十八宿也〔八〕。

星部地名：角、亢，鄭；氐、房、心，宋；尾、箕，燕；斗、牽牛，越；須女，吳〔九〕；虛、危，齊；營室、東壁，衛；奎、婁，魯；胃、昴、畢，魏；觜巂、參，趙；東井、輿鬼，秦；柳、七星、張，周；翼、軫，楚〔一〇〕。

歲星之所居，五穀豐昌，其對爲衝，歲乃有殃。當居而不居，越而之他處，主死國亡〔一一〕。太陰治春則欲行柔惠溫涼〔一二〕，太陰治夏則欲布施宣明〔一三〕，太陰治秋則欲脩備繕兵〔一四〕，太陰治冬則欲猛毅剛彊〔一五〕。三歲而改節，六歲而易常〔一六〕，故三歲而一饑，六歲而一衰〔一七〕，十二歲而一康〔一八〕。

甲齊，乙東夷，丙楚，丁南夷，戊魏，己韓，庚秦，辛西夷，壬衛，癸越〔一九〕，子周，丑翟，寅楚，卯鄭，辰晉，巳衛，午秦，未宋，申齊，酉魯，戌趙，亥燕〔二〇〕。

甲乙寅卯，木也；丙丁巳午，火也；戊己四季，土也；庚辛申酉，金也；壬癸亥子，水也。水生木，木生火，火生土〔二一〕，土生金，金生水。子生母曰義，母生子曰保，子母相得曰專，母勝子曰制，子勝母曰困〔二二〕。以勝擊殺，勝而無報〔二三〕。以專從事，專而有功〔二四〕。以義行理，名立而不墮。以保畜養，萬物蕃昌。以困舉事，破滅死亡〔二五〕。

北斗之神有雌雄，十一月始建於子，月從一辰〔二六〕，雄左行，雌右行，五月合午謀刑〔二七〕，十一月合子謀德〔二八〕。太陰所居辰爲猒日〔二九〕，猒日不可以舉百事〔三〇〕。堪輿徐行，雄以音知雌，故爲奇辰〔三一〕。數從甲子始，子母相求〔三二〕，所合之處爲合。十日十二辰，周六十日，凡八合〔三三〕。合於歲前則死亡，合於歲後則無殃〔三四〕。

甲戌，燕也；乙酉，齊也；丙午，越也；丁巳，楚也；庚申，秦也〔三五〕；辛卯，戎也；壬子，代也〔三六〕；癸亥，胡也〔三七〕；戊戌、己亥，韓也；己酉、己卯，魏也；戊午、戊子，八合天下也〔三八〕。

太陰、小歲、星、日、辰五神皆合，其日有雲氣風雨，國君當之〔三九〕。天神之貴者，莫貴於青龍，或曰天一，或曰太陰〔四〇〕。太陰所居，不可背而可鄉〔四一〕。北斗所擊，不可與敵〔四二〕。

天地以設，分而爲陰陽，陽生於陰，陰生於陽，陰陽相錯，四維乃通，或死或生，萬物乃成〔四三〕。蚑行喙息，莫貴於人。孔竅肢體，皆通於天〔四四〕。天有九重，人亦有九竅〔四五〕。天有四時，以制十二月；人亦有四肢，以使十二節〔四六〕。天有十二月，以制三百六十日；人亦有十二肢，以使三百六十節〔四七〕。故舉事而不順天者，逆其生者也〔四八〕。

校釋

〔一〕【箋釋】錢塘云：此赤道度也。東京始有黄道度。

〔二〕【箋釋】劉績云：東七十五度。○錢塘云：東方七十五度四分一。四分一，兩京附於斗末，謂之斗分，算從冬至始也。此附箕末者，秦以十月爲歲首，箕立冬後宿從小雪始也。大衍曆議云「夏曆章、部、紀首皆在立春，故其課中星揆斗建與閏餘之所盈縮，皆以十有二節爲損益之中」，即其理也。

〔三〕【箋釋】劉績云：北九十八度。○錢塘與劉説同。

〔四〕【箋釋】劉績云：西八十度。○錢塘與劉説同。

〔五〕【版本】藏本「三十三」作「三十」，王溥本、王鎣本、朱本（挖補）、吴本、莊本、集解本作「三十三」，今據改，景宋本、茅本、汪本、張本、黄本同藏本，葉本作「三十四」。

〔六〕【版本】藏本「星七」作「七星」，除景宋本同藏本外，餘本均作「星七」，今據改。

【箋釋】劉家立云：「星」上當有「七」字，各本脱。

〔七〕【箋釋】劉績云：南一百一十二度。○錢塘與劉説同。

〔八〕【箋釋】錢塘云：凡三百六十五度四分度之一。○王引之云：凡二十八宿句亦後人所加。此説星之分度，非説星之全數也，無緣得有此句。

〔九〕【箋釋】王引之云：諸書無言斗但主越，須女但主吴者。「斗、牽牛，越；須女，吴」當作「斗、牽牛、須女，吴越」。開元占經分野略例曰：「淮南子『斗，吴越也』，（「斗」下脱「牽牛、須女」四字。）高誘注吕氏春秋曰：『斗，吴也。牽牛，越也。』」然則吕氏春秋注分言吴、越，而淮南則合言之也。蓋分野之説，鄭、魏、趙並列，（戰國時多謂韓爲鄭。）則在三家分晉之後，其時吴地已爲越所有，故但可合言吴越，若分言某星主越，某星主吴，則當時豈有吴國乎？後人以吴越二國不應同分野，故移「越」字於「斗、牽牛」下，而不知其不可分也。晉書天文志引費直説周易、蔡邕月令章句曰：「起斗至須女，吴越之分野。」又引陳卓、范蠡、鬼谷先生、張良、諸葛亮、譙周、京房、張衡，並曰「斗、牽牛、須女，吴越」，足證今本之謬。○雙棣按：上文高誘注亦分言吴、越曰：「斗，吴之分野；牽牛，越分野。」與注吕覽同。

〔一〇〕【箋釋】錢塘云：保章氏注引堪輿云：「星紀吴越也，玄枵齊也，娵訾衛也，降婁魯也，大梁趙也，實沈晉也，鶉首秦也，鶉火周也，鶉尾楚也，壽星鄭也，大火宋也，析木燕也。」與淮南異者三：吴、魏、趙也。初學記曰：「周官天星皆有州國分野，角、亢、氐兖州，房、心豫州，尾、箕幽州，斗、牽牛、婺女揚州，虛、危青州，營室、東壁并州，奎、婁、胃徐州，昴、畢冀州，觜巂、參益州，東井、輿鬼雍州，柳、七星、張三河，翼、軫荊州。堪輿家云：玄枵齊之分，星紀吴越之分，析木之津燕之分，大火宋之分，壽星鄭之分，鶉尾楚之分，鶉火周之分，鶉首秦之分，實沈魏之分，大梁趙之分，降婁魯之分，娵訾衛之分。」左氏昭三十二年傳云：「越得歲，而吴伐之，必受其凶。」杜預注：「此年歲在星紀，星紀吴越之分野也。」然吴越同屬星紀，何以獨得歲星？案：漢志以後，皆以斗爲吴分野，牛、女爲越分野。時歲星初入星紀，反是吴得歲矣。惟越絶書云：「越，南斗也；吴，牛、須女也。」然後越獨得歲。此以須女爲吴，正與越絶合。但須女爲玄枵之次，而得爲吴者，秦曆冬至在牛六度，則小寒當在虛一度，須女盡入星紀之次矣。韓、趙、魏，三晉也，堪輿有晉無魏，以魏得晉故都，而昴爲大梁。淮南以魏易趙，殆從其名。越絶亦曰：「梁，畢也；晉，觜也；趙，參也。」知淮南所本古矣。越絶又言：「韓，角、亢也；鄭，角、亢也。」淮南言鄭即韓，三晉備矣。

〔一二〕【箋釋】錢塘云：當居者，歲星常率也。有盈縮，則越而之他處。

〔一三〕【高注】木德，仁也，故柔涼也。

【版本】莊本、集解本注「仁」下無「也」字。

【箋釋】梁玉繩云：「温涼」即「温良」也。「良」字古與「諒」通用。樂記「易直子諒」，即慈良。而「諒」與「涼」又相通，詩大明釋文：「涼，本又作諒。」○俞樾云：温、涼異義，不得連文。「涼」當作「良」，聲之誤也。○劉文典云：「温凉」與「柔惠」誼不相類，俞謂「凉當爲良」，是也。北堂書鈔百五十三引，作「太陽治春，則欲行仁惠温良」，文雖小異，「温凉」正作「温良」，足證俞説。○馬宗霍與梁説同。○于大成云：御覽十七引亦作「仁惠温良」。注文「凉」字亦作「良」，「凉」古通「良」。以高注覘之，恐正文仍當作「柔惠」。

〔一三〕【高注】火德，陽也，故布施偏明也。

【版本】莊本、集解本注「陽」下無「也」字。藏本注「偏」作「偏」，朱本作「徧」，今據改，景宋本、王溥本、葉本同藏本，茅本、汪本、張本、黄本、莊本、集解本作「宣」。

【箋釋】吴承仕云：朱本、景宋本注並作「布施偏明」，御覽十七引亦作「偏明」，是也。時則篇「必宣以明」，注云：「宣，徧也。」此注亦以「徧」釋「宣」。○雙棣按：吴説是，藏本「偏」乃「徧」形近之誤，若作「宣」，無緣誤作「偏」，蜀刊道藏輯要本依莊本等改作「宣」，非是。景宋本誤同藏本，吴氏失考。

〔一四〕【高注】金德斷割，故脩兵也。

【箋釋】劉文典云：北堂書鈔百五十三引，「備」作「甲」。

〔一五〕【高注】純陰閉固，水澤冰凍，故剛彊也。

【版本】藏本正文及注「彊」作「疆」，景宋本、朱本、張本、黄本、莊本、集解本作「彊」，今據改，王溥本、王鎣本、葉本、吴本作「强」。藏本注「冰」作「水」，除王溥本同藏本外，各本均作「冰」，今據改。

【箋釋】錢塘云：太陰各以其歲治其月，故月與太陰相應。治春者寅卯辰之歲也，治夏者巳午未之歲也，治秋者申酉戌之歲也，治冬者亥子丑之歲也。政必如其治，所以法天道。〇莊逵吉云：御覽「剛」作「堅」，注同。〇于大成云：莊引御覽，見卷十七。惟書鈔、御覽二十七、天中記、喻林並作「剛」，與今本同。作「堅」者當是別本，非誤字也。又此注有譌錯，御覽十七引作「水德純陰，冰凍閉固，故堅强也」，是也。此文以上三句，注皆舉其四方在五行所占之德，此注不當獨異。正文、注文「疆」皆當爲「彊」，書鈔、御覽、（十七、二十七兩引。）天中記、喻林並作「彊」。

〔一六〕【箋釋】錢塘云：改節，如春爲夏；易常，如申破寅。

〔一七〕【箋釋】莊逵吉云：御覽下有注云：「衰，疾也。」〇于大成云：御覽卷十七引注文實作「衰，疫病也」。

〔一八〕【高注】康，盛也。

【版本】藏本「歲」下無「而」字，王溥本、王鎣本、葉本、吴本有，今據補，餘本同藏本。

【箋釋】錢塘云：史記貨殖傳云：「計然曰：『歲在金，穰；水，毁；木，饑；火，旱。六歲穰，六歲旱，十二歲一大饑。』」又曰：「太陰在卯，穰，明歲衰惡。至午，旱，明歲美。至酉，穰，明歲衰惡。至子，大旱，明歲美，有水。至卯，積著率歲倍。」越絶書則云：「計倪曰：『太陰三歲處金則穰，三歲處水則毀，三歲處木則康，三歲處火則旱。』」又曰：「天下六歲一穰，六歲一康，凡十二歲一饑。」説本不殊，而特以歲爲太陰。天官書直謂之太歲矣。意古人候歲特詳，故有太歲、太陰二法也。淮南自用太陰。越絶書又言：「范子曰：『夫八穀貴賤之法，必察天之三表即決矣。火之勢勝金，陰氣畜積大盛，火據金而死，故金中有水，如此者歲大敗，八穀皆貴。金之勢勝木，陽氣畜積大盛，金據木而死，故木中有火，如此者歲大美，八穀皆賤。』」金、木、水、火更相勝，此天之三表者也。然則金不必皆穰，木不必皆饑。太陰在卯，穰，即淮南後説也。○莊逵吉云：御覽「康」作「荒」，下有注云：「蔬不熟爲荒也。」疑是許注，故義異。○王念孫云：注「盛」當爲「虚」，此淺學人改之也。康之爲言荒也。康、荒皆虚也。（小雅賓之初筵篇「酌彼康爵」，鄭箋：「康，虚也。」爾雅：「漮，虚也。」方言：「康，空也。」並字異而義同。郭璞爾雅音義曰：「漮，本或作荒。」大雅桑柔篇「具贅卒荒」，毛傳：「荒，虚也。」泰九二「包荒」，鄭讀爲康，云：「康，虚也。」「康、荒」古字通。）襄二十四年穀梁傳「一穀不升謂之嗛，二穀不升謂之饑，三穀不升謂之饉，四穀不升謂之康」，范寧曰：「康，虚也。」（廣雅：「四穀不升曰歉。」説文：「歉，飢虚也。」逸周書謚法篇：「凶年無穀曰糠。」糠，虚也。並字異而義同。）「康」與「荒」古字通，故韓詩外傳作「四穀不升謂之荒」。史記貨殖傳曰：「十二歲一大饑。」鹽鐵論水旱篇曰：「六歲一饑，十二歲一荒。」義與此同也。自三歲一饑以下，皆年穀不登之名，但有小大之差耳。太平御覽時序部二引此，作「十二歲而一荒」，是康即荒也。若訓康爲盛，則與正文顯相違戾矣。且四穀不升謂之康，乃春秋古訓，十二年一荒，亦漢時舊語，是之不知，而訓康爲盛，明是淺學人所改，漢人無此謬也。○劉台拱與王説同。

〔一九〕【用韻】「饑、衰」微部，「昌、殃、亡、涼、明、兵、彊、常、康」陽部。

〔二〇〕【箋釋】錢塘云：漢書天文志「衛」作「趙」，「越」作「北夷」。○王念孫云：開元占經日辰占邦篇引此，「越」作「趙」。案：齊近東夷，楚近南夷，魏近韓，秦近西夷，衛近趙，則作「趙」者是也。若作「越」，則與「南夷」相複矣。○于大成云：占經引石氏亦作「北夷」，北夷與趙亦相近。

〔二一〕【箋釋】錢塘云：漢志「晉」作「邯鄲」，「宋」作「中山」，「趙」作「吴越」，「燕」作「代」。此以日干支爲占也。崔浩之占姚興，謂庚午之夕，辛未之朝，天有陰雲，熒惑之亡，當在二日，必入秦矣。後八十餘日，熒惑果出東井，留守勾已，時人服其精妙。事具魏書。

〔二二〕【版本】藏本「火」誤作「毋」，各本均作「火」，今據改。

〔二三〕【箋釋】錢塘云：抱朴子登涉篇云：「靈寶經曰：『所謂寶日者，謂支干上生下之日也，若甲午、乙巳之類是也。甲者木也，午者火也，乙亦木也，巳亦火也，火生于木故也。又謂義日者，支干下生上之日也，若壬申、癸酉之日是也。壬者水也，申者金也，癸者水也，酉者金也，水生于金故也。所謂制日者，支干上克下之日也，若戊子、己亥之日是也。戊者土也，子者水也，己亦土也，亥亦水也，五行之義，土克水也。所謂伐日者，支干下克上之日也，若甲申、乙酉之日是也。甲者木也，申者金也，乙亦木也，酉亦金也，金克木故也。』」不言專日，其義可知。論衡詰術篇曰：「甲乙有支干，支干有加時，支干加時，專比者吉，相賊者凶。」是不獨日有五者。京房易積算傳云：「八卦鬼爲繫爻，財爲制爻，天德爲義爻，福德爲寶爻，同氣爲專爻。」「寶」即「保」。「繫」當爲「擊」，即淮南之「困」，抱朴子之「伐」也。

〔二三〕【版本】王溥本、王鎣本、朱本「以」下無「勝」字，餘本同藏本。

【箋釋】王引之云：上文「子生母曰義，母生子曰保，子母相得曰專，母勝子曰制，子勝母曰困」，其名有五。下文「以專從事」，「以義行理」，「以保畜養」，「以困舉事」，分承「專」、「義」、「保」、「困」四字，不應於「制」字獨不相承。然則此句當作「以制擊殺」明矣。今本「制」作「勝」者，因上下文「勝」字而誤。制爲母勝子之名，若作「勝」，何以別於子勝母乎？

〔二四〕【版本】藏本「而」上無「專」字，王溥本、王鎣本、朱本（挖補）有，今據補，餘本同藏本。

〔二五〕【箋釋】錢塘云：越絶書云：「舉兵無擊太歲上物，卯也始出，各利以其四時制日，是之謂也。」

【用韻】「養、昌、亡」陽部。

〔二六〕【箋釋】王念孫云：「從」當爲「徙」，字之誤也。上文云「帝張四維，運之以斗，月徙一辰，復反其所」，是其證。

〔二七〕【箋釋】陶方琦云：占經六十七引許注：「刑爲煞，故薺麥死也。」按：即上文「五月爲小刑，薺麥亭歷枯」之義。

〔二八〕【箋釋】錢塘云：周禮：「占夢掌其歲時，觀天地之會。」注謂：「厭建所處之日辰。」厭建即此雌雄之神也。雌爲陰建，雄爲陽建，陽建斗柄，陰建太陰，然太陰非歲陰，乃是厭日。堪輿天老曰「假令正月陽建于寅，陰建在戌」是也。十一月陽建在子，日躔星紀，日前爲陰建，故合子冬至陽生，故謀德。五月陽建在午，日躔鶉首，日前爲陰建，故合午夏至陰生，故謀刑。由是陰陽刑德，遂有七舍也。○陶方琦云：占經六十七引許注：「德爲生，問射于振末。」按：注文多譌，「射于」當作「射干」。易通卦驗：「冬至蘭、射干生。」後漢陳寵傳「冬至陽氣萌動，故十一月有蘭、射干、芸荔之應」，「問射于」即「蘭、射干」。

〔二九〕【箋釋】錢塘云：十二月之日躔，與十二月之斗建，交錯貿處如表裏，然故爲合辰。周禮太師疏云：「斗柄所建十二辰而左旋，日體十二月與月合宿而右轉。」是也。日左旋，太陰在日前迫笮之，故謂所居爲厭日。説文：「厭，笮也。」陽建可見，陰建不可見。○王引之云：「太陰所居辰」當作「雌所居辰」。雌，北斗之神右行者也，月徙一辰。太陰則左行而歲徙一辰，兩者各不相涉。太陰二字，因下文「太陰所居」而誤也。「爲厭日」本無「日」字，此因下句「厭日」而衍也。厭者，鄭注周官占夢曰：「天地之會，建厭所處之日辰。」疏曰「建，謂斗柄所建，謂之陽建，故左還於天。厭謂日前一次，謂之陰建，故右還於天」，是也。今人猶謂「陰建」爲「月厭」，是雌所居辰名爲「厭」，不名爲「厭日」也。

〔三〇〕【用韻】「德、事」職之通韻。

〔三一〕【箋釋】錢塘云：楊雄傳注張晏曰：「堪輿，天地總名也。」孟康曰：「堪輿，神名，造圖宅書者。」

藝文志五行家有堪輿金匱十四卷。文選甘泉賦注引淮南云：「堪輿行雄以知雌。」與此小異。許慎云：「堪，天道也；輿，地道也。」

〔三二〕【箋釋】錢塘云：子爲辰，母爲日。律書言「十母十二子」是也。

〔三三〕【箋釋】錢塘云：八合者，陰建所對之日，合于陽建所對之辰也。堪輿之方二十四，日八而辰十二，故有四辰無合也。十一月陽建子，陰建亦在子，子對午，午近丙，故丙午爲一合。二月陽建卯，陰建酉，酉對卯，卯對酉，卯近乙，故乙酉爲二合。三月陽建辰，陰建申，辰對戌，申對寅，寅近甲，故甲戌爲三合。四月陽建巳，陰建未，巳對亥，未對丑，丑近癸，故癸亥爲四合。五月陽建午，陰建亦在午，午對子，子近壬，故壬子爲五合。八月陽建酉，陰建卯，卯對酉，酉對卯，酉近辛，故辛卯爲六合。九月陽建戌，陰建寅，戌對辰，寅對申，申近庚，故庚辰爲七合。十月陽建亥，陰建丑，亥對巳，丑對未，未近丁，故丁巳爲八合。鄭志答趙商問云：「按堪輿，黄帝問天老事云：『四月陽建于巳，破于亥；陰建于未，破于癸。』是謂陽破陰，陰破陽，故四月有癸亥爲陰陽交會，十月有丁巳爲陰陽交會。言未破癸者，即是未與丑對而近癸也。」周禮占夢「以日月星辰占六夢之吉凶」，注謂「今八會其遺象也」。緣其掌觀天地之會，是此建厭所處之日辰，故以爲占此八會。史墨爲趙簡子占夢云：「吴其入郢乎？必以庚辰。」用此術也。越絶書云：「太歲八會壬子數九。」隋志有八會堪輿一卷。唐六典：「太卜令，凡曆注之用六：大會、小會、雜會、歲會、除建、人神。」

〔三四〕【箋釋】錢塘云：吳越春秋子胥曰：「今年七月辛亥平旦，大王以首事。辛，歲位也；亥，陰前之辰也。合壬子歲，前合也，利以行武，武決勝矣。」此策吳王伐齊戰艾陵事，在哀公十一年。又范蠡曰：「今年十二月戊寅之日，時加日出。戊，囚日也；寅，陰後之辰也，合庚辰歲，後會也。夫以戊寅日聞喜，不以其罪罰日也。」此策吳王欲釋句踐不果事。又子胥曰：「今年三月甲戌，時加雞鳴。甲戌，歲位之會將也，青龍在酉，德在土，刑在金，是日賊其德也。」此諫吳王釋句踐事。俱在哀公六年。以統曆推之，哀公十一年，太歲在甲寅，太陰在壬辰，八月辛亥朔，在其前年，則首事之日也。左氏哀十年傳：「秋，吳子使來復儆師。」注：「伐齊未得志故。」然則首事者，得請而爲之備也。曆八月，吳之七月矣，置閏不同故也。是年太陰在辛卯，故辛爲歲位，亥爲陰前，壬子爲歲前合。句踐以哀公三年入臣于吳，至六年，夫差欲釋之，以伍胥諫而止。其年正月戊寅朔，越以爲年前十二月，亦置閏不同之故。十二月水王，故戊囚。此時太陰在丙戌，故寅爲陰後辰。庚辰，其月三日也，爲歲後會。後三月，夫差終釋句踐，伍胥諫不納。三月甲戌者，哀公六年四月二十九日也，太陰在丁亥，故爲歲後會將。云「位」，或誤。青龍，謂太歲在己酉，故德土、刑金。甲乘己爲日賊其德。甲戌，即三月合日，占之爲宜。壬子，五月合日，而七月占之。庚辰，九月合日，而十二月占之。此則鄭志所言。若有變異之時，十二月皆有建厭對配之義也。吳越春秋所謂歲前者，太陰未至之辰；所謂歲後者，太陰已歷之辰，其限則半旬周也。所以者過半周則前轉爲後，後轉爲前矣。此所云以歲前合爲吉，歲後合爲凶，淮南則反之，前後可以互稱，義得通也。

【用韻】「亡、殃」陽部。

〔三五〕【箋釋】錢塘云：「申」當爲「辰」，字之誤也。

〔三六〕【版本】王鎣本、朱本、茅本、汪本、張本、吴本、黄本「代」作「趙」，景宋本、葉本、莊本、集解本同藏本，王溥本誤作「戊。」

〔三七〕【箋釋】錢塘云：此八合方面所有，下八合中宫所直。

〔三八〕【箋釋】錢塘云：脱「戊辰、己未」二合。所以又有此八合者，土居中宫，分王四時，故甲丙庚壬即戊乙丁辛，癸即己，其合之月與前同也。取陽建衝辰命之即得。○錢大昕云：「庚申」當作「庚辰」，八合猶八會也。今依堪輿天老説推衍之，（天老説，見周官占夢疏所引鄭志内。）正月陽建寅破於申，陰建戌破於辰，二月陽建卯破於酉，陰建酉破於卯，乙近卯，故二月乙酉爲八會之一。三月陽建辰破於戌，陰建申破於寅，甲近寅，故三月甲戌爲八會之二。四月陽建巳破於亥，陰建未破於丑，癸近丑，故四月癸亥爲八會之三。五月陰陽建俱在午而破於子，壬近子，故五月壬子爲八會之四。六月陽建未破於丑，陰建巳破於亥，七月陽建申破於寅，陰建辰破於戌，八月陽建酉破於卯，陰建卯破於酉，辛近酉，故八月辛卯爲八會之五。九月陽建戌破於辰，陰建寅破於申，庚近申，故九月庚辰爲八會之六。十月陽建亥破於巳，陰建丑破於未，丁近未，故十月丁巳爲八會之七。十一月陰陽建俱在子而破於午，丙近午，故十一月丙午爲八會之八。

十二月陽建丑破於未，陰建亥破於巳。此建厭所在及八會之名也。淮南所列甲戌至癸亥，蓋大會之日。其下又有戊戌、己亥、己酉、己卯、戊午、戊子，當是小會之日，而尚缺其二。以例推之，當是「戊辰、己巳」也。○王念孫云：錢大昕説是也。「戊辰」當在「戊戌」上，「己巳」當在「己亥」上。堪輿家所謂小會，三月戊辰，四月己巳，九月戊戌，十月己亥也。又「戊辰、戊戌」及「戊午、戊子」下，皆當有所主之國，而今脱之。地在天下之中者，韓、魏而外，更有趙、宋、衛、中山及周，未知以何國當之也。

〔三九〕【箋釋】錢塘云：越絶書計倪内經曰：「陰陽萬物各有紀綱，日月星辰刑德變爲吉凶，金木水火土更勝，月朔更建，莫主其常，順之有德，逆之有殃。是故聖人能明其刑而處其鄉，從其德而避其衡，必順天地四時，參以陰陽。用之不審，舉事有殃。」

〔四〇〕【箋釋】錢塘云：皆謂陰德也，入卯宫，故曰青龍。古亦以青龍爲太歲。

【用韻】「貴、一」物質合韻。

〔四一〕【用韻】「居、鄉」魚陽通韻。

〔四二〕【箋釋】錢塘云：艾陵之役，以太陰辛卯歲七月辛亥平旦首事，故子胥曰「德在合，斗擊丑」。辛爲德，辛卯爲合，是德在合。六壬法七月將太乙時加寅，則天罡在丑，是斗擊丑。越，南斗也，吴雖勝齊，其患在越，此其兆矣。易林亦云：「魁罡所當，初爲敗殃。」

【用韻】「繫、敵」錫部。

〔四三〕【用韻】「陽、陽、通」陽東合韻，「生、成」耕部。

〔四四〕【箋釋】錢塘云：素問生氣通天論云：「生之本，本于陰陽，天地之間，六合之内，其氣九州，九竅、五藏、十二節皆通于天氣。」

【用韻】「人、天」真部。

〔四五〕【版本】藏本「天」下「有」字作「地」，王溥本、王鎣本、朱本、茅本、汪本、張本、吴本、黄本、莊本、集解本作「有」，今據改，景宋本、葉本同藏本。

【箋釋】錢塘云：楚辭天問云：「圜則九重，孰營度之？」太玄云：「九天：一爲中天，二爲羨天，三爲從天，四爲更天，五爲晬天，六爲廓天，七爲咸天，八爲沈天，九爲成天。九竅：一六爲前爲耳，二七爲目，三八爲鼻，四九爲口，五五爲後。九天即其首名。一六水，二七火，三八木，四九金，五五土也。」案：太玄九天，即淮南九野，非九重也。此文雖言九重，而其説不詳。今西人言曆則有九層，第一層宗動天，第二層恒星天，第三層填星天，第四層歲星天，第五層熒惑天，第六層日輪天，第七層太白天，第八層辰星天，第九層月輪天。此殆中國失傳，而流入異域者歟？

〔四六〕【箋釋】錢塘云：元命包云：「陽數成於三，故時别三月。」素問寶命全形論云：「天有陰陽，人有十二節。」注：「節，謂節氣，外所以應十二月，内所以主十二經脈也。」靈樞五亂篇云：「經脈十二者，以應十二月。十二月者，分爲四時。四時者，春、夏、秋、冬。其氣營衛相隨，陰陽已和，清濁不相干，如是則順之而治。」

【用韻】「時、肢」之支合韻，「月、節」月質合韻。

〔四七〕【箋釋】錢塘云：春秋繁露人副天數篇云：「天以歲終之數，成人之身，故小節三百六十，副日數也；大節十二，副月數也；內有五藏，副五行也；外有四肢，副四時也。」靈樞九針解云：「節之交三百六十五會者，絡脈之灌滲諸節者也。」

【用韻】「日、節」質部。

〔四八〕【箋釋】錢塘云：韓非解老云：「人之身三百六十節，四肢九竅，其大具也。四肢與九竅十有三者，十有三者之動靜，盡屬于生焉。屬之謂徒也，故曰生之徒十有三者。至其死也，十有三具者，皆還而屬之于死，死之徒亦有十三。故曰生之徒十有三，死之徒十有三。」

【用韻】「天、生」真耕合韻。

以日冬至數來歲正月朔日，五十日者，民食足；不滿五十日，日減一斗〔一〕；有餘日，日益一升〔二〕。有其歲司也〔三〕。

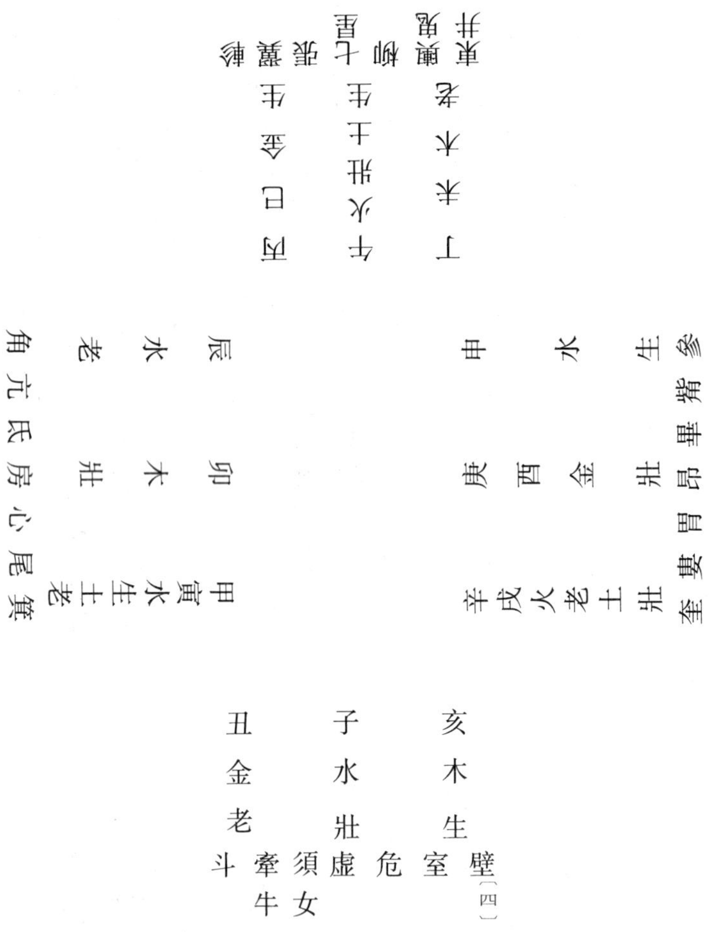

壁〔四〕
室
危
虛
須女
牽牛
斗
亥木生
子水壯
丑金老
角亢氐房心尾箕
甲寅水生土老
卯木壯
辰水老
東井
輿鬼
柳七星
張翼軫
丁未木老
午火壯土生
丙巳金生
參觜巂畢昴胃婁奎
壬水
申
庚
辛

攝提格之歲〔五〕，歲早水晚旱，稻疾，蠶不登〔六〕，菽、麥昌，民食四升〔七〕，寅。在甲曰閼蓬〔八〕。

單閼之歲〔九〕，歲和〔一〇〕，稻、菽、麥、蠶昌，民食五升〔一一〕，卯。在乙曰旃蒙〔一二〕。

執徐之歲〔一三〕，歲早旱晚水，小饑〔一四〕，蠶閉，麥熟，民食三升，辰。在丙曰柔兆〔一五〕。

大荒落之歲〔一六〕，歲有小兵，蠶小登，麥昌，菽疾，民食二升〔一七〕，巳。在丁曰强圉〔一八〕。

敦牂之歲〔一九〕，歲大旱，蠶登，稻疾，菽、麥昌，禾不爲，民食二升〔二〇〕，午。在戊曰著雝〔二一〕。

協洽之歲〔二二〕，歲有小兵，蠶登，稻昌，菽、麥不爲，民食三升〔二三〕，未。在己曰屠維〔二四〕。

涒灘之歲〔二五〕，歲和，小雨行，蠶登，菽、麥昌，民食三升〔二六〕，申。在庚曰上章〔二七〕。

作鄂之歲〔二八〕，歲有大兵，民疾，蠶不登，菽、麥不爲，禾蟲，民食五升〔二九〕，酉。在辛曰重光〔三〇〕。

掩茂之歲〔三一〕，歲小饑，有兵，蠶不登，麥不爲，菽昌，民食七升〔三二〕，戌。在壬曰玄黓〔三三〕。

大淵獻之歲〔三四〕，歲有大兵，大饑，蠶開〔三五〕，菽、麥不爲，禾蟲，民食三升〔三六〕。

困敦之歲〔三七〕，歲大霧起，大水出，蠶、稻、菽、麥昌，民食三斗〔三八〕，子。在癸曰昭陽〔三九〕。

赤奮若之歲〔四〇〕，歲有小兵，早水，蠶不出，稻疾，菽不爲，麥昌，民食一升〔四一〕。

校釋

〔一〕【用韻】「足、斗」屋侯通韻。

〔二〕【箋釋】錢塘云：曆法至、朔同日爲章首，自此氣差而後朔差，而前三歲一閏，五歲再閏，積十九歲後而至、朔復同，則滿一章。計章首之歲，至在朔日，去正月朔有五十九日爲極多；至第九歲，以十一月二十九日冬至，去正月朔僅三十一日爲極少。顓頊曆用人正，則加得天用部首，即可得相去多少之數。淮南五十日爲中數，視其增減，以占歲豐凶，兼首尾數。○王念孫云：太平御覽時序部十三、十四引此，「數」下有「至」字，（數，色主反。）「五十日」上有「滿」字，「一斗」作「一升」，皆是也。○李哲明云：玉燭寶典引高注云：「言從今年冬至日數至明年正月朔日，得五十日者，民食適足，不及五十日者，減一升，比爲食不足也。有餘日，不翅五十日也。日益一升者，言有餘，謂年穀豐熟也。」○吴承仕云：玉燭寶典引，「日減一斗」正作「日減一升」。○于大成云：齊民要術收種篇、天中記五引此，「數」下亦有「至」字。四時纂要「五十日」上亦有「滿」字。北堂書鈔百五十三、天中記引，「一斗」亦作「一升」。

〔三〕【箋釋】王引之云：此本作「其爲歲司也」，今本衍「有」字，（因上文「有餘日」而衍。）脱「爲」字。太平御覽時序部十三引此，正作「其爲歲伺也。」又引注曰：「伺，候也。」（司，古伺字。）「爲歲司」者，爲歲候豐凶也。尋繹文義，「其爲歲司也」，乃起下之詞。下文「攝提格之歲，歲早水晚旱」云云，正謂候歲也，當直接此句下。作圖者誤列圖於此句之後，隔絶上下文義，遂使此句成不了之語，且自上文「以日冬至」至下文「民食一升」，皆言占歲之事，中間不應有圖。圖蓋後人所爲，故置之非其所耳。劉績不能是正，又移上文「帝張四維」一段於此句之下，大誤。○李哲明云：玉燭寶典引高注云：「爲其歲司，爲此數日之歲司。司，候也。」○吴承仕云：玉燭寶典引，「有其歲司」作「爲其歲司」，是，「有」字即「爲」字草書之譌耳。○雙棣按：王説是。此圖所云與上下文不類，後人爲上文「木生於亥，壯於卯，死於未」等所製，理當删。

〔四〕【版本】藏本「卯木壯」，「木」作「水」，張本、莊本、集解本作「木」，今據改，餘本同藏本。藏本缺「壁」字，各本均有，今據補。藏本「土壯」作「北壯」，各本均作「土壯」，今據改。藏本「水生」作「生水」，王溥本、王鎣本、朱本、汪本、張本、吴本、莊本、集解本作「水生」，今據乙轉，景宋本、葉本、茅本同藏本。藏本「丁未木老」，「木」作「水」，朱本、張本、吴本、莊本、集解本作「木」，今據改，餘本同藏本。黄本無此圖。

【箋釋】劉績云：前云五勝生一，壯五，終九。金生於巳，巳有戊，土母也，壯於酉，秋時西方本位，死於丑，以子宫水壯而金氣衰也。木生於亥，亥，水母也，壯於卯，春時東方本位，死於未，以午宫火壯而木氣衰也。水生於申，申，金母也，壯於子，冬時北方本位，死於辰，以卯宫木壯而水氣衰也。火生於寅，寅，木母也，壯於午，夏時南方本位，死於戌，以戌宫土壯而火氣衰也。土生於午，午，火母也，壯於戌，戌四季末月，死於寅，以卯宫木旺而相克也。今術家以水土皆生於申，非。蓋金水陰也，木火陽也，土則貫乎陰陽，無定位，無成名，無專氣。辰戌丑未，月寄王各十八日，故金木水火皆以子壯而母衰，土則以相勝而衰也。甲乙，木，居寅卯，春；丙丁，火，居巳午，夏；庚辛，金，居申酉，秋；壬癸，水，居亥子，冬；戊己，土，則寄居巳午，蓋土雖寄王四季末而尤王於長夏，以其居中央故也。舊圖有甲丙丁庚辛而無乙戊己壬癸，今皆補完。

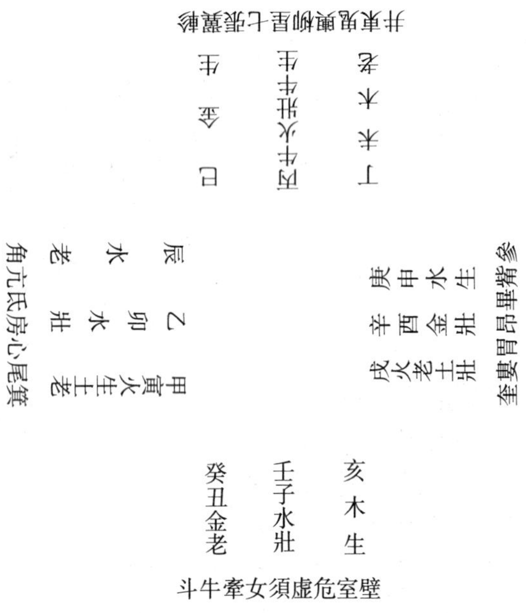

○雙棣按：王溥本此圖與藏異，録於此，朱本、吴本采王溥本圖，茅本藏本圖、王溥本圖兩采之。

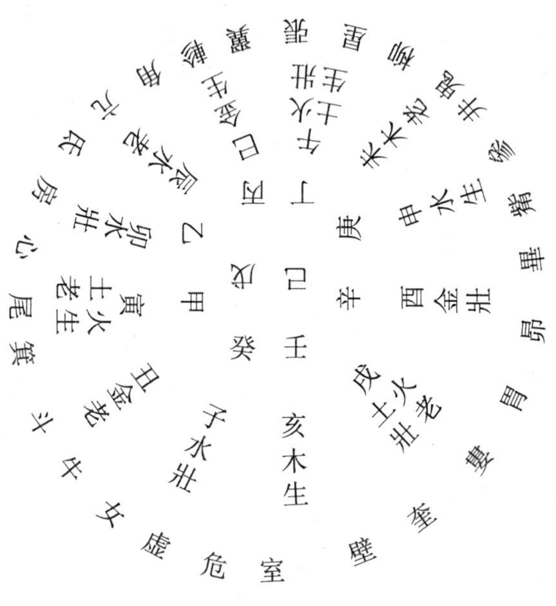

〔五〕【高注】格，起。言萬物承陽而起也。

【箋釋】錢塘云：史記正義：孔文祥云：「以歲在寅，正月出東方，爲衆星之紀，以攝提宿，故曰攝提。以其爲歲月之首，起于孟陬，故云格正也。」案：所言雅合曆理。高注俱同李巡。

〔六〕【高注】登，成也。

〔七〕【用韻】「登、昌、升」蒸陽合韻。

〔八〕【高注】言萬物鋒芒欲出，擁遏未通，故曰閼蓬也。

〔九〕【高注】單，盡。閼，止也。言陽氣推萬物而起，陰氣盡止也。

【版本】張本、黄本、莊本、集解本注無「言」字，餘本同藏本。

〔一〇〕【用韻】「歲、和」月歌通韻。

〔一一〕【用韻】「昌、升」陽蒸合韻。

〔一二〕【高注】在乙，言萬物遏蒙甲而出，故曰旃蒙也。

【版本】藏本注「萬」作「蒙」，王溥本、朱本、茅本、汪本、張本、黄本、莊本、集解本作「萬」，今據改，景宋本、葉本同藏本。

【用韻】「蓬、蒙」東部。

〔一三〕【高注】執，蟄。徐，舒也。言伏蟄之物皆散舒而出也。

【版本】張本、黄本、莊本、集解本注無「言」字，餘本同藏本。

〔一四〕【用韻】「水、饑」微部。

〔一五〕【高注】在丙，言萬物皆生枝布葉，故曰柔兆也。

【版本】藏本注無「言」字，莊本、集解本有，今據補，餘本同藏本。

〔一六〕【高注】荒，大也。言萬物熾盛而大出，霍然落落大布散。

【版本】藏本注「言」作「方」，依上下文例改，各本同藏本。

【箋釋】顧廣圻云：注「方」當爲「言」。○于大成云：「方」是「言」字之譌。五行大義引正作「言」，占經引李巡同。○雙棣按：作「言」字是，上下注文此位置皆是「言」字，此亦當同一例。今正之。

〔一七〕【用韻】「兵、登、昌、升」陽蒸合韻。

〔一八〕【高注】在丁，言萬物剛盛，故曰强圉也。

〔一九〕【高注】敦，盛。牂，壯也。言萬物皆盛壯也。

【版本】藏本注「言萬物」句在「敦」字上，莊本、集解本在下，今據改，餘本同藏本。藏本注「敦」上有「敦牂」二字，張本、黄本無，今據删，餘本同藏本。

【箋釋】劉績云：韋昭云：敦音頓。爾雅牂，音臧。○于大成云：五行大義引此注作「敦，盛。牂，壯也。言萬物盛壯也」，揆之上下注例，亦當如是。○雙棣按：于説是。藏本此注與前後文例不一，今改正。

〔二〇〕【用韻】「登、昌、升」蒸陽合韻。

〔二一〕【高注】在戊，言位在中央，萬物繁養四方，故曰著雝也。

〔二二〕【高注】協，和。洽，合也。言陰欲化萬物和合。

【箋釋】呂傳元云：高注「陰欲化」當有譌脱。開元占經二十三引李巡注爾雅云「協洽，言陰陽化生，萬物和合」。當據正。○王叔岷云：天中記引注「欲」作「陽」，是也。○于大成云：占經引李巡作「言陰陽欲和」，作「陰陽化生」者，天中記也。

〔二三〕【用韻】「兵、登、昌、升」陽蒸合韻。

〔二四〕【高注】在己，言萬物各成其性，故曰屠維。屠，别；維，離也。

〔二五〕【高注】涒，大。灘，脩也。言萬物皆脩其精氣也。

【版本】藏本注「灘」作「難」，除王溥本同藏本外，餘本皆作「灘」，今據改。

【箋釋】劉績云：李巡云：「涒灘，秀傾垂之貌。」涒，他昆反。灘，他丹反。○桂馥云：兩「脩」字寫誤，並當爲「循」。高注呂氏春秋序意篇「歲在涒灘」云：「涒，大也。灘，循也。萬物皆大循其情性也。」李巡説爾雅云：「萬物皆循精氣，故曰涒灘。」○蔣禮鴻云：桂説非也。淮南注、李巡説並云精氣，則呂氏春秋注作「情性」非是。李巡説引見一切經音義二十，下尚有一語曰：「灘，單盡也。」單盡（「單」讀作「殫」。）與「循」義不相應，則作「循」亦未可據。今謂「脩」字不誤。灘、脩皆乾枯之義，精氣枯竭，義與單盡正相應。説文「灘」爲「𤅩」之俗體，「𤅩」下云：「水濡而乾也。從水，鷬聲。」引詩曰：「𤅩其乾矣。」今詩王風中谷有蓷篇首章「暵其乾矣」，次章「暵其脩矣」，毛傳曰：「脩，且乾也。」又豳風鴟鴞篇「予尾翛翛」，陳氏奐詩毛氏傳疏曰：「小箋（段玉裁詩經小箋。)云：唐定本、宋監本、越本、蜀本皆作『修修』，唐石經，宋集韻、光堯石經皆作『脩脩』。蓋毛詩本用合韻，淺人改爲『消』，又或改爲『翛』，今本釋文亦是淺人所改，集韻所據釋文未誤。」案：中谷有蓷傳：「脩，且乾。」「脩」與「修」通。修修，謂鳥尾勞敝，修修然無潤澤之色，亦且乾之義也。説文：「鱐，乾，魚尾鱐鱐也。」應劭風俗通義説夏馬掉尾肅肅。馬尾肅肅，魚尾鱐鱐，鳥尾修修，聲義並同也。是灘、脩、修皆有乾義。乾枯則萎縮，故釋名釋飲食篇云：「脩，縮也，乾燥而縮也。」脩其精氣，謂精氣乾枯萎縮也。且試就上下文注義按之，攝提格，言萬物承陽而起。單閼，陽氣推萬物而起，陰氣盡止。執徐，伏蟄之物皆散舒而出。大荒落，萬物熾盛而大出，霍然落落大布散。敦牂，言萬物皆盛壯。協洽，言陰欲化，萬物和合。以上六名，言萬物承陽而起，以漸至於盛壯和合也。作噩，萬物皆陊落。掩茂，萬物皆蔽冒。大淵獻，言萬物終於亥，大小深藏窟伏以迎陽。以上三名，言萬物零落以至於閉藏也。困敦言陽氣皆混沌，萬物牙蘗。（皆字當在物字下。）赤奮若，言陽奮物而起之，無不順其性。則言閉藏之後復生牙蘗，與攝提格萬物承陽而起相接。循序推移，終則又始。涒灘次協洽和合之後，作噩陊落之前，而爲精氣乾枯，正其序也。高注文義簡奥，桂氏猝不得其説，乃據李巡爾雅注及傳寫錯誤之呂氏春秋注以改之耳。隋蕭吉五行大義釋名篇引此注，作「涒灘，大脩也，言萬物皆脩其精氣也」，與今本正同。惟「大灘」二字誤倒耳。○雙棣按：史記正義引孫炎注爾雅云：「涒灘，萬物吐秀傾垂之貌也。」

〔二六〕【用韻】「行、登、昌、升」陽蒸合韻。

〔二七〕【高注】在庚，言陰氣上升，萬物畢生，故曰上章也。

〔二八〕【高注】作鄂，零落也。萬物皆陊落。

【箋釋】劉績云：李巡云：「作鄂，皆物芒拔起之貌。」○于大成云：五行大義作「言萬物皆陊落也」。是也。上下注文皆如此。

〔二九〕【用韻】「兵、登、升」陽蒸合韻。

〔三〇〕【高注】在辛，言萬物就成熟其煌煌，故曰重光也。

【箋釋】吴承仕云：文當作「其光煌煌」。郝懿行爾雅義疏引有「光」字，蓋依義補之。○于大成云：朱駿聲說文通訓定聲豐部「光」字注引亦有「光」字。

【用韻】「章、光」陽部。

〔三一〕【高注】掩，蔽。茂，冒。言萬物皆蔽冒。

【版本】茅本、莊本、集解本注上「冒」字下有「也」字，餘本同藏本。

〔三二〕【版本】藏本「昌」上無「菽」字，景宋本、茅本、汪本、張本、吴本、黄本、莊本、集解本有，今據補，餘本同藏本。

【箋釋】王念孫云：「昌」上脱「菽」字，「麥不爲」爲句，「菽昌」爲句。開元占經歲星占引此，正作「麥不爲，菽昌。」○于大成云：廣博物志四引亦有「菽」字。

〔三三〕【用韻】「兵、登、昌、升」陽蒸合韻。

〔三四〕【高注】在壬，言歲終包任萬物，故曰玄黓也。

【高注】淵，藏。獻，迎也。言萬物終於亥，大小深藏窟伏以迎陽。

【箋釋】劉績云：孫炎云：「淵，深也。大獻萬物於深，謂蓋藏之於外者也。」

〔三五〕【用韻】「饑、開」微部。

〔三六〕【箋釋】錢塘云：此下當云「亥。在癸曰昭陽」。錯簡在下。

〔三七〕【高注】困，混。敦，沌也。言陽氣皆混沌，萬物牙蘖也。

【箋釋】劉績云：孫炎云：「言萬物初萌，混沌於黃泉之下。」○于大成云：占經引孫炎爾雅注作「困敦，混沌也」，與上「作鄂，零落也」一例。

〔三八〕【版本】茅本、汪本、張本、黃本、莊本、集解本無「菽」字，餘本同藏本。

【箋釋】王念孫云：「蠶」下脱「登」字，「稻」下脱「疾」字。「蠶登」爲句，「稻疾」爲句，（謂稻有疾也。）「菽麥昌」爲句。「民食三斗」，「斗」當爲「升」。開元占經引此，正作「蠶登，稻疾，菽麥昌，民食三升」。

〔三九〕【高注】在癸，言陽氣始萌，萬物合生，故曰昭陽。

【箋釋】吴承仕云：「合生」當作「含生」，字之誤也。郝懿行引正作「含」，亦依義正之。

〔四〇〕【高注】奮，起也。若，順也。言陽奮物而起之，無不順其性也。赤，陽色。

【箋釋】王叔岷云：天中記引注作「言陽氣奮迅萬物而起之」。○于大成云：五行大義引作「言陽氣奮迅萬物而起」，與天中記同。天中記引亦無「之」字。李巡同。○雙棣按：占經引孫炎云：「物萌色赤，奮動順其心而氣始芽也。」

〔四一〕【版本】王溥本、王鎣本「升」作「斗」，餘本同藏本。

【箋釋】錢塘云：十二歲太陰之名，皆以攝提格所見之月爲義，其所在十名則歲德也。六十年而周。

正朝夕，先樹一表東方，操一表却去前表十步〔一〕，以參望，日始出北廉，日直入〔二〕。又樹一表於東方〔三〕，因西方之表以參望，日方入北廉，則定東方〔四〕。兩表之中，與西方之表，則東西之正也〔五〕。日冬至，日出東南維，入西南維。至春、秋分，日出東中，入西中。夏至，出東北維，入西北維，至則正南〔六〕。

欲知東西、南北廣袤之數者〔七〕，立四表以爲方一里岠〔八〕，先春分若秋分十餘日〔九〕，從岠北表參望日始出及旦，以候相應，相應則此與日直也〔一〇〕。輒以南表參望之，以入前表數爲法〔一一〕，除舉廣，除立表袤，以知從此東西之數也〔一二〕。假使視日出，入前表中一寸，是寸得一里也〔一三〕。一里積萬八千寸，得從此東萬八千里〔一四〕。視日方入，入前表半寸，則半寸得一里〔一五〕。半寸而除一里，積寸得三萬六千里〔一六〕，除則從此西里數也〔一七〕。并之，東西里數也〔一八〕，則極徑也。未春分而直，已秋分而不直，此處南也。未秋分而直，已春分而不直，此處北也。分、至而直，此處南北中也〔一九〕。從中處欲知中南也〔二〇〕，未秋分而不直，此處南北中也〔二一〕。從中處欲知南北極遠近，從西南表參望日，日夏至始出與北表參，則是東與東北表等也〔二二〕。正東萬八千里，則從中北亦萬八千里也〔二三〕。倍之，南北之里數也〔二四〕。其不從中之數也〔二五〕，以出入前表之數益損之。表入一寸，寸減日近一里；表出一寸，寸益遠一里〔二六〕。

欲知天之高，樹表高一丈〔二七〕，正南北相去千里，同日度其陰〔二八〕，北表二尺〔二九〕，南表尺九寸，是南千里陰短寸〔三〇〕，南二萬里則無景，是直日下也〔三一〕。陰二尺而得高一丈者，南一而高五也〔三二〕，則置從此南至日下里數，因而五之，爲十萬里，則天高也〔三三〕。若使景與表等，則高與遠等也〔三四〕。

校釋

〔一〕【箋釋】錢塘云：此表在東方表西，所以正夕。

〔二〕【箋釋】錢塘云：日東表北廉，則景入西表南廉。

〔三〕【箋釋】錢塘云：此表在東方表東南，所以正朝。

〔四〕【版本】藏本「入」上無「方」字，景宋本、茅本、汪本、張本、黄本、莊本、集解本有，今據補，餘本同藏本。

【箋釋】錢塘云：日入西表北廉，則景入東南表南廉，定東方在東二表間也。所以日出入用表北廉者，日行十六所，登于扶桑爲朏明，寅甲間也；頓于連石爲下舂，辛戌間也；此夏至之日出入皆近北方。即以二分論之，至于曲阿爲旦明，旦明，卯也；經于淵虞爲高舂，高舂，酉也；而出則自北而南，入則自南而北，半出以前，半入以後，仍在北方。張胄元用後魏渾天鐵儀測知，春、秋二分，日出入卯酉之北，不正當中，與何承天所測頗同。皆日出卯三刻五十五分，入酉四刻二十五分，盡具載隋志。此黄道斜行使然。古雖用蓋天，其實測固無異也。望日用北廉，則表常居中，而不能無偏於北，於是乎有南表，使景在表南，則表始近中耳。

〔五〕【箋釋】錢塘云：東表、西表近北，東南表近南，兩表之中，直西表之南，爲正東西。周髀云：「以日始出立表而識其晷，日入復識其晷，晷之兩端相直者，正東西也。中折之指表者，正南北也。」考工記匠人：「建國，水地以縣，置槷以縣，視以景，爲規，識日出之景與日入之景。晝參諸日中之景，夜考之極星，以正朝夕。」康成注：「日出、日入之景，其端則正東、西也。又爲規以識之者，爲其難審也。自日出而畫其景端，以至日入既，則爲規，測景兩端之内規，規之交乃審也。度兩交之間，中屈之以指臬，是南北正。」與淮南法異而理同。

〔六〕【箋釋】錢塘云：周髀云：「冬至晝極短，日出辰而入申，陽照三不覆九，東西相當正南方。夏至晝極長，日出寅而入戌，陽照九不覆三，東西相當正北方。日出左而入右，南北行，故冬至在坎，陽在子，日出巽而入坤，見日光少，故曰寒；夏至在離，陰在午，日出艮而入乾，見日光多，故曰暑。」所説即淮南法也。辰爲巽初，申爲坤末，戌爲乾初，寅爲艮末。艮、巽、坤、乾，即四維也。在六十所，則冬至日出入當桑野之初，悲谷之末；夏至日出入當咸池之末，悲泉之初，即四維之分也。此古人特以大判爲言，故合之。馬融所説刻漏盈縮至較八刻百分刻之七十五也。

〔七〕【箋釋】錢塘云：東西爲廣，南北爲袤。

〔八〕【版本】莊本、集解本「岠」作「歫」，朱本作「距」，餘本同藏本。

【箋釋】錢塘云：測平遠者，先求其率。用四表，所以求率也。測日初出，故爲平遠。入表數爲首率，東西一里爲次率，南北一里爲三率，去日里數爲四率。四表者，一爲艮，二爲乾，三爲巽，四爲坤也。地形訓云：「禹乃使大章步，自東極至於西極，二億三萬三千五百里七十五步；使豎亥步，自北極至於南極，二億三萬三千五百里七十五步。」明是正方，故四表亦方一里。○雙棣按：「岠、歫、距」三字相通。

〔九〕【箋釋】錢塘云：二分日半出半入，時正當卯酉之中。先春分則近南，先秋分則近北。日周行十六所，爲度三百六十，是一所天行二十二度有半也。冬至五所，天行百一十二度五分，半之爲歫午中之度，則日出于辰一十八度七十六分，入于申一十一度二十六分。夏至十一所，天行二百四十七度五分，半之爲歫午中之度，則日出于寅二十六度二十六分，入于戌三度七十六分也。分至所較，皆三十三度七十五分。氣有六，以氣除度，得一氣差五度六百二十五分，即可知先春分秋分十餘日之日出入度矣。

〔一〇〕【箋釋】錢塘云：用歫北表，即用北廉同意。及旦者，所謂至於曲阿，是謂旦明，二分日出之所也。一氣有三候，氣差五度六百二十五分，則候差一度八百七十五分，故必以候相應。一候所差，尚宜以日出入分之，則不盈一度。日始出多近北，故二分之前，同用歫北表也。

〔一一〕【箋釋】錢塘云：北表參望日直，則南表參望日常不直，從日至南北後二表即勾股也。其弦斜至日處而截南前表于弦外，即是入前表之數，成一倒勾股也。而二勾股比例正等，故用以爲率。何以明之？試以大勾股倒轉，即小勾股必在其端，而比例正等矣。

〔一二〕【箋釋】錢塘云：日入前表數爲小句，前後二表相去爲小股，南北後二表相去爲大句，北後表至日下爲大股。小句者，大句股之率也。「除舉廣」，謂以小句除小股，知有幾倍也。「除立表袤」，亦謂以小句除大句，知有幾倍也。知此，而以二句股爲比例，即知大股之長。蓋小句得小股幾分之一，則大句亦必得大股幾分之一，故以此知從此東西之數也。

〔一三〕【箋釋】錢塘云：周髀算經云：「周髀長八寸，句之損益寸千里。」注：「句謂景也，言懸天之景，薄地之儀，皆千里而差一寸。」案：周髀以髀爲股，以景爲句，日中立八尺之股，南北二千里，景差二寸，故寸有千里。故人以爲通率，以測東西。於小句股，則一里高遠與平遠之別，亦一表與四表之辨也。

〔一四〕【箋釋】錢塘云：三百步爲里，六十寸爲步，寸乘步得萬八千寸，此小股之長也。小句一寸，小股長萬八千寸，則大句一里，大股即長萬八千里。大股之於大句，若小股之于小句，而得從前表至日處之里數，以此知近世四率之法，古人已先有之。小句首率，小股次率，大句三率，求得大股爲四率。

〔一五〕【版本】藏本「方」誤作「萬」，各本均作「方」，今據改。

【箋釋】錢塘云：論算術，東入一寸，西亦當入一寸。淮南云半寸，則設術也。半寸爲里，則所得必倍，如倍半寸爲一寸，所得即同。

〔一六〕【箋釋】錢塘云：置一里積寸萬八千，以五爲法除之，即得此，則日遠於前一倍，乃爲虚數，故必除而後得實數也。

〔一七〕【箋釋】錢塘云：除，謂除前萬八千里，猶倍半寸爲一寸也。

〔一八〕【箋釋】錢塘云：凡三萬六千里。

〔一九〕【箋釋】錢塘云：此求地中也。直，謂表與口直。十六所以曲阿、淵虞爲二分，日所出入之處，此南北中也。未春分，日行其南，故處南則直。直在春分前，則直亦必在秋分後，雖已秋分，尚未直也。未秋分，日行其北，故處北則直，直在秋分前，則直亦必在春分後，雖已春分，尚未直也。惟二分氣至而直，方處南北之中，皆視日道之南北爲定也。

〔二〇〕【箋釋】錢塘云：知中則知南矣。周髀算經云：「冬至日加酉之時，立八尺之表，以繩繫表顛，希望北極中大星，引繩致地而識之。又到旦明日加卯之時，復引繩希望之，首及繩致地而識其端，相去二尺三寸，故東西極二萬三千里。其兩端相去，正東西；中折之，以指表，正南北。」法雖不同，理無異也。

〔三〕【箋釋】錢塘云：秋分直，故未秋分不直。言秋分，則春分可知。隋志曰：「周禮大司徒職：『以土圭之法，測土深，正日景，以求地中。』此則渾天之正説，立儀象之大本。故云：『日南則景短多暑，日北則景長多寒，日東則景夕多風，日西則景朝多陰。日至之景，尺有五寸，謂之地中。天地之所合也，四時之所交也，風雨之所會也，陰陽之所和也。然則百物阜安，乃建王國焉。』又考工記匠人：『建國，水地以縣，置槷以縣，眡以景。爲規，識日出之景與日入之景。晝參諸日中之景，夜考之極星，以正朝夕。』案土圭正景，經文闕略，先儒解説，又非明審。祖暅錯綜經注，以推地中。其法曰：先驗昏旦，定刻漏，分辰次。乃立儀表于平準之地，名曰南表。漏刻上水，居日之中，更立表于南表景末，名曰中表。夜依中表，以望北極樞，而立北表，令參相直。三表皆以縣準定，乃觀。三表直者，其立表之地，即當子午之正。三表出者，地偏僻。每觀中表，以知所偏。中表在西，則立表處在地中之西。當更向東求地中。若中表在東，則立表處在地中之東也，當更向西求地中。取三表直者，爲地中之正。又以春秋二分之日，旦始出東方半體，乃立表于中表之東，名曰東表。令東表與日及中表參相直。是日之夕，日入西方半體，又立表于中表之西，名曰西表。亦從中表西望西表及日參相直。乃觀三表直者，即地南北之中也。若中表差近南，則所測之地在卯酉之南。中表差在北，則所測之地在卯酉之北。進退南北，求三表直正東西者，則其地處中，居卯酉之正也。」所説求東西地中，淮南無之。其求南北地中，即與淮南同理。

〔二二〕【箋釋】錢塘云：夏至日出東北維，故從西南表參望。東北、西南兩表與日參，如北前、北後兩表與日參無異，即可借春秋分表位爲夏至表位，借春秋分日入前表之數爲夏至日入前表之數，故云東與東北表等也。

〔二三〕【版本】藏本「則從中北亦萬八千里」九字重，各本皆不重，今據删。

【用韻】「等、里」蒸之通韻。

〔二四〕【箋釋】錢塘云：倍之爲三萬六千里，與東西正等。

〔二五〕【箋釋】錢塘云：此爲處南北者言之。

〔二六〕【箋釋】錢塘云：處南則表出，處北則表入。何者？處南者，未春分而直也，至分時而日北，故表出。處北者，未秋分而直也，至分時而日南，故表入。寸益損一里，則通率也。

〔二七〕【箋釋】錢塘云：天高不可知，測之以景。樹表所以求景也。此亦以句股比例而知，蓋同有大小兩句股也。

〔二八〕【箋釋】錢塘云：度日中景。

〔二九〕【版本】王鎣本、朱本、莊本、集解本「二」誤作「一」，餘本同藏本。

〔三〇〕【箋釋】錢塘云：表近日則陰短，表遠日則陰長，二表相去千里，故北表陰二尺，南表陰尺九寸，即爲寸差千里之通率。

〔三一〕【箋釋】錢塘云：千里短寸，則萬里短尺。據北表陰二尺，故南二萬里則無陰。既得千里短寸之率，即棄南表不用，但用北表陰以推日下之數也。

〔三二〕【箋釋】錢塘云：置表高一丈，以陰二尺除之得五，是南萬里而日高五萬里也，此爲高率。然日無高下，有高下者，地圓使然，故曰蓋天即渾天也。

【用韻】「下、五」魚部。

〔三三〕【箋釋】錢塘云：二萬里爲實，高五爲法，乘之得十萬里，此天高之數。必知天高十萬里者，以表高一丈，中有百寸，寸得千里，百之而成十萬故也。然則表即天高之率，故以直日下無景爲天高。周髀云：「周髀長八尺，夏至之日晷一尺六寸。髀者，股也；正晷者，句也。正南千里，句一尺五寸，正北千里，句一尺七寸。日益表，南晷日益長，候句六尺。從髀至日下六萬里，而髀無影。從此以上至日，則八萬里。」即其理也。六萬里者，設法詞，實測則不然，故曰日夏至南萬六千里，日中無影。

〔三四〕【箋釋】錢塘云：以千里差寸率之，則去日下十萬里景與表等，即可從日遠以知天高，至此則句股適均也。